Ludwig Trutnau

Schlangen im Terrarium

Haltung, Pflege und Zucht
in zwei Bänden

Band 2
Giftschlangen

59 Farbfotos

Verlag Eugen Ulmer Stuttgart

Schlangen im Terrarium

Band 1: Ungiftige Schlangen
Band 2: Giftschlangen

CIP-Kurztitelaufnahme der Deutschen Bibliothek

Trutnau, Ludwig:
Schlangen im Terrarium : Haltung, Pflege u.
Zucht ; in 2 Bd. / Ludwig Trutnau. – Stuttgart:
Ulmer

Bd. 2. Giftschlangen. 1981
ISBN 3-8001-7052-3

Wollgrasweg 41, Stuttgart 70 (Hohenheim)
Printed in Germany
Einbandgestaltung: A. Krugmann, Stuttgart
mit einem Foto (Trimeresurus wagleri) von
L. Trutnau, Altrich
Satz und Druck: Sulzberg-Druck GmbH, Sulzberg

Vorwort

Während meiner mehr als 30jährigen Praxis als Herpetologe habe ich immer wieder erlebt, mit wieviel Vorurteilen, mit welcher Leichtfertigkeit und mit wie wenig Sachkenntnis Giftschlangenhaltung oftmals betrieben und zur Diskussion gestellt wird. So verfolgt dieses Buch, in dem ich meine eigenen, umfangreichen Beobachtungen und viele Erfahrungen anderer Herpetologen zusammengetragen habe, und das ich als Ratgeber allen Giftschlangenpflegern widme, noch eine weitere Absicht. Ich wünsche mir, daß eine praxisnahe und sachbezogene Darstellung der Haltung, Pflege und Zucht dazu beitragen kann, vorhandene Aversionen und Emotionen abzubauen, aber auch Leichtsinn und Sensationslust aufzuzeigen, im Interesse einer sachlich-nüchternen wie verantwortungsbewußten Einstellung zur Frage der Haltung von Giftschlangen im Terrarium.

Zu den Lesern dieses Buches zähle ich nicht nur die Fachleute in den Zoologischen Gärten, die Herpetologen in den wissenschaftlichen Instituten und Sammlungen, sondern vor allem den großen, sich immer mehr erweiternden Kreis von Terrarianern, die sich ernsthaft mit Giftschlangen beschäftigen. Sie alle müssen sich der Verantwortung, der Risiken und möglichen Gefahren – sich selbst und ihrer Umgebung gegenüber – bewußt sein, die mit der Haltung von Giftschlangen stets verbunden sind. Wer sich Giftschlangen nur aus reiner Eitelkeit oder Geltungsbedürfnis anschafft, handelt leichtsinnig und verantwortungslos! Entschieden ist auch darauf hinzuweisen, daß Giftschlangen nicht in die Hände von Kindern gehören und möglichst nicht in Wohnräumen unterzubringen sind. Selbstverschuldete Giftschlangenbisse gefährden nicht nur den davon Betroffenen, sondern bringen außerdem die Terraristik unnötig in Mißkredit.

Voraussetzung für die Haltung von Giftschlangen sind gesonderte, verschlossen gehaltene Räume wie stabile, fugenfreie und abschließbare Terrarien, die ein Entweichen der Schlangen unmöglich machen. Für jeden nur denkbaren Notfall müssen die entsprechenden monovalenten und polyvalenten Schlangenseren in ausreichender Menge zur Verfügung stehen, wobei darauf zu achten ist, daß sie nicht durch zu langes Lagern ihre Wirksamkeit eingebüßt haben. Wenn all diese Vorsichtsmaßnahmen, die einen Unfall durch Giftschlangenbiß weitgehend unmöglich machen, erfüllt sind, und auch die amtliche Genehmigung erteilt ist, können gegen eine ernstbetriebene Giftschlangenhaltung m. E. keine Bedenken mehr bestehen

Wenn sich dennoch gelegentlich Unfälle im Umgang mit Giftschlangen ereigneten, so betrafen sie in der jüngsten Vergangenheit ausschließlich die Pfleger selbst; Unbeteiligte sind dabei nicht zu Schaden gekommen. Man sollte dieses Risiko, das der Schlangenpfleger für seine eigene Person auf sich nimmt, mit dem Risiko gleichsetzen, das etwa Bergsteiger, Skiläufer, Taucher oder Höhlenforscher bei der Ausübung ihrer Tätigkeit eingehen. Solange der Schlangenpfleger sich seiner Verantwortung, die er durch die Haltung von Giftschlangen gegenüber seiner Umwelt eingeht, bewußt ist und konsequent danach handelt, sollte man diesem Zweig der Terraristik nicht von vornherein mit Mißtrauen gegenübertreten, oder, wie dies oftmals geschieht, privaten Schlangenhaltern Schwierigkeiten bereiten oder sie sogar zwingen, ihre Sammlungen aufzulösen. Man kann sich häufig des Eindrucks nicht erwehren, daß manche warnenden Äußerungen und Angriffe auf die Giftschlangenhaltung weniger vom Verantwortungsgefühl gegenüber der Öffentlichkeit getragen werden, als unbewußten Angstgefühlen oder tiefwurzelnder Abneigung entspringen, wie sie viele Menschen angesichts der Schlangen empfinden.

Im Zuge der stammesgeschichtlichen Entwicklung sind die Giftschlangen von der Natur zum Beuteerwerb und zur Selbsterhaltung mit gefährlich wirksamen Waffen ausgestattet worden. Das sollte sich der Pfleger dieser Tiere stets vor Augen führen und seine Pfleglinge mit der gebührenden Vorsicht und Umsicht behandeln. Wie alle Organismen sind aber auch die Schlangen ein Teil der lebenden Natur, in der sie wie jede andere Art in Anpassung an ihre Umwelt eine bestimmte Aufgabe erfüllen und damit zur Aufrechterhaltung des biologischen Gleichgewichts beitragen. Diese Geschöpfe haben bereits lange vor dem ersten Auftreten des Menschen die Erde bevölkert. Wie jedes höher entwickelte Tier besitzt auch die Giftschlange ein ihrer körperlichen Organisation entsprechendes Bewußtsein und ist in der Lage, Empfindungen aufzunehmen wie alle höher entwickelten Wirbeltiere. Schlangen empfinden Schmerzen und Angst, können diese Gefühle aber kaum durch Äußerungen kund tun, die der Mensch versteht. Und Schlangen sind auch durchaus Individuen.

Erfreulicherweise scheint sich bei der Interpretation des Verhaltens von Schlangen allmählich wenigstens ein Umdenken zu vollziehen, als die ehemaligen, zu vermenschlichten Ausdeutungen heute mehr und mehr durch wirklichkeitsnähere Formulierungen ersetzt werden. Noch in der zweiten umgearbeiteten und vermehrten wie in der vierten, vollständig neu bearbeiteten Auflage von „Brehms Tierleben“ (1878 und 1913) wird die Kreuzotter als „dumm“, „geistlos, sinnesstumpf, tükkisch, trotzig, grenzenlos wütend“ oder als „mit Blindheit geschlagen“ gekennzeichnet. Nach den Schilderungen von Lenz ist „ihr eine unüberwindliche Begierde nach Mäusemord angeboren. Ihre Blicke beginnen von blinder Mordgier zu funkeln, sobald sie eine Maus erschaut. Ihre Bisse zucken nach dem harmlosen Tierchen und es wird in wilder Leidenschaft gemordet, aber nimmermehr verzehrt. Sobald es entseelt vor ihr liegt, kehrt die süße Ruhe in ihre Seele zurück, welche der heimtückische Bösewicht fühlt, welcher seinen lang verhaltenen Rachedurst endlich im Blute des verhaßten Feindes gekühlt hat“. „Puffottern sind träge und enthaltsam, zuweilen auch ergrimmt“. „Die Wassermokassinotter zeigt sich dem Pfleger gegenüber als gutmütig und zahm, man möchte fast sagen sie erweits sich dankbar“. „Die Sandrasselotter ist bösartig, jähzornig und kampflustig“. „Die Uräusschlange ist bei den alten Ägyptern das Sinnbild der Erhabenheit. Nach Plinius zeigt sie jedoch in gewisser Hinsicht ein zartes Gefühl, da sie in treuer Ehe lebt“.

Giftschlangen sind mit Sicherheit nicht trotzig, grenzenlos wütend, bösartig, dankbar oder zeigen zarte Gefühle. Derartige Eigenschaften besitzt nur der Mensch. Ihr Verhalten wird ausschließlich von angeborenen Instinkten und von den erworbenen Erfahrungen bestimmt.

In zahlreichen Ländern gibt es heute mehr oder weniger strenge Schutzgesetze, die auf der wachsenden Erkenntnis beruhen, daß man keine Tier- oder Pflanzenart aus ihrer natürlichen Umgebung entfernen darf, ohne die Harmonie des Ganzen zu stören. Es wäre endlich an der Zeit, nicht nur Säugetiere und Vögel, sondern auch alle Amphibien und Reptilien einschließlich der Giftschlangen und Krokodile wirkungsvoll in diese Schutzvorstellungen mit einzubeziehen. Wir tragen die Verantwortung und haben daher die Pflicht, auch den Giftschlangen ein Lebensrecht zuzuerkennen und sie ebenso zu behandeln wie jede lebende und damit beseelte und fühlende Kreatur.

Abschließend sei noch auf die schon in Band 1 abgehandelten und verständlicherweise in dem vorliegenden 2. Band nicht mehr wiederholten, aber für Giftschlangen wie für ungif-

tige Schlangen in gleichem Maße verbindliche Grundsatzkapitel wie „Schlangen in der Natur", „Der Mensch und die Schlangen", „Haltung und Pflege", usw. hingewiesen.
Wie auch im Vorwort des ersten Bandes möchte ich all denjenigen danken, die mir bei der Entstehung dieses Buches mit Anregungen, Auskünften und Ratschlägen wesentlich geholfen haben. Zu ganz besonderem Dank bin ich Herrn Dr. Wirot Nutaphand, Bangkok, verpflichtet, der mir auf einer gemeinsamen Sammeltour einen zusätzlichen Einblick in die Giftschlangenfauna Thailands vermittelte.

Altrich, im Januar 1981 Ludwig Trutnau

Inhaltsverzeichnis

Allgemeines über Giftschlangen

Unterscheidungsmerkmale von giftigen und ungiftigen Schlangen

Was ist eine Giftschlange? Fast jeder glaubt, diese Frage beantworten zu können, obwohl dieser Begriff sich nicht leicht definieren läßt. Im allgemeinen sind Giftschlangen solche Schlangen, deren Biß bei Menschen und Tieren Vergiftungserscheinungen hervorrufen. Die gängige Vorstellung, daß eine Giftschlange einen breiten, dreieckigen Kopf und je nachdem ein mehr oder weniger abgewandeltes Zickzackband auf dem Rücken haben müsse, gilt uneingeschränkt nicht einmal für die Kreuzotter *(Vipera berus)*. Auch andere Merkmale – wie breiter Körper, kurzer Schwanz, ungeteiltes Afterschild, geschlitzte Pupille, gekielte Schuppen oder auffällige Färbung – geben kaum Anhaltspunkte, ob eine Schlange giftig oder ungiftig ist. Eine klare Abgrenzung zwischen giftigen und ungiftigen Arten ist kaum möglich. Es gibt Schlangen, die vom Bau ihrer Zähne her durchaus mit Recht zu den ungiftigen gezählt werden, deren Biß aber trotzdem, wenn auch unbedeutend, Symptome einer geringfügigen Vergiftung verursachen kann. Mit letzter Sicherheit lassen sich Schlangen nur am anatomischen Bau ihres Schädelskeletts, an ihren Zähnen und der besonderen Zahnstellung – wie dem gleichzeitigen Nachweis von je einer Giftdrüse in jeder Oberkieferhälfte – in die Kategorien giftig, wenig giftig oder ungiftig einreihen. Die echten Giftschlangen besitzen hohle oder am Vorderrande gefurchte Zähne. Diese verlängerten Giftzähne finden sich fast ohne Ausnahme im Oberkiefer.

Den perfektesten Giftapparat zeigen die **solenoglyphen** Giftschlangen, zu denen man die Ottern und Grubenottern rechnet. Diese Schlangen haben im Oberkiefer ein Paar verlängerte, röhrenförmig-hohle Giftzähne, die im inaktiven Zustand umgeklappt in einer Schleimhautfalte dem Gaumen anliegen. Hinter jedem der beiden sich in Funktion befindenden Hauptzähne liegen ein oder mehrere Ersatzzähne. Die Hauptzähne haben eine beschränkte Funktionsdauer. Sie werden von Zeit zu Zeit abgestoßen und durch die hinter ihnen stehenden Reservezähne ersetzt. Jeder Giftzahn ist mit einer Giftdrüse über einen Ausführgang verbunden. Eine Viper beispielsweise richtet beim Zubeißen die beiden Giftzähne blitzschnell auf, schlägt sie in ihr Beutetier ein und zieht sie ebenso schnell wieder heraus. Dabei drücken Muskeln auf jede der beiden Giftdrüsen, die ihren Inhalt durch den Ausführgang in die röhrenförmigen Giftzähne und damit in das Opfer eintreten lassen. Bei einem Biß wird meist nur ein Bruchteil des Giftes, das in den Giftdrüsen vorhanden ist, in das Beutetier gespritzt.

Die **proteroglyphen** Giftschlangen – zu diesen zählt man die Seeschlangen (Hydrophiidae) und die Giftnattern (Elapidae) –, deren vorderste beide Oberkieferzähne verlängert und am Vorderrand der Länge nach gefurcht sind, stehen stets senkrecht und unbeweglich im Oberkiefer. Bei einem Giftbiß dieser Schlangen spielt sich der gleiche Vorgang ab wie bei den Ottern und Grubenottern.

Die **opistoglyphen** Nattern, auch Trugnattern genannt, werden als ungiftig angesehen, und sind es in der Regel auch. Eine Ausnahme machen die Boomslang *(Dispholidus typus)* und die Lianennatter *(Thelotornis kirtlandii)*, durch deren sehr starkes Gift schon mehrfach Menschen zu Tode kamen. Die gefurchten Giftzähne der Trugnattern liegen meist so weit hinten im Oberkiefer, daß sie bei einem Biß nur dann in Funktion treten können, wenn ein Finger oder ein Beutetier tief genug in den Rachen der Schlange gerät. Zuweilen entwischt eine Schlange, die einen Menschen gebissen hat, ohne daß man ihre Art bestimmen könnte. An den Bißabdrücken erkennt man jedoch meist, ob es sich um eine giftige oder ungiftige Schlange handelt. Zwei besonders große Einstichstellen deuten auf eine Giftschlange, viele kleine, in zwei Reihen hintereinander stehende Einstichstellen auf eine ungiftige Art hin. Bei einem Giftschlangenbiß läßt die Wirkung des Giftes meist auch nicht lange auf sich warten.

Einiges über die Chemie und Wirkung der Schlangengifte

Aus anatomischer Sicht stellen die Giftdrüsen der Schlangen umgewandelte Speicheldrüsen dar. Das Schlangengift ist eine besondere Art von Speichel, der an seine speziellen Aufgaben und Funktionen hervorragend angepaßt ist. Im Stoffwechselgeschehen der Giftschlangen spielt das Gift eine wichtige Rolle: Es tötet die Beutetiere und unterstützt mit Hilfe seiner eiweißzerlegenden Enzyme die Verdauung. Giftapparat und Gift stellen gemeinsam eine wirkungsvolle Verteidigungswaffe dar. Die Giftschlangen reagieren auf bestimmte Reize immer in der gleichen Weise. Sie beißen einmal oder mehrere Male zu. Der Giftbiß kann durch ein vorbeihuschendes Beutetier ausgelöst werden oder als Antwort auf eine Gefahr, einen Angriff oder eine Verletzung hin erfolgen. Nach dem Biß läßt die Schlange das Beutetier meist los, sucht es nach dem Verenden unter intensivem Züngeln und verschlingt es in der Regel vom Kopf her. Auch den gebissenen Körperteil eines Menschen läßt die Schlange anschließend fast immer los.

Auf eine ganz bemerkenswerte Weise verletzen und vergiften die Erdottern der Gattung *Atractaspis* ihre Beutetiere und ihre Feinde. In Anpassung an die wühlende Lebensweise im Erdboden haben diese reizbaren Schlangen lange Giftzähne entwickelt, die nicht aufgestellt werden können, sondern offen außerhalb der Mundseiten fest umgeklappt liegen. Wenn *Atractaspis* ihren kleinen Kopf, wie bei ihr üblich, seitlich zurückreißt, haken sich die Zähne in das Opfer. Meist dringt nur ein Zahn ein. Obwohl das Gift von *Atractaspis* weitgehend neurotoxisch ist, verursacht es an der Bißstelle doch intensive Schmerzen, Schwellungen und Verfärbungen.

Einige wenige Giftschlangen speien Gift zu ihrer Verteidigung. Das gezielte Verspritzen von Gift erfolgt durch einen heftigen Luftausstoß aus den Lungen. Das aus den Zahnöffnungen austretende Gift wird im Luftstrom meist gegen das Gesicht und in die Augen des Angreifers zerstäubt. Derartiges Giftspeien ist von verschiedenen Kobras *(Hemachatus haemachatus, Naja mossambica, Naja naja atra, Naja, naja sputarix, Naja nigricollis)* her bekannt, man hat es aber auch schon vereinzelt bei Vipern *(Bitis gabonica)* beobachtet. Das Gift kann auf das Auge eine sehr gefährliche Wirkung haben. Es kann zu Entzündungen, Vereiterungen und bei ungünstigem Ausgang sogar zu Erblindung führen.

Im Rohzustand ist das Gift eine trübe Flüssigkeit mit einem spezifischen Gewicht zwischen 1030 und 1077. Getrocknet hat es ein kristallines Aussehen, ist aber in Wirklichkeit eine amorphe Substanz. Zentrifugiertes Gift ist klar und durchsichtig; die Zellbestandteile wurden auszentrifugiert. Je nach der Schlangenart hat das Gift verschiedene Färbungen. Kobragift ist meist transparent. Bei verschiedenen Klapperschlangen *(Sistrurus, Crotalus)* wechselt die Farbe zwischen hell-grünlich und hell-orange. Das Gift der Kreuzotter *(Vipera berus)* ist gelbstichig, stark klebrig und von sirupähnlicher Konsistenz.

Schlangengifte gewinnt man durch „Melken". Die Schlange wird hinter dem Kopf gefaßt. Sie stellt dann selbständig ihre Giftzähne auf. Man läßt das Tier durch eine Gummimembran beißen, die in der Regel über ein Kelchglas gespannt ist. Bei diesem Vorgang werden die Giftdrüsen sanft massiert. Das aus den Zahnöffnungen tropfende Gift wird gesammelt und im Exsikkator getrocknet. Im Dunkeln und kühl aufbewahrt, behält das Trokkengift über viele Jahre hinweg seine volle Wirksamkeit.

Bei der chemischen Analyse stellt sich heraus, daß das Schlangengift hauptsächlich aus Eiweißstoffen wie Albuminen und Globulinen besteht, aber auch Nukleoside (Adenosin und Adenosin-3-phosphat), eiweißverdauende (Proteasen und Peptone) und andere Fermente, Mucin und mucinähnliche Schleimstoffe, Aminosäuren, Fette, beim Zentrifugieren sich absetzende Gewebeteile, einige anorganische Salze und ebenso auch Wasser enthält. Nukleoside sind organisch-chemische Verbindungen aus einer Purinbase, z.B. Adenin, Guanin, Hypoxanthin oder einer Pyrimidinbase, z.B. Cytosin, Thymin oder Uracil. So besteht das Adenosin-3-phosphat aus der Purinbase Adenin, dem Zucker D-Ribose und 3 Phosphorsäureresten. Mit Hilfe der spektralanalytischen Spurenanalyse entdeckte man in den Giftproben verschiedenartiger Schlangen folgende Elemente: Natrium, Calcium, Magnesium, Zink, Phosphor, Silicium, Eisen, Aluminium, Kupfer und Silber.

Im Schlangengift treten Proteine (einfache Eiweißstoffe bestehend aus Kohlenstoff, Wasserstoff, Sauerstoff, Stickstoff) mit stark saurem und stark basischem Charakter auf. Daher neigen sie zur Bildung salzartiger Symplexe, die sich schwer voneinander trennen lassen. Die schwere Trennbarkeit der salzartigen Symplexe ist der Hauptgrund dafür, daß man bis heute kaum ein Ferment in wirklich reiner Form isolieren konnte. Fermente oder Enzyme sind von der lebenden Zelle gebildete Wirkstoffe, die als sogenannte Biokatalysatoren, sämtliche chemischen Umsetzungen im Organismus, d.h. seinen gesamten Stoffwechsel steuern. Die Fermente wirken wie organische Katalysatoren schon in sehr geringen Mengen reaktionsauslösend oder reaktionsbeschleunigend, wobei sie selbst aus der Reaktion unverändert wieder hervorgehen. Ein Ferment ist in der Lage ein Substrat zu spalten und es ebenso wieder aus den Spaltprodukten zu synthetisieren. Die bisher bekannten Fermente – über 700 – sind Eiweißstoffe. Zahlreiche Fermente sind zusammengesetzte Eiweißstoffe oder Proteide (diese können neben Kohlenstoff, Wasserstoff, Sauerstoff und Stickstoff auch Schwefel und Phosphor enthalten), die neben der Eiweißkomponente noch einen nichteiweißartigen Bestandteil enthalten, den man als Koferment oder Wirkgruppe bezeichnet. Das Koferment und die hochmolekulare Eiweißkomponente, das sogenannte Apoferment bilden zusammen das wirksame Holoferment oder Holoenzym. Alle Fermente wirken mehr oder weniger spezifisch, d.h., daß sie auf eine ganz bestimmte biochemische Reaktion und auf einen ganz bestimmten Stoff oder eine Stoffgruppe eingestellt sind. Als biologische Substanzen sind die Fermente wie alle Eiweißstoffe sehr temperaturempfindlich. Oberhalb von 40°C läßt ihre Wirksamkeit ganz erheblich nach und verschwindet schließlich ganz. Die Wirksamkeit eines Fermentes kann sich optimal nur bei einer ganz bestimmten Temperatur, einem bestimmten p^H-Wert wie der Konzentration der Reaktionsteilnehmer entfalten. Da die Fermente zahlreiche Begleitstoffe besitzen und sie überaus empfindlich sind, ist ihre Reindarstellung mit allergrößten Schwierigkeiten verbunden. Mit Ausnahme einiger, seit langer Zeit gebräuchlicher Trivialnamen, werden die Fermente in ihrer Wirksamkeit auf einen ganz bestimmten Stoff unter der Verwendung der Endsilbe „ase“ gekennzeichnet. Die Vorsilbe deutet an, welche Reaktion von dem betreffenden Ferment katalysiert, bzw. welches Substrat umgesetzt wird. So katalysieren die Esterasen – diese gehören zu den Hydrolasen – sowohl die Hydrolyse und Verseifung als auch die Bildung von Estern. Zu den Esterasen zählt man beispielsweise die Cholinesterase und die Lipasen, welch letztere Fette in den dreiwertigen Alkohol Glycerin und in die geradzahligen höheren Fettsäuren aufspalten. Proteasen zerspalten Proteine und Proteidasen Proteide usw.

Vor mehr als 60 Jahren wurde im Schlangengift eine Esterase als erstes Enzym festgestellt, die man mit der nicht ganz treffenden Bezeichnung Lecithinase belegte. Die genannte Verbindung, die heute unter der Bezeichnung Phospholipase A bekannt ist, kommt ausnahmslos in jedem Schlangengift vor und ist verantwortlich für die starke indirekte Hämolyse, d.h. des Austritts des roten Blutfarbstoffs Hämoglobin aus den roten Blutkörperchen, deren Zellwände zerstört werden. Im kleinmolekularen Elapidengift kommen als zwei weitere Esterasen, die Phosphomono- und die Phosphodiesterase vor. Die Phosphodiesterase zerlegt Ribonukleinsäuren in Mononukleotide. Die Nukleinsäuren, z.B. die Ribonukleinsäure und die Desoxyribonukleinsäure, kommen in allen Zellkernen vor. Sie bestehen aus einem Kohlenhydrat, der Ribose oder der Desoxyribose, 2 Purin- und 2 Pyrimidinbasen und dem Phosphorsäurerest. Zucker, Base und Phosphorsäurerest ergeben insgesamt ein Nukleotid. Die Nukleotide sind nun in den Nukleinsäuren linear in einer Kette angeordnet und durch Phosphorsäurebrücken vom 5'-C-Atom des einen Zuckerrestes zum 3'-C-Atom des nächstfolgenden Zuckerrestes verbunden. Bei der Fortpflanzung jedes Lebewesens spielen die Nukleinsäuren die entscheidende Rolle. Die Mononukleotide werden von der 5'-Nukleotidase zu Nukleosiden und Orthophosphat abgebaut. Die 5'-Nukleotidase zerlegt stets nur 5'-Nukleotide. Metalle wie Magnesium, Calcium, Mangan und Kobalt steigern die 5'-Nukleotidase in ihrer Wirksamkeit. Weitere wesentliche Enzyme des Schlangengiftes zerlegen Adenosintriphosphat zu Adenosindiphosphat und Adenosinmonophosphat bis zum Adenosin. Die Cholinesterase spaltet Acetylcholin zu Cholin und Essigsäure auf.

Besonders reich an Proteasen ist das Gift der solenoglyphen Giftschlangen. Die Proteasen zerspalten die Eiweißstoffe der Beutetiere und führen sie in die lösliche und damit in die durch den Intestinaltrakt resorbierbare Form über. Die Peptidasen zerlegen Di- und Tripeptide. Peptide entstehen durch Zusammenschluß von Aminosäuren, wobei jeweils ein Molekül Wasser zwischen der Aminogruppe (NH_2-Gruppe) der einen und der Carboxylgruppe einer anderen Aminosäure abgespalten wird. Je nach der Anzahl der Aminosäurebausteine hat man zwischen Di-, Tri-, Oligo- oder Polypeptiden zu unterscheiden.

Von den Carbohydrasen des Schlangengiftes sei die Hyaluronidase erwähnt, die im Sinne einer Depolymerase die Hyaluronsäure durch Depolymerisation in kleine Teileinheiten aufspaltet. Die Hyaluronsäure hält die Zellen untereinander zusammen. Eine Aufspaltung der Hyaluronsäure führt zu Lücken zwischen den einzelnen Zellen und bewirkt somit ein schnelleres Vordringen des Giftes in die Gewebe.

Die L-Aminosäureoxydase bewirkt die gelbliche Färbung mancher Schlangengifte. Dieses Enzym, das nicht zu den Hydrolasen zählt, spaltet aus Aminosäuren Amoniak ab und oxidiert sie zu α-Ketosäuren. Nur wenige Naturstoffe besitzen so hohe und in ihrer Wirkung so fein aufeinander abgestimmte Konzentrationen verschiedenartiger Enzyme wie die Schlangengifte.

Die Giftwirkung wird durch eine fermentfreie Polypeptidkette mit meist 60–70 Aminosäureresten ausgelöst. Spezifisch wirkende Enzyme mit bemerkenswert giftiger Aktivität leiten als sogenannte „starter toxins" den giftigen Mechanismus dieser Peptide ein und verstärken ihn. Gemeinsam mit den Enzymen führen die Peptide oder Peptidgemische zu Reaktionsendprodukten, die in ihrer Gesamtheit die verschiedenartigen, oft aufeinander folgenden oder parallel verlaufenden Giftwirkungen im gebissenen Organismus ausmachen.

Wegen ihrer unterschiedlichen Zusammensetzung lassen sich die verschiedenen Schlangengifte folgendermaßen grob klassifizieren:

Die Gifte der Proteroglyphen sind aus zahlreichen kleinmolekularen Bestandteilen aufgebaut und zeichnen sich durch einen Mangel an Fermenten aus. Die Gifte der Solenoglyphen sind reich an großmolekularen Proteinen und enthalten zahlreiche Fermente.

Die Kenntnis von der Wirkung der Gifte ist jedoch wichtiger als die chemische Analyse. Früheren Vorstellungen zufolge wurden die Schlangengifte in 2 Gruppen unterteilt, nämlich in eine hämorrhagische, Blut und Körpergewebe auflösende, und in eine neurotoxische, nervenschädigende. Diese Ansicht ließ sich jedoch nicht aufrecht erhalten. Es zeigte sich, daß die verschiedenen Schlangengifte weder dem einen, noch dem anderen Typus zuzuordnen sind, sondern vielmehr Mischungen in verschiedenen Verhältnissen darstellen. Je nach Schlangenart finden sich die folgenden Bestandteile in jedem Gift, allerdings in meist sehr unterschiedlicher prozentualer Verteilung: Die neurotoxischen Bestandteile haben eine curareartige Wirkung auf das Zentralnervensystem; sie blockieren die Tätigkeit der Überträgersubstanzen und damit die neuromuskuläre Reizübertragung an den Synapsen, die als besondere Strukturen an den Nervenenden die Berührungsstellen zwischen miteinander zusammengeschalteten Nervenzellen oder zwischen Nervenzellen und Muskel- oder Drüsenzellen darstellen. Die kardiotoxischen Elemente schädigen das Herz, indem sie die Membrandurchlässigkeit für Ionen aller Art erhöhen, wodurch die Fähigkeit der Reizbarkeit, beispielsweise durch Acetylcholin, verlorengeht. Die Kardiotoxine führen nicht nur zum Herzstillstand, sondern lösen auch die roten Blutkörperchen auf. Hämorrhagine verursachen starke Blutergüsse in die Gewebe, da sie die Blutgefäßwände porös machen. Die hämolytischen Bestandteile sind verantwortlich für die Auflösung der roten Blutkörperchen. Andere Elemente, die sich im Gift finden, führen zu einer Gerinnungsstörung des Blutes. Thrombine haben Gerinnungen in den Blutgefäßen zur Folge. Zytolysine führen eine Auflösung der Körpergewebe und der weißen Blutkörperchen herbei. Die bakterienhemmende Wirkung des Blutserums wird durch einen antibakteriziden Bestandteil des Schlangengiftes aufgehoben. Weitere Enzyme leiten den eigentlichen Verdauungsvorgang im Inneren einer Schlange ein.

Das Gift der Giftnattern *(Elapidae)* setzt sich in erster Linie aus Neurotoxinen, Kardiotoxinen und Hämolysinen zusammen. Bei den Vipern *(Viperidae)* und Grubenottern *(Crotalidae)* finden sich hauptsächlich hämorrhagische Elemente, Thrombine und Zytolysine, die bei einem Biß das Erscheinungsbild bestimmen. Je nach dem Prozentgehalt der toxischen Bestandteile zueinander führen die verschiedenen Schlangengifte auch zu unterschiedlichen Symptomen. In dem einen oder anderen Bereich hat jedes Gift eine mehr oder weniger deutliche Wirkung. Das Schlangengift setzt dem Leben des Bißopfers bei unversehrt gebliebenen Blutkreislauf entweder durch Lähmung des Atemzentrums ein Ende oder das Kreislaufsystem versagt. Im Zuge einer Jahrmillionen währenden Entwicklung hat die Natur das Schlangengift in Anpassung an Beuteerwerb, Verdauung und Verteidigung herausgebildet. So sicherte sie die Konkurrenzfähigkeit und damit das Überleben der Giftschlangen im Daseinskampf.

Je nach den Wirkungen, die sie im Organismus hervorrufen, lassen sich die Schlangengifte in drei Gruppen einteilen. Das Elapidengift verursacht keine oder nur geringfügige Schmerzen an der Bißstelle. Die Bißstelle bleibt in der Regel unverändert. Selbst leichte Ödeme sind selten. Das Opfer klagt über Müdigkeit und große Schwäche. Der Blutdruck ist meist gefährlich niedrig. Sehstörungen und eine Ptose, das Herabhängen der Augenlider durch Lähmung, sind nicht selten. Es treten Speichelfluß und ein Engegefühl im Bereich der Schlundregion auf. Der Speichelfluß kann so intensiv sein, daß es an seinem eigenen Speichel ersticken kann und ein Luftröhrenschnitt notwendig wird. Bald greifen die Lähmungen auf die Thorax- und Zwerchfellmuskulatur über. Das Atmen wird schwierig. Die

Atmung läßt immer mehr nach, bis das Opfer schließlich erstickt. Nicht alle Elapidengifte verursachen eine Hämolyse. Puls, Temperatur und Gerinnungszeit des Blutes bleiben meist normal. Nach einem gefährlichen Elapidenbiß kann der Tod nach einigen Minuten, im Durchschnitt jedoch nach 8 Stunden eintreten. Die Patienten, die nach 24 Stunden noch leben, überleben in der Regel und tragen auch keine weiteren Schäden davon.

Das Gift der meisten echten Vipern und Grubenottern hat andere Wirkungen als das Elapidengift. Die Bisse dieser Giftschlangen verursachen stets starke, oft sogar intensivste Schmerzen an der Bißstelle, die sich entlang der Nervenbahnen ausbreiten. Im weiteren Verlauf treten enorme Ödeme, Flüssigkeitsansammlungen im Lymphgewebe, auf. Der gebissene Körperteil wird zu Beginn rot, und verfärbt sich dann blau, grün und gelblich. Das Blut dringt in die Gewebe ein, und es bildet sich eine leichte bis mittelschwere Hämolyse, eine Zersetzung des Blutes, aus. Wegen der starken proteolytischen Eigenschaften des Viperngiftes wird das Gewebe im Bereich der Bißwunde mehr oder weniger zerstört. Die Gewebsnekrosen können bei schweren Bißfällen so gewaltige Ausmaße annehmen, daß die Amputation eines Gliedes nötig wird. Durch Koagulation des Fibrinogens verliert das Blut seine Gerinnungsfähigkeit – Fibrinogen ist die Vorstufe des Faserstoffs Fibrin, das zusammen mit den Blutkörperchen durch gemeinsames Verkleben den Wundverschluß bewirkt –. Manche Viperngifte verursachen daher enorme Blutungen. Zuweilen werden Nasenbluten, Zahnfleischblutungen, Bluterbrechen, Darmblutungen mit Teerstuhl und Hämaturie, Blut im Harn, beobachtet. Hierzu kommen meist Erbrechen und Durchfall. Der zu Beginn normale Puls steigt bald stark an. Der Blutdruck fällt immer mehr ab, und es zeigt sich das Erscheinungsbild des ausgeprägten peripheren Kreislaufversagens, wobei das Blut in den Haargefäßen versackt ebenso, wie Wasser von einem Schwamm aufgesaugt wird. Auch die Körpertemperatur ist kurz nach dem Biß zuerst normal, oder es besteht Tendenz zu leichter Untertemperatur. Nach einigen Stunden tritt Fieber auf. Die Senkungsgeschwindigkeit der Blutkörperchen nimmt bald nach dem Biß ab. Die Anzahl der weißen Blutkörperchen hat sich krankhaft vermehrt. Der Tod tritt durch starke innere Blutungen und pheripheren Kreislaufkollaps ein. Bei den meisten Viperngiften spielen Neurotoxine eine untergeordnete Rolle.

Das Gift der südamerikanischen Klapperschlange *(Crotalus durissus)* nimmt in seiner Wirkung eine Zwischenstellung zwischen dem Elapiden- und Viperngift ein. Der örtliche Schmerz ist zu Beginn nicht sehr ausgeprägt. Die Bißstelle zeigt nur unbedeutende ödematöse Veränderungen. Nach einem derartigen Biß hat der Patient das Gefühl des Eingeschlafenseins. Später treten in der Nackengegend Schmerzen auf. In der Nackenmuskulatur zeigen sich Lähmungserscheinungen. Der Kopf läßt sich nicht mehr normal aufrecht halten. Das Sprechen bereitet Schwierigkeiten. Durch die Ptose der Augenlider erhält das Opfer einen charakteristischen Gesichtsausdruck. Hinzu gesellen sich Verlust der Sehkraft und des Bewußtseins. Die Körpertemperatur bleibt in der Regel normal oder nur leicht niedriger oder erhöht. Der Blutdruck ist normal oder steigt nur schwach an. Gewöhnlich bleibt der Puls normal. In tödlichen Fällen kann er geringer oder höher sein. Das Gift von *Crotalus durissus* hat eine starke Hämolyse und enorme Schädigungen der Nieren zur Folge. Die Urinausscheidungen sind zu Beginn erhöht. Bald zeigt sich Hämoglobinurie (Blutharnen), die Ausscheidung von Blutfarbstoff, am massiv bräunlich verfärbten Harn. Die Urinausscheidungen werden seltener bis zu vollständiger Anurie. Durch Zerstörung der Nephronen, der Bausteine des Nierengewebes, kann nach einigen Tagen ein völliges Nierenversagen eintreten. In schweren Fällen verliert das Blut seine Gerinnungsfähigkeit; sonst verhält sich die Gerinnungszeit normal. Die Anzahl der Leukozyten kann sich vermehren. Oft ist die Senkungsgeschwindigkeit der Blutkörperchen vermindert. Auf einen Biß von *Crotalus durissus* folgt oft eine Anämie. Da der neurotoxische Anteil dieses Giftes sehr hoch ist, tritt der Tod nicht selten durch Lähmung des Atemzentrums und ein damit verbundenes Ersticken ein. Der Tod kann aber auch durch eine völlige Zerstörung der Nieren eintreten, seltener wird er durch Kreislaufversagen hervorgerufen.

Selbsthilfe bei Giftschlangenbiß

Ein zahlenmäßig genaues Abschätzen der durch Giftschlangenbisse hervorgerufenen Todesfälle auf der Erde ist fast unmöglich. Nach groben Schätzungen der Weltgesundheitsorganisation (1954), die auf unvollständigen und unverbindlichen Informationen beruhen, soll es auf der gesamten Welt jährlich zu ungefähr 500000 Schlangenbissen kommen, von denen 30000–40000 tödlich verlaufen. Die meisten Schlangenbisse ereignen sich in den subtropischen und tropischen Gebieten Asiens, Afrikas, Australiens und Amerikas, da die Arten- und Individuenzahl gefährlicher Giftschlangen hier besonders hoch liegt.

Es werden mehr Männer als Frauen von Giftschlangen gebissen. Die Bisse erfolgen meist in die Gliedmaßen. Bisse ins Gesicht, in den Hals oder in die Brust sind seltener, aber auch gefährlicher als Bisse in die Gliedmaßen.

Die wesentlichste Selbsthilfe gegen Schlangenbisse besteht darin, sie zu vermeiden. In giftschlangenreichen Gebieten sollte man sich folgende Ratschläge zu eigen machen: Nie sollte man unbekannte Schlangen zu necken, zu fangen, zu quälen oder gar zu töten versuchen. Ein Schlangensammler muß die Schlangen, die er zu fangen beabsichtigt, schon vorher kennen. Das Tragen von Stiefeln oder festen Lederschuhen ist eine Selbstverständlichkeit. Stets sollte man darauf achten, wo man hintritt und unübersichtliche Stellen meiden. Auch beim Klettern muß man vorsichtig sein. Wegen ihrer Tarn-Färbung ist eine auf einem Ast, Stein oder Felsblock ruhende Giftschlange oft so gut an ihre Umgebung angepaßt, daß man erst auf sie aufmerksam wird, wenn sie bereits zugebissen hat. Nie sollte man mit ungeschützter Hand unter Steine, unter Baumstämme, in dunkle Löcher, in dichtes Gebüsch oder Grasbüschel greifen. Auf diese Weise wurde der Verfasser zweimal in der Natur von Vipern gebissen.

Der Terrarianer sollte nie in der Nähe eines Giftschlangenkopfes Kot entfernen, Wasser einfüllen oder sonstige Arbeiten ausführen. Bei Giftschlangen, die ihr Gift in Abwehr verspritzen, ist das Tragen einer Schutzbrille oder eines transparenten Sichtschutzes unumgänglich. Erst jedoch, wenn sich der Pflegling im abgeschlossenen Schlupfkästchen aufhält, kann man im Behälter gefahrlos arbeiten. Es gibt Terrarianer, die ihre Giftschlangen mit toten Mäusen oder Ratten von der bloßen Hand her füttern. Ein derartiges Verhalten ist sträflicher Leichtsinn und endet früher oder später mit einem Biß. Giftschlangen sind nicht bösartig, aber sie verwechseln zuweilen die Hand mit dem Futtertier.

Es gibt Giftschlangen *(Hemachatus haemachatus, Naja haje)*, die sich bei Überreizung totstellen, dann aber aus ihrem Starrezustand aufwachen und plötzlich zubeißen. Wer eine Schlange in die Hand nimmt, sollte genau wissen, um welche Art es sich handelt.

Wesentliche Faktoren nach einem Giftschlangenbiß sind Menge, Art des eingespritzten Giftes und die Lage der Bißstelle. Ausgewachsene Schlangen geben in der Regel mehr Gift ab als Jungtiere der gleichen Art. Die abgegebene Giftmenge hängt vom Gesundheitszustand der Schlange und von der Jahreszeit ab. Wenn 2 Giftzähne in die Muskulatur eindringen, wird meist mehr Gift abgegeben als wenn nur einer eindringt.

Das Gift der einheimischen Vipern und nordamerikanischen Grubenottern ist nach dem Winterschlaf besonders wirksam. Die abgegebene Giftmenge ist um so größer, je länger die Schlange nicht gebissen hat und je kräftiger und tiefer sie ihre Zähne in das Gewebe schlägt. Manche Giftschlangen *(Naja, Bungarus)* halten den gebissenen Körperteil einen Augenblick fest und kauen möglichst viel Gift in die Wunde ein.

Nach einem Bißunfall spielen Gesundheitszustand, Alter und Gewicht der gebissenen Person eine wesentliche Rolle. Besonders gefährdet sind Herz- und Kreislaufkranke, Raucher, Trinker und Kinder. Je kleiner und leichter das Opfer ist, desto nachhaltiger machen sich in der Regel die Symptome und die entsprechenden Körperschäden bemerkbar. Wichtig ist, ob das Opfer allergisch-anaphylaktisch auf das giftige Schlangenprotein reagiert oder nicht, ob es teilweise immun durch vorhergegangene Bisse ist oder nicht. Das Gift wirkt besonders schnell und stark, wenn der Biß in einen gut durchbluteten Körperteil oder gar in eine Arterie oder Vene erfolgte. In einigen bekannten Fällen war das Opfer schon nach Minuten oder innerhalb der ersten Stunde nach dem Biß tot. Wenn der Schlangenbiß in gefäßarmes oder fettreiches Gewebe erfolgte, wird das Gift nicht so schnell in den Körper ausgeschwemmt. Die Wirkung verzögert sich dann und zeigt sich nicht so heftig.

Panik und Angstzustände sind stets von Übel, da sie die Herztätigkeit beeinflussen und somit die Giftabsorption in den Körper beschleunigen.

Bei einem Biß kann die Schlange stets die Menge des Giftes dosieren. Somit wird auch verständlich, daß nicht jeder Biß unbedingt zu einer Vergiftung führen muß. Giftschlangen injizieren nicht immer Gift wenn sie zubeißen. Oft führen sie mit geschlossenem Maul Scheinbisse aus, um den Störenfried abzuschrecken. So bleiben echte Bisse einer gereizten Schlange nicht selten folgenlos. Wird die Schlange jedoch wiederholt grob gestört, überreizt, überrascht, erschreckt und sieht sie sich in ihrer Existenz bedroht, so teilt sie verständlicherweise einen oder mehrere volle Giftbisse aus. Von wesentlicher Bedeutung für den glimpflichen oder letal endenden Ausgang eines Giftschlangenbisses ist der Zeitpunkt, zu dem das Opfer einer fachgerechten Behandlung zugeführt wird. Die Aussichten auf Erfolg sind um so sicherer, je früher die Behandlung einsetzt. Dabei ist es keineswegs gleichgültig, ob das Bißopfer zu irgendeinem Arzt oder in irgendeine Klinik eingeliefert wird. Es ist dringend darauf zu achten, daß der Patient von Ärzten und in einer Klinik medizinisch versorgt wird, die sich bei Giftschlangenunfällen wenigstens einigermaßen auskennen und sofort mit der richtigen Behandlung einsetzen, um nur keine kostbare Zeit zu verlieren. Eine oft gestellte Frage ist die, wie man sich nach einem Giftschlangenbiß verhalten soll. Der Gebissene muß sich in jedem Fall hinlegen und ruhig verhalten. Damit sich das Gift nicht unnötig schnell im Körper verteilt, darf er nicht in Panik geraten oder gar umherlaufen. Beunruhigungen sind immer schädlich. Man muß dem Gebissenen klarmachen, daß die meisten Giftschlangenbisse, selbst wenn sie unbehandelt bleiben, keinen tragischen Ausgang nehmen.

Die früher oft empfohlene und praktizierte Unsitte, möglichst viel Alkohol nach einem Giftschlangenbiß zu trinken, hat auf jeden Fall zu unterbleiben. Der Alkohol zerstört das in den Körper eingedrungene Gift nicht. Er sorgt nicht nur für eine schnellere Verbreitung des Giftes im Körper, sondern belastet darüber hinaus sämtliche Organe und den Blutkreislauf. Es sind sogar vereinzelt Fälle bekannt geworden, in denen das beklagenswerte Opfer nicht an den Folgen des Giftes, sondern des Alkohols verschied. Flüssigkeiten in Form von Tee, Kaffee, Fruchtsäften oder Wasser sollten reichlich gegeben werden. Empfehlenswert sind kreislaufstützende Medikamente. Bei Bissen in Hände, Arme, Füße oder Beine sollte man oberhalb der Bißstelle möglichst schnell mit einem Lederriemen, Gummiband oder Ähnlichem abbinden, um die Ausschwemmung des Giftes in den Körper zu verlangsamen. Etwa alle 10–20 Minuten sollte man die Abbindung für einen Augenblick lockern, um zu verhindern, daß das abgebundene Glied abstirbt. Man sollte sich aber klarmachen, daß ein Abbinden die Giftwirkungen nur hinauszögert, nicht aber verhindern kann. In manchen Fällen ist ein Abbinden des gebissenen Gliedes sogar unerwünscht oder gar nicht möglich, besonders dann, wenn der Biß in die Beine oder Füße erfolgte und das Opfer den nächsten Arzt nur zu Fuß erreichen kann. Es gibt sogar Stimmen, die das Abbinden für wenig sinnvoll halten. Teilweise besteht nämlich die Ansicht, daß sich das Gift nicht so sehr über die Blutgefäße verbreitet, sondern hauptsächlich durch die Gewebe diffundiert.

Das Einspritzen einer Kaliumpermanganatlösung unmittelbar nach dem Biß an der Bißstelle ist fragwürdig. Eine 1–2%ige Kaliumpermanganatlösung hat zwar eine stark oxidierende Wirkung im Reagenzglas, zerstört aber das Gewebe und führt oft zu starken lokalen Abszessen. Besonders nach ernsthaften Bißverletzungen muß man mit einer sterilisierten Rasierklinge oder einem scharfen Messer über der Bißstelle ein oder zwei tiefere Schnitte ausführen, um möglichst viel Gift mit dem ausfließenden Blut auszuschwemmen. Die Schnitte sind stets in der Längsrichtung und parallel zu den Muskelfasern auszuführen, damit keine Muskeln, Sehnen, Nerven und Blutgefäße zerstört werden, und es später nicht zur Folgeschäden wie beispielsweise steifen Gelenken kommt. Nach den Einschnitten bemühe man sich, durch intensives Massieren möglichst viel Blut aus der Wunde herauszuschwemmen. Bei weniger gefährlichen Bissen sollte man auf die Einschnittmethode verzichten. Es gibt Stimmen, die die Einschnittmethode ablehnen, da sie der Meinung sind, daß das Gift durch die gesetzte Schnittwunde schneller in den Blutkreislauf und damit in den Körper gelangt. Das Einschneiden an den Bißmarken hat sofort nach dem Biß zu erfolgen. Wenn 10 oder 20 Minuten verstrichen sind, ist das Einschneiden völlig wertlos und schädlich.

In ganz schweren Fällen, etwa bei einem vollen Biß einer Gabunviper in die Finger, liegt der Gedanke an die sofortige Amputation des betroffenen Gliedes nahe. Eine derartige Operation, ausgeführt mit einem sauberen Messer, kann lebensrettend sein, wenn sie unmittelbar nach dem Biß erfolgt. In früheren Zeiten brannte man die Bißwunde zuweilen aus. Dieses Verfahren, das die Ausbreitung des Giftes nicht verhindert, führt zu schweren Gewebeschäden und ist daher wertlos.

Eine gewisse Aussicht auf Erfolg bietet das Aussaugen der Bißstelle mit dem Mund. Es muß jedoch sichergestellt sein, daß in der Lippe und Zunge keine Risse und Wunden vorhanden sind. Unter unglücklichen Umständen können Schleimhautrisse im Munde und hohle Zähne zu üblen Vergiftungserscheinungen führen.

Im Amerika finden schon seit langer Zeit bei Schlangenbissen Schröpfköpfe Verwendung. Die Schröpfköpfe, die an einem Ende einen Gummiball haben, werden auf die mit einer Rasierklinge oder einem Messer erweiterte Bißwunde gesetzt. Man bemüht sich möglichst viel Blut und damit viel Gift auszusaugen. Nach einem subkutanen Biß sollte die Schröpfkopfmethode sofort Anwendung finden. Nach Arnold (1973) kann man damit rechnen, daß ca. 50% der injizierten Giftmenge ausgeschwemmt wird, wenn dieses Verfahren ununterbrochen mindestens 30 Minuten durchgehalten wird. Wird diese Saugmethode jedoch erst nach einer halben Stunde oder später eingeleitet, so ist sie wertlos, da sich das Gift schon weitgehend in den Geweben verteilt hat.

Eine häufig praktizierte Methode ist die der Cryotherapie. Dabei wird das verletzte Glied für längere Zeit in Eiswasser gelegt oder mit Eisstücken bedeckt. Durch diese Kältetherapie wird die Giftresorption in die Gewebe verlangsamt. Nach einer gewissen Zeit wird das Eis entfernt und das verletzte Körperglied erwärmt. Es zeigte sich in vielen Fällen, daß im Bereich der Bißstelle oft ungewöhnlich ausgedehnte Nekrosen, das rasche Absterben von Zellen, auftraten, die die Amputation ganzer Glieder notwendig machten. Gift und

Kälte bewirkten gemeinsam die Zerstörung der Zellen. Dagegen sind feuchtkühle Umschläge durchaus wohltuend; sie führen zu keinen Gewebezerstörungen und verzögern die Ausbreitung des Giftes, allerdings in einem geringeren Grade. Seit einigen Jahren wird diese Art der Behandlung von den Fachleuten allerdings fast einstimmig abgelehnt, die Cryotherapie aus Unkenntnis jedoch auch heute noch angewandt. In bestimmten Fällen mag die Kältebehandlung zum Nutzen des Opfers angezeigt sein, wenn nämlich von vornherein feststeht, daß wegen der Schwere des Bisses ein Körperglied geopfert werden muß. So gewinnt man Zeit für die präoperative Behandlung des Patienten.

Die wichtigste Behandlungsmaßnahme eines wirklich ernsthaften Giftschlangenbisses besteht in der subkutanen, intramuskulären oder am besten intravenösen Injektion von monovalentem oder polyvalentem Schlangenserum. Im Gegensatz zu monovalentem Schlangenserum, welches das Gift von nur einer einzigen Giftschlangenart neutralisiert, wirken polyvalente Schlangenseren auf verschiedene Schlangengifte. Polyvalentes Schlangenserum sollte besonders dann angewandt werden, wenn ein Mensch in einer von verschiedenen Giftschlangenarten bewohnten Gegend gebissen wird und die Giftschlange nicht sofort identifiziert werden kann. Gewisse polyvalente Schlangenseren neutralisieren die Gifte von Schlangen verschiedener Gattungen und Arten aus dem gleichen Verbreitungsgebiet. Andere sind ausschließlich gegen die Gifte verschiedener, in unterschiedlichen Verbreitungsgebieten lebenden Giftschlangenarten der gleichen Gattung wirksam. Die Seruminjektion sollte so schnell wie möglich erfolgen. Wenn Schlangenserum zur Anwendung kommen muß, ist darauf zu achten, daß es rechtzeitig und in hinreichender Menge verabreicht wird. 50% des Schlangenserums sollten so schnell wie möglich nach dem Biß und die restlichen 50% im Verlauf der ersten 24 Stunden verwendet werden. Bei mittelschweren Fällen sind 30–50 ml, bei schweren Fällen 60–100 ml und mehr angezeigt. Im Krankenhaus kann das Serum zusammen mit Antibiotika, Tetanus- und Gasgangrän-Antitoxinen in physiologischer Kochsalzlösung gelöst und im Kreislauftropf in die Armvene infundiert werden. Vor der Verabreichung von Schlangenserum ist vorher unbedingt zu überprüfen, ob das Bißopfer auf Hammel- oder Pferdeserum anaphylaktisch, d.h. überempfindlich, reagiert. Falls der Patient anaphylaktische Kreislaufreaktionen zeigt oder nach der Injektion von Schlangenserum sich eine Serumkrankheit (in der Regel 6–24 Tage nach der Behandlung) ausbildet, sollten sofort Antihistaminpräparate gespritzt werden. Antihistamine und Cortison sind jedoch nur dann zu verabreichen, wenn es zu echten anaphylaktischen Reaktionen kommt, da sie die Antigen-Antikörperreaktion zwischen Gift und Gegengift stören. Wesentliche Symptome der Serumkrankheit sind Unwohlsein, Fieber, Schwellungen der Lymphdrüsen und Nesselausschlag. Schmerzen und Muskelschwäche sind fast immer gegenwärtig. Schultern und Arme können von einer peripheren Nervenentzündung befallen sein.

Da Seruminjektionen – besonders dann, wenn das Serum vom Pferd stammt –, nicht ungefährlich sind und unter ungünstigen Umständen bei allergisch reagierenden Personen tödlich wirken können, sollte man bei leichten Bißfällen auf Serum verzichten. Ein anaphylaktischer Kreislaufschock kann eine sehr ernste Angelegenheit sein und ist oft schwieriger in den Griff zu bekommen als die Behandlung eines leichten Giftschlangenbisses mit herkömmlichen Mitteln. Nach Arnold (1973) machen sich bei 30% aller Grubenotternbisse keine Vergiftungserscheinungen bemerkbar, und es würde sich also eine Serumtherapie erübrigen. 56% der Bißfälle sind leichter bis mäßiger Natur und man könnte ihnen ohne Serum durch Anwendung der bereits beschriebenen Maßnahmen entgegenwirken. Für 14% der Grubenotternbisse ist die Behandlung mit Schlangenserum jedoch eine lebensrettende Notwendigkeit.

Schlangenseren sind biologisch aufgebaute Erzeugnisse, deren Moleküle gegen zu hohe Temperaturen und Licht besonders empfindlich sind. Schlangenserum darf nicht eingefroren und auch nicht offen aufbewahrt werden. Stets wird es in geschlossenen Ampullen mit je 10 ml Inhalt in den Handel gebracht und hält sich im Kühlschrank bei 6–10°C am längsten. Bei richtiger Lagerung ist es noch nach 3–5 Jahren voll wirksam. Schlangenserum, das man bei optimaler Temperatur in der Dunkelheit aufbewahrt und das nach 5 Jahren im Aussehen transparent ist, kann im Notfall selbst über das Verfallsdatum hinaus noch erfolgreich verwendet werden, besitzt dann allerdings nicht mehr die volle Wirksamkeit. Schlangenserum, das hohen tropischen Temperaturen (40–55°C) und gleichzeitiger Sonneneinwirkung ausgesetzt ist, verdirbt bald und nimmt ein trübes Aussehen an. Verdorbenes Serum muß möglichst schnell durch frisches ersetzt werden. Trockenserum in kristallähnlicher Form muß vor dem Gebrauch gelöst werden. Da es eine längere Verfallsdauer hat und in vielen Fällen wirksamer ist, ziehe ich es dem Flüssigserum in Ampullen vor.

Die Frage, ob und wann Schlangenserum verabreicht werden soll, hängt vom zeitlichen Einsetzen und der Stärke der Symptome ebenso wie von der Schlangenart ab, die den Bißunfall verursacht hat. Schlangenserum ist auf jeden Fall nach dem Biß der folgenden sehr gefährlichen Giftschlangen unerläßlich.

Elapiden:
- *Acantophis antarcticus*
- *Boulengerina annulata*
- alle *Bungarus*-Arten
- alle *Dendroaspis*-Arten
- *Hemachatus haemachatus*
- alle *Naja*-Arten
- alle *Notechis*-Arten
- *Ophiophagus hannah*
- *Oxyuranus scutellatus*
- *Pseudechis australis*
- *Pseudonaja nuchalis*
- *Pseudonaja textilis*
- *Pseudohaje goldii*
- *Walterinnesia aegyptia*

Viperiden:
- *Bitis gabonica*
- *Bitis nasicornis*
- alle *Echis*-Arten

Crotaliden:
- *Crotalus durissus*
- *Crotalus vegrandis*
- *Crotalus scutulatus*

Je nach der Schwere des Bisses, sind auch die Bißfolgen anderer Giftschlangen mit Serum zu versorgen. Wenn sich kurz nach dem Biß irgendeiner Elapide Schwäche, Übelkeit, Erbrechen, Sehstörungen, Atem- und kardiovaskuläre Beschwerden einstellen, ist die Verabreichung von hinreichenden Mengen Schlangenserum dringend geboten. Atemschwierigkeiten sind unter Umständen durch die eiserne Lunge zu überbrücken. Wenn sich nach dem Biß keine oder erst nach einer oder mehreren Stunden minimale Anzeichen einer Vergiftung zeigen, sollte nach dem Biß weniger gefährlicher Giftnattern kein Serum gespritzt werden. Der Patient ist allerdings sorgfältig zu beobachten. Um ein klares Bild von echten Symptomen zu erhalten, sind psychisch bedingte Erregungen, wenn nötig mit entsprechenden Medikamenten zu dämpfen. Wenn das Bißopfer nach 24 Stunden keine Vergiftungserscheinungen zeigt, das heißt, wenn Blutbild, Blutdruck, Elektrokardiogramm und Urinproben normal sind, kann auf eine weitere Behandlung verzichtet werden.

Bei Vipernbissen ist eine sofortige Serumbehandlung angezeigt, wenn die typischen Vergiftungssymptome wie starke Schmerzen, sich schnell vergrößernde Ödeme, Erbrechen, Durchfall, Schwächezustände, absinkender Blutdruck und einsetzender Kreislaufkollaps das Erscheinungsbild in den ersten Stunden nach dem Biß beherrschen. Ist jedoch der Kreislauf stabil, hält sich die Veränderung der Blutwerte in tragbaren Grenzen und beschränken sich die ödematösen Schwellungen

nur auf den gebissenen Körperteil, so verzichte man auf die Anwendung von Serum und behandele mit herkömmlichen Mitteln.
Die wesentlichen Behandlungsmaßnahmen nach einem Giftschlangenbiß seien an dieser Stelle nochmals in der folgenden Reihenfolge kurz aufgeführt:

1. Nicht in Panik geraten.
2. Sofortiges Abbinden oberhalb der Bißstelle. Vorsicht, damit abgebundene Stelle nicht abstirbt!
3. Sofortiges Aufschneiden und Aufsetzen eines Schröpfkopfes auf die Bißverletzung oder Aussaugen derselben, falls keine hohlen Zähne im Munde und an den Lippen keine Schleimhautrisse vorhanden sind.
4. Ruhigstellung des Patienten und des verletzten Körperteils.
5. Sofortiges Aufsuchen eines Krankenhauses oder eines Arztes, die sich einigermaßen mit Unfällen durch Giftschlangen auskennen.
6. Verabreichung von mono- oder polyvalentem Schlangenserum, **sofort** oder **möglichst schnell, intravenös** und in **großer Menge** (bei mittelschweren Fällen 30–50 ccm, bei schweren Fällen 60–100 ccm).
7. Verabreichung von Calciumpräparaten und Antihistaminen bei Serumallergien.
8. Verabreichung von Antibiotika, Tetanus- und Gasgangrän-Antitoxinen.
9. Infusionen physiologischer Kochsalz- und Glukoselösungen und in besonders schwerwiegenden Fällen Bluttransfusionen. Nach einem Giftschlangenbiß kann eine Blutuntersuchung zur Ermittlung der Blutgruppenzugehörigkeit zu falschen Ergebnissen führen!

Wie bereits erwähnt, können auch einige giftspeiende Kobraarten den Menschen gefährden. Diese Schlangen richten sich in Erregung steil empor und speien ihr Gift dem Ruhestörer entgegen. Dabei zielen sie nach dem Gesicht des Angreifers. Der Giftvorrat ist ziemlich groß, so daß die Schlangen mehrmals hintereinander zu speien vermögen. Wenn dieser fein verteilte Giftregen in die Augen gerät, stellen sich rasch durch die Verätzung der Hornhaut Schmerzen ein. In den Augen verursacht Kobragift allerdings keine systemischen Vergiftungen und ist auch nicht lebensgefährlich. Trotzdem muß eine derartige Verätzung möglichst schnell behandelt werden, da sie gelegentlich auch zu Blindheit führen kann. Sofort behandelt nehmen alle Fälle einen glimpflichen Verlauf. Um das Gift auszuwaschen, halte man die Augen in fließendes Wasser. Dies genügt vollständig, um das Gift restlos auszuschwemmen. Man muß die Spülung jedoch sofort und einige Minuten lang durchführen. Außerdem kann man das entsprechende Schlangenserum verdünnen (ein Teil Serum auf vier oder fünf Teile Wasser) in die Augen tropfen. Die Augen werden so lange mit Serum gebadet bis der Schmerz verschwindet. Wenn das Gift durch das verdünnte Serum neutralisiert ist, wäscht man die Augen mit sauberem Wasser aus. Falls kein Wasser zum Auswaschen vorhanden ist, kann man auch andere Flüssigkeiten wie Milch, Tee, Bier, Limonade oder gar Urin zum Ausspülen verwenden.
Vergiftungen durch die opistoglyphe Boomslang *(Dispholidus typus)* und die Lianennatter *(Thelotornis kirtlandii)* sind ganz besonders gefährlich und nehmen häufig einen tödlichen Verlauf, wenn sie nicht wirklich sachgerecht behandelt werden. Gegen den Biß von *Dispholidus typus* existiert ein spezifisches Serum. Dieses wird vom South African Institute of Medical Research (S.A.I.M.R.) hergestellt. Das Serum wird jedoch nur auf Anfrage und in kleinen Mengen abgegeben. Es sei darauf hingewiesen, daß dieses Serum keinen Schutz gegen den Biß von *Thelotornis kirtlandii* bietet.
Zum Schluß des Kapitels sei auf einige Serenhersteller hingewiesen. Von diesen kann man das entsprechende Schlangenserum direkt oder über eine Apotheke beziehen.

Behringwerke AG
355 Marburg/Lahn 1
Postfach 167

Schweizer Serum- & Impfinstitut (Berna)
CH-3000 Bern/Schweiz

Instituto Butantan (Butantan)
Caixa Postal 65
Sao Paulo/Brasilien

Instituto Pinheiros Productos Therapeuticos
Caixa Postal 951
Sao Paulo/Brasilien

Instituto Nacional de Salud
Calle 57, Numero 8–35
Bogota, D.E./Kolumbien

Commonwealth Serum Laboratories (CSL)
45 Poplar road
Parkville N. 2
Victoria (Australien)

Fitzsimmons Snake Laboratory
Durban/Südafrika

The South African Institute for Medical Research (SAIMR)
Hospitalstraat, R. O. Box 1038
Johannesburg/Südafrika

Haffkin Institute, Parel
Bombay 12/Indien

Central Research Institute
Kasauli/Indien

Laboratorios „MYN", S. A.
AV. Coyoacan 1707
Mexico 12, D. F./Mexiko

Instituto Nacional de Higiene
Cxda. M. Excobedo No. 20
Mexico 13, D. F./Mexiko

Institut Pasteur
25, Rue du Docteur Roux
F-Paris XVe/Frankreich

Institut d'Etat de Serums et de Vaccins Razi
B. P. 656
Teheran/Iran

Instituto Sieroterapico et Vaccinogeno Toscana
Sclavo + S.p.A.
Siena/Italien

SEVAC – Serum- und Impfstoff-Institut
Vinohrady
Praha 10/CSSR

Serotherapeutisches Institut (STIW-Sero)
Triesterstrasse 50
A-1100 Wien/Österreich

The Thai Red Cross (QSMI)
Queen Saovabha Memorial Institute
Bangkok/Thailand

Taiwan Serum Vaccine
Laboratory Nan-Kans
Taipeh/Taiwan

Wyeth Laboratories Inc.
Marietta, Pa./U.S.A.

Imunoloski Zavod
Zagreb/Jugoslawien

Auch die Frage, woher ein Arzt, der unerwartet vor die Aufgabe gestellt wird, einen von einer Giftschlange gebissenen Patienten versorgen zu müssen, die sofort notwendigen Informationen und das rettende Schlangenserum möglichst schnell erhalten kann, soll hier beantwortet werden. Die Behringwerke stellen sogenannte „Kontinentalsera" Europa, Orient, Nord- und Zentralafrika her. Diese werden nicht direkt vom Werk her an den Verbraucher ausgeliefert, sondern nur nach Vorbestellung über eine Apotheke. Die Schlangenseren von Serenherstellern aus dem Ausland sind meist bei der Anforderung im voraus zu bezahlen. Bis das betreffende Schlangenserum in Deutschland eintrifft, vergeht in der Regel viel Zeit.
Wenn der gebissene Patient das entsprechende Serum nicht selbst im Kühlschrank vorrätig hat, muß der Arzt im Notfall telefonisch über den Giftnotruf eine oder mehrere der verschiedenen Giftzentralen (diese sind 24stündig dienstbereit) in der Bundesrepublik verständigen. Hier sind die verschiedenen Seren deponiert und können in dringenden Fällen per Hubschrauber oder auf einem anderen Eilweg zum Patienten geschafft werden. Der-

artige Giftzentralen befinden sich in Berlin, Bonn, Braunschweig, Bremen, Freiburg i. Br., Hamburg, Homburg/Saar, Kiel, Koblenz, Ludwigshafen, Mainz, München, Münster, Nürnberg.
Ebenso besitzen alle zoologischen Gärten und Museen die entsprechenden Seren der Giftschlangen, die sie pflegen. Als solche kommen in Betracht: Berlin, Bremen, Darmstadt, Dortmund, Duisburg, Frankfurt, Köln, Saarbrücken, Stuttgart, Wuppertal. Über sehr gute und mengenmäßig vollständige Serendepots verfügen oft private Giftschlangenhalter, die im Notfall ebenfalls aushelfen können.

Meine eigenen Erfahrungen bei Schlangenbissen

Im Laufe meiner jahrzehntelangen Beschäftigung mit Giftschlangen wurde ich mehrere Male von verschiedenen Vipern gebissen. Die meisten Bisse, die leichter bis mittelschwerer Natur waren, habe ich ohne ärztlichen Beistand und ohne Schlangenserum selbst behandelt. Nach 2–3 Tagen Bettruhe bei gleichzeitiger Anwendung feuchtkalter Umschläge war ich wieder völlig hergestellt. Noch vorhandene leichte Schwellungen verschwanden sehr bald.
Zwei schwere Schlangenbisse, die eine stationäre Behandlung erforderten, seien in Einzelheiten beschrieben.
Am Sonntag, dem 4. März 1962, wurde ich um 13.35 Uhr von einer großen *Vipera ammodytes ammodytes* (ein Weibchen, das ich gerade aus dem Keller aus der Überwinterung geholt hatte) mit einem Zahn in das obere Glied des linken Zeigefingers gebissen. Die Giftschlange ließ nach dem Biß nicht sofort los, und ich mußte ihr mit Gewalt das Maul öffnen. Nachdem ich die Viper in das Terrarium zurückgesetzt hatte, eilte ich ins Badezimmer und erweiterte die Bißwunde mit einer scharfen Rasierklinge. Unter fließendem Wasser drückte ich durch Fingermassage so viel Blut wie möglich aus der Verletzung. Bereits nach wenigen Minuten war der Finger so angeschwollen und steif, daß kein Blut mehr austrat. Kurz nach dem Biß empfand ich in der Hand Schmerzen, die sich entlang der Nervenbahnen über den Arm bis zur linken Achselhöhle zogen und auf die linke Brustseite austrahlten. Mit 2 Lederriemen band ich den Arm oberhalb des Handgelenkes und am Oberarm ab. Die beiden Binden lockerte ich alle 15 Minuten. Der Finger und die Hand wurden zusehends dicker. Das Ödem bedeckte bald den gesamten Arm. Selbst der Hals und die linke Brustseite waren leicht geschwollen. Die Hand- und Armunterseite waren zu Beginn rot. Durch den Blutaustritt in die Gewebe trat später eine grünlich-blaue Verfärbung auf. Bereits nach einer Stunde fühlte ich mich schwach. Es bereitete mir Schwierigkeiten mich im Bett aufzurichten. Nach mehrmaligem Erbrechen stellten sich die ersten Durchfälle ein. Inzwischen war der Arzt gekommen. Er verabreichte mir sofort intramuskulär 15 ccm polyvalentes Schlangenserum (Behringwerke) gegen Bißverletzungen durch europäische Viperiden. Nach der Seruminjektion fühlte ich mich nicht besser. Meine Sprache hörte sich verwaschen an. Dadurch, daß mir das von Pferden gewonnene Schlangenserum zu schnell verabreicht worden war, schien sich ein peripherer Kreislaufkollaps anzubahnen. Auf dem Weg zum Krankenhaus stellte sich eine leichte Kurzatmigkeit ein. Im Krankenhaus wurde eine Wundexcision durchgeführt und der Blutkreislauf wurde durch mehrere Spritzen wieder stabilisiert. Im Kreislauftropf erhielt ich eine Infusion von 3 Flaschen physiologischer Kochsalzlösung durch die Armvene. Man setzte mir für kurze Zeit eine Sauerstoffmaske auf das Gesicht. Nach dieser Behandlung fühlte ich mich besser. Die Symptome des Kreislaufkollapses wie auch die Kälte, die ich am ganzen Körper verspürte, verschwanden. In den nächsten Tagen hatte sich die Körpertemperatur auf 38 °C erhöht. Die Nieren waren glücklicherweise nicht geschädigt worden, und es bestand keine Albuminurie. Genau

eine Woche nach dem Biß verließ ich das Krankenhaus. Hand und Unterarm waren noch leicht geschwollen. Im Verlauf einer weiteren Woche verschwanden auch diese Ödeme vollständig. Die Bißwunde heilte ab ohne Nekrosen zu hinterlassen.

Einen weiteren schweren Biß erlitt ich am Abend des 12. Dezembers 1967 in meinem Mainzer Studentenzimmer durch eine Östliche Diamantklapperschlange *(Crotalus adamanteus)*. Über diesen Schlangenbiß möchte ich noch ausführlicher berichten, da mir die klinischen Befunde der behandelnden Ärzte (Dr. L. Herkel, Dr. P. Baum) in einer von ihnen verfaßten Arbeit vorliegen.

Beim Reinigen des Terrariums wurde ich von der 120 cm langen Klapperschlange in den linken Kleinfinger gebissen. Nach Anlegen einer lockeren Staubinde wurde ich von Freunden in die Mainzer Universitätsklinik gebracht und kam knapp 10 Minuten später auf die Entgiftungsstation zur Aufnahme. Ich klagte über Schmerzen im Verletzungsbereich, Schwindel sowie Taubheitsgefühl und Kribbeln im linken Arm, Empfindungen, die ich weniger ausgeprägt auch am übrigen Körper verspürte.

Die Untersuchung zeigte mich als 31jährigen kräftigen Mann in gutem Ernährungszustand. Lokal waren am Rücken des Kleinfingers zwei frische, punktförmige Bißmarken zu sehen: die eine über dem Mittelgelenk, die andere 3,5 cm proximal in der Nähe des Grundgelenks. An der distalen Bißmarke bestand eine minimale Schwellung. Der übrige somatische Befund war unauffällig. Der Puls betrug 96/min., der Blutdruck 130/80 mm Hg. Ich wirkte ängstlich gespannt.

Therapeutisch wurde als erstes die Staubinde so verändert, daß sie zu einer leichten venösen Stauung 10 cm oberhalb der Bißmarke beziehungsweise jeweils 10 cm proximal der Ödemgrenzen führte. Außerdem wurde nach Kreuzblutentnahme eine 5%-Fructose-Infusion angelegt und im Hinblick auf eine mögliche Hämolyse eine mäßige forcierte Wasserdiurese eingeleitet. Weiterhin wurden 50 mg Prednisolon, 250 mg Tetracyclin, 10 mg Valium und eine Tetanol-Booster-Injektion gegeben.

Im weiteren Verlauf entwickelte sich an der Bißstelle allmählich ein livide gefärbtes Ödem, welches nach einer Stunde 2 bis 3 cm Durchmesser erreichte. Ich klagte zu dieser Zeit über verstärkte Schmerzen, allgemeines Schwächegefühl, Parästhesien und Sprachschwierigkeiten. Objektiv wirkte meine Sprache leicht verwaschen.

Der übrige neurologische Befund war unauffällig. Die Kreislaufverhältnisse blieben stabil. Nach 2 Stunden war der ganze linke Handrücken geschwollen. Am linken Arm zeigte sich ein bis zur linken Halsseite reichendes, fleckiges Erythem. Durchfälle setzten ein. Kurze Zeit später bildete sich im Bereich des Abdomens und unteren Thorax ein stark jukkendes, urtikarielles Exanthem aus. Gleichzeitig kam es zu einem allmählichen Pulsanstieg auf 116/min. und Temperaturerhöhung auf 37,9 °C. Nach weiteren 100 mg Prednisolon und Calcistin i.v. bildete sich das allergische Exanthem bald zurück. Eine lokale Kühlung von linker Hand und Unterarm in einer Schüssel mit Eisstücken wurde wegen starker Schmerzen nur kurze Zeit vertragen.

Die langsame Entwicklung der Lokalsymptome ließ anfänglich trotz der Größe und Gefährlichkeit der Schlange eine nur leichte Intoxikation erwarten. Wegen der deutlichen Zeichen einer allgemeinen Vergiftung und rasch zunehmender Lokalsymptome erschien aber jetzt eine Serumgabe notwendig und gerechtfertigt (allerdings hatte ich anläßlich des Hornvipernbisses 4 Jahre zuvor nach der Injektion von Schlangenserum (Pferdeserum) einen Kreislaufkollaps erlitten, wobei anamnetisch mit letzter Sicherheit nicht zu klären war, ob als Folge der Schlangengiftwirkung oder einer Serum-Unverträglichkeit). Nach negativer Konjunktivalprobe erhielt ich 10 ccm Schlangenserum (Antivenin crotalidae polyvalent „Wyeth“). Das Serum wurde in 500 ccm physiologischer Kochsalzlösung gelöst und über die Armvene im Verlauf von 2

Stunden in den Blutkreislauf gebracht. Schon während der Infusion verspürte ich eine deutliche Besserung des Allgemeinbefindens. Trotz der Verabreichung des Serums nahm das lokale Ödem im Laufe der nächsten Stunden weiter zu und reichte nach 24 Stunden bis zur linken Schulter. Unverträglichkeitsreaktionen traten nicht auf. Besonders an der Hand und an der Volarseite des Armes kam es zu Blutungen ins Gewebe mit entsprechender blaugrüner Verfärbung der Haut. Blasen und Nekrosen bildeten sich nicht aus. 12 Stunden nach dem Biß stellte sich eine kurzfristige Übelkeit mit Erbrechen ein. Es muß jedoch offen bleiben, ob diese Reaktionen durch die unmittelbar vorausgegangene Abnahme der Staubinde oder durch eine vorher gegebene Dolantinspritze verursacht wurden. Danach war der weitere Verlauf komplikationslos. Die erhöhte Pulsfrequenz bildete sich innerhalb von 24 Stunden zurück.

In den Laborbefunden spiegelte sich die Systemintoxikation wider. Im Urin war das Eiweiß am ersten Tag deutlich erhöht. Im Blutbild zeigte sich eine leichte Leukocytose. Als Zeichen einer Hämolyse war das Haptoglobin im Serum auf 17 mg% erniedrigt (normal 70–100 mg%), das indirekte Bilirubin auf 2,3 mg% erhöht (direktes Bilirubin 0,3 mg%). Freies Hämoglobin im Serum war nicht nachweisbar. 14 Stunden nach dem Biß bestand eine Thrombopenie von 54000/mm^3, die Thromboplastinzeit betrug 36%. 40 Stunden nach dem Biß zeigte eine Gerinnungsanalyse eine deutlich gesteigerte Fibrinolyse, eine mäßige Thrombopenie (102000/mm^3) und erhöhte Kapillarfragilität.

Bei der Entlassung am 7. Tag waren der linke Arm und die linke Hand noch stark geschwollen und die Beweglichkeit in Arm- und Fingergelenken eingeschränkt. Das indirekte Bilirubin betrug 2,2 mg%, das Haptoglobin im Serum 38 mg%. Eine Kontrolle nach 2 Wochen zeigte lediglich eine blaß-livide Verfärbung der linken Hand und Einschränkung der groben Kraft. Außer einer gering gesteigerten Fibrinolyse hatten sich alle Laborbefunde normalisiert. Die Zeichen einer Serumkrankheit blieben aus.

Immunität gegen Schlangenbisse

Unter Immunität versteht man eine ererbte oder erworbene Unempfänglichkeit gegen bestimmte Gifte oder Krankheitserreger. Die angeborene oder natürliche Immunität ist ein Bestandteil der natürlichen Abwehrvorrichtungen eines Organismus. Die erworbene Immunität entsteht durch Einwirkung eines Krankheitserregers oder durch bestimmte Gifte. Dabei bildet der befallene Organismus spezifische Antikörper, die die eingedrungenen Erreger oder das Gift neutralisieren und somit einen zeitweiligen oder dauernden Schutz bieten. Die Erkenntnis der erworbenen Immunität macht sich der Mensch bei der Herstellung von Schlangenserum zunutze.

Über einen längeren Zeitraum hinweg wird Pferden, seltener Schafen oder anderen Säugetieren eine genau abgewogene Menge von Schlangengift injiziert. Das Trockengift – die Gewinnung und Haltbarmachung des Schlangengiftes ist auf S. 10 beschrieben worden – wird gelöst und dem Tier zu Beginn der Behandlung in sehr geringer Menge eingespritzt. Die Immunisierung ist schwierig und muß mit größter Sorgfalt vorgenommen werden. Auf die ständig gesteigerten, standardisierten Giftmengen reagieren besonders Pferde empfindlich und gehen nicht selten an Herzinnenhaut- oder Nierenentzündungen ein. Die Giftdosen werden in der Regel in Zeitintervallen von 3–5 Tagen verabreicht und in dem Maße gesteigert, wie das Versuchstier Antikörper und damit Immunität aufbaut. Am Ende der Behandlung vertragen Pferde 2g Gift, das sind 80 tödliche Dosen. Wenn der gewünschte Immunitätsspiegel erreicht ist, wird den Versuchstieren in gewissen Zeitabständen zur Serumherstellung Blut entnommen. 12 Tage nach der letzten Giftinjektion zapft man einem immunen Pferd 8 Liter Blut ab. 2 weitere Aderlässe in Abständen von 6

Tagen erbringen jeweils 6 Liter Blut. Danach gewährt man dem Tier – das nach 4–6 Wochen eine erneute Giftinjektion von 2 g erhält – eine Ruhepause von 3 Monaten, ehe man die Weiterbehandlung in gleicher Weise fortführt. Der Immunisierungsvorgang ist nach 16 Monaten abgeschlossen.

Das Serum wird von den festen Bestandteilen des Blutes getrennt und gereinigt. Rohes, ungereinigtes Pferdeserum verleiht einen guten Schutz gegen Giftschlangenbiß, trägt aber die Gefahr in sich, akute allergische Erscheinungen und andere unerwünschte Nebeneffekte zu verursachen. Um derartige Reaktionen auf ein Minimum zu beschränken, wird das Serum einem teuren Reinigungsprozeß unterworfen. Die Schlangensera haben gewisse Standardmaße, das heißt, daß z.B. 1 ccm eines bestimmten Serums eine festgelegte Giftmenge neutralisieren muß. So neutralisiert bespielsweise 1 ccm südafrikanisches SAIMR-Serum 1,3 mg Kapkobragift.

Die Tatsache, daß eine Reihe von Säugetieren durch Verabreichung ständig steigender Giftmengen weitgehend immunisiert werden kann, legt die Frage nahe, ob auch Menschen durch eine ähnliche Behandlung mit Schlangengift eine gewisse Immunität erreichen können. Nach den Angaben von Fitzsimmons (1962) ist dies bei Personen möglich, die über einen längeren Zeitraum in gewissen Abständen genau dosierte Giftmengen durch Injektion erhalten, wie es bei der Herstellung von Schlangenserum mit Pferden praktiziert wird. Diese erworbene Immunität geht jedoch verloren, wenn die Verabreichung weiterer Giftinjektionen unterbleibt. Gelegentliche Giftschlangenbisse führen zu keiner oder nur zu sehr geringer Immunität. Dies beweisen die Todesfälle gewisser Schlangenschausteller, die sich nach einigen glimpflich verlaufenen Bissen für immun hielten.

In einer in Florida durchgeführten Untersuchung wurde eine größere Anzahl von Biologen, Herpetologen, Schlangenfängern und Tierhändlern, die 2- bis 12 mal von Giftschlangen gebissen worden waren, in Einzelheiten auf eine mögliche Immunität hin befragt und überprüft. Die Bisse, die fast ausnahmslos von nordamerikanischen Grubenottern verursacht wurden, verliefen von glimpflich bis fast tödlich. Bei der anschließenden medizinischen Untersuchung fand sich nicht der geringste Hinweis auf eine erworbene Immunität. Oft folgten auf mehrere mild verlaufene Bisse sehr ernsthafte Vergiftungen. Bei einer Person verliefen der fünfte und zehnte Klapperschlangenbiß am schwersten. Serumproben von diesen Personen konnten die Wirkungen von Klapperschlangengift, das Säugetieren eingespritzt worden war, nicht unterbinden. Die Hauptgründe dafür, daß keine oder nur eine unzureichende Immunität gegen die Grubenotterngifte aufgebaut werden konnte, lagen in den unregelmäßigen Zeitabständen, in denen die Bisse erfolgten, wie in den stets wechselnden Giftmengen, die bei zufälligen Bissen die Regel sind.

Um eine sichere Immunität gegen Giftschlangenbisse zu erreichen, reiben sich die südafrikanischen Zulus in regelmäßigen Zeitabständen mit Speichel vermischtes Schlangengift in offene Wunden. In anderen Teilen Afrikas essen die Eingeborenen Schlangengift oder kauen Giftschlangendrüsen. Sie glauben, daß sie damit gegen Schlangengift immun würden. In den südlichen Vereinigten Staaten lassen sich Mitglieder gewisser Sekten bei besonderen religiösen Veranstaltungen vereinzelt von Kupferköpfen und Klapperschlangen beißen. Auf diese Weise wollen sie ihre Glaubenskraft bezeugen. Der Glaube ist stark genug, wenn die gebissene Person überlebt. Gott ist ihnen dann wohlgesinnt. Vereinzelt ließen sich Gläubige 30–50mal in ihrem Leben beißen und überlebten. Bei diesen Personen ist der Aufbau einer Immunität nicht verwunderlich. Kaum ein anderer Mensch ist häufiger von Giftschlangen gebissen worden als mein Bekannter William Ernest Haast, Direktor des Miami Serpentariums in Kendall (Florida). Bill Haast, der heute mit nahezu 70 Jahren bei bester Gesundheit und in seinem Beruf sehr tätig ist, wurde weit über 100mal von den verschiedenartigsten Giftschlangen gebissen. Über die Hälfte der Bißverletzungen kamen auf das Konto von Giftnattern, hauptsächlich von Kobras. Zu den unfreiwillig erhaltenen Bissen hat sich Bill Haast über lange Zeiträume hinweg zusätzlich beträchtliche Mengen Kobragift injiziert und eine so weitgehende Immunität gegen Elapidengifte aufgebaut, daß er selbst schwere Bisse erwachsener Königskobras *(Ophiophagus hannah)* überstand. Wie er mir bei einem Besuch erzählte, stand er auch mehrere Bisse von Vipern und Grubenottern durch, gegen deren Gift er empfindlich ist.

Nach Minton (1969) ist eine Immunisierung des Menschen gegen Schlangengifte zwar schwierig, aber doch möglich. Dies wird durch Experimente an Menschen bewiesen. Nur wenige Menschen wurden bisher auf wissenschaftliche Weise gegen Schlangengift immunisiert. Einer von diesen war ein australischer Herpetologe, der in etwas mehr als einem Jahr 24 Injektionen vom Gift der australischen Tigerotter *(Notechis scutatus)* bekam. Bevor mit der experimentellen Immunisierung begonnen wurde, war er schon 9mal von australischen Giftschlangen gebissen worden. Vielleicht war dies der Anlaß, daß der Herpetologe sich mit einer Immunisierung beschäftigte. Bei der ersten Injektion erhielt er 0,002 mg Gift. Im weiteren Verlauf der Behandlung wurden die Giftmengen ständig gesteigert. Die 24. Giftdosis betrug 24 mg. Das ist eine Menge, die 8–16 Menschen tötet. Nach der Verabreichung von Tigerotterngift hatte er nie unter ernsthaften Gesundheitsstörungen zu leiden. Zuweilen stellten sich bei und nach den Giftinjektionen Schmerzen, ein Anschwellen des Arms, leichtes Fieber und Zeichen von Allergie ein. Zu Beginn des Immunisierungsexperiments enthielt sein Blut bereits 0,2 Einheiten Tigerottern-Antitoxin in einem ccm Blut, wohl als Folge seiner bereits durchgestandenen Bisse. Zwei Monate nach begonnener Immunisierung war der Antitoxinspiegel auf 5,2 Einheiten pro ccm Blut gestiegen, sicherlich ausreichend genug, um jeden Tigerotternbiß unschädlich zu machen. Ein Jahr nach Einstellung der Giftinjektionen war der Antitoxinspiegel auf 0,5 Einheiten pro ccm Blut abgesunken. Nach dem Biß einer anderen australischen Giftnatter, nämlich einer *Pseudonaja affinis* stellten sich bei ihm schwere neurotoxische Vergiftungserscheinungen ein. Seine Sicht war verschwommen und er litt unter Atembeschwerden. Die Vergiftungserscheinungen deuten daraufhin, daß das Nervengift der *Pseudonaja affinis* einen anderen chemischen Aufbau als das der *Notechis scutatus* aufweist. Ein wenig mehr als ein Jahr nach seiner letzten Spritze mit Tigerotterngift wurde er von einer 90 cm langen Tigerotter in die Hand gebissen. Er zeigte keine Vergiftungssymptome außer einer belanglosen Anschwellung der Hand. Die nach diesem Schlangenbiß vorgenommene Untersuchung zeigte, daß der Antitoxinspiegel auf das 7fache angestiegen war. Der Anstieg des Antitoxinspiegels ist als die physiologische Antwort darauf hinzudeuten, daß bei dem Biß genügend Gift in seinen Körper eingedrungen war. Die gerade beschriebene Immunisierungsmethode möchte ich nicht zur Nachahmung empfehlen. Sie ist nämlich mit großen Risiken für die Gesundheit belastet. Eine Person, die sich einer derartigen immunulogischen Prozedur unterwirft, muß immer mit dem Eintreten anaphylaktischer Reaktionen verschiedenartiger Schweregrade rechnen. Anstatt anzusteigen, kann die Widerstandsfähigkeit gegen das Gift auch absinken. Derartige Fälle sind bekannt geworden. Wird eine Immunität ohne Auftreten von Nebenreaktionen erreicht, so müssen die zeitweiligen Giftinjektionen dennoch stets beibehalten werden, da die Immunität verlorengeht, wenn weiterhin kein Gift verabreicht wird. Bei empfindlichen Personen können die häufig injizierten Giftdosen besonders Leber und Nieren dauerhaft schädigen, so daß die so lebenswichtigen Entgiftungsfunktionen mehr oder weniger herabgesetzt sind. Ein Mensch, der durch eine Immunbehandlung derartige organische Funktionseinbußen erlitten hat, ist nach einem

Schlangenbiß in größerer Lebensgefahr als eine gesunde Person, die auf herkömmliche Weise gegen das eingedrungene Gift behandelt wird. Über die angeborene Immunität bei gewissen Säugetieren und Vögeln ist schon viel berichtet worden. So haben beispielsweise Untersuchungen an den in Afrika und Asien vorkommenden Mungos gezeigt, daß diese Schleichkatzen gegen Kobragift weit widerstandsfähiger sind als Mäuse, Ratten oder Meerschweinchen. Den vollen Biß einer ausgewachsenen Kobra bezahlt indes auch der Mungo mit seinem Leben. Südamerikanische Skunks sollen selbst nach wiederholten Bissen von Lanzenottern und Klapperschlangen keine Vergiftungserscheinungen gezeigt haben. Es wird berichtet, daß der europäische Igel gegen das Gift der Kreuzotter weitgehend unempfindlich ist. Katzen und Füchse sollen gegen Schlangengift weit weniger empfindlich sein als Nagetiere. Versuche an fleischfressenden Säugetieren haben ergeben, daß diese gegen Schlangengift allgemein eine höhere Widerstandsfähigkeit aufweisen als Nagetiere und pflanzenfressende Säugetiere vergleichbaren Gewichtes. Ratten, die mit Fleisch gefüttert werden, sind gegen Schlangengift ein wenig unempfindlicher als normal ernährte Tiere; Versuche sollen dies ergeben haben. Eine physiologische Erklärung für diese Teilimmunität steht jedoch aus.

Schweine töten und fressen Giftschlangen, wenn sich ihnen eine günstige Gelegenheit bietet. Giftschlangenbisse scheinen ihnen nichts auszumachen. Ihre dicke Haut und Fettschicht schützen sie so weitgehend gegen das Gift, daß es nur in kleinsten Mengen oder gar nicht in den Blutkreislauf gerät und somit keine Vergiftung hervorrufen kann. Experimente zeigen jedoch an, daß Schweine gegen Schlangengift nicht immun sind. Vielleicht würden auch Füchse, Katzen und Igel auf Schlangenbisse eine stärkere Reaktion zeigen, wenn sie nicht durch ein dichtes Fell oder Stacheln so hervorragend geschützt wären.

Auch schlangenfressende Raubvögel sind gegen Schlangengift nicht immun. Ihre Stärke besteht im plötzlichen Angriff aus der Luft und in ihrer Schnelligkeit. Ein dichtes Federkleid und schuppige Beine bieten einen hervorragenden Schutz gegen die Zähne der Giftschlangen. Kämpfe zwischen Raubvögeln und Giftschlangen enden zuweilen für beide Partner tödlich.

Wie man Giftschlangen fängt

Seit fast 30 Jahren fange ich Schlangen, hauptsächlich Giftschlangen. In dieser Zeit sammelte ich in Mittel- und fast ganz Südeuropa, in Marokko, in Tunesien, in der Türkei, in verschiedenen Staaten der USA, auf den Bimini-Inseln, in Mexiko und in Thailand.

Der Fang von Giftschlangen ist im allgemeinen keine gefährliche Angelegenheit, wenn man einige Vorsichtsmaßregeln beachtet. Es versteht sich von selbst, daß man in von Giftschlangen bewohntem Terrain solides Schuhwerk und lange Hosen trägt. Man sollte auch die notwendigen Utensilien mit sich führen, die man im Falle eines Schlangenbisses dringend für die erste Hilfe gebraucht.

Je nach der Art der Giftschlangen, die man zu sammeln beabsichtigt, benötigt man Gabelstöcke (diese kann man sich an jedem Haselbusch selbst schneiden), stabile Schlangenhaken aus Metall mit langen Holzstielen und eine Anzahl größerer und kleinerer Leinensäckchen guter Qualität. In der Wüste muß man Schlangen zuweilen ausgraben. Für den Fang besonders flinker, baumbewohnender Giftnattern eignet sich ein langer Vierkantstab mit einer an einem Ende befestigten Lederschlinge, die lassoartig auf- und zugezogen werden kann. Asiatische Kobras *(Naja naja kaouthia)* fing der Verfasser mit dicken, langen Lederhandschuhen, die für die Zähne dieser Giftschlangen undurchdringlich waren.

Der geübte Sammler erreicht mit den Jahren eine immer größer werdende Erfahrung und Geschicklichkeit und ein fast instinktives Empfinden beim Aufspüren dieser Reptilien. Es gibt Schlangenfänger, die die Gegenwart bestimmter Schlangen an deren Geruch feststellen. Meist ist dies zur Paarungszeit der Fall.

Der Erfolg oder Mißerfolg einer Schlangenjagd hängt von verschiedenen Faktoren, wie der Jahreszeit, der augenblicklichen Witterung, dem Lebensraum der Tiere mit mehr oder weniger zugänglichen Schlupfwinkeln und schließlich der Fähigkeit des Sammlers ab, die Schlangen, die sich meist dem Untergrund der Umgebung hervorragend anpassen, auch zu entdecken.

Das Frühjahr ist die günstigste Jahreszeit für den Schlangenfang in Gebieten mit gemäßigtem bis mediterranem Klima. Bei sonnigem und warmem Wetter sind die meisten Tiere oft ganztägig außerhalb ihrer Schlupfwinkel. Die Futtersuche nach der Überwinterung beginnt, und es ist Paarungszeit. Günstig für das Sammeln von Schlangen sind auch der August, September und frühe Oktober. In den heißen Sommermonaten hat man meist vor und nach Gewittern, wie am frühen Morgen und gegen Abend, Glück bei der Suche nach Schlangen. Seit meiner Jugendzeit fange ich europäische Vipern mit der bloßen Hand und einem Gabelstock. Eine im Teller liegende oder fliehende Viper drücke ich hinter dem Kopf leicht zu Boden. Ich hebe das Tier mit der anderen Hand am Schwanz hoch, schüttele es sacht hin und her, so daß es sich nicht bis zur Hand hinaufzuschnellen vermag. Dann bringe ich es in einem bereitgehaltenen tiefen Sack mit großer Öffnung unter. Wegen ihres Gewichtes hängen unsere heimischen Giftschlangen meist ausgestreckt herab und sind bei sachtem Hin- und Herschütteln nicht in der Lage, die haltende Hand zu erreichen. Es gibt Sammler, die Vipern dicht hinter dem Kopf ergreifen. Von dieser Methode halte ich nicht viel. Die Oberkiefer dieser Schlangen sind sehr beweglich. Schon eine kleine Unaufmerksamkeit, wie Nachlassen des Druckes, genügt und ein Giftzahn hängt seitlich im Finger. Wird die Schlange zu sehr in der Halsregion gewürgt oder gar verletzt, so nimmt sie meist keine Nahrung mehr an und kümmert bis zum Tode dahin. Seit zwei Jahren verwende ich einen langen, gut gepolsterten Lederhandschuh, der jedes Risiko ausschließt.

Ein sehr dienliches Instrument für den Fang großer Giftschlangen ist der Schlangenhaken. Er eignet sich sehr zum Umwälzen von Steinen, zerfallenden Baumstämmen und altem Holz. Besonders in Nordamerika verwendet man ihn zum Fang von Klapperschlangen. Man schiebt den Haken unter den Körper der Schlange, hebt das Tier hoch und läßt es gefahrlos in den geöffneten Sack oder einen geeigneten Behälter gleiten. Die meisten Schlangen sind während der heißen Jahreszeit in Wüstengebieten nachtaktiv. Mit einer hell scheinenden Lampe leuchtet man den Wüstenboden ab und kommt zuweilen zu einer ausgezeichneten Ausbeute. Noch besser ist es, wenn man mit dem Auto auf wenig befahrenen Straßen fährt, die durch schlangenreiches Gelände führen. Die über die Straße kriechenden Schlangen sind im Scheinwerferlicht nicht zu übersehen und lassen sich leicht einsammeln. Auf diese Weise habe ich in einigen südlichen Staaten der USA Klapperschlangen, Kupferköpfe, Wassermokassinottern und in Tunesien Hornvipern gefangen. Diese Methode des Schlangenfangs wird in den USA „road side hunting“ genannt und ist besonders in lauen Nächten sehr ergiebig. In Nordafrika habe ich mit dem „road side hunting“ sehr viel weniger Erfolg gehabt als in Amerika. In einigen Wüsten Afrikas und Amerikas folgt der Schlangenfänger den frischen Spuren, die die Schlangen in der Nacht im Sand hinterlassen haben. Noch vor Sonnenaufgang macht man sich auf den Weg. Der Morgenwind hat zu dieser Zeit die Spuren meist noch nicht verwischt. Die Abdrücke der Bauchschilder sind unverwechselbar und deuten auf die betreffende Art hin. An der Form der Spur erkennt man auch die Richtung, in die die Schlange gekrochen ist. Wenn man eine frische Schlangenspur konsequent verfolgt, stößt man in der Regel auch auf die Schlange. Sie liegt gewöhnlich zusammengerollt oder ausgestreckt vor oder unter einem Busch, im

Mesquitegestrüpp, in Kaktusbeständen oder vor dem Loch eines Kleinsäugers. Hornvipern *(Cerastes cerastes)* und Avicennavipern *(Cerastes vipera)* graben sich besonders gern an Sandhügeln ein, die von Halfagras bewachsen sind. Der Körper ist mit Sand bedeckt und nur der Kopf schaut ein wenig hervor. Ganz ähnlich verhält sich die Seitenwinderklapperschlange *(Crotalus cerastes),* die hervorragend an das Leben im Sand angepaßt ist. Wie andere wüstenbewohnende Giftschlangen gräbt auch sie sich gelegentlich in den Sand ein.

Zuweilen findet man Giftschlangen in frisch ausgehobenen Gräben und ausgetrockneten Zisternen, in die die Tiere bei der nächtlichen Wanderung gefallen sind. Besonders Vipern und Klapperschlangen verbergen sich mit Vorliebe unter flachen Steinen, alten Baumstämmen, altem Holz, Brettern, Stroh und rostigen Blechen. Sie sind leicht zu erbeuten, wenn man diese Gegenstände umdreht. Im Gebirge lebende Giftschlangen halten sich vor und in schützenden Felsspalten auf, aus denen sie oft nur schwer zu entfernen sind. Nicht selten hört man die Tiere zischen, kann aber nicht an sie heran. Zahlreiche Giftschlangen leben in von Kleinsäugern, aber auch von Schildkröten gegrabenen Löchern und Gängen. Ein gutes Beispiel ist die Präriekklapperschlange *(Crotalus viridis),* die mit Vorliebe in den von Präriehunden gegrabenen Gängen lebt und beim Umpflügen unkultivierten Landes zum Vorschein kommt. Die Östliche Diamantklapperschlange *(Crotalus adamanteus)* macht die von Gopherschildkröten *(Gopherus polyphemus)* gegrabenen Gänge öfters zu ihrem ständigen Unterschlupf. Man kann die riesige Klapperschlange zum Verlassen ihrer Behausung bewegen, wenn man die Löcher mit Erdbrocken oder Lumpen verstopft. Wenn man die Ausführgänge wieder freimacht, kommt die versteckte Klapperschlange sehr bald aus dem Schildkrötenbau hervor; so erspart man sich die unbequeme Grabarbeit. Die Amerikaner fangen *Crotalus adamanteus* gelegentlich auf eine andere, aber unfaire Weise. Sie schieben einen Schlauch in den von den Schlangen bewohnten Gang und gießen Dieselöl oder Benzin hinein. Durch den Gestank, der sich entwickelt, kommen die Schlangen schnell aus den Löchern hervor und werden eine leichte Beute der Fänger. Seit einiger Zeit ist diese naturfeindliche Fangmethode mit Recht verboten worden.

Auf niederen Bäumen und Büschen lebende Grubenottern sind farblich hervorragend an ihre natürliche Umgebung angepaßt. Im einheitlichen Grün der Blätter werden sie gewöhnlich übersehen. Deshalb bereitet ihr Fang Schwierigkeiten. Auf ihre kryptische Färbung vertrauend, fliehen diese Schlangen meist nicht, wenn sie entdeckt werden und sind dann eine leichte Beute des Schlangenfängers.

Einige europäische Vipern *(Vipera latasti latasti, Vipera ammodytes meridionalis, Vipera lebetina schweizeri)* hat man im Spätsommer und Frühherbst vereinzelt auf niederen Bäumen und Büschen zu suchen. Der Grund für dieses Verhalten ist nicht bekannt. Es ist möglich, daß die große Milosotter *(Vipera lebetina schweizeri)* auf erhöhtem Astwerk durchziehenden Vögeln auflauert, die ihr eine leichte Beute werden. Meiner Meinung nach ist es aber wahrscheinlicher, daß diese Schlangen bei der niedrigeren Herbsttemperatur günstige und schattenfreie Plätze zum Sonnen suchen. Solche Büsche und Bäume sind meist von großen Steinhäufen umgeben, die den Schlangen als leicht erreichbare Überwinterungsquartiere dienen.

Der Fang flinker Giftnattern wie z.B. Hutschlangen *(Naja)* ist bei aller Vorsicht nicht ungefährlich. Mit einem langen Handschuh bewehrt, ergreift man eine fliehende Kobra am Schwanz und schleudert sie rasch, aber nicht gewaltsam auf ein freies Plätzchen. Die Schlange fühlt sich in die Enge getrieben und geht, wenn sie nicht erneut fliehen kann, mit ausgebreitetem Schild in die bekannte Angriffsstellung über. Unter das vordere Körperdrittel des Tieres schiebt man sachte einen Schlangenhaken, hebt leicht an und greift mit der anderen Hand nach dem Schwanz. Dann läßt man die Giftnatter in einen großen Sack gleiten und verschnürt sehr sorgfältig. Es ist nicht günstig, Kobras nur am Schwanz hochzuheben. Besonders frisch gefangene Exemplare sind sehr lebhaft und zappeln wild umher. Sie können sich oft an ihrem eigenen Körper emporwinden, verteilen Bisse in jeder Richtung und sind auf diese Weise besonders gefährlich. Beim Fang giftspeiender Kobras *(Naja mossambica, Naja naja atra, Naja nigricollis, Naja naja sputatrix, Hemachatus haemachatus)* ist stets eine entsprechende Brille oder ein Augenschutz zu tragen. Mambas und ähnlich gefährliche Giftnattern werden meist mit einem lassoartigen Fangstock erbeutet. Man schiebt eine solide Lederschlinge über den Kopf der Schlange und zieht so zu, daß das Tier sich nicht befreien kann, aber auch nicht verletzt wird. Die Schwarze Mamba *(Dendroaspis polylepis)* ist sehr standortstreu und hat einen ständigen Unterschlupf in einem Termitenhügel oder einem verlassenen Säugetierbau. Diese Tatsache macht sich der beherzte und erfahrene Schlangenfänger zunutze. Von der einen Seite her graben Helfer den Bau aus. Auf der anderen Seite des Unterschlupfes steht der Schlangenfänger mit der vorbereiteten Schlinge und zieht sie sofort zu, wenn die Schlange aus einem entgegengesetzten Loch erscheint, um zu entfliehen. Freunde fingen in Kenya ca. 50 cm lange Jungtiere der Schwarzen Mamba im trockenen Busch. Ihre Hände schützten sie durch lange Handschuhe.

Der Giftschlangenbehälter und seine besondere Einrichtung

Giftschlangen unterscheiden sich in ihren Lebensansprüchen nicht von ungiftigen Schlangenarten. Daher sollte der Giftschlangenbehälter so eingerichtet und in Ordnung gehalten werden, wie ich es in Band 1 „Ungiftige Schlangen“ (Seite 45) beschrieben habe. Ich brauche daher auf die Einrichtung und Unterhaltung des Giftschlangenterrariums nicht gesondert einzugehen. Wesentlich ist, daß ein Giftschlangenterrarium den Lebensbedürfnissen seiner Insassen voll gerecht wird. Eine zweite Forderung, die ebenso zwingend ist, betrifft die Sicherheit für den Pfleger. Auf einige Sicherheitsaspekte möchte ich daher kurz eingehen. Das Giftschlangenterrarium muß solide verarbeitet sein. Die Behältertür hat stets verschlossen zu sein, damit sich kein Unbefugter im Terrarium zu schaffen machen kann. Bei der Behältereinrichtung sollte man größten Wert auf Übersichtlichkeit legen. Eine Giftschlange darf sich nicht hinter einem Stein, einem Baumstumpf oder einer Pflanze verbergen können, so daß sie unbemerkt bleibt und damit eine Gefahr für den Pfleger darstellt. Exkremente werden mit einem langstieligen Löffel oder Schüppchen entfernt. So gerät man bei den notwendigen Reinigungsarbeiten nicht in Gefahr, gebissen zu werden. Bei der Fütterung verwendet man nur lange Pinzetten, die man im medizinischen Fachhandel erwerben kann oder sich von einem Klempner anfertigen läßt. Der Wasserbehälter sollte in unmittelbarer Nähe der Terrarientür stehen, da man ihn zur Reinigung und zum Auffüllen dann besser erreichen kann. In der Giftschlangenpflege hat sich das Schlupfkistchen besonders bewährt. Es läßt ein gefahrloses Arbeiten im Behälter zu. Beim Schlupfkistchen handelt es sich um einen quaderförmigen Holzkasten mit einem Deckel und einer Schiebetür, die von der Frontseite her geöffnet und verschlossen werden kann. Man kann das Schlupfkistchen ebenso im Innern des Terrariums wie außerhalb anbringen. Außerhalb angebracht stört es das Bild der Inneneinrichtung nicht. Die Außenmontierung hat einen weiteren Vorteil: Wenn sich die Schlangen im Terrarium befinden, kann man den Fronteinschlupf verschließen und etwaige Exkremente aus dem Schlupfkistchen entfernen.

Verzeichnis der beschriebenen Arten

Familie: Elapidae (Giftnattern)

- Gattung: Acanthophis (Todesottern)
  - Acanthophis antarcticus (Todesotter)
- Gattung: Aspidelaps (Schildkobras)
  - Aspidelaps lubricus (Südafrikanische Korallenschlange)
  - Aspidelaps scutatus (Schildschlange)
- Gattung: Boulengerina (Wasserkobras)
  - Boulengerina annulata (Wasserkobra)
- Gattung: Bungarus (Kraits)
  - Bungarus caeruleus (Gewöhnlicher Krait)
  - Bungarus fasciatus (Gelber Bungar)
  - Bungarus flaviceps (Rotkopfkrait)
  - Bungarus multicinctus (Vielbindenbungar)
- Gattung: Demansia (Braunschlangen)
  - Demansia psammophis (Gelbkopf-Peitschenschlange)
- Gattung: Dendroaspis (Mambas)
  - Dendroaspis angusticeps (Gewöhnliche Mamba)
  - Dendroaspis jamesoni (Jamesons Mamba)
  - Dendroaspis polylepis (Schwarze Mamba)
  - Dendroaspis viridis (Grüne Mamba)
- Gattung: Hemachatus (Ringhalskobras)
  - Hemachatus haemachatus (Ringhalskobra)
- Gattung: Maticora (Bauchdrüsenottern)
  - Maticora bivirgata (Rotbauchige Bauchdrüsenotter)
- Gattung: Micruroides (Arizona-Korallenschlangen)
  - Micruroides euryxanthus (Arizona-Korallenschlange)
- Gattung: Micrurus (Echte Korallenschlangen)
  - Micrurus frontalis (Kobra-Korallenschlange)
  - Micrurus fulvius (Harlekin-Korallenschlange)
- Gattung: Naja (Echte Kobras oder Hutschlangen)
  - Naja haje (Uräusschlange)
  - Naja melanoleuca (Schwarzweiße Hutschlange)
  - Naja mossambica (Mozambique-Speikobra)
  - Naja naja (Brillenschlange)
  - Naja nigricollis (Afrikanische Speikobra)
  - Naja nivea (Kapkobra)
- Gattung: Notechis (Tigerottern)
  - Notechis scutatus (Tigerotter)
- Gattung: Ophiophagus
  - Ophiophagus hannah (Königskobra)

Gattung: Oxyuranus (Taipans)
Oxyuranus scutellatus (Taipan)
Gattung: Pseudechis (Schwarzottern)
Pseudechis australis (Mulgaschlange)
Pseudechis porphyriacus (Rotbauchige Schwarzotter)
Gattung: Pseudohaje (Waldkobras)
Pseudohaje goldii (Schwarze Waldkobra)
Gattung: Pseudonaja (Australische Scheinkobras)
Pseudonaja nuchalis (Westliche Braunschlange)
Pseudonaja textilis (Gewöhnliche Braunschlange)
Gattung: Walterinnesia (Wüstenkobras)
Walterinnesia aegyptia (Schwarze Wüstenkobra)

Familie: Viperidae (Vipern)
Gattung: Atheris (Buschvipern)
Atheris chlorechis (Grüne Buschviper)
Atheris hindii (Ostafrikanische Bergotter)
Atheris hispidus (Rauhschuppen-Buschviper)
Atheris nitschei (Schwarzgrüne Buschviper)
Atheris squamiger (Blattgrüne Buschviper)
Atheris superciliaris
Gattung: Bitis (Puffottern)
Bitis arietans (Puffotter)
Bitis atropos (Atroposviper)
Bitis caudalis (Gehörnte Puffotter)
Bitis cornuta (Büschelbrauenotter)
Bitis gabonica (Gabunotter)
Bitis nasicornis (Nashornviper)
Bitis peringueyi (Peringuey-Wüstenotter)
Gattung: Causus (Krötenvipern)
Causus defilippii (Defilippiis Nachtotter)
Causus lichtensteini (Lichtensteins Nachtotter)
Causus resimus (Grüne Nachtotter)
Causus rhombeatus (Krötenotter)
Gattung: Cerastes (Hornvipern)
Cerastes cerastes (Hornviper)
Cerastes vipera (Avicennaviper)
Gattung: Echis (Sandrasselottern)
Echis carinatus (Sandrassel-Otter)
Echis coloratus (Arabische Sandrassel-Otter)
Gattung: Eristicophis (Macmahon-Vipern)
Eristicophis macmahonii (Macmahon-Viper)
Gattung: Pseudocerastes (Trughornvipern)
Pseudocerastes persicus (Persische Trughornviper)
Gattung: Vipera (Echte Vipern)
Vipera ammodytes (Europäische Hornotter)
Vipera aspis (Aspisviper)

Vipera berus (Kreuzotter)
Vipera kaznakovi (Kaukasusotter)
Vipera latasti (Stülpnasenotter)
Vipera lebetina (Levanteotter)
Vipera mauritanica (Atlasotter)
Vipera palaestinae (Palästinaviper)
Vipera russelli (Kettenviper)
Vipera ursinii (Wiesenotter)
Vipera xanthina (Bergotter)

Familie: Crotalidae (Grubenottern)
Gattung: Agkistrodon (Dreieckskopfottern)
Agkistrodon acutus (Chinesische Nasenotter)
Agkistrodon bilineatus (Mexikanische Mokassinotter)
Agkistrodon contortrix (Kupferkopf)
Agkistrodon halys (Halysotter)
Agkistrodon hypnale (Indische Nasenotter)
Agkistrodon piscivorus (Wassermokassinotter)
Agkistrodon rhodostoma (Malayen-Mokassinotter)
Gattung: Bothrops (Amerikanische Lanzenottern)
Bothrops alternatus (Halbmond-Lanzenotter)
Bothrops atrox (Lanzenotter)
Bothrops godmani (Godman-Lanzenotter)
Bothrops jararaca (Jararaca)
Bothrops jararacussu (Jararacussu)
Bothrops lateralis (Grüngelbe Palmenlanzenotter)
Bothrops nasutus (Stülpnasen-Lanzenotter)
Bothrops neuwiedi (Neuwied-Lanzenotter)
Bothrops schlegelii (Greifschwanz-Lanzenotter)
Gattung: Crotalus (Klapperschlangen)
Crotalus adamanteus (Östliche Diamantklapperschlange)
Crotalus atrox (Westliche Diamantklapperschlange)
Crotalus basiliscus (Mexikanische Westküsten-Klapperschlange)
Crotalus cerastes (Seitenwinder-Klapperschlange)
Crotalus durissus (Tropische Klapperschlange)
Crotalus horridus (Waldklapperschlange)
Crotalus lepidus (Felsenklapperschlange)
Crotalus mitchellii (Gefleckte Klapperschlange)
Crotalus molossus (Schwarzschwanz-Klapperschlange)
Crotalus polystictus (Mexikanische Lanzenkopf-Klapperschlange)
Crotalus pricei (Prices Klapperschlange)
Crotalus pusillus (Tancitaro-Klapperschlange)
Crotalus ruber (Rote Diamantklapperschlange)
Crotalus scutulatus (Majave-Klapperschlange)
Crotalus tigris (Tigerklapperschlange)
Crotalus vegrandis (Uracoan-Klapperschlange)

Crotalus viridis (Prärieklapperschlange)
Crotalus willardi (Willard-Klapperschlange)
Gattung: Lachesis (Buschmeister)
Lachesis muta (Buschmeister)
Gattung: Sistrurus (Zwergklapperschlangen)
Sistrurus catenatus (Massasauga)
Sistrurus miliarius (Zwergklapperschlange)
Sistrurus ravus (Mexikanische Zwergklapperschlange)
Gattung: Trimeresurus (Asiatische Lanzenottern)
Trimeresurus albolabris (Weißlippen-Lanzenotter)
Trimeresurus erythrurus (Smaragd-Bambusotter)
Trimeresurus flavoviridis (Habu-Schlange)
Trimeresurus gramineus (Grüne Bambusotter)
Trimeresurus monticola (Berg-Lanzenotter)
Trimeresurus popeorum (Pope-Lanzenotter)
Trimeresurus puniceus (Braune Baumotter)
Trimeresurus purpureomaculatus (Mangrovenviper)
Trimeresurus stejnegeri (Chinesische Baumviper)
Trimeresurus trigonocephalus (Ceylon-Lanzenotter)
Trimeresurus wagleri (Wagler-Lanzenotter)
Trimeresurus wiroti (Siamesische Palmen-Lanzenotter)

Artenbeschreibungen

Die Gattungen und Arten sind nach der alphabetischen Folge ihrer wissenschaftlichen Namen angeordnet. Auf die Beschreibung der giftigen Seeschlangen (Hydrophiidae) habe ich verzichtet, da die Haltung selbst vereinzelter Exemplare dieser Tiere bisher zu den größten Ausnahmen zählte.
Die Eingliederung der Reptilien in das gegenwärtige natürliche System liegt in den Hauptzügen einigermaßen fest. Die Vorstellungen über die Einordnung der Schlangen in Unterarten, Arten usw. wechseln auch heute noch neueren zoologischen Kenntnissen folgend und entsprechend spezifischen Auffassungen der Fachwissenschaftler. Die folgenden Angaben über die jeweilige Anzahl an Arten und Unterarten sind ebensowenig endgültig; sie richten sich weitgehend nach der „Liste der rezenten Giftschlangen“ von Konrad Klemmer unter Einbeziehung weiterer moderner Werke.

Familie Elapidae
Giftnattern

Gattung Acantophis
Todesottern
2 Arten

Acanthophis antarcticus
Todesottern
3 Unterarten

Kennzeichen: Die Todesotter kann man kaum mit einer anderen Schlange Australiens verwechseln. Der sehr breite, dreieckige Kopf setzt sich deutlich vom Hals ab. Der Körper ist gedrungen, vipernartig plump und seitlich abgeflacht. Der kurze, dünne Schwanz endet mit einem dornartigen, aufwärtsgerichteten Fortsatz. Die aufwärtsgerichteten, winkligen Augenbrauenschilder verleihen dieser Giftnatter einen eigenartig drohenden Ausdruck. Das Auge ist klein, mit vertikal elliptischer Pupille. Die Rückenschuppen sind gekielt. Die Körperfärbung, die in verschiedenen grauen, braunen oder rötlichen Farbtönen variiert, paßt sich gut dem natürlichen Untergrund der Umgebung an. Die gewöhnlich hell- bis dunkelgraue oder rostbraune Körperoberseite ist von mehr oder weniger deutlich dunklen Querbändern umgeben. Die heller gefärbte Bauchseite weist oft zahlreiche dunkle Flecken auf. Die nahe verwandte Wüsten-Todesotter *(Acanthophis pyrrhus)* unterscheidet sich von der Todesotter durch die rauhere Kopfbeschilderung, die deutlicher gekielten Körperschuppen, die ziegelrote Körperfärbung und die zahlreicheren dunklen Querbinden.
Länge: 80–90, selten bis 100 cm.
Herkunft und Lebensweise: Acanthophis antarcticus bewohnt weite Teile Australiens, Neu-Guineas und der Molukken. Man trifft sie in trockenem und feuchtem Gelände an. In den Wüsten Zentral-Australiens ist sie ebenso heimisch wie in den feuchten Küstenwäldern. Besonders häufig kommt sie in dem offenen, trockenen Savannengelände Nord-Australiens und in den Flachlangebieten Neu-Guineas vor. Das träge Geschöpf bevorzugt sandigen Untergrund, in den es sich am Tage mehr oder weniger eingräbt, oder sich zwischen trockenen Blättern, alten Ästen und unter Steinen verbirgt. Die Todesotter ist in warmen Nächten besonders aktiv. Sie kriecht umher, legt sich auf Wege und Straßen und bleibt dort zusammengeringelt liegen. Ihrem Feind weicht

sie nicht aus. In Erregung vermag sie sich unförmig aufzublähen. Sie ist von Natur aus aggressiv und beißt selbst ohne eigentlich gestört zu werden blitzartig zu. Ohne besondere Behandlung mit spezifischem Antiserum führt ihr außergewöhnlich starkes Nervengift in 50% aller Bißfälle zum Tode. An der Bißstelle zeigen sich örtlich kaum Veränderungen. Bald setzen die typisch neurotoxischen Vergiftungssymptome wie Erbrechen, allgemeine Schwäche, Schwitzen, Schluckbeschwerden und schließlich Versagen der Atemmuskulatur ein. Die Todesotter ernährt sich von Mäusen, jungen Ratten, Vögeln und Eidechsen. In Ruhestellung rollt sie sich so ein, daß das auffällige Schwanzende leicht gebogen vor ihr Maul zu liegen kommt, um bei Annäherung eines Beutetieres raupenartig hin- und herbewegt zu werden; die Bewegung der Schwanzspitze soll auf Beutetiere anlokkend wirken. *A.antarcticus* bekommt bis zu 20 lebende Junge, die gleich nach der Geburt diese auffälligen Schwanzbewegungen zeigen.

Haltung und Zucht: Da Australien den Export lebender Amphibien und Reptilien weitgehend unterbunden hat, kann man die Todesotter nur noch durch Zufall und zu einem äußerst hohen Preis bekommen. Ein Behälter mittlerer Größe (100 × 50 × 40 cm) ist für die Haltung dieser Schlangen gut geeignet. Als Bodengrund verwendet man ein Gemisch aus lockerer Walderde und Sand. Über die eingebrachte Bodenschicht legt man trockene Blätter und trockenes Moos oder einige vertrocknete Grasbüschel. Ein kleines Wassergefäß darf nicht fehlen. Das Trinkbedürfnis der Todesotter ist gering. Eine sehr milde Bodenheizung trägt wesentlich zum Wohlbefinden bei. Die Tagestemperatur sollte im Behälter zwischen 27 und 30 °C liegen und in der Nacht auf 20 °C oder etwas tiefer absinken (eine nächtliche Abkühlung bis 8 °C erträgt sie ohne Schaden). Wenn das Tier Vormittagssonne und helles Tageslicht erhält, kann man auf die 12–14stündige Beleuchtung verzichten. Als Futter bietet man Mäuse. Der Biß erfolgt blitzartig. Das Beutetier wird in der Regel bis zum Verenden festgehalten. Bei einer erwachsenen Maus tritt der Tod nach 1–2 Minuten ein. Das Futtertier kann schon nach wenigen Sekunden tot sein, wenn der Biß in den Kopf erfolgte. Diese in der Natur so bissige Schlange gewöhnt sich bei einiger Pflege nach kurzer Zeit in die Gefangenschaft ein und wird mit der Zeit recht zahm. Allerdings sollte man sie nicht mit anderen Schlangen vergesellschaften, auch nicht mit Vertretern der eigenen Art. Sie reagiert dann empfindlich und stellt die Nahrungsaufnahme ein. Die Nachzucht in der Gefangenschaft ist nur in Australien geglückt. In wenigen Fällen haben trächtig importierte Weibchen jedoch schon Junge abgesetzt.

Gattung Aspidelaps
Schildkobras
2 Arten

Aspidelaps lubricus
Südafrikanische Korallenschlange
3 Unterarten

Kennzeichen: Der kurze Kopf setzt sich kaum vom Hals ab. Das Auge ist mäßig groß, die Pupille rund. Das Schnauzenschild ist ebenso breit wie hoch oder ein wenig breiter als hoch, so daß es die Internasalschilde nicht vollständig voneinander trennt. Die Schuppen sind glatt. Sie umgeben die Körpermitte in 19 schrägen Reihen. Das Afterschild ist ungeteilt. Der gelborangefarbige Körper wird von 20–47 schwarzen Querbinden umgeben. Unter dem Auge befindet sich ein schwarzer Fleck, der den Maulrand berührt. Der erste schwarze Ring hinter dem Kopf ist zu einem breiten Nackenband ausgebildet, das in Richtung auf den Hinterkopf hin einen spitzen Winkel aufweist. Auf der Bauchseite sind die Querbinden schmaler. Die Unterart *Aspidelaps lubricus infuscatus* unterscheidet sich von der Nominatform durch die größere Anzahl von 158 Bauchschildern und 31 Schwanzschildern, den längeren und spitzeren

Schwanz und die schwächere Färbung. *Aspidelaps lubricus cowlesi* ist fast zeichnungslos.
Länge: 30–36 cm, in Ausnahmefällen bis zu 61 cm.
Herkunft und Lebensweise: Die Nominatform bewohnt den westlichen und zentralen Teil der Kapprovinz und den südlichen Oranje-Freistaat. *Aspidelaps lubricus infuscatus* kommt in Südwest-Afrika vor, während *Aspidelaps lubricus cowlesi* im südlichen Angola beheimatet ist. Die nächtlich lebende Wühlschlange bevorzugt sandige, karroo-artige Gebiete. Sie führt in diesen Trockensteppen eine sehr versteckte Lebensweise und wird nur gelegentlich beim Pflügen an die Erdoberfläche gebracht. Ihren Unterschlupf im Boden verläßt sie in der Nacht und nach heftigen Regenfällen. Zu dieser Zeit macht sie Jagd auf kleine Eidechsen, Schlangen und kleine Säugetiere. Wenn sie gestört wird oder sich bedroht fühlt, richtet sie den Vorderkörper wie eine Kobra auf: sie bläht den Hals auf, zischt und stößt meist mit geschlossenem Maul zu. Obwohl sie wie andere Giftnattern ein Nervengift besitzt, sind bisher keine tödlich verlaufenen Bisse bekannt geworden. *Aspidelaps lubricus* pflanzt sich durch Eier fort. Die Südafrikanische Korallenschlange wird zuweilen von Unkundigen mit den gebänderten Korallenschlangen der Gattung *Elapsoidea* und der Katzennatter *(Telescopus semiannulatus)* verwechselt.
Haltung und Zucht: Der Schlangenpfleger kommt meist nur durch einen glücklichen Zufall in den Besitz dieser kleinen Giftnatter. Zur Pflege genügt ein kleines Terrarium, dessen Bodengrund aus einer Mischung von Sand und Torf bestehen soll, um der Schlange das Wühlen unter der Erdoberfläche zu erleichtern. Man legt einige flache Steine oder Rindenstücke auf die Oberfläche; unter diesen verbirgt sich das Tier meist. Ein Wasserbehälter darf nicht fehlen. Als Beleuchtungsquelle genügt Tageslicht. Eine lokale Erwärmung des Bodens erübrigt sich ebenfalls. Am Tage sollen Luft und Bodentemperaturen zwischen 26 und 32 °C betragen und in der Nacht auf ca. 20 °C absinken. *Aspidelaps lubricus,* die man am Tage nicht oder kaum zu Gesicht bekommt, wird erst gegen Abend munter und kriecht dann an den Glasscheiben hin und her. Als Futter bietet man Eidechsen, die lieber als Mäuse gefressen werden. Über eine Nachzucht in der Gefangenschaft ist bisher nichts bekannt geworden.

Aspidelaps scutatus
Schildschlange
3 Unterarten
(Bild Seite 68)

Kennzeichen: Der sehr kurze Kopf setzt sich kaum vom Hals ab. Das ungewöhnlich breite Schnauzenschild bedeckt die Schnauzenspitze und läuft auf der Oberseite des Kopfes in Augenhöhe in ein stumpfwinkliges Dreieck aus. Die Pupille des mäßig großen Auges ist rund. Die Schildschlange besitzt einen gedrungenen Körper. Die Schuppen, die den Körper in 21, in Ausnahmefällen jedoch in 23 Reihen umgeben, sind glatt oder schwach gekielt. Das Afterschild ist ungeteilt. Die Färbung der Körperoberseite schwankt zwischen grau, braun, rotbraun und rötlich. Der Rücken ist von braunen bis schwarzbraunen Sattelflecken bedeckt, die gelegentlich auch das Aussehen von unregelmäßigen Querbändern annehmen können. Die Schuppen sind meist schwarz gerandet. Auf dem Kopfende befindet sich ein heller Winkelfleck. Nacken und Hals sind schwarz gefärbt. Der Unterkiefer und die Kehlregion zeigen einen weißen Farbton. Die Bauchseite ist grauweiß bis gelblich. Die Unterart *Aspidelaps scutatus bachrani* zeichnet sich durch einen einfarbig schwarzen Kopf, Hals und Nacken aus. Von der typischen Form unterscheidet sich diese Unterart nur durch den größeren Schwarzanteil auf dem Kopf, Hals und Nacken. Da es zahlreiche, fließende Übergänge gibt, gilt Aspidelaps scutatus *bachrani* heute nur noch als Farbvarietät.
Länge: 60–75 cm.

Herkunft und Lebensweise: Aspidelaps scutatus ist über weite Teile Südafrikas verbreitet. Sie bewohnt steinige und sandige Landstriche. Mit Hilfe ihres breiten Schnauzenschildes bohrt sich die kleine, plumpe Giftnatter in den lockeren Boden ein oder hält sich in den Gängen kleinerer Nagetiere auf. In der Nacht kommt sie an die Erdoberfläche, um nach Beute zu suchen. Sie ernährt sich von Eidechsen, Schlangen, Mäusen und Kröten. Bei Störung richtet sie ihren vorderen Körperteil auf und flacht ihren Hals wie eine Kobra ab. Unter lautem Zischen bläst sie ihren Körper auf und stößt meist mit geschlossenem Maul zu. Zuweilen stellt sich die Schildschlange auch tot wie die Ringhalskobra *(Hemachatus haemachatus)*. Das Gift wirkt hauptsächlich auf die Nerven ein, doch reicht die geringe Menge nicht aus, um einen erwachsenen Menschen zu töten. Es sind sehr vereinzelt Todesfälle bekannt geworden. *Aspidelaps scutatus* pflanzt sich durch Eier fort.
Haltung und Zucht: Die Schildschlange begnügt sich mit einem kleinen oder mittelgroßen Terrarium. Als Bodengrund eignet sich ein Gemisch aus feinem Sand und Torf, das an einer Stelle leicht feucht zu halten ist. Auf die Erdoberfläche legt man ein oder zwei flache Steine; unter diese bohrt sich die Schlange meist ein. Ein Wassergefäß darf nicht fehlen. Auf eine besondere Beleuchtung kann man verzichten. Zu ihrem Wohlbefinden verlangt die Schildschlange Tagestemperaturen zwischen 26 und 32 °C. Nachts soll die Temperatur auf 18–20 °C absinken. Am Tage bekommt man *Aspidelaps scutatus* nicht oder nur sehr selten zu Gesicht. Meine beiden Exemplare verließen ihre selbstgebohrten Röhren nur am Abend, meist jedoch erst in der Nacht. Die Schildschlange frißt nicht immer gut. Einzeln gehaltene Exemplare fasten lange, ehe sie sich zur Nahrungsaufnahme entschließen. Als Nahrung bietet man Eidechsen, möglichst aber frisch behaarte Mäuse, die man auch tot anbieten kann. *Aspidelaps scutatus* ist noch nicht nachgezüchtet worden.

Gattung Boulengerina
Wasserkobras
1 Art

Boulengerina annulata
Wasserkobra
2 Unterarten

Kennzeichen: Die kräftig gebaute Giftnatter besitzt einen flachen, kurzen Kopf, der sich kaum vom Hals absetzt. Das Auge ist klein mit runder Pupille. Die glatten Schuppen umgeben den Körper in 23 Reihen. Die gelbbraune bis braune Körperoberseite geht zum Schwanz hin in dunklere Farbtöne über. Der Schwanz ist schwarzbraun, die einfarbige Bauchseite hell-gelblichweiß. Die westliche Unterart *Boulengerina annulata annulata* besitzt auf der Körperoberseite 21–24 enge schwarze Querbinden. Die östliche Unterart *Boulengerina annulata stormsi* hat 3–5 schwarze Querbinden auf dem Nacken, von denen die ersten beiden den Körper ringartig umgeben. Auf der Rückenmitte schließen sich hinter den Querbinden in mehr oder weniger gleichmessenden Abständen dunkle Flecken an. Die über 2 m lang werdende *Limnonaja christyi* – einige Herpetologen stellen diese kräftige Giftnatter als weitere Unterart zu *annulata,* andere sehen in ihr eine zweite *Boulengerina*-Art – ist fast einfarbig schwarz mit gelblichen Querbinden auf dem Nacken.
Länge: 150–210 cm, ausnahmsweise bis zu 270 cm.
Herkunft und Lebensweise: Boulengerina annulata annulata kommt in Kamerun, in Gabun und im Kongo-Gebiet vor. *Boulengerina annulata stormsi* ist in Nyassaland und am Tanganyika-See beheimatet. Die weitgehend im Wasser lebende Giftnatter ist an felsigen Ufern von Flüssen und Seen anzutreffen, wo sie in Spalten und Löchern geeignete Schlupfwinkel findet. Besonders häufig soll sie am Tanganyika-See vorkommen. Die tagsüber wie nachts aktive Art ernährt sich von Fischen und Amphibien. Sie ist nicht aggressiv und flüchtet bei Gefahr sofort ins Was-

ser. Wenn man diese Schlange in Ruhe läßt, stellt sie kaum eine Gefahr für den Menschen dar. Wird sie gereizt oder fühlt sie sich bedroht, richtet sie ihren Vorderkörper auf und flacht ihn seitlich ab. In großer Erregung öffnet sie ihr Maul und stößt gegen den Angreifer vor. Über das Gift und die Bißwirkung der Wasserkobra ist kaum etwas bekannt. Daher wird auch kein Serum gegen das Gift dieser Art hergestellt. *Boulengerina annulata* legt Eier.

Haltung und Zucht: Die an Fischnahrung gewöhnte Wasserkobra benötigt ein sehr geräumiges Aquaterrarium mit einem großen Wasserteil. Den Landteil stattet man mit einem Bodengemisch aus Sand mit viel Torf aus. Eine lokale Bodenheizung ist notwendig. Bei Tageslicht erübrigt sich eine künstliche Beleuchtung über 10–12 Stunden. Die Luft- und Bodentemperatur soll während des Tages 25–28 °C betragen und nachts kaum absinken. Als Versteckmöglichkeit wählt man einige hohl liegende Steine oder einen Zierkork aus. Selbstverständlich sollte auch ein Schlupfkästchen nicht fehlen. Einige Kletteräste vervollständigen die Einrichtung eines derartigen Terrariums. Von Natur aus ist *Boulengerina* keine baum- oder buschbewohnende Art, ändert jedoch im Terrarium ihr Verhalten. Häufig ist sie auf den Kletterästen anzutreffen. Hier liegt sie zuweilen stundenlang, um Fische zu verdauen. Da diese Giftnatter ihre Exkremente meist ins Wasser absetzt, sollte man den Wasserbehälter öfters reinigen. Als Nahrung bietet man Fische und Frösche an, die die Giftnatter sowohl tot als auch lebend meist im Wasser verschlingt. Mäuse und Ratten frißt sie nicht. Über das Paarungsverhalten und die Nachzucht der Wasserkobra im Terrarium ist bisher nur wenig bekannt geworden. Charles Shaw, ehemals Kurator für Reptilien und zweiter Direktor am Zoo von San Diego, brachte ein Gelege der Wasserkobra zum Schlüpfen und zog die Jungschlangen auf. Da über das Gift und die Giftwirkung dieser großen Giftnatter kaum etwas bekannt ist, ist größte Vorsicht geboten.

Gattung Bungarus
Kraits
12 Arten

Bungarus caeruleus
Gewöhnlicher Krait
2 Unterarten

Kennzeichen: Bei dieser Art fehlt der kantige Rückenfirst. Der kurze Kopf setzt sich kaum vom Hals ab. Das Auge ist mäßig groß mit runder Pupille. Der Schwanz läuft spitz aus. Die ungekielten Schuppen umgeben den Körper in 15–17 Reihen. Der Kopf ist schwarz, die Lippenschilder sind weiß. Jungtiere weisen vor und hinter dem Auge je einen weißen Fleck auf. Die Körperoberseite zeigt auf glänzend-blauschwarzem Grund 40–46 weiße Querbinden, die zum Schwanz hin noch deutlicher hervortreten. Auf dem Vorderkörper können die Querbinden im Alter undeutlich werden oder fast verschwinden. Vereinzelte Exemplare weisen auf der Rückenmitte eine Reihe weißer Flecken auf. Die Bauchseite ist einfarbig weiß.

Länge: 100–120 cm, selten über 150 cm.

Herkunft und Lebensweise: Die Verbreitung von *Bungarus caeruleus* erstreckt sich über West-Pakistan, Vorder-Indien und Sri Lanka. Der Gewöhnliche Krait kommt stellenweise recht häufig vor und in verschiedenartigen Lebensbereichen in der Ebene, im Hügelland und im Gebirge bis zu 1800 m. Als Aufenthaltsorte wählt er Felder, Grasland oder niederen Dschungel. Nicht selten findet man ihn in unmittelbarer Nähe menschlicher Ansiedlungen, in die er zuweilen eindringt. Mit Vorliebe hält er sich im offenen, trockenen Gelände auf. Diese Giftnatter ist entschieden nachtaktiv; sie meidet die Sonne und das Tageslicht. Während des Tages hält sie sich unter Baumwurzeln, altem Holz, Steinen, Termitenhügeln oder in Erdlöchern in der Nähe von Wasser auf. Besonders in feuchten, warmen Nächten verläßt die Schlange ihre Schlupfwinkel, kriecht umher und sucht nach Beute. Ihre Nahrung besteht hauptsächlich aus

Schlangen; weniger gern frißt sie Eidechsen, Frösche, Kröten, Mäuse und Ratten. Im April oder Mai legt der gewöhnliche Krait 6–10 Eier, die ungefähr 35 × 19 mm messen. Die 26–28 cm langen Jungen schlüpfen im Mai, Juni oder Juli. Im ersten und zweiten Lebensjahr wachsen sie je um 30 cm. Während des Tages und im hellen Licht ist der Gewöhnliche Krait ungewöhnlich beißfaul. Wenn er gereizt wird, steckt er den Kopf zwischen die Körperschlingen und hebt das Schwanzende hoch. Zuweilen macht er auch plötzliche Ausfälle gegen den Angreifer, beißt aber nicht. In der Nacht sind seine Bewegungen viel wendiger und er beißt auch eher zu. Sein neurotoxisch wirkendes Gift ist ungewöhnlich stark. 4 mg sind für einen erwachsenen Menschen bereits eine tödliche Dosis. Von 35 Bißfällen endeten 77% tödlich.

Haltung und Zucht: Seiner Größe entsprechend ist *Bungarus caeruleus* in einem geräumigen Terrarium mit zahlreichen Versteckmöglichkeiten unterzubringen. Als Versteckplätze eignen sich flache, hohl liegende Steine, große Rindenstücke oder ein Baumstubben. Als Bodenfüllung verwendet man ein Gemisch aus Sand, Humuserde und Torf, das örtlich leicht feucht gehalten wird. Ein Wassergefäß ist notwendig. Wenn Luft- und Bodentemperaturen am Tage zwischen 27 und 32 °C liegen und nachts nur geringfügig absinken, kann man auf eine lokale Bodenheizung verzichten; Tageslicht genügt. Eine besondere Beleuchtung erübrigt sich, da sich der Gewöhnliche Krait während des Tages in seinem Unterschlupf aufhält. In der Dämmerung, besonders nach Sprühen von warmem Wasser, kommt er aus seinem Versteck hervor und kriecht oft stundenlang umher. Da *Bungarus caeruleus* hauptsächlich Schlangen frißt und auch kleinere Vertreter der eigenen Art nicht verschont, kommt nur Einzelhaltung in Betracht. Bei der Nahrungsaufnahme macht der Gewöhnliche Krait oft große Schwierigkeiten. Einzeln gehaltene Tiere verweigern die angebotene Nahrung über Monate oder hungern sich zu Tode, so daß eine Zwangsfütterung notwendig wird. Als Futter bietet man kleinere Schlangen und Eidechsen. Manche, sehr gut gepflegte Exemplare gewöhnen sich auch an Mäuse. Wenn die Haltungsbedingungen günstig sind, lebt sich der Gewöhnliche Krait nach einiger Zeit in die Gefangenschaft ein und ist recht ausdauernd. Der Zoo von St. Louis hält ein Tier schon seit mehr als 10 Jahren. Über eine Nachzucht in der Gefangenschaft ist bisher nichts bekannt geworden.

Bungarus fasciatus
Gelber Bungar

Kennzeichen: Der Gelbe Bungar oder Krait, von den Thais auch als Dreieckschlange „Ngu Som Liem“ bezeichnet, besitzt einen kurzen, flachen Kopf mit kleinen Augen und runder Pupille, stark verbreiterten Bauchschilden, einem hohen Rückenfirst und einer auffallend stumpfen Schwanzspitze. Der Körper ist im Querschnitt dreieckig. Die ungekielten Schuppen umgeben den Körper in 15 Reihen. Die Körperfärbung besteht aus einem Muster einander abwechselnder, ungefähr gleich breiter, heller und dunkler Querbinden. Die hellen Querbinden können gelblich, zuweilen auch weiß oder orangenfarbig sein. Die dunklen Querbinden sind glänzend-lackschwarz. Der Kopf, der sich nicht oder kaum vom Hals absetzt, ist schwarz. Das Maul ist braun. Auf der Kopfmitte verläuft je ein gelblicher Streifen schief nach hinten und unten und bildet so ein Halsband.

Länge: 150–170 cm, selten über 200 cm.

Herkunft und Lebensweise: Der Gelbe Bungar ist über den Nordosten der indischen Halbinsel, Burma, Süd-China, Hinter-Indien, die Malayische Halbinsel und den indoaustralischen Archipel verbreitet. Er kommt in der Ebene und im Gebirge bis zu 1800 m vor, wo er verschiedene Biotope, aber stets Feuchtgebiete bewohnt. An den Rändern überfluteter Reisfelder, an Tümpeln, Teichen, Sümpfen wie an Flußufern trifft man ihn häufig an. Er ist in Ortschaften und selbst großen Städten zu finden, wo er in der Regel die dicht verkrauteten Wassergräben neben Straßen und Wegen besiedelt. Selbst unter oder unmittelbar bei den Abwasserrohren der Häuser hält er sich auf. In Bangkok lebt er an den Rändern der Klongs. *Bungarus fasciatus* zeigt ein entschieden nachtaktives Verhalten. Gelegentlich trifft man ihn frühmorgens bei Dämmerlicht an. Wenn er vom Licht überrascht wird, bleibt er starr liegen. Bei Tageslicht verhält sich diese hochgiftige Schlange träge und ungewöhnlich beißfaul. Wenn sie geneckt wird, versteckt sie ihren Kopf unter oder zwischen den Windungen ihres Körpers. Die einzigen Abwehrreaktionen sind plötzliche Körperbewegungen. Ohne zu beißen, läßt sie die gröbsten Belästigungen und selbst Quälereien über sich ergehen. Eine ähnliche Lichtstarrre findet man auch bei der Gattung *Calliophis*. Der Krait ernährt sich von Schlangen und Eidechsen. Gelegentlich soll er sich auch an Amphibien, Fischen und Schlangeneiern vergreifen. Die Paarung findet im Winter statt. Das Weibchen legt im Mai oder Juni 5–12 Eier und rollt sich über oder neben dem Gelege ein und bewacht es. Die Jungen, die im Sommer ausschlüpfen, haben eine Länge zwischen 32 und 34 cm. Bisse von *Bungarus fasciatus* sind selten. Das Gift ist nicht so wirksam wie bei anderen *Bungarus*-Arten. Trotzdem kann ein Biß von *Bungarus fasciatus* unter unglücklichen Umständen schon nach 30 Minuten zum Tode führen.

Haltung und Zucht: Diese Art verlangt ein geräumiges Feuchtterrarium mit einer Bodenfüllung aus Sand, Walderde und Torf. Als Versteckplätze eignen sich Korkrinde, flache Steine oder ein Baumstubben. Der Wasserbehälter sollte besonders groß sein, da sich die Schlange während des Tages zuweilen unter Wasser einrollt und nur die Schnauzenspitze über die Wasseroberfläche hervorragt. Eine lokale Bodenheizung trägt zum Wohlbefinden des Pfleglings bei. Die Tagestemperatur sollte 28–30 °C betragen und auch nachts kaum absinken. Eine besondere Beleuchtung erübrigt sich. Wegen der Lichtempfindlichkeit dieser Schlangenart sollte das Terrarium eher schattig stehen. Da *Bungarus fasciatus* ophiophag ist, d.h. Schlangen frißt, kommt nur Einzelhaltung in Betracht. Als Futter bietet man Schlangen und Eidechsen. In seltenen Fällen frißt der Gelbe Bungar auch Fische. Manche Exemplare verweigern die Nahrung über Monate, so daß eine Zwangsfütterung notwendig ist. Gelbe Bungare, die nicht selbständig fressen, werden, wenn keine Futterschlangen vorhanden sind, mit Süßwasserfischen gestopft, die fast ausnahmslos gut und stets besser verdaut werden als enthäutete Nagetiere. Andere Exemplare gehen nach kurzer Eingewöhnungszeit ans Futter und fressen regelmäßig. Ein gut eingewöhntes Tier kann über viele Jahre in der Gefangenschaft leben. Der Krait hält eine Futterschlange zwischen den Kiefern fest. Wenn das Futtertier tot ist, arbeitet er sich mit den Kiefern zum Kopf vor und beginnt mit dem Schlingakt. Trächtig gefangene Weibchen haben in der Gefangenschaft schon Eier abgelegt. Über eine wirkliche Nachzucht ist bisher jedoch nichts bekannt geworden.

Bungarus flaviceps
Rotkopfkrait
2 Unterarten
(Bild Seite 86)

Kennzeichen: In der äußeren Erscheinung ähnelt diese sehr seltene Giftnatter dem Gelben Bungar. Der Kopf ist flach, das schwarze Auge groß mit runder Pupille. Das Schwanzende ist nicht so auffallend abgerundet wie bei *Bungarus fasciatus*. Die ungekielten Schuppen umgeben den Körper in 15 Reihen. Der Rotkopfkrait ist wegen seiner ungewöhnlich bunten Körperfärbung mit keinem anderen Vertreter seiner Gattung zu verwechseln. Der Kopf und der Schwanz sind leuchtend blutrot, zuweilen auch orange oder gelblich gefärbt. Der Rumpf zeigt ein glänzendes Schwarz mit einer feinen bläulichweißen Linie auf jeder Körperseite. Über die Rückenmitte verläuft

ein feines orangefarbenes Band oder eine Reihe gleichgefärbter Tupfen. Das Band wie die Tupfen können fehlen. Ein schwarzer Strich auf der Mitte des Hinterkopfes verschmilzt mit der schwarzen Färbung des Rumpfes.
Länge: 150 cm, selten über 200 cm.
Herkunft und Lebensweise: Der Rotkopfkrait kommt in Vietnam, Kambodscha, Süd-Thailand, auf der Malayischen Halbinsel und zahlreichen Sunda-Inseln (Borneo, Bangka, Nias, Java, Billiton) vor. Er bewohnt Dschungelgebiete im Hügelland und im Gebirge. In Süd-Vietnam ist er in den dortigen Bergwäldern anzutreffen. Von den Eingeborenen wird er Răn-hŏ-mang genannt. Da er eine sehr versteckte Lebensweise führt, wird er nur gelegentlich gefangen. In seinem Verhalten ähnelt er weitgehend dem Gelben Bungar und ist ebenfalls an Wassernähe gebunden und nachtaktiv. Tagsüber hält er sich in einem Schlupfwinkel verborgen. Als Nahrungsspezialist frißt er Schlangen und Echsen. Er besitzt ein sehr starkes Gift. Über Bißfälle ist kaum etwas bekannt. Vor Jahren wurde in Stuttgart ein Tierhändler von dieser Schlange gebissen. Das entsprechende Serum war zum Zeitpunkt des Bisses nicht vorhanden und mußte erst von auswärts beschafft werden. Allein die intensive medizinische Betreuung im Krankenhaus rettete ihm das Leben.
Haltung und Zucht: Der Rotkopfkrait wird sehr selten importiert. Gelegentlich erscheint er auf den Preislisten thailändischer Tierhändler. Da er im Verhalten und in der Auswahl seiner Lebensstätten mit dem Gelben Bungar weitgehend übereinstimmt, hat sich die Behältereinrichtung und die Pflege nach der von *Bungarus fasciatus* zu richten. Als Bodengrund bietet man ein Gemisch aus Sand, Torf und Walderde sowie einige Versteckplätze unter flachen Rindenstücken oder einem Baumstumpf. Auch solle man darauf achten, daß ein großes Wassergefäß vorhanden ist, und den Bodengrund durch Versprühen von lauwarmem Wasser leicht feucht halten. Die Tagestemperatur soll bei 28–30 °C liegen und in der Nacht kaum absinken. Als Futter bietet man Schlangen und Eidechsen. Der eierlegende Rotkopfkrait ist in der Gefangenschaft noch nicht zur Nachzucht gebracht worden.

Bungarus multicinctus
Vielbindenbungar
2 Unterarten
(Bild Seite 85)

Kennzeichen: Der Vielbindenbungar ist dem Gewöhnlichen Krait in Körperbau und Färbung sehr ähnlich. Wie bei den anderen Kraits setzt sich der kurze, flache Kopf kaum vom Hals ab. Das Auge ist klein mit runder Pupille. Der Körper ist im Querschnitt dreieckig bis oval. Der Schwanz sieht zapfenförmig aus. Die glatten Schuppen umgeben den Rumpf in 15 Reihen. Der Kopf und der Körper zeigen eine glänzend-schwarze Färbung. Der Rumpf ist von 34–45, der Schwanz von 9–16 grauweißen oder weißen Querbinden umgeben. Die Bauchseite kann dunkel gefleckt sein.
Länge: 120–140 cm.
Herkunft und Lebensweise: Die Nominatform ist in Südost-China (Chekiang, Kiangsi, Hunan, Hupeh, Kwangsi), auf Hainan und Taiwan heimisch. *Bungarus multicinctus wanghoatingi* kommt in China (Yunnan), Ost-Burma und, nach den Angaben von Dr. Wirot Nutaphand, auch in Thailand vor. Der Vielbindenbungar ist ein Tier der Ebene und kommt nur bis zu einer Höhe von ungefähr 700 m vor. Obwohl diese Art verschiedene Biotoptypen bewohnt, ist die Anwesenheit dieser Giftschlange doch stets an das Vorhandensein von Wasser gebunden. *Bungarus multicinctus* ist in Flachlandwäldern, im Bambusdschungel, in Reisfeldern, in grasigen Ebenen und an den Rändern der Entwässerungsgräben in kultiviertem Gelände oft in großer Anzahl vorhanden. Zuweilen findet man ihn auch in Städten und Vorstadtgebieten. Der Vielbindenbungar lebt nachtaktiv. Bei Dämmerungsbeginn verläßt er sein Versteck und kriecht umher. Besonders munter ist er in regnerischen Nächten. Oft sieht man ihn, wenn er Straßen und Wegen

überquert. Seine Nahrung besteht aus Schlangen, Echsen, Amphibien, Fischen und gelegentlich Kleinsäugern. Unter dem Einfluß von Licht zeigt er sich träge und äußerst beißunlustig. Bei Störung rollt er sich zu einem Knäuel zusammen. In der Nacht ist *Bungarus multicinctus* weit bewegungsfreudiger als am Tag und eher geneigt zuzubeißen. Sein neurotoxisches Gift ist sehr wirksam; die Todesrate liegt hoch. *Bungarus multicinctus* vermehrt sich durch Eier.

Haltung und Zucht: Auch diese Art benötigt zu ihrem Wohlbefinden ein geräumiges Feuchtterrarium. Nur Einzelhaltung kommt in Frage. Als Bodenfüllung verwendet man ein Gemisch aus Sand, Torf und Walderde und schafft einige Versteckmöglichkeiten unter Steinen, flacher Rinde oder einem Baumstubben. Während des Tages hält sich die Giftnatter nur in ihrem Unterschlupf auf. Ein großes Wassergefäß muß stets vorhanden sein. Die günstigsten Temperaturen liegen am Tage zwischen 25 und 30 °C. Die Temperatur sollte in der Nacht nur geringfügig sinken. Eine besondere Lichtquelle erübrigt sich; Tageslicht genügt. Der Behälter sollte im Schatten stehen. Ein Exemplar dieser Art, das der Verfasser vor vielen Jahren pflegte, hielt sich am Tage unter einem großen, flachen Rindenstück oder unter dem Schlupfkästchen verborgen. Bei Eintritt der Dämmerung kam es pünktlich aus seinem Versteck hervor und blieb oft die ganze Nacht über munter. Bei der Nahrungsaufnahme erwies es sich als unproblematisch. Es fraß Glattnattern und Kreuzottern, die es bis zum Eintreten des Todes zwischen den Kiefern festhielt und dann vom Kopf her verzehrte. Selbst tote Schlangen fraß die Giftnatter. Mäuse verweigerte sie allerdings. Mein Vielbindenbungar zeigte bei Licht seinen arttypischen Charakter. Er rollte sich ein und versteckte seinen Kopf unter den Körperschlingen. Bei Berührungen bestanden seine Abwehrreaktionen in ruckartigen Seitwärtsbewegungen. *Bungarus multicincuts* wurde bisher in der Gefangenschaft noch nicht nachgezüchtet.

Gattung Demansia
Braunschlangen
4 Arten

Demansia psammophis
Gelbkopf-Peitschenschlange
2 Unterarten

Kennzeichen: Der längliche Kopf setzt sich kaum vom Hals ab. Das Auge ist groß mit runder Pupille. Der Rumpf ist peitschenartig schlank. Den Körper umgeben 15 Reihen ungekielter Schuppen. Das Afterschild ist geteilt. *Demansia psammophis* weist eine sehr veränderliche Körperfärbung auf. Ihre Augen sind gelb gerandet. Ein kommaartiger schwarzer Fleck zieht sich vom Auge zum Maulrand. Rücken und Körperseiten sind olivbraun bis grau, einfarbig oder dunkel-gesprenkelt. Diese Grundfärbung geht zum hinteren Körperdrittel hin in rotbraune Farbtöne über. Die Bauchseite zeigt ein gelbes bis gelbgrünes Kolorit. Bei der Unterart *Demansia psammophis reticulata* ist jede Schuppe schwarz gerandet. Die schwarzen Schuppenränder bilden ein auffälliges Netzmuster.

Länge: 80–130 cm.

Herkunft und Lebensweise: Diese Art ist vom Kimberley-Distrikt bis zum westlichen Queensland über das gesamte kontinentale Australien verbreitet. Im tropischen Nord-Australien fehlt sie. Die Schlange bewohnt verschiedenartige Lebensbereiche von der Küste bis in das trockene Inland. Besonders häufig ist sie in der Savanne und in Sandsteingebieten anzutreffen. Das tagaktive Reptil lebt mit Vorliebe unter flachen Steinen, wo es auch überwintert. Bei warmem Wetter hält sich *Demansia psammophis* häufig im Freien auf und sonnt sich oder sucht nach Nahrung. Sie frißt hauptsächlich Echsen, weniger gern Mäuse, Vögel, Schlangen und gelegentlich Frösche. In ihren Bewegungen ist sie ungemein flink und verfolgt ihre Beutetiere. Die Gelbkopf-Peitschenschlange besitzt ein schwaches Gift, das beim Menschen zwar nicht zum Tode, aber zu lokalen Schwellun-

gen und Schmerzen an der Bißstelle führt. *Demansia psammophis* legt in der Regel 6 Eier. Die Eier legen die Weibchen gelegentlich gemeinsam an der gleichen Stelle unter Felsen oder Steinplatten. So fand man im Februar 1971 bei Baggerarbeiten auf einer 80 m^2 großen Lichtung 12 Meilen südlich von Gympie (Südost-Queensland) eine Ansammlung von 500–600 Eiern dieser Schlange. Die Eier waren an einer Stelle 30–60 cm tief unter einem Haufen Gesteinsschutt abgelegt worden. Beim Schlupf sind junge *Demansia psammophis* 15–18 cm lang.
Haltung und Zucht: Für die Haltung der Gelbkopf-Peitschenschlange genügt ein mittelgroßes Trockenterrarium, dessen Bodenfüllung aus einem Gemisch von Erde und Sand und einigen flachen Steinen besteht, die als Unterschlupf dienen. Auf eine Bepflanzung braucht man nicht zu verzichten, da sie bei dem geringen Körpergewicht der Schlange nicht zerstört wird. Den Wasserbehälter füllt man stets mit frischem Wasser auf. Die Beleuchtung und eine lokale, sehr milde Bodenheizung sollten während des Tages 10–12 Stunden in Betrieb sein. Eine nächtliche Abkühlung auf 18–20 °C trägt zum Wohlbefinden der Schlangen bei. Bei richtiger Pflege ist *Demansia psammophis* recht haltbar. Bei einem Bekannten hielten sich zwei dieser Schlangen stets unter der Heizlampe auf. Als Nahrung bietet man Echsen, die an dem schwachen Gift erst nach Minuten erliegen. Kleine bis mittelgroße Mäuse werden nicht so gern gefressen. Über die Fortpflanzung der Gelbkopf-Peitschenschlange im Terrarium weiß man nicht viel. Im Queensland-Museum in Brisbane wurden von verschiedenen Weibchen der Gelbkopf-Peitschenschlange Eier abgelegt. Ob sie auch zum Schlüpfen gebracht wurden, ist unbekannt.
Nord- und Ostaustralien ist die Heimat von 3 weiteren, braun gefärbten Peitschenschlangen der Gattung *Demansia. Demansia atra, Demansia olivacea* und *Demansia torquata* stimmen in ihren Biotopansprüchen wie Verhaltensweisen weitgehend überein.

Gattung Dendroaspis
Mambas
4 Arten

Dendroaspis angusticeps
Gewöhnliche Mamba
(Bild Seite 68)

Kennzeichen: Die Gewöhnliche Mamba besitzt einen langen, schmalen Kopf, der sich kaum vom Hals absetzt. Das Auge ist groß, die Pupille rund. Der Körper ist langgestreckt und überaus geschmeidig. Die länglichen, ungekielten Schuppen umgeben den Körper in 17–21 Reihen. Erwachsene Exemplare sind hellgrün, zuweilen blaugrün, seltener stahlblau. Die Bauchseite zeigt eine einfarbig gelbe Tönung. Jungtiere sind bei der Geburt blaugrün. Mit jeder Häutung geht die blaugrüne Jugendfärbung vom Kopf her zum Schwanz zu immer mehr in ein auffälliges Hellgrün über. Das Innere des Mauls der Gewöhnlichen Mamba ist im Gegensatz zur Schwarzen Mamba *(Dendroaspis polylepis)* weiß bis bläulichweiß.
Länge: 200 cm, selten bis zu 270 cm.
Herkunft und Lebensweise: Die Gewöhnliche Mamba kommt in Kenya, Tanganyika, Mozambique, Nyasaland, Rhodesien, Natal und auf Sansibar vor. Sie lebt hauptsächlich in der Ebene auf immergrünen Bäumen und Büschen, die sie nur in Ausnahmefällen verläßt. In kultiviertem Gelände ist sie oft auf Mangobäumen zu finden. Von Natur aus ist sie scheu und kaum aggressiv. Selbst bei Gefahr sperrt sie ihr Maul nie drohend auf oder züngelt als Abwehrverhalten, wie es von der Schwarzen Mamba her bekannt ist. Vor ihren Feinden flieht sie in das dichte Blattwerk der Bäume. Als Baumschlange ernährt sie sich hauptsächlich von Vögeln und deren Eiern, frißt aber auch kleinere Säugetiere und Echsen. Das Gift von *Dendroaspis angusticeps* ist in seiner Wirkung ungefähr halb so stark wie das von *Dendroaspis polylepis.* Die Gewöhnliche Mamba pflanzt sich durch Eier fort, die sie in den Humus hohler Bäume oder auf dem Erd-

boden in Laubhäufen ablegt. Die Eiablage findet gewöhnlich im Oktober oder November statt. Den Paarungen gehen zuweilen Kommentkämpfe voraus. Dabei umschlingen sich mehrere Männchen mit den Körpern und versuchen sich gegenseitig zur Seite zu drükken. Die Kommentkämpfe enden in der Regel mit der Flucht der schwächeren Männchen. Wegen ihres schlanken Körperbaus, der leuchtend grünen Färbung wie ihrer baumbewohnenden Lebensweise wird die Grüne Mamba oft mit der ebenfalls giftigen Boomslang *(Dispholidus typus)* und der harmlosen Grünen Buschschlange *(Philothamnus semivariegatus)* verwechselt.

Haltung und Zucht: Wie die anderen drei Mamba-Arten benötigt auch *Dendroaspis angusticeps* ein geräumiges Giftschlangen-Terrarium mit zahlreichen Kletterästen und einer guten Bepflanzung. Als Bodengrund hat sich ein Gemisch aus Sand mit Walderde bewährt. Der Wasserbehälter sollte groß und ständig mit frischem Wasser angefüllt sein. Da sich die schlanke Giftnatter stets auf den Kletterästen aufhält, ist eine Bodenheizung überflüssig. Das Mamba-Terrarium sollte hell stehen. Wenn das Terrarium helles Tageslicht und über einige Stunden Sonne erhält, kann man auf die 10–12stündige Beleuchtung verzichten. *Dendroaspis angusticeps* verlangt zu ihrem Wohlbefinden Tagestemperaturen zwischen 25 und 28 °C, die in der Nacht auf 18–20 °C sinken dürfen. Ein zwei- bis dreimaliger Sprühregen pro Woche mit leicht angewärmtem Wasser tut den Schlangen sehr wohl. Sie nehmen das von den Blättern, den Zweigen und ihrem eigenen Körper herabrinnende Wasser in Tropfenform auf. Bei sachgerechter Pflege halten sich Mambas jahrelang bei bestem Wohlbefinden in Gefangenschaft. Meine Tiere legten nach kurzer Eingewöhnung ihre Schreckhaftigkeit ab und wurden ausgesprochen zahm. Mäuse und Hühnerküken nahmen sie stets willig von einer langen Pinzette an. Lebende Beutetiere ließen sie nach blitzartigem Zubiß meist los und suchten sie nach dem Verenden auf, um sie vom Kopf her zu verzehren. Bei günstiger Temperatur ist die Verdauung nach 2–3 Tagen beendet. *Dendroaspis angusticeps* züchteten Kratzer und Brunner nach. Die Schlangen wurden am Abend des 22. April 1972 bei der Paarung beobachtet. Die Kopulationszeit dauerte 15–17 Stunden. Das Weibchen legte am 30. Juli des gleichen Jahres 5 große, gesund aussehende und 3 kleine, offensichtlich unbefruchtete Eier. Die Eier wurden in einem Brutapparat mit einer Kiesschicht und Torfmull bei 28–30 °C untergebracht. Am 22. und 25. Oktober, also nach 85 und 88 Tagen, schlüpften 2 junge Mambas von etwa 40 cm Länge, die bereits 5 Tage nach dem Schlüpfen die ersten Jungmäuse fraßen. Ein weiteres geschlüpftes Jungtier erwies sich als nicht lebensfähig.

Dendroaspis jamesoni

Jamesons Mamba
2 Unterarten

Kennzeichen: Der langgestreckte, kegelförmig zugespitzte Kopf mit den großen Augen und der runden Pupille setzt sich mäßig deutlich vom Hals ab. Die Schläfen stoßen fast rechtwinklig gegen die Stirnseiten. Der stromlinienförmig gestreckte Körper ist überaus beweglich. Die Rücken- und Flankenpartien variieren zwischen gelblich- und grasgrün. Der Halsbereich, die Schläfen und die Bauchseite sind zitronengelb. Hellere und dunklere Zonen wechseln in regelmäßigen Abständen miteinander ab und deuten schräg nach hinten verlaufende Querstreifen an. Jede einzelne der in 15–19 schiefen Reihen angeordneten Schuppen ist mehr oder weniger schwarz eingefaßt. Die Schuppen sind ungekielt. Bei der Unterart *Dendroaspis jamesoni kaimosae* sind die Schwanzschuppen gelb- und schwarzgesäumt. Die Unterart *Dendroaspis jamesoni kaimosae* besitzt einen glänzend-lackschwarzen Schwanz, dessen Spitze in einen weißen Dorn ausläuft.

Länge: Selten über 240 cm, ausnahmsweise bis 360 cm.
Herkunft und Lebensweise: Dendroaspis jamesoni hat eine weite Verbreitung in West-, Zentral- und im westlichen Ost-Afrika. Sie lebt in der Ebene und im Gebirge. Dort bewohnt die teils baum- teils bodenbewohnende Giftnatter feuchtwarme Vegetationszonen wie Regen- und Flußwälder. Wegen ihrer Tarnfärbung übersieht man die Schlange meistens, wenn sie reglos im Blattwerk der Bäume und Gebüsche liegt. Wird sie gestört, flieht sie gewöhnlich nicht ins Astwerk, sondern gleitet auf den Erdboden herab. Sie ist hauptsächlich während des Tages aktiv und setzt im Geäst liegend ihren Körper den Sonnenstrahlen aus. Wie *Dendroaspis angusticeps* schwimmt sie ebenfalls hervorragend. In ihrem Wesen ist sie wachsam, aber nicht aggressiv. In starker Erregung flacht sie die Halsregion seitlich ab. Dabei züngelt sie zur Abwehr und beißt erst dann blitzschnell zu. Ihr Gift wirkt stark neurotoxisch. Ein unbehandelter Biß dieser Mamba-Art führt meist in kurzer Zeit zum Tode. *Dendroaspis jamesoni* ernährt sich von Vögeln und Kleinsäugern. Über ihre Fortpflanzung ist nur wenig bekannt, jedoch dürfte auch diese Art eierlegend sein.
Haltung und Zucht: Diese prachtvoll gefärbte und haltbare Giftnatter verlangt ein geräumiges Regenwaldterrarium, dessen Bodengrund aus einem Gemisch humushaltiger Walderde und Sand bestehen soll. Ein weitverzweigter Kletterbaum darf nicht fehlen. Stets muß der Wasserbehälter sauberes Wasser enthalten. Da sich die Schlangen meist in der Astregion aufhalten, kann man auf eine Bodenheizung verzichten. Das Mamba-Terrarium sollte an einem hellen Standort mit Morgensonne stehen, andernfalls muß man die Beleuchtung am Tage 10–12 Stunden in Betrieb halten. Meine *Dendroaspis jamesoni kaimosae* fühlte sich am Tage bei Lufttemperaturen zwischen 25 und 29 °C und in der Nacht bei 18 und 20 °C wohl. Ich erhielt diese Schlange als etwa 50 cm langes Jungtier von dem heute leider verstorbenen J. H. E. Leakey aus Nakuru (Kenya), der sie im Kakamega-Regenwald gefangen hatte. Die relative Luftfeuchtigkeit schwankt hier zwischen 60 und 90% und liegt meist bei 75 bis 80%. Die junge *Dendroaspis jamesoni kaimosae* zeigte sich zu Beginn scheu. Eine Woche später wagte sich die Schlange an nestjunge Mäuse und nackte Vögel heran. Sie fraß stets ausgezeichnet und vertilgte bald ausgewachsene weiße Mäuse, Wildmäuse, Goldhamster, mittelgroße Ratten, Vögel und Hühnerküken, die sie mit S-förmig gekrümmtem Vorderkörper anschlich und im Vorwärtsstoß erbeutete. Tote Futtertiere nahm sie anstandlos von einer langen Futterpinzette. Bei den angegebenen Temperaturen war die Verdauung nach 24–48 Stunden beendet, wie die ausgeschiedenen Exkremente zeigten. Bei einer derartig vielseitigen Kost war dieses Tier bereits nach 28 Monaten auf 180 cm herangewachsen. Wochen- oder gar monatelange, periodisch auftretende Fastenzeiten, die bei vielen Schlangen die Regel und an eine gewisse Jahreszeit gebunden sind, hat meine *Dendroaspis jamesoni kaimosae* nicht durchgemacht. Lediglich vor jedem Häutungsprozeß, der sich drei- bis viermal jährlich einstellte, verweigerte sie kurzzeitig die Nahrungsaufnahme. Die Schlange schien das wöchentliche und kurz vor jeder Häutung mehrmals tägliche Bebrausen mit lauwarmem Wasser (ca. 25 °C) sehr zu schätzen. Stets nahm sie die an ihrem Körper und an den Ästen herunterlaufenden Tropfen unter kauenden Bewegungen auf. Die Häutung vollzog sich stets im Geäst. Anders als die von mir gehaltenen Schwarzen Mambas, die völlig zahm waren, zeigte die *Dendroaspis jamesoni kaimosae* noch nach Jahren ihr ungestümes Wesen, war jedoch nie aggressiv. Bei Störungen räumte sie ihren Platz unter der Heizlampe nur ungern und setzte sich bei weiterer Behelligung zur Wehr. Ein seltsames Verhalten auf leichte Störungen waren „verneinende", ruckartige Kopfbewegungen, meist in horizontaler Richtung. Bei meinen beiden anderen Mamba-Arten *(Dendroaspis polylepis* und *Dendroaspis angusticeps)* habe ich diese Re-

aktion bei Erregung nie beobachtet. *Dendroaspis jamesoni* wurde meines Wissens bisher noch nicht in der Gefangenschaft nachgezüchtet.

Dendroaspis polylepis
Schwarze Mamba
2 Unterarten
(Bild Seite 122)

Kennzeichen: Die Schwarze Mamba ist schlank und geschmeidig, der Kopf lang und schmal, der Körper überaus muskulös. Das Auge besitzt eine runde Pupille. Die sehr verlängerten Giftzähne stehen weit vorn im Oberkiefer. Die Schuppen sind glatt. Bei der Nominatform umgeben sie den Körper in 23 Reihen. Die Unterart *Dendroaspis polylepis antinorii* weist 25 und mehr Schuppenreihen um die Körpermitte auf. Junge Schwarze Mambas sind graugrün bis olivfarben, nur im Alter dunkeln sie sehr nach. Erwachsene Schwarze Mambas zeigen eine olivbraune, graubraune, bleigraue und selten eine schwarzbraune Körperfärbung. Auf einzelnen Schuppen finden sich schwarze, unregelmäßige Flecken. Im Abstand von 2–3 cm ziehen dunkelgraue Streifen schräg über die mittleren und hinteren Körperpartien. Die Bauchseite ist grünlich bis gelblichweiß und teilweise von schwarzen Sprenkeln durchsetzt.
Länge: 300 cm, selten bis 420 cm.
Herkunft und Lebensweise: Das Verbreitungsgebiet der Schwarzen Mamba erstreckt sich über weite Teile Mittel- und Süd-Afrikas, wo sie hauptsächlich in trockenem Buschland vorkommt. Sie bewohnt die Ebene und steigt im Gebirge bis zu 1200 m empor. Die Schwarze Mamba ist sehr ortstreu. Wenn sie nicht gestört wird, hält sie sich oft über Jahre an der gleichen Stelle auf. Sie lebt in Höhlen, die von Tieren gegraben wurden, in Felsspalten, unter verrotteten Baumstümpfen und mit Vorliebe unter verlassenen Termitenhügeln oft in Gesellschaft mit Vertretern der eigenen Art oder anderen Arten wie zum Beispiel der Schwarzhalsigen Speikobra *(Naja nigricollis)*. Die Schwarze Mamba hält sich mehr auf dem Erdboden als auf Bäumen auf. Von ihrem Schlupfwinkel aus durchstreift sie das Gelände nach Beutetieren oder einem Geschlechtspartner. Stets kehrt sie zu ihrem Unterschlupf zurück. *D. polylepis* ist die längste und gefürchtetste Giftschlange Afrikas. Sie greift nie an und verfolgt auch keinen Menschen, setzt sich aber zur Wehr und beißt sofort zu, wenn sie keine Möglichkeit zur Flucht mehr hat. Wegen ihrer Länge, ihrer blitzschnellen Reaktionen und der Fähigkeit zielsicher in jede Richtung beißen zu können, stellt eine erwachsene Schwarze Mamba in freier Natur einen gefährlichen Gegner dar. Ihre Sinnesorgane sind gut entwickelt. Man kann sich dieser Giftschlange nur selten unbemerkt nähern. Bei einer Störung durch die sie sich bedroht fühlt, nimmt *Dendroaspis polylepis* eine eigenartige Angriffsstellung ein. Sie krümmt ein Drittel oder die Hälfte des Vorderkörpers mehrmals S-förmig, der Kopf wird waagerecht oder schräg nach oben gehalten und die Halsregion zu einem schmalen „Hut" ausgebreitet. Der Zustand der Erregung zeigt sich an einem langanhaltenden Züngeln. Schwarze Mambas lassen in Angriffsstellung eigenartig hohlklingende Zischlaute ertönen. Bei stärkerer Reizung öffnen sie das Maul drohend, so daß man das scharze Innere des Mauls sehen kann. In dieser Stel-

---

Oben links: Abb. 1: Vipera mauritanica mauritanica (Atlasotter) s. Seite 123
Oben rechts: Abb. 2: Vipera kaznakovi (Kaukasusotter) s. Seite 117
Mitte links: Abb. 3: Pseudocerastes persicus persicus (persische Trughornviper) s. Seite 110
Mitte rechts: Abb. 4: Vipera latasti latasti (Stülpnasenotter) s. Seite 117
Unten links: Abb. 5: Vipera russelli (Kettenviper) s. Seite 125
Unten rechts: Abb. 6: Vipera berus sachalinensis (Sachalinische Kreuzotter) s. Seite 115

lung fährt die Schwarze Mamba mit der Elastizität einer gespannten Feder auf den Gegner los. Das äußerst wirksame neurotoxische Gift wird in großen Mengen von den Giftdrüsen abgeschieden. Es blockiert die geregelte Tätigkeit der Nerven und schädigt das Herz. Bei einem Biß der Schwarzen Mamba läßt die Atmung bis zum völligen Versagen nach. Das Herz pumpt noch einige Augenblicke wild weiter. Bereits zwei Tropfen Mambagift genügen, um einen erwachsenen Menschen zu töten. Das monovalente Schlangenserum stellt bei einem Biß der Schwarzen Mamba das einzig wirkungsvolle Gegenmittel dar. *Dendroaspis polylepis* ernährt sich hauptsächlich von Vögeln und Kleinsäugern. Kleine Beutetiere hält sie meist zwischen den Kiefern fest. Größere werden nach dem Verenden aufgespürt und in der Regel vom Kopf her verschlungen. Die Verdauung ist oft schon nach einem Tag beendet. Die Paarung findet von Juni bis Ausgust statt. Meist im November werden bis zu 14 Eier abgelegt, die ungefähr 70 × 30 mm groß sind. Beim Schlüpfen sind die jungen Mambas zwischen 38 und 60 cm lang. Bei günstigem Nahrungsangebot ist ihr Wachstum überaus schnell. Junge Schwarze Mambas können im ersten Lebensjahr eine Länge von 180 cm erreichen.

Haltung und Zucht: Für die Haltung dieser riesigen Giftschlange benötigt man ein geräumiges, übersichtliches Trockenterrarium mit einem verschließbaren Schlupfkasten und einem weitverzweigten Kletterbaum. Als Bodengrund verwendet man groben Sand und Gesteinsbrocken. Ein Wasserbecken darf nicht fehlen. Eine sehr milde Bodenheizung erscheint notwendig. Meine Exemplare lagen zuweilen auf der Bodenheizung, um sich zu wärmen. Tagsüber soll das Thermometer zwischen 25 und 30°C anzeigen. In der Nacht dürfen die Temperaturen auf 20°C und etwas tiefer sinken. In meinem Mamba-Terrarium betrug die relative Luftfeuchtigkeit zwischen 60 und 90%, meist lag sie bei einem Mittelwert zwischen 75 und 80%. In diesem Klima fühlten sich meine *Dendroaspis polylepis,* die ich als etwa 50 cm lange Babies erhielt und über 7 Jahre in der Gefangenschaft hielt, ausgesprochen wohl. Ihr guter Appetit und ihr intensiver Stoffwechsel sprachen dafür. Wenn Schwarze Mambas in freier Natur auch eine gesteigerte Aggressivität an den Tag legen, so entwickeln sie sich in der Gefangenschaft schon nach kurzer Eingewöhnungszeit zu ruhigen Pfleglingen. Sie legen bald ihr anfängliches Ungestüm ab und gewöhnen sich vollständig an die im Terrarium stattfindenden Arbeiten. Niemals überkommt sie jene plötzliche und unberechenbare Wut, wie man sie vereinzelt von Kobras oder Klapperschlangen her kennt. Ich konnte das Mamba-Terrarium stets gefahrlos reinigen, obwohl die Tiere jede Handbewegung neugierig und lebhaft beobachteten. *Dendroaspis polylepis* verliert weit schneller als andere Elapiden ihre Scheu und geht nicht bei jeder Gelegenheit in Angriffsstellung über. Mit der nötigen Ruhe, aber auch stetiger Vorsicht behandelt, ist die Schwarze Mamba nicht gefährlicher als andere Giftschlangen, dafür aber ein ausdauerndes und durch ihre bestechende Eleganz besonders stattliches Terrarientier. Schwarze Mambas sind gierige Fresser, die sowohl tote als auch lebende Mäuse, Ratten, Goldhamster und Hühnerküken annnehmen. Vom Boden oder vom Geäst aus schleichen sie sich nahe genug an das Futtertier heran, krümmen die vordere Körperpartie 2–3mal S-förmig zusammen und schnellen in der nächsten Sekunde wie ein abgeschossener Pfeil nach vorne. Erst im letzten Moment wird das Maul geöffnet, und ein kurzer Biß macht das Beutetier trotz verzweifelter Fluchtversuche bewegungsunfähig. Der Tod tritt bei Nagetieren nach 1–30 Sekunden, bei Küken nach 1–3 Sekunden ein. Die Verdauung ist überaus

Oben: Abb. 7: Vipera ammodytes ammodytes (Europäische Hornotter) s. Seite 111
Unten: Abb. 8: Bothrops alternatus (Halbmond-Lanzenotter) s. Seite 136

schnell. Bei 28 °C erscheinen die ersten Exkremente nach 24 Stunden. Nach meiner Feststellung scheint dies die günstigste Verdauungstemperatur zu sein. Die Häutung findet bei jungen Schwarzen Mambas alle 3–4 Wochen statt. Erwachsene Exemplare häuten sich in einem Zyklus von 8–10 Wochen. Vor der Häutung versprüht man lauwarmes Wasser, das zu dieser Zeit eifriger als sonst aufgeleckt wird. Mein großes Schwarzes Mambaweibchen legte im Spätsommer 1971 7 längliche Eier, die aber in Ermangelung eines Männchens unbefruchtet waren. Die Schwarze Mamba wurde von einem meiner südafrikanischen Bekannten nachgezüchtet.

Dendroaspis viridis
Grüne Mamba

Kennzeichen: Der lange, schmale Kopf setzt sich deutlich vom Hals ab. Die Schläfen und die Kopfoberseite stoßen rechtwinklig aneinander. Das mittelgroße Auge weist eine runde Pupille auf. Der Körper ist lang und schmal. Die ungekielten Schuppen umgeben den Körper in 13 Reihen. Die Grüne Mamba tritt in 2 Farbvarianten auf. Die eine ist einfarbig olivgrün und samtartig glänzend, die andere zeigt braune oder orangefarbene Farbtönungen an den Schuppenspitzen, besonders im Bereich der Schwanzregion. Die Kopf-, Rücken- und Flankenschuppen sind mehr oder weniger schwarz gesäumt. Die Lippenschilder, die Bauchseite und der Schwanz sind gelblich.
Länge: Etwas über 200 cm, selten bis zu 270 cm und mehr.
Herkunft und Lebensweise: Dendroaspis viridis ist in West-Afrika vom Senegal bis zum Delta des Niger und auf der Insel São Tomé beheimatet. Ihr bevorzugter Lebensraum ist der tropische Regenwald, wo sie häufig in der Nähe von Flüssen vorkommt. Sie lebt hauptsächlich auf Büschen und auf Bäumen. Oft findet man sie auch im Sekundärwald, auf Lichtungen und in der Nähe von Farmen. Die Grüne Mamba ist auf dem Erdboden ebenso flink wie im Gebüsch. Sie ist eine hervorragende Schwimmerin. Ihre Nahrung besteht aus Vögeln und kleinen Säugetieren, die ihrem starken Nervengift schnell erliegen. *Dendroaspis viridis* zeigt sich gegenüber dem Menschen nicht aggressiv und versucht stets zu fliehen, wenn sie dazu die Möglichkeit hat. Diese Giftnatter ist auf Bäumen und im dichten Gestrüpp sehr schnell. Oft gelingt der Fang dieser Schlange erst dann, wenn der Baum umgesägt ist. Im Zustand der Erregung bläht sie nicht die Kehlregion auf, sondern züngelt intensiv. Ein unbehandelter Biß dieser Schlange ist in den meisten Fällen tödlich. Über das Fortpflanzungsverhalten dieser Art ist nur wenig bekannt. Wie ihre Gattungsverwandten legt auch sie längliche, weiße Eier.
Haltung und Zucht: Die Grüne Mamba benötigt zu ihrem Wohlbefinden ein sehr geräumiges Regenwaldterrarium mit griffigen Kletterästen. Die Einrichtung des Behälters erfolgt nach den gleichen Richtlinien wie bei *Dendroaspis jamesoni.* Das Terrarium sollte täglich 10–12 Stunden beleuchtet werden, wenn es kein Tageslicht mit mehrstündiger Sonneneinstrahlung erhält. Die Grüne Mamba verlangt zu ihrem Wohlbefinden stets eine erhöhte Luftfeuchtigkeit und Tagestemperaturen zwischen 25 und 28 °C, die nachts auf 18–20 °C sinken dürfen. Sie gewöhnt sich schnell in der Gefangenschaft ein und wird zu einem ruhigen und zahmen Pflegling, der tote Mäuse, Ratten und Hühnerküken ohne weiteres von einer langen Futterzange entgegennimmt. Meist ruht die Schlange im Geäst und gleitet nur selten auf den Terrarienboden herab. Ein tägliches Übersprühen mit leicht angewärmtem Wasser empfindet sie als wohltuend. Sie nimmt die vom Körper und von der Rinde herabtropfenden Wassertropfen unmittelbar nach dem Sprühen auf. Im Gegensatz zu den 3 anderen Mambaarten wird *Dendroaspis viridis* nur selten im Handel angeboten. Trotz ihrer ruhigen Wesensart sollte man auch diese Giftnatter mit großer Vorsicht behandeln. Wie ihre Gattungsverwandten kann sie aus jeder Lage ohne vorherige Warnung blitzartig zubeißen, wenn sie sich gestört fühlt. Die

Grüne Mamba wurde anscheinend bisher noch nicht in der Gefangenschaft nachgezüchtet. Alle Mambaarten sind dankbare Terrarienpfleglinge, die jahrelang in der Gefangenschaft ausdauern. Ihre natürliche Wildheit verlieren sie in kurzer Zeit, werden ziemlich zahm und gewöhnen sich an den Pfleger. Verglichen mit anderen Schlangen, zeigen sie eine bemerkenswerte „Intelligenz". Die durch Gefangenschaftseinflüsse erworbene Zahmheit darf aber nicht darüber hinwegtäuschen, daß man eine der schnellsten und gefährlichsten Giftschlangen vor sich hat und daher die größte Vorsicht walten lassen muß. Ein Mambabiß führt mit hoher Wahrscheinlichkeit innerhalb kurzer Zeit zum Tode, wenn er nicht sofort richtig behandelt wird.

Gattung Hemachatus
Ringhalskobras
1 Art

Hemachatus haemachatus
Ringhalskobra

Kennzeichen: Der breite, flache Kopf setzt sich kaum vom kräftigen, untersetzten Rumpf ab. Der Oberkiefer, der in eine deutlich zugespitzte Schnauze ausläuft, ragt an der Schnauzenspitze sichtbar über den Unterkiefer. Das Auge ist groß mit runder Pupille. Im Gegensatz zu den echten Kobras *(Naja)* hat die Ringhalskobra deutlich gekielte Schuppen, die die Körpermitte in 19 Reihen und das Rumpfende in 15 Reihen umgeben. Das Afterschild ist ungeteilt. Die Körperfärbung weist große Schwankungen auf. Die Körperoberseite ist gewöhnlich grau, braun oder schwärzlich mit schwarzen, weißen oder hellbraunen Flecken oder unregelmäßigen dunklen Querbändern. Die Bauchseite kann dunkelbraun, dunkelgrau oder schwarz gefärbt sein mit ein oder zwei weißen Querbinden im Halsbereich. Im Alter verschwinden die weißen Querbänder zuweilen völlig. Gelegentlich treten zeichnungslose Exemplare auf.

Länge: 100 cm, gelegentlich etwas über 150 cm.

Herkunft und Lebensweise: Die Ringhalskobra ist in Südost-Afrika und Süd-Afrika von Rhodesien bis zur Kap-Provinz verbreitet. Sie bewohnt die Ebene und steigt im Gebirge bis zu 3000 m empor. Diese typische südafrikanische Giftnatter ist in den sogenannten „highvelds" der Kap-Provinz und des östlichen Transvaals stellenweise ungemein häufig. Die tag- und nachtaktive Schlange lebt unter Steinen und in Mäuselöchern. Ihr Beutespektrum ist weit gespannt; sie frißt Kleinsäuger, Kröten, Eidechsen und Schlangen. Ihr Gesichtssinn ist nicht gut entwickelt, so daß sie fast nur sich bewegende Gegenstände wahrnimmt. Daher findet sie ihre Beute eher mit Hilfe ihres Geruchs als mit den Augen. Im Gegensatz zu den echten Kobras ist *Hemachatus haemachatus* ovovivipar, d.h. lebendgebärend. Im südafrikanischen Spätsommer, also von Januar bis März, bekommt sie 15–60 lebende Junge, die bei der Geburt ungefähr 18 cm lang sind und sich sofort häuten. Die jungen Ringhalskobras verhalten sich gleich wie erwachsene Exemplare dieser Art. Sie spreizen die lockere Halshaut zu einem länglichen Hut auseinander und spritzen dem Störenfried ihr Gift entgegen. Erwachsene Exemplare sind nicht oder nur in der Paarungszeit aggressiv. Fast immer versuchen sie zu fliehen und verteidigen sich durch Verspritzen von Gift nur dann, wenn sie in die Enge getrieben werden. Die Giftzähne der Ringhalskobra sind relativ kurz, aber so zweckmäßig gebaut, daß das Gift einem Angreifer auf kurze Entfernung zielsicher in die Augen gespritzt werden kann. In den Augen verursacht das farblose Gift brennende Schmerzen und führt zu üblen Entzündungen. Wenn man es nicht sofort mit Wasser oder einer anderen geeigneten Flüssigkeit auswäscht, zerstört es schnell die Gewebe der Augenhäute und führt zu teilweiser oder völliger Blindheit. Bisse durch Ringhalskobras sind selten. Ihr neurotoxisch wirkendes Gift ist sehr stark, und bereits 2 Tropfen genügen, um einen erwachsenen Mann zu töten, wenn nicht sofort das entsprechende Serum verabreicht wird. Ähnlich der nordamerikanischen Hakennatter *(Heterodon platyrhinos)* gerät *Hemachatus haemachatus* in einen eigenartigen Starrezustand, wenn Flucht und Verteidigung nicht mehr möglich sind. Sie wirft sich auf den Rücken oder auf die Körperseiten, öffnet das Maul und läßt die Zunge heraushängen. Ihr Körper ist völlig schlaff und zeigt scheinbar kein Lebenszeichen mehr. In diesem Zustand läßt sie sich sogar aufheben. Man hüte sich jedoch davor, ein derartig scheintotes Tier in die bloße Hand zunehmen; die Schlange ist dennoch wachsam und wartet die günstigste Gelegenheit ab, um ihren Widersacher plötzlich in die Finger zu beißen.

Haltung und Zucht: Die Ringhalskobra ist sehr ausdauernd und hält sich bei einiger Pflege jahrelang in Gefangenschaft. Wie bei allen anderen Schlangen ist auch hier Einzelhaltung die beste Lösung. *Hemachatus haemachatus* stellt an die Behältergröße kaum Ansprüche. Jungtiere dieser Art pflege ich bis zu einer bestimmten Größe in einem Plastikbehälter mit einer Papierunterlage, einem Stück Korkrinde als Unterschlupf und einem Wassergefäß. Da sich eine derartig einfache Einrichtung sehr leicht sauber halten läßt, gedeihen die Schlangen auch stets. Für erwachsene Exemplare genügt ein mittelgroßes Terrarium vollkommen. Als Bodengrund verwendet man groben Sand und einige Steine oder eine Korkrinde als Unterschlupf. Der Wasserbehälter sollte nicht zu klein sein. Meine Tiere liegen zuweilen, meist jedoch vor der Häutung, stunden- oder tagelang im Wasser. Eine sehr milde Bodenheizung trägt zum Wohlbefinden der Tiere bei. Die Beleuchtung sollte am Tage 10–12 Stunden in Betrieb sein. Die Ringhalskobra liegt oft stundenlang unter der Heizlampe. Meist hält sie sich aber in ihrem Versteck auf. Die Lufttemperatur sollte am Tage zwischen 25 und 28 °C und in der Nacht bei 18–20 °C liegen. Bei sachgerechter Pflege entwickelt sich die Ringhalskobra zu einer gierigen Fresserin, die lebende und tote Mäuse und sogar Fisch oder rohes, in Streifen geschnittenes Rindfleisch ohne Schwierigkeiten von der Pinzette nimmt. Vereinzelte Exemplare werden mit der Zeit ausgesprochen zugänglich. Sie gehen nicht mehr in Angriffsstellung über und versprühen auch kein Gift. Trotzdem sollte man stets eine auch an den Seiten geschlossene Schutzbrille aufsetzen, wenn man die Behältertür öffnet. Über eine Nachzucht in der Gefangenschaft ist bisher nichts bekannt geworden. Trächtig gefangene Weibchen haben jedoch schon mehrfach im Terrarium Junge abgesetzt.

Gattung Maticora
Bauchdrüsenottern
2 Arten

Maticora bivirgata
Rotbauchige Bauchdrüsenotter
3 Unterarten
(Bild Seite 85)

Kennzeichen: Der kleine, kurze Kopf setzt sich nicht oder kaum vom Hals ab. Der Körper ist lang gestreckt und im Querschnitt rund. Das mäßig große Auge hat eine runde Pupille. Das Schnauzenschild ist breit und abgerundet. Die glatten Rückenschuppen umgeben die Körpermitte in 13 Reihen. Außer 2 langen, röhrenförmigen Giftzähnen finden sich keine weiteren Zähne im Oberkiefer. Die Giftdrüsen im Oberkiefer, die ungewöhnlich stark entwickelt sind, erstrecken sich bis zum Ende des ersten Rumpfdrittels. Dadurch ist das Herz weit nach hinten verlagert. *Maticora bivirgata flaviceps* weist auf dunkelbraunem bis blauschwarzem Rücken 2 oder 4 (*Maticora bivirgata tetrataenia* von Borneo) hellblaue Längsstreifen auf. Der Kopf, die Bauchseite und der Schwanz sind leuchtend-ziegelrot gefärbt.

Herkunft und Lebensweise: Die Gattungsbezeichnung *Maticora* entstammt der malayischen Sprache, wobei „mati" soviel wie tot und „cora" beißen bedeutet. Die genannte Art ist in Laos, Kambodscha, Thailand, auf

der Malayischen Halbinsel und auf dem Indoaustralischen Archipel beheimatet. Hier lebt sie haupsächlich in den Wäldern der Ebenen und im Hügelland. Sie tritt nicht in großer Anzahl auf, ist aber auch nicht selten. Während des Tages hält sich das am Boden lebende Tier unter umgefallenen Bäumen, Felsen und in Erdlöchern auf, so daß man es nur selten zu Gesicht bekommt. Auf der südthailändischen Insel Phuket erzählten mir Reisbauern mehrfach, daß sie die Rotbäuchige Bauchdrüsenotter besonders in der Trockenzeit am frühen Morgen auf den niedrigen Erdwällen sehen, die die Reisfelder umgeben. Trotz ihres gestreckten Körperbaus ist diese Giftnatter keineswegs schnell in ihren Bewegungen. Die Tiere, die ich sah, lagen stets in offenen Windungen und ruckten mit dem Leib, wenn man sie berührte. *Maticora bivirgata* ist friedfertig und beißfaul. Bei Störungen rollt sie sich zu einem wirren Knäuel zusammen, versteckt ihren Kopf unter den sich bewegenden Körperschlingen und hebt das rote Schwanzende warnend empor. Eine derartige Verhaltensweise ist nicht nur typisch für die beiden Arten der Gattung *Maticora,* sondern auch für amerikanische und asiatische Korallenschlangen und gelegentlich auch für Kraits *(Bungarus).* Obwohl die Rotbäuchige Bauchdrüsenotter selten beißt, so ist sie doch als gefährlich anzusehen. Üble Vergiftungs- wie Todesfälle sind durch den Biß dieser Schlange verursacht worden. Die bei einem Biß abgegebene Giftmenge ist gering. Das stark neurotoxisch wirkende Gift führt schnell zu Schwindel- und Schwächeanfällen und lähmt das Atemzentrum. *Maticora bivirgata* ernährt sich von Fröschen, Eidechsen (hauptsächlich Skinke) und Schlangen. Über die Fortpflanzung ist nichts bekannt, jedoch dürfte diese Art eierlegend sein.
Haltung und Zucht: Während meiner vier Thailandreisen kaufte ich in Bangkok zwei *Maticora bivirgata flaviceps,* die den Transport nach Deutschland wegen widriger Umstände leider nicht überstanden. Diese ungewöhnlich farbenprächtige Schlange soll in der Gefangenschaft heikel sein. Dr. Wirot erzählte mir, daß das Tier im Terrarium Eidechsen und Frösche frißt. *Maticora bivirgata* ist sehr lichtscheu und hält sich während des Tages immer in ihrem Versteck auf. Die Tiere, die ich in Bangkok zu sehen bekam, lagen bewegungslos unter einer Rinde. Zur Pflege dieser Schlange genügt ein mittelgroßer Behälter. In Anpassung an den natürlichen Lebensraum verwendet man ein Gemisch von Walderde und Torf und als Unterschlupf große Rindenstücke und einen kleinen Baumstubben. Ein Wassergefäß darf nicht fehlen, da *Maticora bivirgata* in der Gefangenschaft häufig trinkt. Den Boden hält man durch Versprühen von leicht angewärmtem Wasser stets ein wenig feucht. Eine Beleuchtung erübrigt sich für diese nachts aktive Schlange. Entsprechend den Temperaturen in ihrem tropischen Lebensraum sind die Luft-und Bodentemperaturen zwischen 26 und 33 °C zu halten. Da *Maticora bivirgata* auch Schlangen frißt, ist Einzelhaltung angezeigt. Die empfindliche und bunte Schlange geht bei sachgemäßer Pflege durchaus an die dargebotene Nahrung, die man ihr am besten tot vorlegt. Vor einem Biß sollte man sich besonders in acht nehmen, da kein entsprechendes Serum existiert. *Maticora bivirgata* wurde bisher in der Gefangenschaft noch nicht nachgezüchtet.

Gattung Micruroides
Arizona-Korallenschlangen
1 Art

Micruroides euryxanthus
Arizona-Korallenschlange
2 Unterarten

Kennzeichen: Der kurze, flache Kopf mit der abgerundeten Schnauze setzt sich nicht vom Hals ab. Der langgestreckte Körper ist im Querschnitt kaum dicker als ein gewöhnlicher Bleistift. Das Auge ist klein mit runder Pupille. Der Schwanz läuft in ein kurzes, spitzes Ende aus. Die Schuppen sind ungekielt und glänzend und umgeben den Körper in 15 Reihen. Das Afterschild ist ungeteilt. Die Arizona-Korallenschlange wird wegen ihrer auffallend bunten Körperfärbung zuweilen mit den dreifarbigen Königsnattern *(Lampropeltis)* verwechselt. Sie besitzt einen schwarzen Kopf. Ihr Körper wird von regelmäßigen gelben, roten und schwarzen Ringen umgeben. Die roten und schwarzen Körperringe sind stets durch engere weiße oder gelbe Ringe voneinander getrennt. Auf der Bauchseite werden die bunten Körperringe blasser.

Länge: 30–40 cm, selten 50 cm und mehr.

Herkunft und Lebensweise: Micruroides euryxanthus euryxanthus ist vom westlichen Texas über Neu-Mexiko und Arizona ebenso wie in Nordwest-Chihuahua und Nord-Sonora verbreitet. Sie kommt auch auf der mexikanischen Insel Tiburón vor. Die Unterart *Micruroides euryxanthus australis* ist in Südost-Sonora und West-Chihuahua beheimatet. Die kleine Giftnatter bevorzugt trockene Gebiete mit lichtem Wald oder niedrigem Gestrüpp in der Ebene wie im Hügelland. Sie ist aber auch auf trockenen Wiesen und auf Farmgelände anzutreffen. Relativ häufig kommt sie in der Felswüste und an von Geröll durchsetzten Berghängen vor. Die Arizona-Korallenschlange lebt sehr versteckt im Erdboden. Ihre Schlupfwinkel verläßt sie ausschließlich in der Nacht. Meist findet man sie im Juni oder Juli nach Eintreten der Dämmerung. Bei Störungen versteckt sie ihren Kopf unter den Körperschlingen, hebt den Schwanz empor und bewegt ihn hin und her. Sie ist friedlich und beißt nur, wenn man sie grob anfaßt oder quält. Ihr Maul ist so klein und ihre Zähne sind so kurz, daß sie die menschliche Haut kaum durchdringen können. Todesfälle sind durch diese Art bisher noch nicht verursacht worden, und Bisse gehören zu den größten Seltenheiten. Die Arizona-Korallenschlange frißt Echsen, kleine Schlangen und Insektenlarven. Sie hält ihre Beutetiere zwischen den Kiefern fest, führt kauende Bewegungen aus und arbeitet sich so zum Kopf vor, um mit dem Schlingvorgang zu beginnen. *Micrurus euryxanthus* umschlingt das zappelnde Opfer, um es gleichzeitig zu würgen, wenn es durch das Gift nicht schnell genug gelähmt wird. Obwohl man die Arizona-Korallenschlange im Jahr 1860 entdeckte, ist auch heute noch wenig über ihr Verhalten und über ihre Fortpflanzung so gut wie nichts bekannt. Möglicherweise findet die Paarung im Frühjahr und Eiablage im späten Frühjahr oder frühen Sommer statt.

Haltung und Zucht: Diese sehr schöne Giftnatter wird nur gelegentlich importiert. Im Terrarium ist sie ein schwieriger, nicht sehr ausdauernder Pflegling. Zur Pflege der Arizona-Korallenschlange genügt ein kleiner Behälter mit einem Bodengrund aus losem Sand und einigen Steinen als Unterschlupf. Auf eine Bepflanzung braucht man nicht zu verzichten, da sie beim geringen Gewicht der Schlange nicht zerstört wird. Tageslicht genügt. Während des Tages bekommt man die Arizona-Korallenschlange nicht zu Gesicht, da sie sich stets verborgen hält; meist liegt sie unter den Steinen oder hat sich in den Boden eingewühlt. Die Lufttemperatur soll am Tage zwischen 25 und 28 °C betragen und in der Nacht auf 18–20 °C sinken. Als Futtertiere bietet man kleine Schlangen und Echsen. Die Lieblingsnahrung von *Micrurus euryxanthus* sind Blindschlangen *(Leptotyphlopidae),* die allerdings in Europa kaum zu beschaffen sein dürften. Sonst geht sie aber auch an Eidechsen. Ein Exemplar, das im Zoo von San Diego 3 Jahre und 8 Monate ausdauerte, verzehrte in dieser Zeit 5 verschiedene Schlangen- und 5 verschiedene Eidechsenarten. Die Arizona-Korallenschlange wurde bisher noch nicht im Terrarium nachgezüchtet.

Ebenso selten wie *Micruroides euryxanthus* werden die asiatischen Korallenschlangen der Gattung *Calliophis* importiert und gepflegt. In ihrem schlanken Körperbau gleichen diese in über 10 Arten auftretenden Giftnattern sehr den amerikanischen Korallenschlangen der Gattungen *Micrurus* und *Micruroides*.

Gattung Micrurus
Echte Korallenschlangen
mindestens 48 Arten

Micrurus frontalis
Kobra-Korallenschlange
5 Unterarten
(Bild Seite 86)

Kennzeichen: Der sehr kurze, eiförmige Kopf setzt sich nicht vom Hals ab. Das Auge ist klein mit runder Pupille. Der schlanke, lange Körper ist seitlich ein wenig abgeflacht. Der kurze Schwanz endet zapfenförmig. Die stark glänzenden Schuppen sind ungekielt. Die auffallend bunte Schlange hat einen schwarzen Kopf mit einem weißen Netzmuster an den Schläfen. Der Körper wird von roten, weißen und schwarzen Ringen umgeben. Die weißen und roten Ringe stehen stets zwischen 2 schwarzen Ringen. Die schwarzen Ringe sind meist in 6–9 oder mehr Triaden angeordnet. Die roten Schuppen sind zu einem Drittel oder zur Hälfte schwarz getönt.
Länge: 90–120 cm, selten über 130 cm.
Herkunft und Lebensweise: Micrurus frontalis ist in Südwest-Brasilien, Nord-Argentinien, Uruguay, Paraguay und Bolivien beheimatet. Sie lebt haupsächlich in Wäldern, wo sie sich am Tage unter der Erde und verrottenden Bäumen und faulenden Blättern aufhält. In der Nacht kommt sie zum Vorschein, um auf Schlangen und Eidechsen Jagd zu machen, die sie als Beutetiere bevorzugt. Dem Menschen gegenüber zeigt sie sich keineswegs angriffslustig und beißt nur, wenn man sie grob behandelt. Ihr stark neurotoxisch wirkendes Gift blockiert die Atmung. Sie ist für zahlreiche Todesfälle verantwortlich. Wie die anderen *Micrurus*-Arten ist auch sie ovipar, pflanzt sich also durch Eier fort.
Haltung und Zucht: Diese Art gehört zu den schönsten Giftschlangen. Sie ist nicht nur ein Prunkstück im Terrarium, sondern auch sehr haltbar. Obwohl sie sich mit einer sehr einfachen Behältereinrichtung begnügt und darin auch gut gedeiht, sollte man sie allein ihrer Schönheit wegen in einem gut eingerichteten Urwaldterrarium pflegen. Als Bodenfüllung verwendet man ein Gemisch aus Walderde und Torf, weiterhin einige Rindenstücke und flache Moosplatten als Versteckplätze, wie auch ein großes Wassergefäß. Damit sich die Pflanzen gut entwickeln können, hält man den Boden stets feucht. Auf eine Bodenheizung kann man verzichten. Allerdings verlangt *Micrurus frontalis* zu ihrem Wohlbefinden weitgehend konstante Temperaturen um 25–27 °C. Eine besondere Beleuchtung ist nicht notwendig; Tageslicht genügt vollkommen. Da diese Giftnatter weitgehend in der Dämmerung aktiv ist, bekommt man sie am Tage nur gelegentlich zu Gesicht. Vor vielen Jahren importierte ich ein etwa 70 cm langes Exemplar dieser Art, das in einem Feuchtwald in der Umgebung von Buenos Aires gefangen worden war. Während des Tages hielt es sich in einem ausgehöhlten Zierkork auf, den es in der Dämmerung verließ. Als Nahrung bot ich der Schlange Skinke *(Ophiodes striatus)* an, die mir der Exporteur freundlicherweise als Futtertiere gleich mitgeliefert hatte. Sobald ich ein Futtertier in den Behälter eingesetzt hatte, schoß die Korallenschlange aus ihrem Versteck hervor und verfolgte ihr Opfer. Bei großem Hunger hielt sie ihre Beute fest, bis sie verendet war, und verschlang sie vom Kopf her. In ihren Bewegungen war sie sehr unstet. Bei der Verfolgung eines Futtertieres biß sie hastig um sich. Tote Echsen nahm sie anstandslos von der Pinzette in Empfang. Ihr Verhalten legte nahe, daß sie sich mehr nach dem Geruch als nach ihren Augen orientierte. Als der Vorrat an *Ophiodes striatus* zu Ende ging, bot ich eine erwachsene Blindschleiche an, die auch sofort vergiftet und gefressen wurde. Die Schlange verdaute die Blindschleiche aber nicht und würgte sie nach einigen Tagen halbverdaut aus. Von da ab war sie nicht mehr zur Nahrungsaufnahme zu bewegen. Einige Wochen später starb sie. Um Verluste zu vermeiden, ist *Micrurus frontalis* stets einzeln unterzubringen. Im Terrarium verhält sich diese Ko-

rallenschlange durchaus friedfertig. Wenn sie berührt wird, was ihr anscheinend unangenehm ist, dehnen sich die Schlingen ihres Körpers auf den Störenfried zu. Wird sie stärker gereizt, stellt sie drohend das abgeflachte Schwanzende mit der rot-schwarz-roten Unterseite empor. *Micrurus frontalis* ist bisher noch nicht in der Gefangenschaft nachgezüchtet worden.

Micrurus fulvius
Harlekin-Korallenschlange
3 Unterarten
(Bild Seite 85)

Kennzeichen: Der kurze, flache Kopf setzt sich nicht vom Hals ab. Der Rumpf ist langgestreckt und im Querschnitt zylindrisch. Der kurze Schwanz endet zapfenförmig. Die Schuppen sind ungekielt und glänzen im Licht stark. Der Körper wird vollständig von breiten, schwarz- und rotgefärbten wie von schmalen, gelb gefärbten Ringen umgeben. Die gelben Ringe liegen stets zwischen den roten und schwarzen. Der Kopf ist schwarz und gelb, der Hals schwarz gebändert. Die roten Schuppen sind mehr oder weniger schwarz gefleckt.
Länge: 50–70 cm, selten bis 120 cm.
Herkunft und Lebensweise: Die Nominatform kommt in Nord- und Süd-Carolina, Georgia, Alabama, Mississippi, Florida und Ost-Louisiana vor. *Micrurus fulvius barbouri* ist nur auf der Südspitze Floridas anzutreffen. *Micrurus fulvius tenere* ist in Südwest-Arkansas, West-Louisiana, Texas und in den mexikanischen Staaten Tamaulipas und Coahuila zu finden. Die Schlange lebt haupsächlich im Flachland und dort in verschiedenen Lebensbereichen. In Florida findet man sie häufig in Küstenniederungen. Sie kommt aber ebenso in Kiefernwäldern mit sandigem Untergrund, in offenem, trockenem Terrain wie an feuchten Örtlichkeiten vor. Nicht selten hält sie sich in unmittelbarer Nähe von Seen und Teichen auf. In ihrem Verhalten ist die Harlekin-Korallenschlange entschieden nachtaktiv. Sie lebt in Erdlöchern, unter umgefallenen Bäumen und Baumstubben, in Ansammlungen verrottender Äste oder unter Fallaub. Ihre Schlupfwinkel verläßt sie kaum über Tage, hin und wieder jedoch nach schweren Regenfällen. Beim Umpflügen von Mais- und Süßkartoffelfeldern kommt sie häufig zum Vorschein. Sie ist nicht so selten wie man annimmt. Die Hauptnahrung dieser Giftnatter besteht aus kleinen Schlangen und Eidechsen. Die Paarung findet im April oder Mai statt. Meist im Juni werden 3–12 längliche Eier gelegt. Die 17–18 cm langen Jungschlangen schlüpfen im September. *Micrurus fulvius* verhält sich sehr friedfertig und neigt kaum zum Beißen, selbst wenn man sie in die Hand nimmt. Wegen ihres milden Temperaments wird sie oft mit großer Sorglosigkeit behandelt. Die Betroffenen, die eine derartige Schlange in der bloßen Hand halten, haben keine rechte Vorstellung von der Wirksamkeit des Giftes und der Gefahr, in der sie schweben. Wenn die Harlekin-Korallenschlange jedoch zubeißt, geschieht dies unverhofft und trotz des kleines Maules äußerst heftig unter intensiven Kaubewegungen, um möglichst viel Gift in die Wunde zu beißen. Bißfälle durch *Micrurus fulvius* sind selten, aber sehr ernst zu nehmen. Ohne eine sachgerechte Behandlung einer derartigen Verletzung ist die Überlebenschance gering.
Haltung und Zucht: Die Harlekin-Korallenschlange zeigt sich im Terrarium als Problemtier, das oft das dargebotene Futter verschmäht oder sich erst nach langem Fasten zur Nahrungsaufnahme bequemt. Ich habe mit dieser Giftnatter, die ich mehrfach importierte und auch selbst aus den USA mit nach Deutschland brachte, stets Schwierigkeiten gehabt. Vielleicht hängen die schlechten Erfahrungen, die auch andere Liebhaber mit dieser Schlange machten, zum Teil mit den individuellen Nahrungsansprüchen des einzelnen Exemplars zusammen. Mehrfach sah ich bei amerikanischen Liebhabern, wie Harlekin-Korallenschlangen kleine Schlangen der

Gattung *Storeria* und *Diadophis* fraßen. In der Gefangenschaft geht *Micrurus fulvius* auch an junge Erdnattern *(Elaphe obsoleta),* junge Kornnattern *(Elaphe guttata),* Erdschlangen *(Haldea valeriae),* Wurmschlangen *(Carphophis amoenus)* und andere Arten, wie auch gelegentlich an Skinke *(Lygosoma laterale* und junge *Eumeces).* In den wenigsten Fällen können wir dieser prachtvoll gefärbten Giftnatter ein solch abwechslungsreiches Nahrungsangebot bieten. Vereinzelte Exemplare gewöhnen sich auch an Blindschleichen und Eidechsen. Meist muß man auf die häufig vorkommenden europäischen und vorderasiatischen Schlangenarten zurückgreifen, die nicht zu schwierig zu beschaffen sind. Es versteht sich von selbst, daß *Micrurus fulvius* nur als Einzeltier gepflegt werden kann, da sie sich zuweilen auch an Vertretern der eigenen Art vergreift (ein derartiger Fall wurde im Bulletin of the Maryland Herpetological Society in der Septemberausgabe 1970 beschrieben). Eine hungrige Korallenschlange erkennt der erfahrene Pfleger an ihrem eigenartigen, schnellen Züngeln. In ihrem sonstigen Verhalten weisen *Micrurus fulvius* wie auch die anderen Korallenschlangen Ähnlichkeiten mit den Kraits *(Bungarus)* auf. Während des Tages kriecht sie nur gelegentlich im Terrarium umher; meist hat sie sich in den Boden eingewühlt oder hält sich in ihrem Versteck auf, das sie besonders am Abend nach dem Versprühen von Wasser verläßt. Bei Störungen zieht sie den Kopf unter ihre Körperschlingen und hebt den Schwanz ein wenig empor. Für die Haltung der Harlekin-Korallenschlange genügt ein mittelgroßes Terrarium mit einer Bodenfüllung aus feinem Sand, Humuserde und Torf, mit einem Wasserbehälter und einigen Rindenstücken als Unterschlupf. Wenn der Behälter Tageslicht erhält, erübrigt sich eine besondere Beleuchtung. Auch auf die Bodenheizung kann man verzichten. Am Tage sollte die Temperatur auf 24–26 °C steigen und in der Nacht auf 18–20 °C fallen. Je nach dem Fundort des betreffenden Exemplars ist eine 2–4monatige winterliche Ruhepause bei 8–10 °C angezeigt. *Micrurus fulvius* ist in der Gefangenschaft noch nicht nachgezüchtet worden.

Gattung Naja
Echte Kobras oder Hutschlangen
5 Arten

Naja haje
Uräusschlange
3 Unterarten
(Bild Seite 103)

Kennzeichen: Der wuchtige, keilförmige zugespitzte Kopf setzt sich kaum oder gar nicht vom Hals ab. Das Auge ist groß mit runder Pupille. Die Schlange weist einen stämmigen und untersetzten Körper auf. 19–21 Reihen ungekielter Schuppen umgeben die Körpermitte. Die Körperfärbung der Uräusschlange ist starken Schwankungen unterworfen. Es gibt strohgelbe, hellbraune, dunkelbraune, graue und schwarzbraune Exemplare. Einfarbigkeit herrscht vor. Vereinzelt gibt es auch mehr oder weniger hell oder dunkel gefleckte Exemplare. Die Bauchseite kann einfarbig gelblichbraun, grau oder graublau irisierend sein. Der Hals kann eine oder mehrere graue oder schwarze Querbinden aufweisen. Die gebänderte Variante *(varietas annulifera)* hat einen braunen bis schwarzen Kopf und 10–12 miteinander abwechselnde gelbbraune und schwarzbraune Querbänder, die den Körper umgeben.
Länge: 150–200 cm, zuweilen über 240 cm.
Herkunft und Lebensweise: Naja haje ist über fast ganz Afrika und Teile Arabiens und Palästinas verbreitet. Sie vervorzugt trockene Örtlichkeiten, die von niedrigem Gestrüpp durchsetzt sind, so daß Versteckplätze stets in Hülle und Fülle vorhanden sind. Ihre Lebensstätten sind verschieden. In der Savanne hält sie sich meist in der Nähe von Gebüschen auf und verschwindet bei Gefahr sofort unter einem Felsblock oder in einem Erdloch. In Tunesien kommt sie an manchen Stellen häufig vor.

Hier lebt sie mit Vorliebe an Berghängen, die von Gesteinsschutt, Gestrüpp und Kakteen durchsetzt sind. Gelegentlich findet man sie auch in Oasen und in den nordafrikanischen Wadis. In verfallenem Gemäuer, an Feldrändern und selbst in Straßengräben, die von Mäuselöchern durchzogen sind, kommt sie vor. Die Uräusschlange ist ziemlich ortstreu. Oft lebt sie jahrelang in einem Erdloch oder unter einem Termitenhügel oder Felsblock, wenn sie nicht gestört wird. In ihren Bewegungen ist sie schnell und für eine Schlange bemerkenswert reaktionsreich. Aus diesem Grunde bevorzugen die afrikanischen Schlangenbeschwörer auch *Naja haje* zur Abrichtung für Schaustellungen. In der Natur zeigt sich diese Giftschlange als nicht sehr aggressiv, wenn man ihr Möglichkeit zur Flucht gibt. Wird eine Uräusschlange in die Enge getrieben, nimmt sie die für ihre Art so charakteristische Drohstellung ein. Sie richtet ihren Vorderkörper oft bis zu einer Höhe von 60 cm auf und breitet die Halsregion zu einem breiten, löffelartig geformten Schild aus. Wegen ihrer Behendigkeit, ihres sehr wirksamen Nervengiftes und der langen Giftzähne (8–10 mm) kann sie zu einem gefährlichen Gegner werden. Ähnlich einer überreizten Ringhalskobra *(Hemachatus haemachatus)* gerät auch die Uräusschlange zuweilen in einen Starrezustand. *Naha haje* ist am frühen Morgen, in der Dämmerung und in der Nacht munter. Am frühen Morgen sonnt sie sich gern neben oder in unmittelbarer Nähe ihres ständigen Unterschlupfes. Ihr Beutespektrum ist groß; sie frißt allerlei Kleinsäuger, Vögel und deren Eier, Eidechsen, Schlangen, Frösche und Kröten. Da sie hauptsächlich in der Nacht auf Nahrungserwerb ausgeht, dringt sie gelegentlich in Hühnerställe ein und stellt den Küken nach. *Naja haje* legt 8–20 Eier an einer geeigneten Stelle in einem Erdloch, unter einem Felsen oder in einem hohlen Baum ab. Die jungen Kobras sind beim Schlupf 23–34 cm lang.

Haltung und Zucht: Die Uräusschlange benötigt zu ihrem Wohlbefinden einen geräumigen Behälter, den man zu einem Steppenterrarium gestalten kann. Als Bodengrund verwendet man ein Gemisch aus Lehmerde und Sand. Einige große Steine zementiert man zu einem Unterschlupf zusammen, damit ihn die Schlange nicht zum Einsturz bringen kann. Ein Wasserbehälter ist notwendig. Wenn die Temperatur am Tage 25–32 °C und in der Nacht 20–22 °C beträgt, erübrigt sich eine Bodenheizung. Wenn das Terrarium an einem hellen Standort steht, ist eine besondere Beleuchtung überflüssig. Am Tage liegt die Uräusschlange fast immer in ihrem Versteck. Man kann zwei oder drei Exemplare im gleichen Behälter pflegen. Einzelhaltung ist jedoch empfehlenswerter. Diesen Giftnattern ist nicht nur ein übergroßer Futterneid, sondern auch eine besonders große Kampfbereitschaft angeboren. Mit hoch erhobenem Vorderkörper und weit ausgebreitetem Halsschild versuchen sie sich gegenseitig die Mäuse abzujagen, was häufig zu wilden Beißereien ausartet. Daher füttert man eher tote Mäuse oder Ratten, damit die Schlangen nicht so sehr in Erregung geraten. Im Terrarium zeigen sich manche Exemplare äußerst reizbar. Sie stoßen sich an den Behälterscheiben die Schnauze wund, wenn eine Person vorbeigeht. In Erregung schlagen sie mit dem Schwanz wie mit einer Peitsche umher und verspritzen ihren Kot. Meine beiden, seit Jahren gehaltenen Tiere sind bis heute wild geblieben. Beim Öffnen der Behältertür gehen sie sofort in Drohstellung und zischen laut. Je nach Fundort empfiehlt sich für nordafrikanische Uräusschlangen während des Winters eine Herabsetzung der Temperatur auf 16–18 °C. Die Winterruhe sollte 6–10 Wochen dauern. *Naja haje* ist mehrfach in der Gefangenschaft nachgezüchtet worden. Ungefähr 60 Tage nach der Paarung werden die Eier abgelegt, deren Entwicklungsdauer 8–9 Wochen beträgt. Die jungen Uräusschlangen verhalten sich erregt. Sie häuten alle 3–4 Wochen und ernähren sich von Anfang an von nackten Mäusen. Ihre weitere Aufzucht ist problemlos. Bei guter Fütterung wachsen sie schnell.

Naja melanoleuca
Schwarzweiße Hutschlange
2 Unterarten
(Bild Seite 103)

Kennzeichen: Naja melanoleuca ist eine mäßig schlanke, sehr muskelkräftige Schlange mit einem kurzen Kopf, der sich kaum oder nicht vom Hals absetzt. Das Auge ist mittelgroß mit runder Pupille. Der Schwanz ist lang. 23–27, selten 29 Reihen glatter Schuppen umgeben die Körpermitte. Das Afterschild ist wie bei allen Kobras ungeteilt. Die meist schwarze, seltener braune Körperoberseite kann einfarbig oder von kleinen, weißen Flecken bedeckt sein. In seltenen Fällen verschmelzen die Flecken zu Querbinden. Die Schläfen und die Bauchseite sind gelb. Letztere ist dunkel gefleckt, seltener gebändert.
Länge: 200 cm, gelegentlich bis zu 270 cm und mehr.
Herkunft und Lebensweise: Die Nominatform der Schwarzweißen Hutschlange kommt in den Waldgebieten Zentral-Afrikas, die Unterart *Naja melanoleuca subfulva* in den Savannengebieten bis nach Angola und Zululand vor. Sie ist hauptsächlich an tropische und subtropische Regenwälder gebunden. Fast immer kommt sie in der Nähe von Gewässern vor, wo sie in Erdlöchern, hohlen Bäumen, im dichten Unterholz und unter Termitenhügeln lebt. Diese überaus schnelle und aktive Giftnatter flieht stets vor dem Menschen. Wenn sie jedoch in die Enge getrieben wird und keine Möglichkeit mehr zur Flucht hat, hebt sie den Vorderkörper fast senkrecht empor und spreizt die lose Nackenhaut mit Hilfe der verlängerten Halsrippen zu einem langen, engen „Hut". Sie besitzt ein äußerst starkes, neurotoxisch wirkendes Gift. Ein Biß von dieser Schlange führt in der Regel zum Tode, wenn er nicht sofort mit Serum behandelt wird. *Naja melanoleuca* wird häufig mit der Schwarzen Mamba *(Dendroaspis polylepis)* oder mit schwarz gefärbten Exemplaren der Speikobra *(Naja nigricollis)* verwechselt. Die Schwarzweiße Hutschlange ernährt sich von kleinen Säugetieren, Vögeln, Eidechsen, Schlangen, Kröten und Fröschen. Da sie teiweise halbaquatisch lebt, kann sie auch geschickt Fische fangen. Sie legt 10–15 Eier, die eine durchschnittliche Länge von 60 × 30 mm haben, in hohle Bäume, Erdlöcher oder in Fallaub. Die Jungen, die nach ungefähr 70–80 Tagen schlüpfen, sind 35–40 cm lang.
Haltung und Zucht: Die Schwarzweiße Hutschlange verlangt ein geräumiges Terrarium mit einem großen Wasserbecken. Als Bodengrund, den man stellenweise leicht feucht halten soll, eignet sich ein Gemisch aus Sand und Torf. Eine gute Versteckmöglichkeit sollte stets vorhanden sein. Dafür empfiehlt sich ein hohler Baumstamm. Eine Bodenheizung ist nicht nötig, jedoch sollte tagsüber die Temperatur 25–30 °C betragen und in der Nacht nur wenig absinken. *Naja melanoleuca* ist am Tag und nachts aktiv. Tageslicht genügt vollkommen. Bei Fehlen von Tageslicht muß die Beleuchtung 10–12 Stunden in Betrieb genommen werden. *Naja melanoleuca* gewöhnt sich schnell in der Gefangenschaft ein und ist bei richtiger Haltung sehr langlebig. Im Zoo von San Diego lebt ein Exemplar dieser Art bereits seit 29 Jahren. Im Terrarium zeigt sich diese große Giftnatter sehr lebhaft. Bei Störung richtet sie sich steil auf und spreizt den Hals und Vorderkörper zu einem langen, engen Hut. Sie gerät jedoch nicht in eine solche Erregung wie *Naja haje.* Als Futter bietet man Ratten, Mäuse, Frösche und Fische. 1964 erhielt ich von J. H. E. Leakey aus Nakuru (Kenya) ein einjähriges Jungtier, das sich als Weibchen erwies. Einige Jahre später erwarb ich ein Männchen dieser Art. Im Laufe von 10 Jahren waren beide Kobras auf über 2 m herangewachsen. Paarungsverhalten konnte ich mehrfach beobachten. Das Männchen kroch während dieses Vorgangs in Windungen über den Rücken des Weibchens, zuckte mit dem Kopf und züngelte erregt. Ich konnte keine Kopulationen feststellen. Am 20. Mai 1975 legte das Weibchen 11 längliche Eier, die nur teilweise miteinander verklebt waren. Als Brutbehälter verwendete ich eine Plastikbox,

deren Deckel zahlreiche kleine Löcher aufwies. Als Substrat enthielt sie Waldhumus, in den ich die Eier so einbettete, daß sie fast bedeckt waren. Die Temperatur im Brutbehälter lag stets zwischen 25 und 30 °C. 2 Eier verpilzten. Vom 6. bis zum 8. August des gleichen Jahres schlüpften 9 Jungtiere, die 35–40 cm lang waren. Die erste Häutung fand ungefähr 10 Tage nach dem Schlupf statt. Die jungen Kobras fraßen zuerst Frösche, später kleine Mäuse. Das Umherlaufen der Futtertiere erregte sie so sehr, daß sie ihre charakteristische Drohstellung einnahmen und sich gegenseitig bissen. Leider gingen mir beide Elterntiere und 4 Jungschlangen, die ich für mich behalten hatte, an einer schnell verlaufenden Krankheit ein. Die weitere Aufzucht Schwarzweißer Hutschlangen dürfte jedoch keine Schwierigkeiten bereiten.

Naja mossambica
Mozambique-Speikobra
2 Unterarten

Kennzeichen: Naja mossambica mossambica und *Naja mossambica pallida* sind sehr nahe mit *Naja nigricollis* verwandt und wurden früher als Unterarten zu dieser Art gezählt. Die stämmig gebaute Mozambique-Speikobra besitzt einen kurzen, eiförmigen Kopf, der sich kaum vom Hals absetzt. Das Auge ist groß, die Pupille rund. Die glatten Schuppen umgeben die Rumpfmitte in 21–27 schrägen Reihen. Das Männchen besitzt 180–196, das Weibchen 188–207 Bauchschilder. Die Anzahl der paarigen Schilder auf der Schwanzunterseite beträgt beim Männchen 53–69, beim Weibchen 55–68. *Naja mossambica* hat 6, zuweilen auch 7 oder 8 Oberlippenschilder. *Naja mossambica* unterscheidet sich von *Naja nigricollis* durch eine höhere Anzahl von Nakkenschildern, durch die Form des Stirnschildes, die andersartige Körperfärbung und eine geringere Länge. Die Körperoberseite der Mozambique-Speikobra schwankt zwischen einem blassen Grau und einem Olivbraun. Die Schuppen sind dunkel gerandet. Besonders nach der Häutung zeigen die Tiere im hellen Licht einen metallisch irisierenden Schein. Die Bauchseite kann gelblich bis lachsrot gefärbt sein. Einige unregelmäßige schwarze Querbinden bedecken die Kehlregion. Besonders hübsch ist *Naja mossambica pallida,* die ein rotbraunes, ziegelrotes oder orangerotes Farbkleid mit einer breiten schwarzen Halsbinde trägt.

Länge: 120 cm, selten 150 cm oder ein wenig mehr.

Herkunft und Lebensweise: Naja mossambica mossambica ist im südlichen Tanganyika, in Malawi, im Süden Sambias, in Bechuanaland, in Rhodesien, in Mozambique, in Transvaal, in Swasiland, und in Natal beheimatet. *Naja mossambica pallida* kommt vom nördlichen Ghana, im Osten bis in den Sudan und nach Somalia, im Süden durch Kenya bis in das nördliche Tanganyika vor. Die Mozambique-Speikobra bevorzugt die Ebene und übersteigt im Gebirge kaum 1500 m Höhe. In ihrem Verbreitungsgebiet kommt *Naja mossambica* oft sehr häufig vor. In großer Anzahl tritt diese Schlange im südlichen Matabeleland auf, wo sie wohl die am häufigsten vorkommende Schlange überhaupt ist. Bevorzugt lebt sie hier an felsigen Flußufern. Bei Störung flieht sie nicht selten ins Wasser und schwimmt behende an der Oberfläche, wobei der Kopf nach unten gerichtet ist. Oft trifft man auch *Naja mossambica* in Gegenden mit Granitgestein an, wo sie meist in Felsspalten ihren ständigen Unterschlupf hat. Gerne verbirgt sie sich unter aufgegebenen Termitenhügeln, in hohlen Bäumen und unter Baumstämmen. *Naja mossambica* ernährt sich mit Vorliebe von Kröten, frißt aber auch Eidechsen, kleine Schlangen und Nagetiere. Gelegentlich dringt sie in Hühnerställe ein, wo sie sich an Hühnerküken und Eiern vergreift. Die Mozambique-Speikobra sonnt sich zuweilen am Tage. Sie ist aber überwiegend dämmerungs- und nachtaktiv. Bei Störungen verhält sich *Naja mossambica* wie *Naja nigricollis.* Sie stellt sich auf, breitet die Halsregion zu einem schmalen Hut aus und spritzt dem Angreifer ihr Gift entgegen, das sofort mit Wasser oder einer anderen, die Augen nicht schädigenden Flüssigkeit ausgeschwemmt werden muß, um Schwellungen, Entzündungen und Blindheit vorzubeugen. Das Fortpflanzungsverhalten und die Fortpflanzung stimmen mit *Naja nigricollis* überein.

Haltung und Zucht: Der Verfasser, der sowohl die Nominatform der Mozambique-Speikobra wie auch die Unterart *pallida* seit langem pflegt, kennt diese Giftschlangen als sehr ausdauernde und gefräßige Terrarieninsassen. Gelegentlich spritzen seine beiden Tiere noch – besonders, wenn sie gestört werden –, obwohl das eine Exemplar als frisch geschlüpftes Jungtier aufgezogen wurde und heute bei einer Körperlänge von 140–150 cm immer noch einzeln gehalten wird. Wenn die Behältertür geöffnet werden muß, ist daher stets ein transparenter Sichtschutz notwendig, der das ganze Gesicht bedeckt. Wie *Naja nigricollis* verlangt auch *Naja mossambica* eine trockene Haltung bei 25–32 °C. Als Futter biete ich Mäuse, Ratten und Hühnerküken, die von meinen Pfleglingen stets gierig von einer langen Metallzunge entgegengenommen werden. Die Häutung findet alle 4–8 Wochen statt. Nachzucht ist in der Gefangenschaft bereits gelungen.

Naja naja
Brillenschlange
10 Unterarten
(Bild Seite 103)

Kennzeichen: Der kurze, ziemlich flache Kopf setzt sich kaum vom Hals ab. Das Auge ist mittelgroß mit runder Pupille. Der Körper der Brillenschlange ist muskulös, langgestreckt und im Querschnitt rundlich. Die Schuppen sind glatt und umgeben die Körpermitte in 25–31 schiefen Reihen. Das Afterschild ist ungeteilt. Die einzelnen Unterarten der Brillenschlange erreichen eine unterschiedliche Körperlänge. Es gibt nur wenige Giftnattern, die eine derartige variable Färbung und Zeichnung aufweisen wie *Naja naja*, so daß die systematische Eingliederung der einzelnen Unterarten große Schwierigkeiten bereitet und umstritten ist. Die Körperoberseite kann einfarbig braun bis schwarz oder quergebändert sein. Albinotische Exemplare treten zuweilen auf. Die Bauchseite zeigt einen gelblichen bis schwarzgrauen Farbton. Die Nominatform aus Vorderindien und Ceylon trägt auf dem Nacken eine brillenartige Zeichnung, die sehr unterschiedlich sein kann. *Naja naja kaouthia* und *Naja naja atra* weisen ein monokelartiges Muster auf. Völlig zeichnungslose Exemplare von *Naja naja naja* kommen in West-Pakistan und von *Naja naja sputatrix* auf verschiedenen Sunda-Inseln vor. Im Westen und Osten ihres riesigen Verbreitungsgebietes tritt die typische Brillenzeichnung mehr und mehr zurück und verschwindet schließlich völlig. Auch die Spreizbarkeit der Nackenregion und die Gesamtlänge sind geographischen Variationen unterworfen. *Naja naja sputatrix* kann ihren Nackenbereich weniger spreizen als andere geographische Rassen und erreicht nur eine Gesamtlänge von etwas über 90 cm.

Länge: 120–230 cm.

Herkunft und Lebensweise: Naja naja bewohnt ein riesiges Verbreitungsgebiet, das sich von Transkaspien über ganz Südasien und den indoaustralischen Archipel bis nach Hainan und Taiwan erstreckt. Die Brillenschlange, die je nach ihrem nördlichen oder südlichen Vorkommen sowohl tag- als auch nachtaktiv ist, bewohnt die verschiedensten Lebensräume, liebt die Feuchtigkeit und ist meist in der Nähe von Wasser anzutreffen. Sie lebt im Dschungel, auf Reisfeldern, in Gärten, auf Plantagen und dringt selbst in Ortschaften und große Städte ein. In dem Hotel in Ban Saen (Zentral-Thailand), in dem ich mich mehrere Tage aufhielt, war eine Kobra in die Hotelküche eingedrungen und wurde von den Dienstmädchen erschlagen. Bei meinem Aufenthalt auf der thailändischen Insel Phuket wurde ein junger Mann von einer Kobra getötet als er aus seinem Hühnerstall ein Ei holen wollte. Er berührte, auf einer Leiter stehend, die im Hühnernest liegende Schlange und wurde gebissen. Der Verfasser fand ein totes Exemplar von *Naja naja kaouthia* in der belebten Innenstadt auf der Sukhumvit in Bangkok, und eine weitere Brillenschlange ebenfalls in Bangkok auf dem Gelände der Chulalongkorn-Universität tot auf einem Strauch hängend. Zusammen mit seinem Sohn fing er mehrere *Naja naja kaouthia* fast unmittelbar neben der Bambushütte in der sie wohnten. Desgleichen fanden sie Kobras unter Häufen verrottender Kokospalmenblätter und entdeckten ein Gelege von *Naja naja kaouthia* und die Häute dieser Schlange in dem mehlartigen Holzmulm von innen her ausfaulender Kokospalmenstümpfe. Kobras gab es häufig in Gebieten mit Termitenhügeln. Eine riesige Monokelkobra entwischte uns neben einem Bauplatz in Phangnga. Die Schlange sauste in ein Gebüsch neben einem Bach. Am nächsten Tag scheuchte ich das gleiche Tier wieder auf und konnte es wieder nicht fangen, weil es in dem undurchdringlichen Gestrüpp unter der Bachböschung verschwand. Wir fanden Kobras unter Steinen, die wir auf der Suche nach diesen Schlangen umwälzten. Eine *Naja naja kaouthia* zog ich aus einer Ansammlung von Coca-Cola- und Bierkästen, alten Latten und Blechbüchsen neben einem von vielen Personen bewohnten Haus hervor. Ein weiteres Tier griff ich beim Schwanz als es gerade unter einer Holzstiege verschwinden wollte. Es machte nicht den geringsten Versuch zu beißen und ich konnte es mühelos in den Fangbeutel befördern. Auf meinen vier herpetologischen Thailandreisen ist mir deutlich geworden, mit welcher Vorliebe sich Kobras gerade in unmittelbarer Nähe des Menschen ansiedeln. Hier finden sie nicht nur zahlreiche Ratten und Mäuse, sondern auch die so häufigen Schwarznarbenkröten *(Bufo melanostictus)* und Indischen Ochsenfrösche *(Kaloula pulchra)*. Stets hatten wir dicke Lederhandschuhe an. Beim Fang versuchten die Schlangen kaum zu beißen. Die Brillenschlangen sind nicht angriffslustig und fliehen stets vor dem Menschen. Am Tage gefangene Brillenschlangen konnten sogar in die Hand genommen werden, ohne daß die Tiere zu beißen versuchten. In der Dämmerung verhalten sich die gleichen Exemplare oft gänzlich anders. Diese läßt sich dadurch erklären, daß Brillenschlangen am Tage schlecht sehen. Zur Tageszeit beißen sie nicht oder stoßen nur mit geschlossenem Maul zu. Ihre Augen sind besser dem Dämmerlicht angepaßt, und und ein Biß trifft zu dieser Zeit eher sein Ziel. In Erregung reckt *Naja naja* ihren Vorderleib empor, breitet die lose Halshaut zu einem runden Schild aus und erwartet in dieser Haltung den Angriff des Gegners, um zuzustoßen. *Naja naja atra* und *Naja naja sputatrix* speien ihr Gift dem Widersacher entgegen. Brillenschlangen fressen Ratten, Mäuse, Vögel, Frösche, Kröten, Eidechsen und andere Schlangen. Meist gehen sie am späten Nachmittag oder am frühen Abend auf Beutesuche.

Die Paarung findet meist im Januar oder Februar statt. Die Eier werden im Mai, Juni oder Juli abgelegt. Gewöhnlich enthält ein Gelege 10–20, in Ausnahmefällen bis zu 45 Eier. Unter natürlichen Bedingungen schlüpfen die jungen Brillenschlangen nach 69–84 Tagen. Sie sind 23–30 cm lang und viel reizbarer als erwachsene Tiere.

Haltung und Zucht: Brillenschlangen sind in geräumigen Terrarien mit einem Bodengemisch aus grobem Sand und Lehm, einem großen Wasserbehälter und einem Unterschlupf unter Steinen oder einem Baumstumpf zu pflegen. Die Beleuchtung wie die lokale Bodenheizung sollten täglich 10–14 Stunden in Betrieb sein. Es genügt aber auch helles Tageslicht. *Naja naja* fühlt sich bei Lufttemperaturen zwischen 25 und 32 °C wohl. Nachts sollte die Temperatur kaum sinken. Als Futter bietet man tote und lebende Mäuse und Ratten. Manche Brillenschlangen sind anfangs sehr erregt und gewöhnen sich erst mit der Zeit an die Gefangenschaft. Oft schlagen sie sich an der Frontscheibe die Schnauze wund, die man daher am besten mit einem Vorhang abdeckt. Die Nachzucht dieser eindrucksvollen Giftnatter ist schon mehrfach im Terrarium gelungen. Vor vielen Jahren erhielt ich von Herrn Vanderhaege (Metz/Frankreich) mehrere Gelege von frisch aus Pakistan importierten *Naja naja naja*-Weibchen, darunter auch einige, trächtige Weibchen, die bei mir Eier ablegten. Die Eier bettete ich in ein Gemisch von feuchtem Sand und Torf in eine Plastikbox bei 26–34 °C ein. Die Jungschlangen, die beim Schlüpfen 25–30 cm lang waren, häuteten sich nach ungefähr 10 Tagen. Ihre Körperfärbung war graugrün mit einer deutlichen Brillenzeichnung auf dem Nacken. Die graugrüne Körperfärbung und das Halsmuster verschwanden mit zunehmender Länge. Die Tiere wurden einfarbig schwarz wie die erwachsenen Exemplare. Nach der ersten Häutung fraßen die jungen Brillenschlangen kleine Gras- und Wasserfrösche und zerschnittene Frösche. Bald nahmen sie kleine, weiße Mäuse als Nahrung an. Die weitere Aufzucht verlief völlig unproblematisch.

Naja nigricollis
Afrikanische Speikobra
6 Unterarten
(Bild Seite 121)

Kennzeichen: Der kurze, flache Kopf mit der abgerundeten Schnauze setzt sich kaum vom Hals und dem muskelkräftigen Rumpf ab. Das Auge ist groß, die Pupille rund. Erwachsene Exemplare der Afrikanischen Speikobra sind wuchtiger gebaut als gleichgroße Schwarzweiße Hutschlangen. Die glänzenden, ungekielten Schuppen umgeben die Körpermitte in 19–29, gewöhnlich in 23, selten in 25 und mehr schrägen Reihen. Im Gegensatz zu *Naja haje* mit 7 Oberlippenschildern besitzt *Naja nigricollis* 6 Oberlippenschilder. Bei *Naja nigricollis* variiert die Anzahl der Bauchschilder zwischen 195 und 217 und die der Schwanzschilder zwischen 63 und 67. Das Afterschild ist ungeteilt. Der Schwanz läuft in einen spitzen Fortsatz von 1.5–2 mm aus. Die Körperfärbung der Afrikanischen Speikobra ist ungewöhnlich variabel und schwankt zwischen einfarbig schwarz und ziegelrot. Die Bauchseite kann porzellanfarben, bräunlich, schwärzlich oder rötlich sein mit mehreren dunklen Bindken, die den Körper teilweise oder gänzlich umgeben. Besonders auffällig ausgebildet ist das dunkle Kehlband. Die Bauchseite ist einfarbig oder zeigt eine dunkle Sprenkelung. Bei hellen Exemplaren sind die Körperschuppen mehr oder weniger dunkel gerandet. *Naja nigricollis nigricincta* zeigt auf graubrauner bis rotbrauner Körperoberseite 52–72 schwarze Querbänder. Die sehr dunkel gefärbte *Naja nigricollis atriceps* hat einen einfarbig schwarzen Kopf und Hals. Die dunkelgraue Bauchseite ist schwarz gefleckt. *Naja nigricollis woodi* ist einfarbig schwarz gefärbt. *Naja nigricollis crawshayi* – diese Unterart besitzt 17–21 (gewöhnlich 19) schräge Schuppenreihen um die Körpermitte – besitzt eine dunkelbraune bis schwarze Körperoberseite. Die Bauchseite zeigt ein einfarbig gelbliches bis graues Kolorit mit einer breiten, schwarzen Kehlbinde.

Länge: 150–180 cm, selten über 200 cm, in Ausnahmen 280 cm.

Herkunft und Lebensweise: Das Verbreitungsgebiet von *Naja nigricollis* liegt südlich der Sahara. Die Nominatform ist in West- und Zentralafrika von Mauretanien bis zum Sudan und nach Angola verbreitet. *Naja nigricollis atriceps* kommt in Ruanda-Urundi und in der Kivu-Provinz im Kongogebiet vor. *Naja nigricollis crawshayi* lebt im Kongogebiet, in Sambia und in Tanganyika. Mali ist die Heimat von *Naja nigricollis katiensis.* Das Verbreitungsgebiet von *Naja nigricollis nigricincta* erstreckt sich von Südwest-Angola über das nördliche Südwestafrika. *Naja nigricollis woodi* ist im südlichen Südwest-Afrika und in der äußersten westlichen Kapprovinz heimisch. Die Afrikanische Speikobra hat ihren natürlichen Lebensraum in der Savanne, in sehr lichten Waldungen, in lichtem Busch und in trockenen, steinigen Gebieten. Den dichten, feuchten Regenwald meidet sie. Nicht selten trifft man diese Giftnatter in Ortschaften oder in deren unmittelbarer Nähe an. *Naja nigricollis* kommt in Meereshöhe und bis in Höhen von 2500 m vor. *Naja nigricollis* und *Naja haje* treten nicht selten im gleichen Biotop gemeinsam auf. Während des Tages hält sich diese wohl häufigste afrikanische Kobra unter Felsen, in Erdlöchern oder mit besonderer Vorliebe unter einem verlassenen Termitenhügel auf. Bei kühlem Wetter verläßt sie gelegentlich ihre Schlupfwinkel und sonnt sich. Im Gegensatz zu erwachsenen Exemplaren verlassen Jungtiere ihre Verstecke häufig am Tage. Wie die anderen afrikanischen Hutschlangen ist auch *Naja nigricollis* in ihren Bewegungen behende. Um Vögel zu jagen und deren Eier zu fressen, steigt die afrikanische Speikobra zuweilen auf Bäume. Meist hält sie sich jedoch am Erdboden auf. Auch in der Nähe von Gewässern kommt sie häufig vor. Gelegentlich sucht sie das Wasser auf, in dem sie sich jedoch nicht mit der gleichen Leichtigkeit fortbewegt wie *Naja melanoleuca*. Ihre Nahrung besteht aus allerlei Amphibien – mit Vorliebe frißt sie Kröten und Frösche –, Echsen, Schlangen und Kleinsäuger. Hin und wieder fängt sie auch Fische. Bei großem Hunger vergreift sie sich sogar an Heuschrecken und wirbellosen Tieren. Auf der Suche nach Nahrung dringt sie zuweilen des Nachts in Häuser und Hühnerställe ein, wo sie sich an Hühnerküken und an Hühnereiern vergreift. Feinden gegenüber zeigt *Naja nigricollis* keine aggressive, aber eine nervöse Wesensart. Bei Gefahr reckt sie den Körper oft bis zu zwei Dritteln seiner Gesamtlänge empor und spreizt die Halsregion zu einem schmalen Schild aus, wobei sie dem Angreifer ihr Gift auf eine Entfernung bis zu 4 m entgegenspeit oder -sprüht. Mit großer Sicherheit zielt die Schlange nach dem Gesicht und den Augen des Feindes. Das Gift, das im Auge brennende Schmerzen verursacht, kann zu Zerstörungen der Augenhäute und zu Blindheit führen, wenn es nicht sofort mit Wasser oder einer anderen geeigneten Flüssigkeit verdünnt und ausgewaschen wird. Der Speimechanismus von *Naja nigricollis* ist nicht von der gleichen Perfektion wie bei *Hemachatus haemachatus*. Daher muß die Afrikanische Speikobra ihren Körper weit zurücklehnen, um Augen und Gesicht des Feindes zielgerecht zu treffen. Anders als die Ringhalskobra vermag die Afrikanische Speikobra ihr Gift jedoch aus ihrem kaum geöffneten Maul auch dann zu verspritzen, wenn sie sich nicht in Angriffsstellung aufgerichtet hat. Auf diese Weise kann ein scheinbarer Gegner von einer ruhig daliegenden Speikobra völlig unerwartet einen Giftstrahl ins Gesicht gespritzt bekommen. *Naja nigricollis* beißt nur in größter Bedrängnis zu. Wie bei den meisten anderen Giftnattern führt ein Speikobrabiß hauptsächlich zu neurotoxischen Vergiftungserscheinungen, daneben treten aber auch Schwellungen und Nekrosen auf. Bei großer Gefährdung und gleichzeitiger Überreizung fällt *Naja nigricollis* in einen Starrezustand wie man ihn auch bei der Ringhalskobra und bei der Uräusschlange beobachtet. *Naja nigricollis* legt 10 bis über 20 Eier, die im Durchschnitt 35 × 20 mm messen. Die Jungschlangen, die nach ungefähr 60–70 Tagen schlüpfen, haben eine Länge von ungefähr 23–25 cm.

Haltung und Zucht: Die Afrikanische Speikobra wird öfters importiert. Bei sachgerechter Pflege ist diese Elapide ein sehr langlebiger Pflegling, der schon über 22 Jahre in der Gefangenschaft ausgedauert hat. *Naja nigricollis* verlangt eine trockene Haltung bei Tagestemperaturen zwischen 25 und 32 °C, die in der

---

Oben links: Abb. 9: Agkistrodon hypnale (Indische Nasenotter) s. Seite 133

Oben rechts: Abb. 10: Agkistrodon piscivorus piscivorus (Wassermokassinotter) s. Seite 134

Mitte links: Abb. 11: Vipera ursinii rakosiensis (Wiesenotter) s. Seite 126

Mitte rechts: Abb. 12: Vipera aspis aspis (Aspisviper) s. Seite 113

Unten links: Abb. 13: Vipera palaestinae (Palästinaviper) s. Seite 124

Unten rechts: Abb. 14: Agkistrodon contortrix contortrix (Kupferkopf) s. Seite 131

Nacht auf 22–25 °C absinken sollen. Das Terrarium sollte an einem hellen Standort stehen. Ein schweres Wassergefäß, das nicht umgeworfen werden kann und ein passender Schlupfwinkel sind notwendig. Als Bodengrund eignet sich grober Reinsand. Die Afrikanische Speikobra ist ein sehr gefräßiges Geschöpf. Man bietet als Futter Mäuse, Ratten und Hühnerküken tot oder lebend an. *Naja nigricollis* ist schon mehrfach in der Gefangenschaft zur Nachzucht gebracht worden. Schon Tage vor der Kopulation setzt das Paarungsverhalten ein, wobei sich die Tiere mit den Schwänzen umwinden. Die Eier bringt man in einem Gemisch von Sand und Torf bei Temperaturen zwischen 27 und 32 °C unter und hält sie leicht feucht. Das klumpenartig zusammenklebende Gelege kann man darüber hinaus mit feuchtem Fließpapier abdekken. Ungefähr 10 Tage nach dem Schlüpfen häuten die Jungschlangen zum ersten Mal in ihrem Leben. Nach der ersten Häutung nehmen sie junge Kröten und Mäuse als Nahrung an. Nach 3 Jahren erreichen die Jungschlangen bei guter Futterung eine Länge von 120–180 cm.

Naja nivea
Kapkobra
(Bild Seite 121)

Kennzeichen: Der flache Kopf setzt sich bei dieser Art deutlich vom Hals ab. Das Auge ist groß mit runder Pupille. Die ungekielten Schuppen umgeben die Körpermitte in 19 oder 21 Reihen. Die Kapkobra besitzt einen verhältnismäßig schlanken Körper mit einem langen Schwanz. Die Färbung variiert zwischen dottergelb, rötlich, braun oder schwarz. Zahlreiche Exemplare sind einfarbig, andere hell und dunkel gesprenkelt. Junge haben oft ein dunkles Nackenband, das im Alter verblaßt. Einfarbig braune Tiere sind oftmals Weibchen, während die Männchen mehr oder weniger gefleckt oder gesprenkelt sind.

Länge: 130–160 cm, in Ausnahmefällen etwas über 200 cm.

Herkunft und Lebensweise: Die Verbreitung von *Naja nivea* beschränkt sich auf die Südafrikanische Union, auf Südwest-Afrika und das Kalahari-Gebiet. Diese Schlange bevorzugt trockenes, steiniges Gelände in der Ebene und im Gebirge, bis zu einer Höhe von ungefähr 2700 m. Besonders häufig kommt sie an den Sandrändern ausgetrockneter Flüsse vor. Sie lebt fast ausnahmslos in Erdlöchern, die von Nagetieren gegraben wurden; dort ist ihr ständiger Unterschlupf. Ihre Nahrung besteht aus Ratten, Mäusen, Vögeln, Eidechsen, Kröten und Fröschen. Auch Schlangen der eigenen Art wie auch anderer Arten verschmäht sie nicht. Die Kapkobra ist eine weitgehend bodenbewohnende Schlangenart. Hin und wieder klettert sie auf Bäume, um die Jungvögel und Eier in den Vogelnestern zu plündern. Die weitgehend nachtaktive Schlange dringt auch in Hühnerställe ein, wenn sich dazu die Gelegenheit bietet. Wegen der zahlreichen Ratten und Mäuse halten sich Kapkobras oft in großer Zahl auf Farmgeländen und in der Nähe von Farmen auf. Angeblich soll sie an den Eutern der Kühe Milch saugen. Dies ist schon aus anatomischen Gründen unmöglich. *Naja nivea* wird in Süd-Afrika wegen ihres starken Giftes und oft ungestümen Temperaments sehr gefürchtet. Wenn sie sich bedroht fühlt, setzt sie sich in gleicher Weise zur Wehr wie andere Hutschlangen. Sie richtet den Vorderkörper auf, spreizt den Nacken zu einem Schild und beißt

---

Oben links: Abb. 15: Bothrops lateralis (Grüngelbe Palmenlanzenotter) s. Seite 143
Oben rechts: Abb. 16: Dendroaspis angusticeps (Gewöhnliche Mamba) s. Seite 45
Mitte links: Abb. 17: Crotalus lepidus klauberi (Felsenklapperschlange) s. Seite 154
Mitte rechts: Abb. 18: Agkistrodon halys caucasicus (Halysotter) s. Seite 132
Unten links: Abb. 19: Agkistrodon bilineatus bilineatus (Mexikanische Mokassinotter) s. Seite 130
Unten rechts: Abb. 20: Aspidelaps scutatus scutatus (Schildschlange) s. Seite 38

sofort zu, wenn ihr der Gegner zu nahe kommt. Ihr Gift ist gelbstichig und von sirupartiger Beschaffenheit. In seiner Wirkung übertrifft es das der Schwarzen Mamba *(Dendroaspis polylepis)* und jeder anderen Kobra. Die unbeweglich im Oberkiefer stehenden Giftzähne sind kurz. Trotzdem wird das Gift nach einem Biß ungewöhnlich schnell von den Geweben absorbiert. Die neurotoxischen Symptome lassen nach einem Biß nicht lange auf sich warten, und das Opfer stirbt an Atemversagen. Angesichts des häufigen Vorkommens der Kapkobra auf den Farmen kommt es öfters zu tödlichen Unfällen unter dem Weidevieh. Schafe und Ziegen sind gegen das Gift der Kapkobra besonders empfindlich. Ein unbehandelter Biß kann, wenn er eine Vene traf, schon nach wenigen Minuten tödlich verlaufen. Selbst nach einer Behandlung kann das Opfer unter unglücklichen Umständen nach Stunden noch sterben. Die Kapkobra paart sich im September oder Oktober. Die 8–20 Eier, die ungefähr 60 × 25 mm groß sind, werden im Dezember oder Januar an einer geeigneten Stelle in den Erdboden abgelegt. Die Jungen haben beim Schlüpfen eine Länge von ungefähr 30 cm.

Haltung und Zucht: Naja nivea stellt an die Behältereinrichtung und Pflege die gleichen Ansprüche wie *Naja haje* und *Naja nigricollis.* Bei sorgfältiger Pflege ist auch diese Art in der Gefangenschaft sehr langlebig. Kapkobras sind stark ausgeprägte Individuen. Die meisten Exemplare gewöhnen sich schnell an die Gefangenschaft und werden zahm, wenn sie in der ersten Zeit nicht gestört werden. Natürlich muß man derartig giftige Tiere mit der entsprechenden Vorsicht behandeln, um jeden Schlangenbiß von vorn herein auszuschalten. Nur wenige Kapkobras behalten im Terrarium ihr wildes Wesen, wobei sie beim geringsten Anlaß in die bekannte Drohstellung gehen, sich die Schnauzenspitze an den Behälterscheiben wund schlagen und in Erregung ihre Exkremente verspritzen. Meine beiden Tiere, die sehr sanft sind und kaum noch die typische Drohstellung einnehmen, füttere ich mit toten Mäusen, die sie stets willig fressen. Manchmal legen die Schlangen auch eine 2–3monatige Freßpause ein. Während des Tages ruhen meine Pfleglinge unter einem flachen Stein, hinter oder in einer Zierkorkröhre. Gegen Abend werden sie munter und kriechen umher. Bei der Fütterung kommen sie auch am Tage aus ihrem Versteck. Die toten Mäuse, die ich immer an die gleiche Stelle lege, nehmen sie mit Hilfe ihres Geruchsinns wahr. Wie meine *Naja mossambica* sind auch meine Kapkobras zeitweilig starke Wühler, die oft pausenlos im Bodengrund mit dem Kopf und dem Körperseiten scharren und sich dabei gelegentlich die Schnauzenspitze wund reiben. Eine wunde Schnauzenspitze verheilt jedoch meist schnell. Nach Möglichkeit sollte man der Kapkobra im Juli und August eine dem südafrikanischen Winter entsprechende Ruhepause bei herabgesetzten Temperaturen zwischen 15 und 18 °C bieten. *Naja nivea* ist anscheinend noch nicht in der Gefangenschaft zur Nachzucht gebracht worden.

Gattung Notechis
Tigerottern
2 Arten

Notechis scutatus
Tigerotter
2 Unterarten
(Bild Seite 122)

Kennzeichen: Der flache Kopf, der sich nur mäßig vom Hals absetzt, besitzt eine deutlich ausgebildete Schnauzenkante. Das kleine Auge weist eine runde Pupille auf. Der Körper ist untersetzt und kräftig. Gewöhnlich umgeben 19 Reihen glatter Schuppen die Körpermitte. Bei der stahlblauen bis schwärzlichen Unterart *Notechis scutatus occidentalis* stehen die Körperschuppen in 17 Reihen. Die Körperfärbung ist starken Schwankungen unterworfen. Olivgrüne, braune, graue, graugrüne und schwefelgelbe Farbvarianten treten auf. Die meisten Tigerottern sind dunkel

quergebändert. Einfarbige Exemplare sind selten. Bei der Nominatrasse ist die Körperunterseite gelblich bis grau gefärbt. *Notechis scutatus occidentalis* besitzt eine orangegelbliche bis schwarze Bauchseite.
Länge: 120–130 cm, selten über 150 cm.
Herkunft und Lebensweise: Die Tigerotter ist im südlichen Queensland, in New South Wales, in Victoria, im Südosten Süd-Australiens und auf der Kangaroo-Insel verbreitet. *Notechis scutatus occidentalis* kommt im Südwesten West-Australiens vor. Die Tigerotter besiedelt verschiedene Biotope und ist dort oft in großen Populationen anzutreffen. Meist hält sie sich in der Nähe von Gewässern aller Art sowohl in der Ebene als auch im Gebirge auf. Sie fehlt auch in trockenen Gebieten nicht. Ihren Unterschlupf hat sie unter Steinen, in Erdlöchern und Kaninchenbauten und unter und zwischen Baumwurzeln. Gewöhnlich ist sie während des Tages munter, wird in der heißen Jahreszeit dämmerungs- bis nachtaktiv. Die vorwiegend bodenbewohnende Tigerotter klettert zuweilen bei kühlem Wetter auf Bäume, um sich zu sonnen. Sie besitzt ein weites Beutespektrum; das sich aus Ratten, Mäusen, Vögeln, Fröschen und Eidechsen zusammensetzt. Bei Gefahr verschwindet diese Giftnatter sofort in ihrem Versteck. Dem Menschen gegenüber verhält sie sich nicht aggressiv, rückt dem Störenfried aber zu Leibe, wenn ihr der Fluchtweg abgeschnitten wird. Eine erregte Tigerotter flacht Hals und Körper in ähnlicher Weise ab wie es die Hutschlangen tun. Dabei zischt sie laut und wartet auf eine günstige Gelegenheit, um zubeißen zu können. *Notechis scutatus* und die sehr nahe verwandte *Notechis ater* besitzen das stärkste Gift aller Landschlangen. Das Gift hat weitgehend neurotoxische Eigenschaften. Es wirkt aber auch koagulierend und zerstört die roten Blutkörperchen. Bereits 0,0002 mg Trockengift töten ein 100 g schweres Meerschweinchen. *Notechis scutatus* ist ovovivipar. Sie bekommt im Februar oder März durchschnittlich 30–40 lebende Junge, die bei der Geburt zwischen 15 und 22 cm lang sind. Einen Rekord stellte ein großes, trächtiges Weibchen auf, in dem 109 Embryonen gefunden wurden.
Haltung und Zucht: Die Tigerotter hält bei richtiger Pflege jahrelang in der Gefangenschaft aus. Zu ihrem Wohlbefinden verlangt sie ein geräumiges Terrarium mit einer milden Bodenheizung (ca. 28–30 °C), einem Unterschlupf, einem etwas größeren Wasserbecken und einem Kletterast. Tageslicht genügt, sonst sollte die Beleuchtung am Tage 10–12 Stunden in Betrieb sein. *Notechis scutatus* ist nicht sehr temperaturempfindlich. Vor vielen Jahren pflegte ich 2 Tiere der genannten Art, die bei Tagestemperaturen zwischen 23 und 28 °C und Nachttemperaturen zwischen 18 und 20 °C prächtig gediehen. Als ich sie erhielt, zeigten sie sich erregt. Sie krochen oft im Terrarium mit leicht angehobenem, schildartig abgeflachten Vorderkörper umher. Meist lagen sie in ihrem Unterschlupf. Ich fütterte lebende und tote Hühnerküken, Mäuse, kleine Ratten und Frösche, die stets willig gefressen wurden. Bei Hunger jagten sie hinter den Mäusen her und bissen um sich, sobald sie Bewegungen wahrnahmen. Gebissene Mäuse starben nach einigen Sekunden oder sofort. Es entzieht sich meiner Kenntnis, ob diese Art in der Gefangenschaft schon nachgezüchtet wurde. Bei Sochurek paarten sich Tigerottern im Terrarium, in das sie eine halbe Stunde zuvor eingesetzt worden waren.

Gattung Ophiophagus
Königskobras
1 Art

Ophiophagus hannah
Königskobra
(Bild Seite 140)

Kennzeichen: Die Königskobra ist die größte Giftschlange und zusammen mit dem Taipan *(Oxyuranus scutellatus)* und der Schwarzen Mamba *(Dendroaspis polylepis)* die gefährlichste aller Giftschlangen. Der Kopf ist ziemlich kurz und flach und bei erwachsenen Exemplaren oft breiter als eine Hand. Die Augen sind mittelgroß mit runder Pupille. Der Körper ist lang gestreckt, der Schwanz läuft spitz zu. Die stumpfe Schnauze, die 9 großen Schilder auf der Kopfoberseite und die außergewöhnliche Größe deuten sofort auf diese Art hin. Die Schuppen sind ungekielt. Sie umgeben die Körpermitte in 15 schiefen Reihen. Hinter den relativ kurzen Giftzähnen (ungefähr 10 mm bei erwachsenen Exemplaren) stehen 3 kleine Zähne. Die Körperoberseite erwachsener Königskobras zeigt eine gelbbraune, olivfarbige oder graugrünliche Färbung, die zum Schwanz hin dunkler wird. Der gelbliche oder orangefarbige Hals ist zuweilen dunkel gemustert. Die schwarzen Querbinden der Jungtiere verschwinden im Alter vollständig. Die Kopfschuppen sind schwarz gerandet. Die Bauchseite ist gelb.

Länge: 360–450 cm, oft über 500 cm.

Herkunft und Lebensweise: Die Königskobra bewohnt Vorderindien, Süd-China, Hinter-Indien, die Malayische Halbinsel, die Andamanen, den Indoaustralischen Archipel südöstlich bis Bali und die Philippinen. Der bevorzugte Lebensraum dieser riesigen Giftschlange ist der dichte Dschungel in der Ebene und im Hügelland bis zu 2000 m Höhe. Gerne hält sich die Königskobra, die von den Thais „Ngu Cheong Ang“ genannt wird in größeren, im Gelände inselartig verstreuten Bambusbeständen auf. Die thailändischen Schlangenfänger erbeuten die Königskobra mit Schlingen, die sie dem Tier lassoartig über den Kopf ziehen. In Thailand, wo sie nicht selten ist, bewohnt sie ziemlich offenes und auch kultiviertes Gelände meist in der Nähe von Gewässern. So kommt diese wohl größte Giftnatter der Erde auch heute noch in der Nähe der weltbekannten thailändischen Krokodilfarm von Samut Prakan vor. Wegen der zunehmenden Kultivierung wird das imposante Tier hier leider immer seltener. Die weitgehend tagaktive Königskobra ist bodenbewohnend, klettert jedoch gelegentlich auf Bäume und wurde auch schon schwimmend im Wasser gefunden. Sie lebt im allgemeinen versteckt und entzieht sich dem Menschen meist durch die Flucht. Daß die Königskobra gelegentlich in bewohnte Häuser eindringt, wurde mir in einem Hotel am Kwae Noi-Fluß direkt am Dschungelrand deutlich, wo das Personal kurz vor meiner Ankunft eine in das Hotel eingedrungene Königskobra erschlagen hatte. Daß sie von sich aus Menschen angreift, geschieht wohl nur ausnahmsweise. Sie ist sehr reizbar und kann besonders während der Fortpflanzungszeit gefährlich werden. Unter Umständen führt ihr Biß in wenigen Minuten zum Tode. In Erregung richtet sie ihren Vorderkörper oft über 1 Meter steil empor und flacht ihn seitlich leicht ab. Den Kopf beugt sie ein wenig nach unten und läßt ein tiefes Zischen ertönen. In dieser Haltung bewegt sie sich auf den Störenfried zu.

Bleibt man jedoch ruhig stehen und bewegt sich nicht, so verharrt auch die Königskobra in ihrer typischen Drohhaltung ohne sich vorwärts zu bewegen und ohne zuzustoßen. Sie geht erst wieder in Ruhelage, wenn man sich sachte nach rückwärts entfernt. In der einschlägigen Literatur sind die Angaben über die Angriffslust von *Ophiophagus hannah* meist maßlos übertrieben. Das konnte der Verfasser feststellen, als er ein aus der Umgebung von Phangnga (Süd-Thailand) stammendes Tier dieser Art im August 1980 mit nach Deutschland brachte. Mit einem Schlangenhaken griff ich unter den Körper der Königskobra, ergriff das Tier beim Schwanz und setzte es auf den Rasen zwecks Photographie. Die Schlange stand mit hoch erhobenem Körper und gespreizter Nackengegend aufrecht. Sie war einfacher zu manipulieren, in keiner Weise aggressiver und viel berechenbarer als Vertreter der Gattung Naja. Das Gift der Königskobra, das etwa 10 mal schwächer als das der Brillenschlange ist, wird beim Biß in großer Menge abgeschieden. Tödlich gefährlich wird die Königskobra erst dann, wenn man ein im trockenen Bambuslaub ruhendes Tier übersieht und dieses den Menschen ebenfalls nicht bemerkt. Tritt man unabsichtlich auf die

Schlange, so erfolgt der tödliche Biß sofort und ohne Warnung.

Die Paarung findet im Januar oder Februar statt. Nach den Angaben von Dr. Wirot Nutaphand legt der weitaus größte Teil aller Königskobras in Bambusbeständen seine Nester an und dort seine Eier ab. Das Weibchen scharrt mit ihrem Vorderkörper verrottende Blätter und Zweige zu einem zweistöckigen „Nest" zusammen, in das sie im April, Mai oder Juni 21–40 längliche Eier legt. Es bewacht und verteidigt das Gelege und treibt somit Brutpflege. Zuweilen hält sich auch das Männchen nahe beim Nest auf. Die jungen Königskobras sind zwischen 50 und 53 cm lang. Wie die Bezeichnung *Ophiophagus* („schlangenfressend") schon andeutet, ernährt sich diese Art fast ausschließlich von ungiftigen und giftigen Schlangen. Nur selten vergreift sie sich an anderen Tieren.

Haltung und Zucht: Nur wenige Giftschlangenpfleger werden aus Raum- und Futtermangel die Möglichkeit haben, eine Königskobra pflegen zu können. In amerikanischen Zoos, bei Tierhändlern in Thailand und auch bei Liebhabern konnte ich diese wahrhaft beeindruckende Giftnatter wiederholt beobachten. Einen guten Bericht über Haltung und Pflege von *Ophiophagus hannah* gibt Karl Kauffeld, ehemals Direktor des Staten Island Zoo (New York) im PHS-Bulletin von 1963. Köngiskobras sind in sehr geräumigen Behältern mit großem Wasserbecken bei Temperaturen zwischen 27 und 32 °C und bei einer 12–14stündigen Beleuchtungsdauer zu pflegen. Als Bodengrund eignet sich ein Gemisch aus grobem Sand und humushaltiger Walderde. Bei sachgerechter Pflege ist diese Art sehr haltbar. Im Zoo von San Diego lebt ein männliches Tier dieser Art schon seit mehr als 17 Jahren. Obwohl von Natur aus leicht reizbar, gewöhnt sich *Ophiophagus hannah* weit schneller als andere Hutschlangen an die Gefangenschaft und wird auffallend zahm. Es gibt Schlangenpfleger, die Königshutschlangen mit bloßen Händen transportieren. So sah der Verfasser bei einem Tierhändler in Bangkok wie 3 junge Thais eine große Königskobra mit bloßen Händen aus einem Behälter mit zahlreichen anderen Königskobras herausholten und in einen Sack steckten. Die Burschen, die mir bei diesem Vorgang zulächelten, schienen an diese Tätigkeit gewöhnt zu sein und hielten sie scheinbar nicht für sonderlich gefährlich. In der Tat ist es nicht schwierig, eine Königskobra hinter dem Kopf zu halten, da er recht groß und ziemlich unbeweglich ist. Die größte Schwierigkeit bei der Haltung dieser Giftnatter bereitet die Nahrungsbeschaffung, da fast alle Exemplare nur Schlangen fressen und an nichts anderes zu gewöhnen sind. Dabei ist es gleichgültig, ob die Beutetiere leben oder tot sind. *Ophiophagus hannah* orientiert sich weitgehend nach dem Geruch. Es ist ratsam, sich einen Futtervorrat im Kühlschrank anzulegen. Die aufgetauten Schlangen stopft man mit Mäusen, Ratten und Rind- oder Pferdefleischstreifen voll, damit die Mahlzeiten ausgiebiger sind und man weniger Futterschlangen braucht. In seltenen Fällen fraßen Königskobras auch tote Ratten und Pferdefleischstreifen, die Schlangengeruch angenommen hatten, nachdem man sie vorher sehr ausgiebig an toten Schlangen gerieben hatte. Königskobras lassen sich auch auf Süßwasserfische umgewöhnen. Zuerst bietet man Schlangen an, an welche man Fische heftet, die dann automatisch mitgefressen werden. Später begnügt sich die Schlange auch nur mit dem Fisch, so wird man unbequeme Futtersorgen los. *Ophiophagus hannah* wurde im Bronx Zoo (New York) nachgezüchtet. Die Tiere paarten sich mehrfach im März 1955 und 1956. In beiden Jahren baute das Weibchen ein Nest aus Blättern, Zweigen und Bambusstöcken. Im ersten Jahr legte das Weibchen 41, im zweiten 51 Eier. Die jungen Königskobras schlüpften 10–11 Wochen nach der Eiablage. Frisch geschlüpft ist die Körperoberseite schwarz mit 35 oder mehr gelben oder weißen Querbinden. Dann wird sie braun oder olivfarben, wobei die Querbinden rötlichgelb oder olivfarben werden. Danach bildet sich die Erwachsenenfärbung.

Gattung Oxyuranus
Taipans
1 Art

Oxyuranus scutellatus
Taipan
2 Unterarten

Kennzeichen: Der große, lange Kopf setzt sich deutlich vom Hals ab. Das Auge ist groß mit runder Pupille. Das vordere Körperdrittel ist auffallend schlank. Der Taipan wird nicht selten mit der ähnlich aussehenden Mulgaschlange *(Pseudechis australis)* verwechselt. Von ihr unterscheidet er sich durch das ungeteilte Afterschild, die Form des Kopfes und den schlanken Vorderleib. Die schwach gekielten Körperschuppen des Taipans stehen in 21–23 Reihen. Der Schwanz endet zapfenförmig. Die Körperoberseite kann hell- bis dunkelbraun oder gar schwarz gefärbt sein. Taipans aus Neuguinea sind gewöhnlich stahlblau bis schwarz mit einem rötlichen Längsstreifen auf der Rückenmitte. Jungtiere zeigen oft rötliche Farbtöne. Die gelbliche bis cremefarbene Bauchseite ist meist von orangefarbenen Sprenkeln bedeckt.
Länge: Bis 300 cm, selten mehr.
Herkunft und Lebensweise: Der Taipan ist in Nord- und Nordost-Australien beheimatet. Er kommt in östlichen Teilen Inner-Australiens vor sowie in den südlichen Küstengebieten Neuguineas und auf der Melville-Insel. Die wohl gefährlichste australische Giftschlange bewohnt gewöhnlich trockenes, savannenartiges Gelände. Sie ist aber ebenso in offenen Wäldern und am Rand des Regenwaldes anzutreffen. Der bodenbewohnende Taipan ist von Natur aus scheu und ergreift bei Gefahr sofort die Flucht. Er lebt verborgen unter Felsen, umgefallenen Bäumen und in den Gängen von Säugetierbauten weitgehend tagaktiv. Bei heißer Witterung ist er am frühen Morgen und am späten Abend, teilweise sogar in der Nacht munter. Wenn er in die Enge getrieben wird und keine Möglichkeit zur Flucht besteht, setzt er sich heftig zur Wehr, wobei er mehrfach blitzartig zubeißt. Der Fang des Taipans ist stets gefährlich. Wenn er am Schwanz festgehalten wird, windet er sich sofort hoch. *Oxyuranus scutellatus* ernährt sich von Kleinsäugern und Vögeln. Er besitzt ein stark wirkendes Neurotoxin mit koagulierenden und die roten Blutkörperchen zerstörenden Eigenschaften. Seine langen Zähne – bei erwachsenen Tieren können sie eine Länge von 2 cm erreichen –, seines starken Giftes und seiner Wendigkeit wegen und angesichts der Tatsache, daß diese große Giftschlange zusammen mit den zahlreichen Ratten und Mäusen auf Zuckerrohrfeldern und Ananasplantagen häufig anzutreffen ist, fürchtet man den Taipan in Australien sehr. Fast alle bisher bekannt gewordenen Bißfälle verliefen tödlich, wenn das spezifische Serum nicht sofort in hinreichender Menge gespritzt wurde. Gelegentlich führt ein Taipanbiß, selbst wenn hinreichende Mengen von Serum verabreicht wurden, zum Tode. Mehrere Monate nach der Paarung, die im September oder Oktober nach der Überwinterung stattfindet, legt der Taipan 10–20 Eier von 5–7 cm Länge ab. Die Jungen, die nach einer Entwicklungsdauer von 2–3 Monaten schlüpfen, sind ungefähr 40–50 cm lang.
Haltung und Zucht: Der Taipan wird nur bei Gelegenheit und dann zu hohen Preisen angeboten. Zu seinem Wohlbefinden benötigt er ein geräumiges Terrarium mit einem guten Unterschlupf. Als Bodenfüllung eignet sich ein Gemisch aus Sand und Torf. Ein etwas größeres Wasserbecken darf nicht fehlen. Eine Bodenheizung sollte nicht fehlen. Am Tage sollte die Beleuchtung 12–14 Stunden in Betrieb sein. Der Taipan ist am Tage Temperaturen zwischen 24 und 28 °C gewöhnt, die in der Nacht nur um 2 oder 3 °C sinken sollten. Unter solchen Bedingungen gewöhnt sich diese Schlange schnell an das Leben in der Gefangenschaft und wird mit der Zeit zahm. Die Terrarienhaltung des Taipans ist denkbar einfach. *Oxyuranus scutellatus* macht durchaus einen Unterschied zwischen den Handbewegungen des Pflegers und den Bewegungen

einer Maus. Trotzdem ist größte Vorsicht geboten. Als Futter bietet man Mäuse und Ratten, die nach 2 oder 3 kurz aufeinanderfolgenden Bissen getötet werden. Bei guter Fütterung wachsen Jungtiere in einem Jahr von 50 auf 130 cm heran. Der Taipan ist schon mehrfach im Terrarium nachgezogen worden. Der Taronga-Zoo in Sydney, der den Taipan schon in 3 Generationen nachgezüchtet hat, war in dieser Hinsicht sehr erfolgreich. Die Eier wurden in einem mit feuchtem Papier ausgelegten Plastikgefäß untergebracht und mit feuchten Papiertüchern abgedeckt. Den mit einem Deckel verschlossenen Plastikbehälter stellte man in ein im Dunkeln stehendes Terrarium und brachte die Eier bei Temperaturen zwischen 26,7 und 27,8 °C zur Zeitigung.

Gattung Pseudechis
Schwarzottern
4 Arten

Pseudechis australis
Mulgaschlange
(Bild Seite 121)

Kennzeichen: Die Mulgaschlange, bei den Australiern auch unter der Bezeichnung „King Brown Snake" bekannt, ist von kräftigem und schwerem Körperbau. Der Kopf setzt sich nur geringfügig vom Hals ab. Das große Auge besitzt eine runde Pupille. Die in 17 Reihen stehenden Körperschuppen sind ungekielt. Diese Giftnatter ist auf der Körperoberseite einfarbig gelbbraun bis rotbraun. Der cremefarbige Bauch kann orange gesprenkelt sein. Im Gegensatz zum Taipan besitzt die Mulgaschlange einen geteilten Afterschild.
Länge: 180–200 cm, gelegentlich bis 270 cm.
Herkunft und Lebensweise: Diese Art ist mit Ausnahme des östlichen Küsten- und Tafellandes in ganz Australien und auf der Melville-Insel verbreitet. Das angebliche Vorkommen der Mulgaschlange in West-Irian (Niederländisch Neuguinea) ist zweifelhaft und beruht wahrscheinlich auf einer Verwechslung mit der nahe verwandten *Pseudechis papuanus,* die in der Regel lackschwarz ist, aber vereinzelt auch in einer braunen Farbvariante auftritt. Die „King Brown Snake" lebt vornehmlich in trockenem Gelände. Umgefallene Bäume, Kaninchenbauten und Erdlöcher dienen ihr als Unterschlupf. In ihrem Verhalten ist sie am Tage, mehr jedoch nachts aktiv; bei warmer Witterung sogar fast ausschließlich in der Nacht munter. Sie ernährt sich von Kleinsäugern, Vögeln, Eidechsen, Schlangen und neigt stark zu Kannibalismus. Sie ist nicht aggressiv und entzieht sich dem Menschen durch die Flucht. Wird sie jedoch in die Enge getrieben, setzt sie sich entschieden zur Wehr. Sie flacht ihren Körper seitlich ab und beißt mehrfach blitzschnell zu. Den gebissenen Körperteil hält sie meist fest, so daß man ihr die Kiefer mit Gewalt öffnen muß. Ihr Giftvorrat ist enorm. Das Gift wirkt neurotoxisch und antikoagulierend. Es ist jedoch nicht so stark wie das anderer australischer Giftnattern. Über das Fortpflanzungsverhalten der Mulgaschlange ist bisher nur wenig bekannt geworden. Sie gebärt bis zu 22 lebende Junge.
Haltung und Zucht: Pseudechis australis wurden bisher nur Einzelexemplaren nach Europa importiert. Vor einigen Jahren konnte ich im Tausch gegen andere Reptilien ein Tier dieser Art erwerben. Nach 3jähriger Pflege gab ich das Exemplar nach Amerika weiter. Ich brachte die etwa 2 m lange Schlange in einem Trockenterrarium mit einem ungefähr 20 cm tiefen Bodengrund aus Lehm- und Sandgemisch unter. Bodenheizung (15W Plastikheizkabel) und Beleuchtung (Leuchtstoffröhren) waren am Tage 12 Stunden in Betrieb, so daß die Lufttemperatur zwischen 27 und 30 °C betrug und in der Nacht auf 20–23 °C fiel. Ein Plastikgefäß mit frischem Waser vervollständigte die Einrichtung. Während des Tages hielt sich die Mulgaschlange fast immer unter einem flachen Stein auf. Gegen Abend kroch sie suchend umher. Als ich sie erhielt, war sie aggressiv und unberechenbar. Wie die mei-

sten Schlangen gewöhnte auch sie sich bald ein. Alle 10–14 Tage fütterte ich 3–5 Mäuse, die sie in totem Zustand stets willig von der Pinzette annahm. Blitzschnell stürmte sie hinter lebenden Mäusen her, packte sie und ließ sie nur selten wieder los. Dabei war sie stets überaus gierig und wartete die Giftwirkung nur selten ab. Meist drückte sie die noch lebenden Mäuse gegen den Boden oder die Terrarienscheiben oder würgte sie lebend hinunter. Die Häutung erfolgte alle 4–8 Wochen in einem Stück. Vor der Häutung versprühte ich stets ein wenig Wasser, um den Häutungsvorgang zu erleichtern. *Pseudechis australis* erweist sich in der Gefangenschaft als leicht haltbar und langlebig. In der California Alligatorfarm lebt ein Exemplar dieser Art schon seit 15 Jahren. Als Terrarienpflegling kann ich die Mulgaschlange sehr empfehlen, wenn man die notwendige Vorsicht walten läßt und das entsprechende Serum vorhanden ist. Über eine Nachzucht im Terrarium ist bisher noch nichts bekannt geworden.

Pseudechis porphyriacus
Rotbauchige Schwarzotter
(Bild Seite 139)

Kennzeichen: Die Rotbauchige Schwarzotter – es handelt sich in Wirklichkeit um eine Giftnatter – ist eine der schönsten Schlangen Australiens. Sie besitzt einen flachen Kopf, der sich kaum vom Hals absetzt. Das Auge ist groß mit runder Pupille. Den kräfigen Körper flacht sie in Erregung mehr oder weniger ab. Die ungekielten Schuppen umgeben die Körpermitte in 17 Reihen. Das Afterschild ist in den meisten Fällen ungeteilt. Der Rücken und die Flanken zeigen ein prachtvolles, glänzendes Schwarz, die Bauchseite meist ziegelrote, rosa, seltener weiße Farbtöne. Die ziegelroten Seitenschuppen stehen mit den Bauchschuppen in Verbindung. Die Schwanzunterseite variiert zwischen grau und schwarz.
Länge: Die Rotbauchige Schwarzotter ist in Queensland, New South Wales, Victoria und Süd-Australien heimisch. Die weitgehend tagaktive Natter ist an die Nähe der Gewässer gebunden. Besonders häufig begegnet man ihr an Sümpfen, feuchten Niederungen, Teichen, Flüssen und Bächen, wo sie unter Baumstämmen, Felsen, in Erdlöchern oder in Laubhäufen einen ständigen Unterschlupf hat. Sie schwimmt hervorragend und wurde schon oft beim Überqueren von Flüssen und Seen beobachtet. *Pseudechis porphyriacus* kommt als eine der bekanntesten Schlangen Australiens auch heute noch in den Außenbezirken Sydneys vor. Ihre Nahrung besteht aus Ratten, Mäusen, Vögeln, Eidechsen und Schlangen. Fröschen und Fischen gibt sie jedoch den Vorzug. Als gefräßiges Geschöpf verschont sie selbst Vertreter der eigenen Art nicht. Von Natur aus scheu, ergreift sie bei Gefahr eiligst die Flucht und verschwindet im Schilf oder einem anderen Schlupfwinkel. In die Enge getrieben oder gereizt, flacht sie den Vorderkörper ab, zischt laut und führt Scheinangriffe aus, ohne zu beißen. So versucht sie, der unangenehmen Lage zu entgehen. Da sie sich zuweilen der Länge nach vorwirft, wird sie in Australien auch als „Springschlange“ bezeichnet. Das Gift, das hauptsächlich hämorrhagische Eigenschaften aufweist, verursacht fast nur lokale Symptome. Es ist nicht sehr stark. Bisher verliefen nicht mehr als 1% aller Bißfälle tödlich. Wie die anderen Schlangen Süd-Australiens, so hält auch *Pseudechis porphyriacus* von März bis September unter Baumstämmen, Felsen und in Erdlöchern eine Winterruhe. Kurz nach dem Erwachen aus der Überwinterung findet die Paarung statt. Wie der Taipan *(Oxyuranus scutellatus)* und die Gewöhnliche Braunschlange *(Pseudonaja textilis)* liefern sich auch die Männchen von *Pseudechis porphyriacus* Kommentkämpfe, wobei sie sich umeinanderwinden und mit Hilfe ihrer Muskelkraft zur Seite drükcen, ohne sich zu verletzen. In der Regel werden 10–20, selten bis zur 40 lebende Junge abgesetzt, die bei der Geburt ungefähr 20 cm lang sind. Kaum eingeführt werden *P. colletti* und *P. papuanus*.

Haltung und Zucht: Da sie leicht zu halten ist, und wegen ihrer geringen Giftigkeit und ihres prachtvollen Aussehens ist die Rotbäuchige Schwarzotter ein idealer Terrarienpflegling. Diese Giftnatter fühlt sich in einem geräumigen Terrarium mit einem großen Wasserbekken wohl. Als Bodenfüllung eignet sich ein Gemisch aus Sand und Torf. Ein kleiner Baumstumpf, einige flache Steine oder ein hohler Zierkork werden von der Schlange sofort als Versteckplatz angenommen. Auf eine milde Bodenheizung sollte nicht verzichtet werden. Wenn der Behälter hell steht und ein wenig Vormittagssonne erhält, erübrigt sich die 10–12stündige künstliche Beleuchtung. *Pseudechis porphyriacus* verlangt Tagestemperaturen zwischen 25 und 27 °C, in der Nacht sollte die Temperatur auf 18–20 °C absinken. Die Rotbäuchige Schwarzotter ist auch bei der Nahrungsauswahl nicht heikel. Meine Tiere bevorzugten Frösche, fraßen aber auch Mäuse, die sie stets willig von der Pinzette nahmen. Da *Pseudechis porphyriacus* gelegentlich Kanniblismus zeigt und sich auch an Vertretern der eigenen Art vergreift, empfiehlt sich Einzelhaltung oder Haltung von gleich großen Exemplaren. Die Nachzucht dieser Natter gelang bisher noch nicht im Terrarium. Meiner Meinung nach wäre eine Gefangenschaftsnachzucht dieser schönen und heute so schwer zu beschaffenden Giftnatter keine Unmöglichkeit. Um dieses Ziel zu erreichen, muß man sie allerdings möglichst naturgemäß pflegen und ihr eine 4–5monatige Winterruhe zur rechten Zeit gewähren.

Gattung Pseudohaje
Waldkobras
2 Arten

Pseudohaje goldii
Schwarze Waldkobra

Kennzeichen: Die Schwarze Waldkobra ist eine kräftig gebaute Giftnatter mit einem kurzen Kopf, der sich kaum vom Hals absetzt und ungewöhnlich großen Augen, mit runden Pupillen. Der lange, sehr massive Schwanz endet in einem spitzen Dorn. Die glänzenden, großen Schuppen sind ungekielt und umgeben die Körpermitte in 15 Reihen. Das Afterschild ist ungeteilt. Der Kopf, der Rumpf und der Schwanz zeigen auf der Oberseite ein glänzendes Blauschwarz. Die Schnauzenspitze, die Kopfseiten und der Bauch sind gelblich bis weiß. Die Bauchschilde des vorderen Körperteils sind einfarbig, die des hinteren schwarz gerandet. Die Bauchschilde gehen in Richtung auf den Schwanz hin in ein glänzendes Lackschwarz über.
Länge: 200 cm, selten bis zu 270 cm.
Herkunft und Lebensweise: Pseudohaje goldii ist von West- und Zentral-Afrika bis nach Südwest-Afrika verbreitet. Die weitgehend baumbewohnende und meist nachtaktive Giftnatter kommt hauptsächlich in den Regenwäldern des Flachlandes und im Gebirge bis zu einer Höhe von 1700 m vor. Vielleicht lebt die fast überall seltene Schlange teilweise aquatisch, da sie fast immer in unmittelbarer Nähe von Gewässern gefangen wurde. Ihre natürliche Nahrung besteht fast ausschließlich aus Fröschen und Kröten. Die Schwarze Waldkobra ist wachsam, in ihren Bewegungen ungewöhnlich schnell und daher schwierig zu fangen. Auf dem Erdboden kriecht sie mit hoch erhobenen Kopf. In Erregung flacht sie die Halsregion kaum merklich ab und zischt. Ihren Vorderkörper spreizt sie nie zu einem breiten Schild wie die echten Kobras. Sie setzt sich ihrem Feind entschlossen zur Wehr. Ihr Gift ist farblos wie das der Mambas und soll ungewöhnlich stark sein. Bisher gibt es noch kein spezifisch wirkendes Serum. Ein Biß von dieser Schlange führt mit hoher Wahrscheinlichkeit zum Tode. Paarungen wurden im März und April beobachtet. Die Eier werden im Januar oder Februar abgelegt. Die Jungschlangen sind ungefähr 40 cm lang.
Haltung und Zucht: Pseudohaje goldii wird nur sehr selten importiert. Im Terrarium ist diese Schlange bei sachgerechter Pflege gut haltbar. Sie gewöhnt sich schnell an die Ge-

fangenschaft. Je nach der Behandlung und dem Individualscharakter des betreffenden Exemplares behalten manche Tiere ihre wilde Wesensart. Andere werden schnell zahm, flachen bei Störungen den Hals nicht mehr ab und unterlassen das Zischen. In Erregung kann die sehr muskelkräftige Giftnatter, die schwieriger als eine gleichgroße *Naja melanoleuca* oder *Naja nigricollis* in der Hand zu halten ist, sprungartig und weit vorschnellen. Auch an die Gefangenschaft gewöhnte Exemplare bleiben ungewöhnlich lebhaft und flink. Die Schwarze Waldkobra kann man in einem geräumigen Terrarium mit einem großen Wassergefäß oder sogar in einem Aquaterrarium pflegen. Als weitere Innenausstattung verwendet man eine Bodenfüllung aus humushaltiger Walderde und Sand, eine lokale, milde Bodenheizung, griffiges Astwerk und einen passenden Unterschlupf unter einem Baumstubben. Bei hoher Luftfeuchtigkeit soll die Lufttemperatur am Tage 25–28 °C betragen und in der Nacht auf 20 °C sinken. Tageslicht genügt. Die flinke Giftnatter hält sich ebenso häufig im Geäst wie am Boden unter ihrem Versteck auf. In der Gefangenschaft frißt sie fast ausschließlich Frösche und Kröten, die sie von irgendeiner Körperseite her hinabschlingt. Vereinzelte Exemplare gewöhnen sich auch an Küken und Mäuse. Über die Fortpflanzung in der Gefangenschaft ist nicht viel bekannt. Im Nairobi Snake Park kam es zur Eiablage. Die 17, beziehungsweise 11 Eier waren zwischen 51–64 mm × 25 mm groß. Die Eier wurden bei sehr hoher Luftfeuchtigkeit und Temperaturen zwischen 29 und 35 °C zur Entwicklung gebracht. Die Jungschlangen schlüpften nach 88–94 Tagen.

Ebenso selten wie *Pseudohaje goldii* wird die in mehrere Arten aufspaltende Gattung *Elapsoidea* eingeführt. Diese zentral- und südafrikanischen, ungefähr 50–90 cm langen, mehr oder weniger quergebänderten Giftnattern führen eine im Boden wühlende Lebensweise. Die bekanntesten Arten sind *E. sundevalli, E. semiannulata, E. loveridgei* und *E. guentheri.*

Gattung Pseudonaja

Australische Scheinkobras
6 Arten

Pseudonaja nuchalis

Westliche Braunschlange
3 Unterarten

Kennzeichen: Der kurze, schmale Kopf setzt sich kaum oder nicht vom Hals ab. Das Auge ist groß mit runder Pupille. Körper und Schwanz sind langgestreckt. Die in 17 Reihen stehenden Körperschuppen sind ungekielt. Das Afterschild ist geteilt. Die Färbung der Körperoberseite schwankt zwischen olivgrün, braun und porzellanfarben. Einige Populationen haben schwarze Köpfe. Der gelblich getönte Bauch ist mehr oder weniger rötlich oder grau-gesprenkelt. *Pseudonaja nuchalis* ähnelt *Peudonaja textilis* so sehr, daß man die beiden Giftnattern ohne osteologische Untersuchungen (Untersuchungen des Knochenbaus) kaum von einander unterscheiden kann.
Länge: 180–200 cm.
Herkunft und Lebensweise: Pseudonaja nuchalis ist in West- und Südwest-Australien, im Northern Territory, im westlichen Queensland, im westlichen New South Wales, im nordwestlichen Victoria und auf der Halbinsel Cape York verbreitet. Sie ist bei weitem nicht so aggressiv, aber ebenso flink wie die nahe verwandte *Pseudonaja textilis.* In ihren sonstigen Verhaltensweisen stimmt sie weitgehend mit der anderen Art überein. Ihre Nahrung besteht aus jungen Ratten, Mäusen und Eidechsen. Sie legt im Durchschnitt 20 Eier. *Pseudonaja nuchalis* besitzt ein tödliches Nervengift mit blutzerstörenden Eigenschaften.
Haltung und Zucht: Die Westliche Braunschlange benötigt um zu gedeihen, ein geräumiges Trockenterrarium mit einer Bodenfüllung aus grobem Sand, eine hinreichende Versteckmöglichkeit unter einem flachen Stein oder in einem hohlen Zierkork, Tageslicht oder eine 10–12stündige Beleuchtung, sowie eine milde Bodenheizung und Tagestemperaturen zwischen 25 und 30 °C. Vor einigen Jah-

ren pflegte ich eine westliche Braunschlange. Das Tier lag am Tage oft stundenlnag auf dem Klettergeäst unter der warmen Heizlampe. Sonst hielt sie sich unter einem Stein verborgen. Zu Beginn war sie scheu, aber nicht aggressiv. Sie fraß kleine, weiße Mäuse, die ich ihr tot und lebend von der Pinzette anbot. Lebende Mäuse verfolgte sie, biß sie blitzschnell und verzehrte sie erst nachdem sie tot waren. Die Westliche Braunschlange wurde bisher noch nicht im Terrarium nachgezüchtet.

Pseudonaja textilis
Gewöhnliche Braunschlange
2 Unterarten

Kennzeichen: Der Kopf setzt sich nicht oder nur unbedeutend vom Hals ab. Das Auge ist groß mit runder Pupille. Der Körper ist stromlinienförmig schlank. 17 Reihen ungekielter Schuppen umgeben die Körpermitte. Die Gewöhnliche Braunschlange kann dunkel gefleckt, aber auch einfarbig beige, grau, braun oder schwarz sein. Bei erwachsenen Exemplaren findet sich gelegentlich eine schwache, dunkle Bänderung. Jungtiere zeichnen sich teilweise durch ein deutliches, schwarzes Ringmuster auf dem Rumpf und Schwanz sowie durch eine schwarze Kopfoberseite aus. Diese Zeichnung verblaßt im Alter und verschwindet schließlich vollständig. Die cremefarbene oder hellbraune Bauchseite kann von orangefarbenen, grauen oder braunen Sprenkeln bedeckt sein.
Länge: 150 cm, selten über 225 cm.
Herkunft und Lebensweise: Pseudonaja textilis ist im östlichen und südöstlichen Australien weit verbreitet. Vereinzelte Populationen existieren im Northern Territory und in Südwest-Australien. *Pseudonaja textilis inframaculata* kommt in Süd-Australien und auf den Halbinseln Coffin Bay und Western Eyre vor. Diese weitverbreitete Schlangenart bevorzugt trockenes Gelände. Gelegentlich kommt sie auch in feuchten Gebieten vor. Sie hält sich unter Baumstämmen und Steinplatten sowie in Steinhäufen, Erdlöchern und Kaninchenbauten auf. Auch die Nähe der Ansiedlungen des Menschen meidet sie nicht; sogar in Städten wird sie ziemlich häufig angetroffen. *Pseudonaja textilis* ist eine ausgesprochene Kulturfolgerin, die weitgehend tagaktiv lebt. Sie ernährt sich von Kleinsäugern, Vögeln, Fröschen, Eidechsen und Schlangen. Ihre Beute tötet sie mit ihrem starken Gift und erdrosselt sie gleichzeitig. Diese Giftnatter ist von unruhiger und wilder Wesensart. Bei Gefahr versucht sie keineswegs nur zu fliehen, sondern wehrt sich heftig oder rückt dem Störenfried gar zu Leib. Dabei nimmt sie eine charakteristische Drohstellung ein: sie stellt den abgeflachten, S-förmig angezogenen Vorderkörper empor und stößt mit geöffnetem Maul zu. Das Bißopfer hält sie zwischen den Kiefern fest, um möglichst viel Gift in die Wunde zu injizieren. Ihr Gift wirkt stark neurotoxisch und hat gleichzeitig koagulierende und blutzerstörende Eigenschaften. Wegen ihrer ungemeinen Schnelligkeit, ihrer Aggressivität und ihres todlichen Giftes gehört *Pseudonaja textilis* zu den gefährlichsten Giftschlangen Australiens. Die Paarung findet im Oktober oder November statt. Die Gewöhnliche Braunschlange legt durchschnittlich 20–30 Eier, die nach ungefähr 60 Tagen schlüpfen. Die frisch geschlüpften Jungschlangen messen 17–20 cm.
Haltung und Zucht: Die Gewöhnliche Braunschlange ist in einem Trockenterrarium mit einem Bodengrund aus Mergelerde, Sand und Torf gut haltbar. Eine hinreichende Unterschlupfmöglichkeit, wie ein größerer Wasserbehälter dürfen nicht fehlen. Vormittagssonne und Tageslicht erweisen sich günstig, sonst sollte die Beleuchtung und lokale Bodenheizung 10–12 Stunden in Betrieb sein. Am Tage ist eine Lufttemperatur zwischen 25 und 28 °C, in der Nacht zwischen 20 und 22 °C erwünscht. Als Futter nimmt sie gern Eidechsen, Frösche, Mäuse und junge Ratten. Da Eidechsen und Frösche bei uns jedoch immer seltener werden, sollte man nur Mäuse verfüttern. *Pseudonaja textilis* wird stets einzeln ge-

halten, da sie sich sonst unter Umständen an anderen Käfiginsassen vergreift. Auch bleibt sie im Terrarium noch lange Zeit reizbar. Man sollte nicht vergessen, daß diese Giftnatter ein tödliches Nervengift besitzt und in Erregung mit unglaublicher Schnelligkeit mehrmals hintereinander zubeißt. Von einer Nachzucht in der Gefangenschaft ist bisher nichts bekannt geworden.

Gattung Walterinnesia
Wüstenkobras
1 Art

Walterinnesia aegyptia
Schwarze Wüstenkobra

Kennzeichen: Der Kopf setzt sich kaum vom Hals ab. Das mäßig große Auge besitzt eine runde Pupille. Der etwas untersetzte Körper ist zylindrisch im Querschnitt, der Schwanz kurz. Die Schuppen sind in der vorderen Körperhälfte glatt und in der hinteren schwach gekielt. Sie umgeben die Körpermitte in 23, den Hals in 27 Reihen. Erwachsene Exemplare weisen eine glänzend schwarze oder doch sehr dunkelbraune Oberseite äuf; unten sind sie heller. Jungtiere aus dem Iran haben helle, enge Querbänder.
Länge: 90–120 cm.
Herkunft und Lebensweise: Die Heimat der Schwarzen Wüstenkobra ist Ägypten, Israel, Syrien, Libanon, Jordanien, der Irak, der Iran und die arabische Halbinsel. Über die Lebensweise dieser ziemlich seltenen Schlange ist nur wenig bekannt. Sie bewohnt die von spärlicher Vegetation durchsetzte Sandwüsten, kommt aber auch an kahlen, steinigen Berghängen, in Oasen, in von Bewässerungsgräben durchzogenen Gebieten und zuweilen in Gärten vor. Die nachtaktive Giftnatter führt ein weitgehend unterirdisches Dasein unter Felsen, in Erdspalten und in von Kleinsäugern gegrabenen Gängen. Ihr Sehvermögen ist nicht gut entwickelt. Sie ernährt sich von Kleinsäugern, Vögeln, Eidechsen und Kröten, die sie tot und lebend verzehrt. Bei Erregung flacht sie ihren Vorderkörper nicht schildartig ab, zischt laut und stößt meist mit geschlossenem Maul vor. Das Gift der Schwarzen Wüstenkobra ist ungefähr so stark wie das der indischen Brillenschlange, wird allerdings in viel geringerer Menge abgeschieden. Über die Fortpflanzung von *Walterinnesia aegyptia* ist kaum etwas bekannt. Auch diese Art dürfte eierlegend sein. Frisch geschlüpfte Jungschlangen fand man im September.
Haltung und Zucht: Walterinnesia aegyptia ist in einem beheizten Wüstenterrarium mit Sandboden und einigen Steinen als Unterschlupf gut zu halten. Ein Wassergefäß darf nicht fehlen. Da sich die Schlange am Tage fast ausschließlich in ihrem Versteck aufhält, erübrigt sich eine besondere Beleuchtung; Tageslicht genügt. Zu ihrem Wohlbefinden verlangt die Schwarze Wüstenkobra am Tage Luft- und Bodentemperaturen zwischen 25 und 30 °C. In der Nacht soll die Temperatur auf 20 oder 22 °C sinken. *W.aegyptia* wird in der Dämmerung und in der Nacht munter und kriecht umher. Als Futter bietet man Mäuse, die sowohl tot als auch lebend angenommen werden. Die Schwarze Wüstenkobra wurde bisher noch nicht in der Gefangenschaft nachgezüchtet.

Familie Viperidae
Vipern

Gattung Atheris
Buschvipern
8 Arten

Atheris chlorechis
Grüne Buschviper

Kennzeichen: Atheris chlorechis besitzt einen sehr breiten und flachen Kopf, der sich auffällig vom schlanken Hals und dem etwas untersetzten Körper absetzt. Der Schwanz ist relativ kurz. Die Augen sind groß und die Pupillen im hellen Licht senkrecht geschlitzt. Den Kopf und Körper bedecken dachziegelartig übereinanderliegende Schuppen, die der Viper ein struppiges Aussehen verleihen. Die stark gekielten Schuppen umgeben die Körpermitte in 25–36 Reihen. Erwachsene Tiere weisen auf dem Rücken eine blaßgrüne Färbung auf, die auf den Körperseiten und zum Schwanz hin dunkler wird. Die Flanken sind zuweilen von kleinen, goldgelben Flecken bedeckt, die in einem Abstand von 2–3 cm in einer Reihe hintereinander stehen. Der Bauch ist grünlich oder gelblich. Junge Exemplare haben eine gelbe Körperoberseite und grüne Tupfen.

Länge: 50–70 cm.

Herkunft und Lebensweise: Die Grüne Buschviper ist in West-Afrika von Guinea bis nach Kamerun verbreitet. Sie lebt auf niedrigen Bäumen und in dichtem Gebüsch, meist nicht weit vom Boden entfernt. Durch ihre Körperfärbung ist sie hervorragend an das Grün des Blattwerkes angepaßt, so daß ihre Anwesenheit selbst dem wachsamen Auge entgeht. Ihren einrollbaren Greifschwanz schlingt sie in 2 oder 3 Windungen um einen Zweig, während der Körper meist schräg abwärts gerichtet auf einem größeren Ast liegt. Ihre Nahrung besteht aus Baumfröschen, Echsen, kleinen Vögeln und Mäusen, die sie aus dem Ansitz erbeutet. *Atheris chlorechis* besitzt einen sehr friedfertigen Charakter. Ihre Giftzähne sind lang und dünn, aber ihr Gift ist nicht sehr wirksam. Daher stellt sie keine Gefahr für den Menschen dar. Die Grüne Buschviper bringt lebende Junge zur Welt, die bei der Geburt ungefähr 20 cm lang sind.

Haltung und Zucht: Da sie gut zu halten ist, und angesichts ihrer gutmütigen Wesensart und ihres schwachen Giftes wegen, eignet sich diese Art gut zur Pflege. Leider wird *Atheris chlorechis* nur selten importiert. Man pflegt diese Viper in einem hohen Regenwaldterrarium mit einem sehr verzweigten Kletterbaum und einer guten Bepflanzung am besten mit tropischen Schlingpflanzen und Epiphyten. Der Behälter sollte hell stehen und Vormittagssonne erhalten. Andernfalls schaltet man die Beleuchtung 12–14 Stunden ein. Der Wasserbehälter muß stets mit sauberem Wasser gefüllt sein. Zu ihrem Wohlbefinden verlangt die Grüne Buschviper eine erhöhte Luftfeuchtigkeit, die man durch einen feuchten Bodengrund und häufiges Versprühen von lauwarmem Wasser erreicht. Man sorgt am Tage für Lufttemperaturen zwischen 24 und 30 °C, die nachts auf 20–22 °C sinken sollten. Im Terrarium frißt die Grüne Buschviper junge Mäuse und Haussperlinge. *Atheris chlorechis* wurde bisher noch nicht im Terrarium nachgezüchtet.

Atheris hindii

Ostafrikanische Bergotter

Kennzeichen: Der Kopf ist spitz-dreieckig, die Schnauze abgerundet. Das Auge ist mäßig groß mit im Licht senkrecht geschlitzter Pupille. Der Rumpf erscheint untersetzt. Der Schwanz ist kurz. Der Kopf und die Körperoberseite sind von kleinen, stark gekielten Schuppen bedeckt. Die graubraune Kopfoberseite zeigt einen schwarzbraunen, pfeilförmigen Fleck. Die Lippenschilder sind weißlich gefleckt. Auf graubrauner Körpergrundfärbung finden sich 4 Längslinien, die von kleinen, dunklen, dreieckigen oder diamantförmigen Flecken bedeckt werden. Die Unterkiefer- und Kehlregion sind auf gelblichem oder weißlichem Farbgrund von einer weißen Mittellinie überzogen. Die Bauchseite ist grau bis schwarzgrau, der Schwanz gelblich.

Länge: 25–32 cm.

Herkunft und Lebensweise: Die Ostafrikanische Bergotter, die bei der Erstbeschreibung unter dem Gattungsnamen *Vipera* lief, wurde später in die Gattung *Bitis* und nach neueren Erkenntnissen in die Gattung *Atheris* eingereiht. Die bodenbewohnende Zwergviper ist in den Kinangop- und Aberdare-Bergen in Kenya heimisch, wo sie in Höhenlagen zwischen 1200 und 3500 m gesammelt wurde. Sie bewohnt Moorgebiete und Baumheidezonen oberhalb der Waldgrenze. Infolge der dauernden Feuchtigkeit ist dort der Boden von einem Moosteppich überwuchert. Von den Baumheidepflanzen hängen üppig wachsende Bartflechten herab. Die ziemlich träge Schlange besitzt ein leicht reizbares Temperament. Bei Störungen bläst sie ihren Körper auf und beißt sofort zu. Ihr Gift wirkt auf Blut und Blutgefäße zerstörend ein. Gewöhnlich liegt sie in dichten Grasbüscheln. Da die Temperaturen in ihrem natürlichen Lebensraum in der Nacht bis auf fast 0 °C absinken, kommt sie nur am Tage aus ihren Schlupfwinkeln hervor und setzt ihren Körper der Sonne aus. Sie ernährt sich von Chamaeleons, anderen kleineren Echsen und Amphibien. *Atheris hindii* ist ovovivipar. Die ungefähr 10 cm langen Jungen durchstoßen nach der Geburt sofort das sie umgegebende transparente Eihäutchen.

Haltung und Zucht: Atheris hindii wurde bisher nur in geringen Stückzahlen aus Kenya nach Europa und in die USA exportiert. Diese bergbewohnende Schlange ist in der Gefangenschaft schwierig zu halten, da man ihr ein Reizklima, wie es in ihrem natürlichen Lebensraum vorherrscht, im Terrarium nicht bieten kann. Während des Tages verlangt das seltene Reptil ein sehr milde erwärmtes Plätzchen und Luft- und Bodentemperaturen um 25–28 °C, die in der Nacht bedeutend sinken müssen. Vor- und Nachmittagssonne sind für das Wohlbefinden der Ostafrikanischen Bergotter notwendig, ansonsten hält man die Beleuchtung 12–14 Stunden in Betrieb. Als Bodengrund bietet man ein Gemisch aus Sand und Torf sowie einen Baumstubben als Unterschlupf und sollte nicht vergessen häufig mit leicht erwärmtem Wasser zu sprühen. Als Futter bietet man kleine Frösche und Eidechsen. *Atheris hindii* wurde in der Gefangenschaft noch nicht zur Nachzucht gebracht, obwohl trächtig importierte Weibchen im Terrarium schon mehrfach Junge abgesetzt haben.

Ebenso selten wie *Atheris hindii* ist *Atheris superciliaris* (früher *Vipera superciliaris*). Nur durch einen glücklichen Umstand dürfte der Giftschlangenpfleger in den Besitz eines Exemplars dieser Art kommen. Diese schlanke Viper, die ein wenig länger als 60 cm wird, besitzt einen länglich-dreieckigen Kopf und kleine und stark gekielte Kopf- und Rückenschuppen. Die Rückenschuppen umgeben die Körpermitte in 27–29 Reihen. Der graubraune Rücken wird von 3 Reihen schwärzlicher Flecken bedeckt, die von gelblichen Bändern getrennt werden. Auf der Kopfoberseite findet sich ein Winkelfleck. *Atheris superciliaris* bewohnt Teile von Mozambique und Malawi und das südliche Tanganyika. Die bodenbewohnende Giftschlange wählt als Unterschlupf Mauselöcher und sonnt sich an deren Eingängen. In ihrem Verhalten zeigt sie sich dämmerungsaktiv und am frühen Abend besonders munter. Ihre Nahrung besteht aus verschiedenen Amphibien und gelegentlich aus Säugetieren. In der kühlen Jahreszeit, von April bis Juli, ist *Atheris superciliaris* inaktiv. Während dieser Zeit lebt die Schlange von ihrem Körperfett. Die Paarung findet im September statt. 3–10 Junge, die bei der Geburt eine Länge von 13,5–15,5 cm aufweisen, werden im November und Dezember geboren. Die jungen Schlangen sollen sich in der ersten Zeit ihres Lebens von Insekten ernähren. *Atheris superciliaris,* die sich beim Fang wild gebärdet, wird in der Gefangenschaft zu einem ruhigen und beißunlustigen Pflegling. Über die Natur des Giftes ist nichts bekannt.

Atheris hispidus

Rauhschuppen-Buschviper

Kennzeichen: Die Rauhschuppen-Buschviper sieht ungewöhnlich zottig-borstig aus. Ihr sehr kurzer, breiter Kopf mit den großen Augen und den im Licht senkrecht geschlitzten Pupillen setzt sich deutlich von dem schlanken Hals

ab. Der mäßig schlanke Körper ist etwas höher als breit, der Greifschwanz gut entwickelt. Charakteristisch für diese Art sind die schmalen und außerordentlich stark gekielten Schuppen, die am Ende verlängert und leicht nach oben gebogen sind. Die Schuppen umgeben die Körpermitte in 15–19 Reihen. Der Rücken, die Körperseiten und der Bauch können lebhaft gelbgrün, graugrün, olivenbraun oder schwärzlich gefärbt sein. Am Kopfende findet sich ein dunkler Winkelfleck. Der Schwanz kann einfarbig schwarz sein oder ein Muster aus schwarzen und grauen Ringen aufweisen. Der Rücken ist dunkel gefleckt.
Länge: 50 cm, selten über 70 cm.
Herkunft und Lebensweise: Atheris hispidus ist aus dem Kongo-Gebiet, Südwest-Uganda und aus West-Kenya bekannt, wo sie alle Höhenlagen bis zu 1800 m bewohnt. Ihr Vorkommen ist an den Regenwald gebunden. Sie lebt im dichten Laubwerk der Bäume und Büsche meist in einer Höhe von 140–200 cm über dem Erdboden. Im Gegensatz zu ihren Artverwandten bewegt sie sich flink und geschickt über Zweige und Blätter. Am Tage verweilt sie zusammengerollt unbeweglich auf Zweigen und Ästen. In der Dämmerung geht sie auf Nahrungssuche. Sie frißt Baumfrösche, Eidechsen, kleine Vögel und Mäuse. Ihre Beute läßt sie nach dem Biß nicht los, sondern hält sie, bis sie tot sind, zwischen den Kiefern. Dem Menschen gegenüber zeigt sie sich nicht aggressiv. Wenn sie nicht gereizt wird, beißt sie auch nicht zu. Ebenso wie die anderen Buschvipern ist sie lebendgebärend.
Haltung und Zucht: Ihrem natürlichen Lebensraum entsprechend, ist *Atheris hispidus* in einem dicht bepflanzten Regenwaldterrarium unterzubringen und nach den gleichen Richtlinien zu pflegen wie bei *Atheris chlorechis* beschrieben. *Atheris hispidus* ist im Gegensatz zu *Atheris squamiger, Atheris chlorechis* und *Atheris nitschei* oft schwierig bei der Nahrungsaufnahme, so daß man zuweilen zur Zwangsfütterung greifen muß. Die Rauhschuppen-Buschviper wurde bisher noch nicht im Terrarium nachgezüchtet.

Atheris nitschei
Schwarzgrüne Buschviper
2 Unterarten

Kennzeichen: Diese ziemlich gedrungen gebaute Buschviper besitzt einen breiten, flachen Kopf, der sich deutlich vom Hals absetzt. Die stark gekielten, schmalen Schuppen, die die Körpermitte in 25–32 Reihen umgeben, liegen dachziegelartig übereinander und verleihen auch dieser Art ein etwas „struppiges“ Aussehen. Das Auge ist mäßig groß mit einer im Licht geschlitzten Pupille. Die Färbung des Rückens und der Körperseiten schwankt zwischen hellgrün, gelbgrün und olivgrün. Der Bauch ist grünlich bis gelblich gefärbt. Die Lippenschilder sind gelb. Auf der Kopfoberseite findet sich ein schwarzer V-förmiger Winkelfleck, der mehr oder weniger aufgelöst sein kann. Ein unregelmäßiges, oft nicht zusammenhängendes Zickzackmuster aus schwarzen Flecken bestehend, überzieht die Rückenmitte. Schuppenkiele und Schwanzspitze sind schwarz gefärbt.
Länge: 50–73 cm.
Herkunft und Lebensweise: Die Schwarzgrüne Buschviper ist eine Gebirgsform, deren Vorkommen sich auf Höhenlagen zwischen 1500 und 3000 m beschränkt. Sie ist über Taganyika, Uganda, das nordwestliche Nyassaland, Nord-Rhodesien, über Ruanda-Urundi und den Kongo verbreitet, wo man sie in Vulkanen und in Hochlandsümpfen oft in großer Anzahl antrifft. *Atheris nitschei* bevorzugt dichte Papyrus-, Phragmites- und Elefantengrasbestände. Weniger häufig kommt sie in Hochlandtälern in Büschen, Wäldern und in der Bambuszone vor. Sie ist tag- und nachtaktiv. Gelegentlich klettert sie auf den Erdboden herab, steigt aber gewöhnlich am Tage auf Elefanten- und Papyrusgras, wo sie sich bis zu 3 m vom Erdboden oder der Wasseroberfläche entfernt den Sonnenstrahlen aussetzt. Hier liegt sie zusammengerollt und schlingt ihren gut ausgebildeten Wickelschwanz um Blattstiele und Zweige. Wegen ihrer grünen Körperfärbung ist sie nur äußerst

schwer in der dichten Vegetation zu entdekken. In der Nacht steigt sie vermutlich zum Boden hinab, um Beute zu machen. Sie bevorzugt Mäuse, Spitzmäuse, Echsen und Chamäleons, seltener Amphibien. Bei Störungen flieht sie schnell, wobei sie sich mit Hilfe ihres Wickelschwanz geschickt rückwärts fortbewegt. Um schneller fortzukommen, läßt sie sich zuweilen auch fallen. Sie ist nicht angriffslustig, zeigt sich aber bei Bedrohung bissig. Die Schwarzgrüne Buschviper setzt im Februar oder März 7–11 Junge ab.
Haltung und Zucht: Diese Schlange wird nur sehr gelegentlich importiert. Um sie erfolgreich pflegen zu können, benötigt man am besten ein hohes Aquaterrarium, dessen Wasserteil größer als der Landteil ist, Kletteräste und eine dichte Bepflanzung. Tagestemperaturen zwischen 22 und 27 °C und Nachttemperaturen um 20 °C sowie eine hohe Luftfeuchtigkeit sind günstig. Eine Bodenheizung entfällt. Schon wegen eines guten Pflanzenwuchses sollte der Behälter hell stehen und zeitweilig Sonnenlicht erhalten. Andernfalls schaltet man die Beleuchtung 12–14 Stunden ein. Bei sorgsamer Pflege geht *Atheris nitschei* ohne weiteres an Mäuse und ist auch ziemlich dauerhaft. Im Terrarium wurde diese Viper jedoch noch nicht zur Nachzucht gebracht.

Atheris squamiger
Blattgrüne Buschviper
2 Unterarten

Kennzeichen: Der kleine, flache Kopf mit den sehr großen Augen und den im Tageslicht senkrecht geschlitzten Pupillen setzt sich deutlich vom schlanken Hals ab. Der mäßig schlanke Körper ist im Querschnitt ein wenig höher als breit. 15–23 Reihen stark gekielter Schuppen, die dachziegelartig übereinander hinausragen, umgeben die Körpermitte und verleihen dieser Viper eine rauhe Oberfläche. In der Regel ist *Atheris squamiger* grün oder gelbgrün mit 30–35 engen, schmutziggelben Querbinden oder paarigen gelben Flecken. Gelegentlich treten einfarbig grüne oder schmutziggelbe Tiere mit einzelnen grünen Schuppen auf. Der Unterkiefer ist gelb. Die Färbung des Bauches entspricht der des Rükkens und der Körperseiten.
Länge: 50 cm, in seltenen Fällen über 80 cm.
Herkunft und Lebensweise: Die Nominatform ist auf der Insel Fernando Po, in Kamerun, im Kongo-Gebiet (mit Ausnahme der Provinz Katanga), in Uganda, im westlichen Kenya und in Angola heimisch. Die Unterart *Atheris squamiger robustus* kommt in den Gebirgswäldern am Ituri in der Provinz Orientale im Kongo-Gebiet vor. Die kleine Viper bewohnt die tropischen Regenwälder. Sie lebt auf Büschen und Bäumen und klettert nur gelegentlich, wahrscheinlich zur Nahrungssuche, zum Erdboden herab. Mit Hilfe ihres gut ausgebildeten Greifschwanzes vermag sie hervorragend zu klettern. Durch seine Tarnfärbung ist das vor allem nachtaktive Tier farblich hervorragend an seine natürliche Umwelt angepaßt und im dichten Blattwerk kaum zu entdecken und bleibt daher auch stets ruhig liegen. Fühlt sie sich jedoch entdeckt, so kriecht sie hastig rückwärts. Bei unmittelbarer Gefahr beißt sie meist heftig zu. Ihr Gift ist allerdings nicht sehr wirksam. Ihre Nahrung besteht aus Mäusen und jungen Vögeln. Gelegentlich frißt sie Eidechsen und Baumfrösche. *Atheris squamiger* paart sich im September und Oktober. Im März oder April werden in der Re-

---

Oben links: Abb. 21: Bothrops godmani (Godman-Lanzenotter) s. Seite 141
Oben rechts: Abb. 22: Crotalus adamanteus (Östliche Diamantklapperschlange) s. Seite 147
Mitte links: Abb. 23: Bungarus multicinctus multicinctus (Vielbindenbungar) s. Seite 43
Mitte rechts: Abb. 24: Micrurus fulvius barbouri (Harlekin-Korallenschlange) s. Seite 58
Unten links: Abb. 25: Maticora bivirgata flaviceps (Rotbauchige Bauchdrüsenotter) s. Seite 54
Unten rechts: Abb. 26: Crotalus basiliscus basiliscus (Mexikanische Westküsten-Klapperschlange) s. Seite 149

gel 10–20 Junge geboren, die ungefähr 20 cm lang sind.

Haltung und Zucht: Atheris squamiger ist in einem sehr hell stehenden oder 12–14stündig beleuchteten Regenwaldterrarium, mit weitverzweigten Kletterästen und üppig wachsenden Pflanzen, bei Tagestemperaturen zwischen 24 und 30 °C zu pflegen. In der Nacht sollte die Temperatur auf 20–22 °C sinken. Als Bodengrund eignet sich ein Gemisch aus humushaltiger Walderde und Torf. Ein großer Wasserbehälter mit stets sauberem Wasser muß vorhanden sein. Da sich die Schlangen fast ausschließlich im Geäst aufhalten, entfällt die Bodenheizung. Um die Luftfeuchtigkeit hoch zu halten, versprüht man häufig leicht angewärmtes Wasser und sorgt dafür, daß auch der Bodengrund ziemlich feucht ist. Bei richtiger Pflege ist *Atheris squamiger* sehr haltbar und dekorativ. Sie frißt willig junge Mäuse, nestjunge Vögel und Frösche. In Erregung zeigt die Blattgrüne Buschviper zuweilen ein eigenartiges Warnverhalten: sie zieht den Vorderkörper S-förmig an, sperrt die Kiefer auf und zeigt die hochgestellten Giftzähne. Während dieser Drohgebärde beißt sie fast nie zu. *Atheris squamiger* wurde mehrfach in der Gefangenschaft nachgezüchtet. Bei Stettler paarten sich Exemplare in einem Alter von 16 Monaten. Die Kopulationen, die 3 Stunden dauerten, fanden im August statt. Im März und April wurden die sehr unterschiedlich gefärbten Jungschlangen geboren, die ungefähr 23 cm lang und 5 g schwer waren. Die Aufzucht mit jungen Mäusen und kleinen Fischen ist unproblematisch. *Atheris barbouri, Atheris ceratophorus* und *Atheris katangensis* sind ebenfalls ausgesprochene Baumbewohner und ähnlich zu pflegen wie die bereits beschriebenen Buschvipern. *Atheris hindii* und *Atheris superciliaris,* die in feuchten Gebieten leben, sind bodenbewohnende Formen; sie werden wie die anderen *Atheris*-Arten gepflegt. Allerdings erübrigt sich bei ihnen das Klettergeäst.

Gattung Bitis
Puffottern
13 Arten

Bitis arietans
Puffotter
2 Unterarten
(Bild Seite 122)

Kennzeichen: Die Puffotter ist eine der bekanntesten und gefürchtetsten Vipern Afrikas. Sie besitzt einen kurzen, breiten und flachen Kopf, der sich sehr deutlich vom Hals absetzt. Ihr Körper ist außerordentlich kräftig und gedrungen. Die Pupillen der mäßig großen Augen sind im hellen Licht senkrecht geschlitzt. Die Nasenlöcher sind schief aufwärts gerichtet. Die Männchen weisen einen viel längeren Schwanz auf als die Weibchen. Die stark gekielten Schuppen umgeben die Körpermitte in 29–41 Reihen. Die Färbung der Puffotter ist starken Schwankungen unterworfen; kaum ein Tier stimmt mit dem anderen überein. Die Körperoberseite weist schmutziggraue, gelbbraune, rotbraune oder schwarzbraune Farbtöne auf. Charakteristisch sind die V-förmigen, hellen bis schwefelgelben Winkelflecken, die den Rücken in gleichen Abständen bedecken. Die Bauchseite ist porzellanfarben bis gelblich und mehr oder weniger dunkel gefleckt. Ein breites, dunkles Band verläuft vom Auge schräg nach hinten zum Maulrand. Auf dem Kopf verbindet eine feine, helle Linie die Augen miteinander.

Länge: 90–120 cm, west- und zentralafrikanische Puffottern können bis zu 183 cm lang werden.

Herkunft und Lebensweise: Mit Ausnahme des tropischen Regenwaldes und des Innern der Sahara ist *Bitis arietans* von Süd-Marokko

---

Oben: Abb. 27: Bungarus flaviceps (Rotkopfkrait) s. Seite 42
Unten: Abb. 28: Micrurus frontalis pyrrhocryptus (Kobra-Korallenschlange) s. Seite 57

aus über ganz Afrika und Süd-Arabien verbreitet. Sie bewohnt die verschiedenartigsten Biotope vom Meeresspiegel bis zu 3000 m Höhe. Als Tier der offenen Landschaft ist sie in Savannen und Steppen besonders häufig. Sie kommt auch in offenen, lichten Wäldern, im semiariden Busch, in Oasen, ausgetrockneten Flüssen und in unmittelbarer Nähe menschlicher Ansiedlungen vor, wo sie genügend Mäuse, Ratten und andere Nager als Beutetiere findet. Wegen ihrer weiten Verbreitung, ihrer Häufigkeit und wegen ihres tödlichen Giftes ist die Puffotter für die meisten Giftschlangenbisse in Afrika verantwortlich. Sie zeichnet sich durch außerordentliche Trägheit aus und liegt oft stundenlang reglos auf Wegen und im trockenen Gras. Von Natur aus ist sie in keiner Weise angriffslustig, beißt aber sofort zu, wenn man auf sie tritt. In Anbetracht ihrer langen Giftzähne und ihres sehr wirksamen Giftes – eine erwachsene Puffotter besitzt einen Giftvorrat, der 4–5 erwachsene Menschen töten kann – ist sie eine sehr gefährliche Giftschlange. Das gelbstichige Puffotterngift hat weitgehend hämotoxische Eigenschaften, verursacht Hämolyse, zerstört die Blutgefäße und führt somit zu heftigen Blutungen in den Geweben. *Bitis arietans* wird erst in der Dämmerung und in der Nacht munter. Sie ist weitgehend bodenbewohnend, klettert und schwimmt jedoch gut. Ihre Nahrung besteht aus allerlei Kleinsäugern, Vögeln, gelegentlich aus Echsen, Fröschen und Kröten. Sie verfolgt ihre Beutetiere nicht, sondern wartet ab bis sie in die Nähe ihres Kopfes kommen. Puffottern halten in Nord- und Süd-Afrika eine Winterruhe. Südafrikanische Puffottern paaren sich von Oktober bis Dezember. Die Männchen liefern sich vor der Paarung oft turnierartige Kommentkämpfe, ohne sich dabei zu verletzen. Die Jungen – in freier Natur bis zu 80 an der Zahl – werden von Februar bis April geboren. Sie sind 16–20 cm lang und häuten sich unmittelbar nach der Geburt.

Haltung und Zucht: Zur Haltung von Puffottern verwendet man einen größeren Behälter mit einer Bodenfüllung aus Lehmerde und Sand. Einige größere Sandsteine werden kunstvoll zu einem Versteck zusammengestellt. Eine zweckmäßige Bepflanzung ist zwar nicht unbedingt notwendig, verleiht aber dem Terrarieninneren ein natürlicheres Aussehen. Geeignet für ein Terrarium mit Puffottern sind derbe Pflanzen wie beispielsweise Agaven, Kakteen oder ein großer Christusdorn. Ein Wasserbehälter mit stets frischem Trinkwasser ist notwendig. Eine Bodenheizung, die lokal Temperaturen zwischen 28 und 32 °C erzeugt, trägt zum Wohlbefinden der Tiere bei. Die Lufttemperatur sollte am Tage zwischen 24 und 32 °C liegen. Eine nächtliche Abkühlung auf 15–22 °C trägt zum Gedeihen der Terrarieninsassen bei. Das Terrarium sollte hell stehen und zeitweilig Sonnenlicht erhalten, sonst schaltet man die Beleuchtung tagsüber 10–12 Stunden ein. *Bitis arietans* gewöhnt sich leicht an die Gefangenschaft und ist auch langlebig. Sie ist launisch, mit einem ausgeprägten Individualcharakter. Die meisten Tiere verhalten sich träge und beißfaul., doch gibt es auch Ausnahmen, Exemplare die leicht erregbar sind. Man hüte sich, dem Kopf einer Puffotter von vorn zu nahe zu kommen! Schon eine unbedeutende Bewegung löst den Biß aus, der mit ungeahnter Schnelligkeit erfolgt. Am Tage liegt diese Viper in ihrem Versteck, auf der Bodenheizung oder unter der Heizlampe. In der Dämmerung kriecht sie umher. Sie bewegt sich auf unterschiedliche Weise fort. Bei langsamem Kriechen richtet sie den Kopf ein wenig empor und kriecht wie eine Raupe voran und bewegt dabei die Bauchschilder auf- und abwärts. Sonst bewegt sie sich wie andere Schlangen mit seitlichen Windungen vorwärts. Als Futter bietet man der Puffotter Mäuse, Ratten, Meerschweinchen und Hühnerküken an, die sie tot oder lebend stets willig aufnimmt. Je nach dem Fundort der gepflegten Schlange entfällt die Winterruhe oder ist eine entsprechend lange, winterliche Ruhepause angebracht. Für Tiere aus Marokko möchte ich auf jeden Fall eine 2–3monatige Winterruhe bei 10–15 °C empfehlen. Puffottern sind schon mehrfach im Terrarium nachgezüchtet worden. Meine Tiere paarten sich mehrfach, bekamen aber nie Junge. In einem tschechoslowakischen Zoo brachte ein Puffotternweibchen 156 Junge zur Welt. Eine derart große Anzahl von Nachkommen dürfte bisher von keiner anderen Schlange erreicht worden sein. Junge Puffottern fressen sehr bald nach der ersten Häutung. Ihre Aufzucht mit nackten und behaarten Mäusen bereitet nicht die geringste Schwierigkeit.

Bitis atropos
Atroposviper
2 Unterarten
(Bild Seite 122)

Kennzeichen: Die Atroposviper, von den Südafrikanern auch als „Bergadder" bezeichnet, ist eine kleine, sehr gedrungene Schlange. Ihr Kopf, der länger als bei anderen *Bitis*-Arten ist, setzt sich deutlich vom Hals ab, und ist von kleinen, gekielten Schuppen bedeckt. Das Auge ist klein, die Pupille verengt sich im Licht zu einem senkrechten Schlitz. Die Nasenöffnungen sind seitlich nach oben gerichtet. 29–33 Reihen dachziegelartig übereinanderliegender, stark gekielter Schuppen umgeben die Körpermitte. *Bitis atropos* besitzt eine dunkelbraune bis olivgraue Grundfärbung mit 2 Reihen dreieckiger, dunkelbrauner oder schwarzer Rückenflecken, die von einem weißen Saum umgeben sind. Die Rückenflecken werden zu beiden Seiten des Rückens von einer weißen oder gelblichen Linie begrenzt, unterhalb der sich ovale und Y-artig aussehende Flecken befinden, die wechselnd aufeinanderfolgen. Der Bauch ist einfarbig weißgrau oder dunkel gesprenkelt.
Länge: 40–50 cm, gelegentlich bis zu 60 cm.
Herkunft und Lebensweise: Die Atroposviper kommt örtlich im südlichen und südöstlichen Südafrika und in Rhodesien vor. Im Gebirge kommt sie teilweise häufig vor, man findet sie bis in Höhenlagen von 2700 m. In der östlichen Kap-Provinz wird sie auch in Höhe des Meeresspiegels gefunden. Ihre bevorzugten Lebensbereiche sind von Felsbrocken, Geröll, trockenem Gras und niedrigem Gebüsch durchsetzte Berghänge. Mit ihrer kryptischen (Tarn-)Färbung paßt sich die kleine Tagschlange hervorragend an ihre natürliche Umwelt an und wird daher oft übersehen, wenn sie sich zwischen Steinen oder trockenen Grasbüscheln sonnt. Ihre Gegenwart verrät sie durch lautes Zischen, und beißt wild zu, wenn sie sich in Gefahr glaubt. Ihr Gift, das schwächer als das der Puffotter ist, besitzt neurotoxische und blutzerstörende Eigenschaften. Aus diesem Grunde sollte ein Biß von dieser Viper sofort fachgerecht behandelt werden. Ein absolut wirksames Schlangenserum gegen den Biß von *Bitis atropos* gibt es nicht. Daher muß sich die Behandlung weitgehend auf Ruhigstellung des gebissenen Gliedes und kühle Umschläge beschränken. Ein sofortiges Aufschneiden und Aussaugen der Bißwunde ist besonders zu empfehlen, da die Giftzähne relativ kurz sind. Die Atroposviper frißt kleine Nagetiere, nestjunge Vögel, Eidechsen, Frösche, Kröten und bei Gelegenheit auch Schlangen. Sie bringt im späten südafrikanischen Sommer oder Herbst, also im März oder April 8–15 lebende Junge zur Welt, die bei der Geburt ungefähr 14 cm lang sind. Die Jungen, die sich sehr bald häuten, ernähren sich in der ersten Zeit ihres Lebens von Kröten.
Haltung und Zucht: Die Atroposviper wird nur selten im Handel angeboten. Bei richtiger Pflege ist sie keinesfalls heikel wie zuweilen behauptet wird, sondern eher langlebig. Ihre geringe Größe, ihre hübsche Färbung und ihre Ausdauer im Terrarium machen sie zu einem empfehlenswerten Terrarientier. Sie stellt kaum Ansprüche an die Größe des Behälters. Als Bodenfüllung verwendet man ein Gemisch aus toniger Braunerde und Sand und vervollständigt die Inneneinrichtung des Behälters durch eingestreute Steine, einen morschen Ast, trockene Grasbüschel, ein Trinkgefäß und eine lokale Bodenheizung. Das

Terrarium sollte recht hell stehen und zeitweilig Sonnenlicht erhalten, sonst sollte die Heizlampe 10–12 Stunden in Betrieb sein. Die Atroposviper verlangt zu ihrem Wohlbefinden Tagestemperaturen zwischen 27 und 32 °C. Einzelhaltung ist auch hier die beste Lösung. So vermeidet man auf jeden Fall Verluste im Tierbestand, die durch den gelegentlichen Kannibalismus dieser Schlangenart schon auftraten. *Bitis atropos* hat sich schon mehrmals im Terrarium fortgepflanzt. Die Jungen nehmen schon bald nach der Geburt nackte Mäuse oder Teile von ihnen an und wachsen schnell heran. Ihre weitere Aufzucht bereitet keine Schwierigkeiten, besonders wenn man die Tiere voneinander absondert. Noch seltener und schwieriger zu erhalten als *Bitis atropos,* ist die aus dem Gebiet des Naivasha-Sees in Kenya stammende Zwergviper *Bitis worthingtoni.*

Bitis caudalis
Gehörnte Puffotter
2 Unterarten

Kennzeichen: Die kleine, gedrungen gebaute Otter mit dem kurzen, flachen, herzförmigen Kopf, der von kleinen Schuppen vollkommen bedeckt ist und sich überaus deutlich vom Hals absetzt, ist individuell äußerlich sehr unterschiedlich. Über jedem Auge steht aufrecht eine kleine, hornartige Schuppe, die aber auch völlig fehlen kann. 25–29 Reihen stark gekielter Schuppen umgeben die Körpermitte. Das Afterschild ist ungeteilt. Färbung und Zeichnung sind starken Schwankungen unterworfen. Es gibt sehr bunte Stücke, aber auch Exemplare mit verschwommener oder gänzlich fehlender Fleckenzeichnung. In ihrem Farbkleid ist die Gehörnte Puffotter hervorragend an den Wüstensand angepaßt. Die Grundfärbung ist lehmgelb, blaugrau, weißgrau, graubraun oder lebhaft braunrot. Die Rückenmitte wie die Körperseiten sind von rötlichen, dunkelbraunen oder schwärzlichen Rautenflecken bedeckt, die durch hellere Zwischenräume voneinander getrennt sind. Oberhalb der Seitenflecken befinden sich helle bis blaue meist ovale Tupfen. Die Bauchseite weist keine Zeichnung auf.

Länge: 30–40 cm, selten bis 50 cm.

Herkunft und Lebensweise: Die Heimat der Gehörnten Puffotter erstreckt sich im Norden von Angola und im Osten von Süd-Rhodesien über ganz Südwest-Afrika. Außerdem kommt sie in der Kalahari-Wüste sowie in Transvaal vor. *Bitis caudalis,* die trockene, sandige und steinige Gebiete bewohnt, ist eine der häufigsten Schlangen Südwest-Afrikas. Wie die wüstenbewohnende nordafrikanische Hornviper *(Cerastes cerastes),* die Avicennaviper *(Cerastes vipera)* oder die nordamerikanische Seitenwinder-Klapperschlange *(Crotalus cerastes)* vergräbt sich auch *Bitis caudalis* bis zur Schnauze in den losen Sand, wo sie oft tagelang bewegungslos ausharrt. Wie die drei oben erwähnten Wüstenottern bewegt sich auch die Gehörnte Puffotter, besonders bei Störung, durch das bekannte „Seitenwinden" sehr schnell fort. Zuweilen beobachtet man sogar ein sprungartiges Hochschnellen in rascher Aufeinanderfolge. *Bitis caudalis* ernährt sich von Echsen, hauptsächlich von Geckos, denen sie in ihrer natürlich Umwelt vorwiegend nachts nachstellt. Mäuse verzehrt sie weniger gern. Sie stößt blitzschnell vor und läßt das Beutetier in den meisten Fällen nicht mehr los. Wenn sie sich in den Sand eingegraben hat, ist ihr Körper oft so eingerollt, daß die Schwanzspitze in Kopfnähe zu liegen kommt. Vermutlich lockt der sich bewegende Schwanz Echsen an, die der Viper dann eine leichte Beute werden. *Bitis caudalis* ist leicht erregbar. Bei Gefahr bläst sie unter lautem Zischen ihren Körper auf und ab. Blitzschnell beißt sie zu und schnellt dabei weit nach vorn. Das Gift ist nicht nur schwächer als bei den meisten *Bitis*-Arten, sondern wird auch in viel geringerer Menge abgeschieden. Es wurden bisher nur wenige Bißfälle beschrieben, die alle glimpflich verliefen. Der Biß einer Gehörnten Puffotter wirkt sich weitgehend örtlich aus und dürfte einen erwachsenen Men-

schen kaum in Lebensgefahr bringen. In einem solchen Bißfall ist daher der Gebrauch von Serum nicht unbedingt notwendig, stattdessen wendet man andere Behandlungsmaßnahmen an. *Bitis caudalis* ist lebendgebärend. Die Jungen, die bei der Geburt zwischen 13 und 14 cm lang sind, werden von Dezember bis Februar abgesetzt.
Haltung und Zucht: Bitis caudalis ist in einem gut eingerichteten Wüstenterrarium mit Sandboden, einigen Steinen und einem Wassergefäß zu pflegen. Wegen ihres geringen Gewichtes zerstört die kleine Giftschlange auch die Pflanzen nicht. Auf eine Bodenheizung sollte man nicht verzichten. Die Beleuchtung sollte tagsüber 10–12 Stunden in Betrieb sein. *Bitis caudalis* verlangt eine hohe Luft- und Bodenwärme, damit sie sich wohlfühlen kann. In der Nacht soll die Temperatur auf 18–20°C absinken. Die beiden Exemplare des Verfassers, die in einem verhältnismäßig großen Terrarium (100 × 75 × 55 cm) untergebracht sind, liegen stundenlang an einer Stelle im Sand eingegraben, an der die Temperatur von unten her auf 32–35°C erwärmt wird. Die Lufttemperatur soll am Tage 25–30°C betragen. Die Gehörnte Puffotter gewöhnt sich schnell in die Gefangenschaft ein und verliert ihren aggressiven Charakter. Allerdings zeigt sie sich oft heikel in der Nahrungsaufnahme, so daß man sie zuweilen zwangsfüttern muß. *Bitis caudalis* wurde schon einige Male in der Gefangenschaft nachgezüchtet. Trächtig importierte Weibchen haben schon mehrfach im Terrarium Junge geboren. Die jungen Gehörnten Puffottern, die bei der Geburt den Umfang einer dicken Kugelschreibermine haben, verweigern fast immer die dargebotene Nahrung. Junge Geckos, die jedoch kaum zu beschaffen sind, wären die natürlichste Nahrung. Nackte Mäuse, Grillen oder Wachsmotten werden verschmäht, so daß schließlich nur noch die Zwangsfütterung übrigbleibt. Man stopft die kleinen Schlangen recht schonungsvoll und nie im Übermaß mit feinen Rinderherzstreifen. Die jungen *Bitis caudalis* gehen bei einer bestimmten Größe nach einiger Zeit selbständig ans Futter.

Bitis cornuta
Büschelbrauenotter
3 Unterarten

Kennzeichen: Der breite, herzförmig-kantige Kopf setzt sich deutlich vom Hals ab. Der muskulöse Körper zeigt einen untersetzten Bau. Der Kopf ist von kleinen, schindelartigen und stark gekielten Schuppen bedeckt, von denen 12–17 zwischen den Augen stehen. Über jedem Auge erheben sich 2–7 hornähnliche Schuppen, anhand derer man die Büschelbrauenotter sofort von der Gehörnten Puffotter *(Bitis caudalis)* unterscheiden kann. Bei *Bitis cornuta albanica* und *Bitis cornuta inornata* fehlen diese hornähnlichen Schuppen über den Augen, sind aber in der Supraorbitalgegend vorhanden. Die Körpermitte wird von 25–29 schrägen Reihen stark gekielter Schuppen umgeben. Das Afterschild ist ungeteilt. Der Rücken ist in der Regel grau, braun bis rötlichbraun gefärbt und von 2 Reihen mehr oder weniger rechteckigen Flecken bedeckt. Diese Flecken sind im Kern dunkel und außen von einem hellen Rand umgeben. Sie können mehr oder weniger miteinander verschmelzen. Auf den Körperseiten finden sich ebenfalls unregelmäßige rechteckige Flecken im selben Farbton in gleichmessenden Abständen. Die Kopfoberseite ist von symmetrisch stehenden dunklen Makeln mit hellem Rand bedeckt. Diese Flecken können miteinander zu einem V-fömigen Winkelfleck verschmelzen. Ein dunkler Schläfenstreifen verläuft vom Auge zum Mundwinkel. Die grau gefärbte Bauchseite ist dunkel getupft. *Bitis inornata,* die früher als eigene Art galt, wird heute als geographische Rasse zu *Bitis cornuta* gestellt.
Länge: 30–40 cm, ausnahmsweise bis 55 cm.
Herkunft und Lebensweise: Die Nominatform ist in Südwest-Afrika, *Bitis cornuta albanica* in der südöstlichen Kap-Provinz von Matjesfon-

tein bis zum Albany-Distrikt und *Bitis cornuta inornata* in den Bergen, ebenfalls in der südöstlichen Kap-Provinz heimisch. Die kleine Otter bevorzugt Biotope mit wüstenartigem, felsig-steinigem Untergrund, der von niedrigem und dornigem Gestrüpp überwachsen ist ist. Wie *Cerastes cerastes* oder *Bitis peringueyi* kann sie sich seitenwindend fortbewegen und durch seitliche Schaufelbewegungen ihrer Rippen den Körper im lockeren Untergrund eingraben. Ihre Nahrung besteht hauptsächlich aus Eidechsen. Gelegentlich erbeutet sie kleine Nagetiere und Vögel. Wenn sie sich in den Sand eingegraben hat, ist sie kaum sichtbar, und nur die hornartigen Schuppen über den Augen ragen hervor. In dieser Ansitzstellung saust sie wie eine elastische Feder blitzschnell vor, packt das ahnungslos vorbeihuschende Beutetier und hält es meist bis zum Verenden zwischen den Kiefern fest. *Bitis cornuta* besitzt ein reizbares Temperament. Wenn sich die Büschelbrauenotter angegriffen fühlt, zischt sie laut und anhaltend. Sie beißt so kräftig zu, daß ihr Körper dabei nach oben geschleudert wird. Das Gift wirkt auf Blut und Gewebe ein; es führt zu Schwellungen und unter Umständen zu lokalen Nekrosen. Todesfälle sind bisher noch nicht bekannt geworden und verbürgte Bißfälle äußerst selten. Mit Ausnahme von *Bitis atropos* ähnelt das Gift dieser Viper dem anderer afrikanischer Zwergottern. Es ergab sich im Experiment an Mäusen, daß dieses Gift die gleiche Toxizität wie das der Puffotter besitzt. Nach den Angaben von Hewitt ist *Bitis cornuta* als sehr giftig anzusehen. Die Hottentotten bevorzugen das Gift der Büschelbrauenotter, um damit ihre Pfeilspitzen zu vergiften. Diese Art bringt im südafrikanischen Spätsommer 8–20 (meist etwa 12) lebende Junge zur Welt.

Haltung und Zucht: Die viel seltener gepflegte *Bitis cornuta* ist wie *Bitis caudalis* in einem Wüstenterrarium mit Sandboden und locker umherliegenden Steinen unterzubringen. Auf eine lokale Bodenheizung sollte man nicht verzichten, und auch die licht- und wärmespendende Heizlampe sollte 10–14 Stunden in Betrieb sein. Morgen- und Nachmittagssonne wirken sich vorteilhaft auf das Wohlbefinden dieser Schlange aus. Bei einer lokalen Temperatur von 30–35 °C am Tage und einer Nachttemperatur unter 20 °C fühlt sich *Bitis cornuta* wohl. Wenn man sie sorgfältig pflegt und ihre Lebensbedürfnisse beachtet, ist die als etwas heikel bekannte Zwergotter durchaus nicht so hinfällig, wie häufig berichtet wird. Als Futter bietet man hauptsächlich Eidechsen und gelegentlich kleine Mäuse. Die Büschelbrauenotter streckt gelegentlich die schwarze Schwanzspitze aus dem Sand hervor, dreht diese wedelnd hin und her, was wahrscheinlich zum Anlocken von Beutetieren dienen soll. Über eine gelungene Nachzucht wurde bisher noch nicht berichtet.

Bitis gabonica
Gabunotter
2 Unterarten
(Bild Seite 139)

Kennzeichen: Die Gabunotter ist die dickste, aber nicht die längste aller afrikanischen Giftschlangen. Das gewaltige, plumpe Tier wird bei voller Größe so dick wie ein menschlicher Unterschenkel. Der Kopf ist flach und dreieckig und kann bei ausgewachsenen Exemplaren die Größe einer Männerhand überschreiten. Er setzt sich deutlich vom Hals ab. Im Verhältnis zu einem so wuchtigen Schädel erscheint das Auge klein. Die Pupille wird im hellen Licht zu einem senkrechten Spalt. *Bitis gabonica rhinoceros* besitzt zwischen den Nasenöffnungen 2 senkrecht stehende „Hörner". Bei den Weibchen ist der Schwanz besonders kurz. Die Schuppen sind stark gekielt und umgeben die Körpermitte in 35–43 Reihen. Das Afterschild ist ungeteilt. Die Körperoberseite ist auf hellgelbem, graugrünem oder rotbraunem Grund mit sehr regelmäßigen, symmetrischen Zeichnungen rhombischer, quaderförmiger, dreieckiger, sanduhrähnlicher und strichartiger Formen geziert. Dieses Farbmuster erinnert an einen orientalischen Teppisch. Auf dem laubblattreichen Urwaldboden wirkt ein derartiges Muster formauflösend. Die Kopfoberseite wird durch eine dunkle Mittellinie in 2 gleiche Hälften geteilt. Bezeichnend für die Nominatrasse ist der dunkle Subocularfleck, der das Auge mit dem Maulrand verbindet sowie die fehlenden oder nur sehr schwach entwickelten Schnauzenhörner. Die graue Bauchseite ist mehr oder weniger dunkel gesprenkelt.

Länge: 130–150 cm, selten 180–200 cm.

Herkunft und Lebensweise: Bitis gabonica gabonica bewohnt den südlichen Sudan, Uganda, Tanganyika, den Kongo, Gabun, Angola, Sambia, das östliche Rhodesien, Mozambique und Zululand. *Bitis gabonica rhinoceros* kommt in West-Afrika von Guinea bis Togo vor. Sie lebt in tropischen Regenwäldern in der Ebene und im Gebirge bis zu 2300 m Höhe. Offenes Gelände meidet sie. Die weitgehend nachtaktive Bodenschlange ist ungewöhnlich träge und wenig beißlustig, so daß sie von den Eingeborenen oft mit großer Sorglosigkeit behandelt wird. Die meisten Bißfälle ereignen sich, wenn man ein im Laub und Waldschatten ruhendes Tier übersieht und darauf tritt. Der Biß erfolgt dann mit großer Wucht, und die überaus langen Giftzähne – sie können bei erwachsenen und übergroßen Exemplaren 3,8–5 cm lang werden – bohren sich tief in das Körpergewebe. Die abgegebene Giftmenge ist erheblich, das Gift zudem überaus stark. Es enthält hämo- und neurotoxische Bestandteile in ungefähr gleichem Verhältnis. Wenn nach einem Biß der Gabunviper keine sofortige, gezielte Behandlung mit sämtlichen notwendigen Maßnahmen einsetzt, führt der Biß fast ausnahmslos zum Tode. Es gab Gabunvipernbisse, die glimpflich verliefen, weil man dem Bißopfer sofort das gebissene Glied amputierte. Die Gabunviper frißt Nagetiere, aber auch jedes andere Säugetier, wenn es nicht zu groß ist. Auch Vögel verschmäht sie nicht. Sie bekommt 20–40, zuweilen auch mehr lebende Junge, die bei der Geburt ungefähr 26–30 cm lang sind.

Haltung und Zucht: Bei einer Haltung, die weitgehend den Verhältnissen in der Natur entspricht, ist die Gabunviper ein sehr dekorativer Terrarieninsasse, der sich ziemlich langlebig zeigt, obwohl zuweilen das Gegenteil behauptet wird. Um diese Schlange erfolgreich über viele Jahre hinweg pflegen zu können, ist auf folgendes zu achten. Trotz ihrer enormen Größe stellt *Bitis gabonica* an die Ausmaße des Behälters keine übermäßigen Ansprüche, verlangt jedoch unbedingte Ruhe und möglichst Einzelhaltung; Störungen verträgt sie sehr schlecht. An ihren oft kaum merklichen Augen- und Kopfbewegungen stellt der aufmerksame Terrarianer fest, daß sein Pflegling trotz seines zäh-langweiligen Temperaments durchaus von dem Notiz nimmt, was um ihn herum geschieht. In Erregung geraten, stellt die Gabunviper ihr lautes Zischen und das Aufblasen ihres Körpers oft erst nach geraumer Zeit ein. Wie ich an mehreren Gabunvipern beider geographischer Rassen feststellte, sind manche Exemplare keineswegs so gutartig und beißfaul, wie man häufig lesen kann. Es gibt Tiere, die ausgesprochen bissig sind. Gabunvipern, die öfters gestört werden, verweigern oft die Nahrungsaufnahme oder würgen die halbverdaute Nahrung wieder aus. Das Terrarium sollte stets schattig stehen. Ein ausreichender Unterschlupf unter einem Baumstubben, in einem hohlen Baumstamm oder unter einer Korkrinde ist für diese Schlange eine Lebensnotwendigkeit. Eine Bepflanzung kann entfallen, oder man ordnet die Pflanzen so an, daß sie die Schlange durch ihr Gewicht nicht zerdrükken kann. *Bitis gabonica* liebt eine hohe Luftfeuchtigkeit und einen feuchten Untergrund. Als Bodenfüllung, die die Feuchtigkeit gut hält, verwendet man feinen Sand und darüber eine 5–10 cm dicke Schicht von blattreichem Waldhumus oder Torf. Die Gabunviper ist nicht sehr wärmebedürftig, verlangt aber am Tage und in der Nacht weitgehend gleichbleibende Luft- und Bodentemperaturen zwischen 23 und 26°C. Eine Bodenheizung ist eher schädlich als nützlich. Gegen Temperaturstürze oder eine zu niedrige Luftfeuchtigkeit ist diese Viper ziemlich empfindlich. Je nach Größe der gepflegten Schlange füttert man Mäuse, Hamster, Ratten oder Meerschweinchen, möglichst in der Dämmerung oder am Abend. *Bitis gabonica* ist schon mehrfach in der Gefangenschaft nachgezüchtet worden. Die Paarung findet am Spätnachmittag oder bei vorrückender Dunkelheit statt, vielfach im August aber auch bis zum Dezember. Die Jungen werden meist im März geboren. Kurz nach der Geburt häuten sie sich erstmals und nach ungefähr 3 Wochen zum zweiten Mal. Wie die alten, beißen auch junge Gabunvipern blitzschnell nach vorüberlaufenden Beutetieren und halten sie fest, bis sie tot sind. Die weitere Aufzucht bereitet keine Schwierigkeiten. In seltenen Fällen neigt *Bitis gabonica* auch zur Bastardbildung. Der Durban Snake Park besaß einen Bastard von *(Bitis gabonica gabonica* × *Bitis arietans arietans)* aus der nahen Umgebung von Matubatuba (nördliches Zululand). In dieser Gegend leben Gabunvipern und Puffottern zusammen. Eine weitere Kreuzung *(Bitis nasicornis* ∅ *Bitis gabonica rhinoceros)* ist aus Ghana beschrieben worden.

Bitis nasicornis
Nashornviper
(Bild Seite 157)

Kennzeichen: Wohl die farbigste Schlange Afrikas ist *Bitis nasicornis,* die in ihrer äußeren Erscheinung weitgehende Ähnlichkeit mit der Gabunviper aufweist. Auch sie ist ungemein plump, besitzt einen kurzen Schwanz und einen flachen, keilförmigen Kopf mit 2 bis 3 Paar spitzen Nasalhörnern vorn auf der Schnauze. Der Kopf setzt sich sehr deutlich vom Hals ab. Die stark gekielten Schuppen umgeben die Körpermitte in 35–41 Reihen. Das Afterschild ist ungeteilt. *Bitis nasicornis* wird zuweilen mit der Gabunviper verwechselt, unterscheidet sich aber von ihr durch einen blauschwarzen, pfeilspitzenförmigen Fleck auf der Mitte der Kopfoberseite und eine größere Farbigkeit. Braune, gelbe, weiße, blaue, grüne, rote und schwarze Farben zieren den Rücken und die Körperseiten der Nashornviper. Diese Farben bilden insgesamt ein geometrisches Muster aus Rhomben, Quadern, Dreiecken, Sechsecken, Kreisen und Bändern. Die graugrüne Bauchseite ist dunkel gesprenkelt.

Länge: 90–120 cm.

Herkunft und Lebensweise: Bitis nasicornis ist im südlichen Sudan, im westlichen Kenya, in Uganda, in Ruanda-Urundi, im Kongo und im tropischen West-Afrika beheimatet, wo sie vom Meeresspiegel bis zu Höhen von 2700 m vorkommt. Als Lebensstätte bevorzugt die weitgehend nachtaktive Giftschlange die feuchtwarmen Tropenwälder und kommt besonders häufig in zeitweilig überfluteten Sumpfwäldern, an Flußufern und auf nassen Gebirgswiesen vor. Wegen ihrer Vorliebe für feuchte Biotope wird die Nashornviper auch als „Riverjack" bezeichnet. Selten kommt sie im gleichen Gebiet wie *Bitis gabonica* vor. Anders als diese Art ist sie nicht ausschließlich an den Erdboden gebunden, sondern wurde schon häufig auf Bäumen und Büschen angetroffen. Sie ist eine hervorragende Schwimmerin und führt teilweise sogar eine semiaquatische, halb ans Wasser gebundene Lebensweise. Ihre bunte Körperfärbung macht sie in ihrer natürlichen Umwelt fast unsichtbar. Sie ist ungewöhnlich standortstreu und träge. Wird sie gereizt, beißt sie jedoch eher zu als *Bitis gabonica.* Bißfälle sind sehr selten. In seiner Wirkung ähnelt das Gift der Nashornviper dem der Gabunviper. Unbehandelt endet ein derartiger Biß meist tödlich. *Bitis nasicornis* ernährt sich in der Natur weitgehend von Kleinsäugern. Gelegentlich vergreift sie sich an Fröschen, Kröten und Fischen, die sie in der Gefangenschaft jedoch verschmäht. Von Februar bis April werden 20–40 lebende Junge abgesetzt, die bei der Geburt ungefähr 19–26 cm lang sind.

Haltung und Zucht: Bitis nasicornis ist weitgehend nach den gleichen Richtlinien zu pflegen wie *Bitis gabonica.* Die Nashornviper geht anfangs zwar rasch ans Futter, doch bedeutet dies nicht, daß sie sich leicht in die Gefangenschaft eingewöhnt. Schon bei geringen Haltungsfehlern reagiert sie sehr empfindlich. Vor ungefähr 10–12 Jahren wurde diese Schlange in großen Stückzahlen aus Kenja importiert. Trotz sachgerechter Unterbringung und gewissenhafter Pflege war die Verlustquote bei den verschiedenen Pflegern ungemein hoch. Erwachsene Exemplare, die ich importierte, zeigten zuweilen einen starken Befall mit Band- und Spulwürmern sowie mit Zecken. Man sollte also jeden Parasitenbefall möglichst schnell mit den entsprechenden Mitteln in richtiger Dosierung bekämpfen. *Bitis nasicornis* ist gegen Lungen-, Magen- und Darminfekte und Mundfäule sehr anfällig. Gesunde Nashornvipern – halbwüchsige Exemplare gewöhnen sich am besten ein – sind in einem Regenwaldterrarium mit einer Bodenfüllung aus blattreichem Waldhumus oder Torf unterzubringen. Eine hohe Luftfeuchtigkeit, jedoch keine Stickluft, und weitgehend konstante Temperaturen zwischen 23 und 25 °C sagen dieser Schlange am besten zu. Auch sollte das Terrarium nicht zu hell stehen, da wir es mit einer Urwaldschlange zu tun haben. Um den Haltungserfolg nicht zu gefährden, dürfen die Temperaturen kaum weder nach unten noch nach oben schwanken. Die Nashornviper reagiert gegenüber Störungen noch empfindlicher als die Gabunviper. Kleine Bewegungen außerhalb des Behälters können bei manchen Individuen bereits ein starkes Kopfwackeln als Reaktion auf einen derartigen Reiz zur Folge haben. Darum ist ein Unterschlupf in einem hohlen Baumstamm oder unter einem Baumstubben für die Nashornviper eine Lebensnotwendigkeit. Als Futter bietet man Mäuse und junge Ratten. Diese Art wurde bisher noch nicht in der Gefangenschaft nachgezüchtet. Importierte Weibchen haben jedoch schon mehrmals Junge abgesetzt.

Die 3 Großvipern *Bitis arietans, Bitis gabonica* und *Bitis nasicornis* sind beeindruckend wuchtige Giftschlangen und Schaustücke in jedem Terrarium. Eine ähnlich dicke und lange Großviper der Gattung *Bitis,* die sich in die Gruppe *arietans, gabonica, nasicornis* sowohl vom Körperbau wie von der Färbung her gut einfügen läßt, wurde 1976 von Böhme als *Bitis parviocula* beschrieben. Das in einem Exemplar bei Yambo (Süd-Äthiopien) gefundene Tier besitzt einen gedrungenen Körper, einen abgerundeten, nur wenig vom Hals abgesetzten Kopf, kleine schlitzförmige Naseöffnungen, kleine seitwärts gerichtete Augen und eine Körperzeichnung aus symmetrisch angeordneten grauen, braunen und schwarzen Farbelementen. Über die Lebensweise dieser Schlange kann man nur Vermutungen anstellen. Der kleine, rundliche Kopf mit den rückgebildeten Augen und Nasenöffnungen deuten auf eine unterirdische Lebensweise dieser Großviper hin.

Bitis peringueyi
Peringuey-Wüstenotter

Kennzeichen: In ihrem äußeren Erscheinungsbild erinnert *Bitis peringueyi* an andere sandwüstenbewohnende Vipern und Zwergvipern wie *Eristicophis macmahonii* und *Cerastes vipera.* Die Peringuey-Wüstenotter besitzt einen kurzen, flachen Kopf, dessen Länge und Breite einander fast entsprechen. Zwischen den Augen, die auf der Kopfoberseite liegen, befinden sich 6–9 Schuppen. Der Körper ist untersetzt und muskulös, das Schwanzende äußerst kurz. Die Kopf- und Körperschuppen sind stark gekielt. 23–31 Schuppen umgeben die Körpermitte in schrägen Reihen. Die Grundfärbung schwankt zwischen graugelb und rotgelb und richtet sich meist nach dem Untergrund auf dem das Tier lebt. Wie bei *Cerastes vipera* ist die Schwanzspitze schwarz. Der Rücken ist von 3 Reihen unregelmäßig gestalteter schwarzer Flecken überzogen. Die mittlere Fleckenreihe kann undeutlich sein, während die Flecken der sie umgebenden beiden äußeren Reihen im Zentrum hell sein können. Der Kopf ist einfarbig braun oder dunkel gefleckt. Die porzellanweiße Bauchseite zeigt dunkle und rotbraune Tupfen.

Länge: 22–25 cm, ausnahmsweise etwas mehr als 30 cm.

Herkunft und Lebensweise: Bitis peringueyi ist in der Nambiwüste in Südwest-Afrika und in Süd-Angola beheimatet. Die kleine Wüstenotter bewohnt die vom Wind angewehten Wanderdünen. In Anpassung an das Leben auf staubfeinem Sand bewegt sie sich durch „Seitenwinden" fort und hinterläßt dabei Spuren, die annähernd parallelen Linien gleichkommen. Bei dieser Fortbewegungsart ist sie erstaunlich flink und gleitet mit größter Leichtigkeit selbst Hügel von 45° empor. Während des Tages hält sie sich meist im Sand verborgen. Dabei ist der Körper mit feinem Flugsand überdeckt und nur die nach oben gerichteten Augen, die Nasenöffnungen und gelegentlich auch die schwarze Schwanzspitze ragen ein wenig über die Oberfläche hervor. Der Vorgang des Einwühlens in den Sand geht ungemein schnell vor sich; er ist meist nach 10–12 Sekunden beendet. Das Einwühlen in den Sand beginnt unter seitlichen Schaufelbewegungen der Bauchschilde am Schwanz, setzt sich zum Vorderkörper fort und endet am Kopf. Das Einwühlen ist in dreifacher Hinsicht sinnvoll. Die Schlange schützt sich vor zu hohen Außentemperaturen und Freßfeinden. Im Sand liegend ist sie fast unsichtbar. Wie ein Ansitzjäger wartet sie auf ein vorbeihuschendes Beutetier. Das über die Sandoberfläche ragende Schwanzende lockt vermutlich Eidechsen an. Große Beutetiere läßt sie nach dem Giftbiß wieder los, während kleinere meist bis zum Verenden festgehalten und danach verschlungen werden. *Bitis peringueyi* frißt kleine im Sand lebende Eidechsen und gelegentlich Nagetiere. Die tagaktiven Eidechsen *Aporosaura anchietae* und die nachtaktiven Geckos der Gattung *Ptenopus* stellen die Hauptnahrung dieser Wüstenotter dar. *Bitis peringueyi* ist ein reizbares Geschöpf, das bei Gefahr laut zischt und blitzschnell zubeißt. Bißfälle sind ungewöhnlich selten. Über die Natur des Giftes dieser Zwergviper ist kaum etwas bekannt. *Bitis peringueyi* bringt lebende Junge zur Welt. In Aussehen und Verhalten ist ihr *Bitis schneideri* sehr ähnlich, die früher unter dem Synonym *Bitis paucisquamata* bekannt war. *Bitis schneideri* bewohnt die Küstenregionen vom Hondeklip Bay in der Kap-Provinz bis Lüderitz im südlichen Groß-Namaqualand in Südwest-Afrika. Hier bildet *Bitis schneideri* das ökologische Äquivalent zu *Bitis peringueyi.*

Haltung und Zucht: Bitis peringueyi ist eine typische Wüstenotter und verlangt entsprechend ein Terrarium mit feinem trockenem Flugsand. Die selten angebotene Schlange, die man fast nur im privatem Austausch von Schlangenliebhabern aus Süd-Afrika erhält, verlangt am Tage eine Temperatur von 25–35 °C, die in der Nacht unter 20 °C sinken soll. Eine Heizlampe, die am Tage 12 –14 Stunden Licht und Wärme spendet, ist für das Wohlbefinden dieser Otter unerläßlich. Auch auf einen Wasserbehälter sollte man nicht verzichten. *Bitis peringueyi* ist oft heikel in der Nahrungsaufnahme. Mäuse nimmt sie als Futter in der Gefangenschaft nicht an, sondern nur Echsen. Am besten eignen sich kleinere Geckos und junge Mauereidechsen die gerne gefressen werden. Das Gift, das nicht sehr stark zu sein scheint, wirkt nach 10–20 Minuten. *Bitis peringueyi* wurde bisher in Gefangenschaft noch nicht nachgezüchtet.

Gattung Causus
Krötenvipern
6 Arten

Causus defilippii
Defilippiis Nachtotter

Kennzeichen: Die kleine Schlange besitzt einen muskelkräftigen, untersetzten Rumpf mit einem sehr kurzen Schwanz. Der länglich-ovale Kopf setzt sich nur wenig vom Hals ab. Das Schnauzenschild ist groß, von T-förmiger Gestalt und nach oben hin ein wenig aufgewölbt. Die 6, in seltenen Fällen auch 7 Oberlippenschilder grenzen nicht an das Auge. Das Auge ist groß, die Pupille rund. Die schwach gekielten Rückenschuppen umgeben die Körpermitte in 17, gelegentlich auch in 16 oder 18 schrägen Reihen: Das Afterschild ist ungeteilt. *Causus defilippii* besitzt auf blaßbraunem, orangefarbenem oder graugrünem Grund ein typisch vipernartiges Rükkenmuster. Über die Rückenmitte zieht sich ein rauchfarbener Vertebralstreifen, der von einer Reihe großer runder, rhombischer oder V-förmiger Flecken in gleichmessenden Abständen durchsetzt ist. Die Kopfoberseite ziert ein breiter winkelförmiger Fleck, dessen Spitze auf der Kopfmitte und dessen Schenkel auf den Halsseiten enden. Ein dunkler Streifen verläuft vom Hinterrand des Auges zum Mundwinkel. Die Körperseiten sind von schmalen, schräg verlaufenden Makeln bedeckt, die ungefähr gleiche Abstände zueinander aufweisen. Die dunklen Zeichnungselemente sind zuweilen nur undeutlich ausgebildet. Der weißgelbe Bauch kann einfarbig oder von kleinen graubraunen Tupfen bedeckt sein. Jungtiere haben auf der Bauchseite ein schwärzliches Kolorit, das sich mit zunehmendem Alter zusehends aufhellt.

Länge: 35–45 cm.

Herkunft und Lebensweise: Defilippiis Nachtotter ist in Tanganyika, Sansibar, Mozambique, Nyassaland, Zambia, Rhodesien, im nördlichen Transvaal und in Natal beheimatet, wo sie die Ebene und das Hügelland bis in 6000 m Höhe besiedelt. In ihrem natürlichen Lebensraum tritt sie oft in größerer Anzahl auf. Sie bevorzugt trockenere Lebensräume als *Causus rhombeatus*, mit der sie zuweilen verwechselt wird. Von dieser Art kann man sie aber an der geringeren Größe und im Erwachsenenalter an der aufgeworfenen Schnauzenspitze, dem ziemlich plumpen Körperbau und den verhältnismäßig dunklen Rückenflecken leicht unterscheiden. Da junge Exemplare keine derart aufgewölbte Schnauzenspitze besitzen, wird angenommen, daß sich dieses Merkmal erst allmählich bildet und eine Anpassung an die wühlende Lebensweise dieser Schlange darstellt. *Causus defilippii* frißt nur Amphibien, die sie hauptsächlich in der Nacht erbeutet. Am Tage trifft man sie gelegentlich während oder nach Regenfällen und bei verhältnismäßig kühlem Wetter außerhalb ihrer Schlupfwinkel an. Dem Menschen gegenüber verhält sie sich in der Regel friedfertig und beißt, wenn sie gereizt wird, nicht immer sofort zu, sondern stößt zunächst warnende Zischlaute aus. Das vergleichsweise schwache Gift ähnelt dem anderer Vipern. Die Bißfolgen, die meist nicht schwerwiegend sind, bestehen aus Anschwellungen des gebissenen Gliedes, einer Verdickung der Lymphknoten, Erbrechen und unter Umständen in Kreislaufstörungen. Antiserum und Abbinden ist in der Regel nicht notwendig. Absolute Ruhe, kalte Umschläge, schmerzstillende und kreislaufstützende Medikamente sind anzuwenden. Die Symptome verschwinden meist nach einigen Tagen vollständig. Das Weibchen legt im Dezember oder Januar 6–8 längliche (20/25 × 14/16 mm) Eier, die zu ihrer Entwicklung dreieinhalb Monate benötigen. Die gerade geschlüpften Jungschlangen sind ungefähr 10 cm lang.

Haltung und Zucht: Causus defilippii, die nur selten im Terrarium gepflegt wird, wurde vor ungefähr 15 Jahren in größerer Stückzahl von J. H. E. Leakey aus Nakuru in Kenya nach Europa exportiert. Diese kleine Viper eignet sich bestens für die Pflege im Terrarium, da sie sich schnell und ohne Schwierigkeiten in die Gefangenschaft eingewöhnt und in der Haltung problemlos ist. Ein kleines Terrarium genügt. Als Bodengrund empfiehlt sich ein Gemisch aus holziger Walderde und Sand und einige Rindenstücke oder flache Steine als Unterschlupf. Auf einen Wasserbehälter kann man nicht verzichten. Einige eingetopfte Pflanzen verleihen dem Behälter ein natürlicheres Aussehen. Auf eine Bodenheizung kann man verzichten, jedoch müssen Luft- und Bodentemperaturen am Tage 24–28 °C und in der Nacht 20–22 °C betragen, um die Schlange gesund zu erhalten. Als Beleuchtungsquelle genügt Tageslicht mit Vor- und Nachmittagssonne. Hin und wieder versprüht man lauwarmes Wasser, das die Schlange in Tropfenform von den Blättern und Steinen aufnimmt. Während des Tages bekommt man Defilippiis Nachtotter kaum zu Gesicht. Besonders nach dem Versprühen von Wasser und am Abend kommt sie aus ihrem Versteck. Als Nahrung bietet man Kröten und Frösche an, die tot gerne von der Pinzette genommen werden. Die beste Fütterungszeit ist der Abend. Über eine Nachzucht in der Gefangenschaft ist nichts bekannt.

Causus lichtensteini
Lichtensteins Nachtotter

Kennzeichen: Der breite Kopf setzt sich merklich vom Hals ab. Das Auge ist groß, die Pupille rund. Die Schnauze ist abgerundet, das Schnauzenschild deutlich sichtbar und nicht oder nur ganz geringfügig aufgeworfen. Der Körper wirkt kräftig. Wie bei den anderen Nachtottern und bei den Erdvipern der Gattung *Atractaspis* ist auch bei *Causus lichtensteini* die Kopfoberseite von symmetrischen Schilden anstelle von kleinen, dachziegelartig übereinanderliegenden Schuppen bedeckt. Der rübenförmige Schwanz endet in einer Spitze. Die schwach gekielten Rückenschuppen umgeben die Körpermitte in 15 schrägen Reihen. Die Körperoberseite ist grün, bräunlicholiv oder graugrün und von undeutlichen dunklen Flecken bedeckt, die die Gestalt von Querbinden annehmen oder in einem Zickzackmuster angeordnet sein können. Eine breite gelbe Winkelzeichnung, die mit der Spitze nach vorne zeigt, ziert den Nacken. Die Schnauze wie die Lippenschilde sind hellbraun. Die Bauchseite ist einfarbig grauweiß. Alle *Causus*-Arten sind auf dem Rücken und auf den Flanken mehr oder weniger ähnlich gefleckt, aber hinsichtlich der Färbung sehr variabel. Wenn Färbung und Zeichnung im Verlauf des Häutungsvorgangs durch das milchig-trübe Aussehen der Körperoberfläche undeutlich werden, kann das dazu führen, daß man die verschiedenen Nachtotternarten miteinander verwechselt, wobei vor allem Exemplare von *Causus lichtensteini* oft falsch zugeordnet werden.

Länge: 50–60 cm, ausnahmsweise bis 71 cm.

Herkunft und Lebensweise: Lichtensteins Nachtotter hat in West- und Zentralafrika von Spanisch-Guinea bis nach West-Kenya und Katanga eine weite Verbreitung. Die tropischen Regenwälder in der Ebene sind die Lebensräume dieser kleinen Viper. Von hier aus ist sie in die Gebirge vorgedrungen, wo sie bis in Höhen von 2000 m vorkommen kann. *Causus lichtensteini* ist eine bodenbewohnende und nachtaktive Schlange von träger Wesensart. Da ihr Vorkommen an die unmittelbare Nähe von Wasser gebunden ist, schwimmt sie ausgezeichnet. Ihre Nahrung besteht fast ausschließlich aus Fröschen und Kröten. Sie ist nicht sonderlich aggressiv, aber von nervöser Wesensart und immer wachsam. Wie andere *Causus*-Arten flacht auch sie im Zustand der Bedrohung den Kopf und das vordere oder sogar zwei Drittel des Vorderkörpers ab. Wenn sie erregt ist, stößt sie einen dumpfen Zischlaut aus und beißt blitzschnell zu. Das Gift, das hauptsächlich auf Blut und Blutgefäße einwirkt, ist nicht sehr stark. Es führt zu Schwellungen und Schmerzen, die meist nach einigen Tagen verschwinden. Außer vom Menschen wird *Causus lichtensteini* von verschiedenen Vögeln und schlangenfressenden Schlangen wie *Miodon christyi, Mehelya-* und *Naja*-Arten verfolgt. Vor der Paarung liefern sich die Männchen turnierartige Balzkämpfe und sollen sich dabei sogar beißen, was an das Verhalten verschiedener Nattern erinnert. Beim Balzkampf richten die Schlangen den vorderen Körperteil schräg empor und flachen ihn wie junge Kobras ab. Die hinteren Körperteile und die Schwänze der beiden Tiere liegen nebeneinander oder umwickeln sich. Im Januar oder Februar werden 4–8 längliche Eier abgelegt, aus denen die 15–17 cm langen Jungen nach 3–4 Monaten schlüpfen.

Haltung und Zucht: Die in den sechziger Jahren von J. H. E. Leakey aus Kenya nach Europa exportierten Schlangen dieser Art entstammten zusammen mit *Dendroaspis jamesoni kaimosae* und *Bitis nasicornis* fast alle dem Kakamega- und Kaimosi-Regenwald. Als typische Regenwaldbewohnerin ist *Causus lichtensteini* in einem gut bepflanzten Regenwaldterrarium bei hoher Luftfeuchtigkeit und weitgehend konstanten Temperaturen zwischen 24 und 30°C unterzubringen. Wie *Causus rhombeatus* und *Causus resimus* macht auch diese Art bei sachgerchter Pflege in der Haltung keine Schwierigkeiten und ist recht ausdauernd. Da die Schlange am Tage in ihrem Versteck ruht und erst in der Dämmerung munter wird, verlegt man die Fütterung stets auf den Abend. Als Futter bietet man lebende und tote Frösche und Kröten, die alle gern gefressen werden. Gesunde *Causus lichtensteini* haben einen gierigen Appetit. Die Verdauung ist nach 2–3 Tagen beendet. Die Kot- und Urinreste, besonders die weißen, breiförmigen, sind möglichst bald zu entfernen, da sie auf dem feuchten Waldhumusboden des Regenwaldterrariums rasch in bakterielle Zersetzung übergehen und sich schädliches Ammoniakgas bildet, das die Atemorgane der Schlangen reizt. Obwohl über eine Nachzucht von *Causus lichtensteini* in der Gefangenschaft noch nicht berichtet wurde, dürfte sie doch nicht schwieriger als bei *Causus rhombeatus* sein.

Causus resimus
Grüne Nachtotter

Kennzeichen: Der länglich-ovale Kopf setzt sich kaum vom Hals ab. Das mäßig große Auge besitzt eine runde Pupille. Die Schnauzenspitze ist meist ein wenig aufgeworfen. Der kurze Schwanz endet spitz. 19–21 Schuppen umgeben die Körpermitte in schrägen Reihen. Das Afterschild ist ungeteilt. *Causus resimus* ist eine der schönsten Vipern Afrikas. Die Färbung der Körperoberseite schwankt zwischen dunkel-grasgrün, gelbgrün, olivgrün und bräunlich-olivgrün. Die Bauchseite ist einfarbig gelblich, weiß- oder blaßgrau. Die 3 hinteren Unterlippenschilde sind zuweilen tief gelb bis orange gefärbt. Bei erwachsenen Tieren fehlt die aus schwarzen, unregelmäßigen Querstrichen oder einem Zickzackmuster aus braunen Flecken bestehende Rückenzeichnung oder ist nur sehr undeutlich ausgebildet. Die Haut zwischen den Schuppen ist schwarz oder blaßblau.
Länge: 50–70 cm.
Herkunft und Lebensweise: Die Grüne Nachtotter ist vom Sudan, von Somalia, Kenya, Uganda, Tanganyika, Mozambique und von Nord-Rhodesien her bekannt, wo sie in offenen Wäldern und Savannen meist in der Nähe von Gewässern vorkommt. Obwohl sie bevorzugt in der Ebene anzutreffen ist, steigt sie im Gebirge doch bis zu 2000 m empor. *Causus resimus* ist eine ausgesprochene bodenbewohnende Schlangenart, die hervorragend schwimmen kann und schon mehrfach im Wasser beobachtet wurde. Zuweilen trifft man sie auch am Tage außerhalb ihrer Schlupfwinkel. Meist ist sie am Abend und in der Nacht munter und wird dann gelegentlich auf Straßen gefunden. Man kann sie nicht als aggressiv bezeichnen. Wenn sich die ziemlich ortstreue und träge Viper bedroht fühlt, flacht sie wie die anderen *Causus*-Arten Kopf und Vorderkörper horizontal ab, zischt laut und beißt zu. Das Gift, das Blut und Blutgefäße schädigt und zu vorübergehenden Schwellungen führt, ist nicht sonderlich stark. Die Nahrung von *Causus resimus* besteht ausschließlich aus Amphibien, von denen sie Kröten besonders bevorzugt. Die Eier – durchschnittlich 6–7 an der Zahl –, die ungefähr 19 × 9 mm groß sind, werden im Februar und März abgelegt. Die frisch aus dem Ei geschlüpften Jungschlangen sind zwischen 15 und 17 cm. lang.
Haltung und Zucht: Causus resimus ist eine selten gepflegte Giftschlange, für die ein kleiner bis mittlerer Behälter genügt. Als Bodengrund verwendet man ein Gemisch aus Sand,

humushaltiger Walderde und Torf. Als Unterschlupf eignen sich einige flache Steine, die man geschickt zu einem passenden Versteck anordnet, oder einige flache Korkrindenstükke, ein hohler Ast oder ein Baumstubben. Wegen der geringen Größe und dem geringen Gewicht der kleinen Viper braucht man auf eine Bepflanzung nicht zu verzichten. Ein Wassergefäß darf nicht fehlen, wie man auch täglich lauwarmes Wasser versprühen sollte, um den Bodengrund stellenweise feucht zu halten. Helles Tageslicht mit zeitweiliger Sonneneinstrahlung genügen, ansonsten sollte die Beleuchtung 10–12 Stunden in Betrieb sein. Eine Bodenheizung ist nicht notwendig. *Causus resimus* benötigt zu ihrem Wohlbefinden Tagestemperaturen zwischen 26–32 °C, die in der Nacht auf 22–24 °C sinken sollen. Die Grüne Nachtotter ruht am Tage meist in ihrem Schlupfwinkel. Gegen Abend wird sie munter und kriecht umher. Einzelne Tiere werden in kurzer Zeit so zahm, daß sie tote Kröten aus der Hand des Pflegers entgegennehmen. Auf diese Fütterungsart sollte man sich jedoch keinesfalls einlassen, da es sich um eine Giftschlange handelt, die das Futtertier mit dem Finger verwechseln kann. *Causus resimus* wurde meines Wissens bisher in der Gefangenschaft noch nicht zur Nachzucht gebracht.

Causus rhombeatus
Krötenotter

Kennzeichen: Die Krötenotter, auch Nachtotter genannt, besitzt einen mäßig gedrungenen Körper, der im Querschnitt zylindrisch oder seitlich etwas abgeflacht ist, und einen kurzen Schwanz. Der kurze Kopf mit der abgerundeten Schnauze ist nur wenig breiter als der Hals. Die Schilde auf der Kopfoberseite sind wie bei Nattern angeordnet. Sie sind groß und stoßen aneinander. Im Gegensatz zu anderen Vipern hat die Krötenotter große Augen mit runden Pupillen. 17–21 Reihen glatter bis schwach gekielter Schuppen umgeben die Körpermitte. Das Afterschild ist geteilt. Anders als bei den meisten anderen Vipern, sind die Giftdrüsen auffallend lang und groß. Sie reichen auf beiden Seiten des Halses weit nach hinten. Die Ausführgänge durchziehen die Oberlippen. Die graue oder bräunliche Oberseite ist von 20–30 dunkelgrauen, rhombischen Flecken bedeckt. Auf dem Hinterkopf liegt ein dunkler Winkelfleck, dessen Spitze nach vorn gerichtet ist. Die Bauchseite zeigt gelbliche bis hellgraue Farbtöne.
Länge: 60–80 cm, selten bis 90 cm.
Herkunft und Lebensweise: Causus rhombeatus lebt südlich der Sahara mit Ausnahme von Erithrea, Südwest-Afrika, dem westlichen Bechuanaland und der nordwestlichen Kap-Provinz. In den Regenwäldern West- und Zentral-Afrikas wird sie durch die nahe verwandte Art *Causus maculatus* ersetzt. Diese wahrscheinlich urtümlichste, und dennoch hochentwickelte Viper wird vom Meeresspiegel bis in Höhen von über 2000 m gefunden. Die am Boden lebende, weitgehend nachtaktive Krötenotter kommt häufig in der Savanne, meist in Nähe von Gewässern vor. Während des Tages hält sie sich unter Termitenhügeln, unter Steinhäufen, unter verrottendem Laub oder in Erdlöchern auf. Gelegentlich sonnt sie sich am Vor- oder Nachmittag. Von Natur aus ist sie scheu und wenig beißlustig. Besonders temperamentvolle Exemplare nehmen bei starker Belästigung eine Drohhaltung ein, wie man sie von manchen Giftnattern her kennt: sie flachen ihren Hals seitlich ab, heben den Vorderkörper leicht an, zischen laut und beißen. Das weitgehend hämotoxisch wirkende Gift ist nicht sehr stark. Selbst ein unbehandelter Biß wirkt äußerst selten tödlich. Die Krötenotter frißt Frösche, Kröten, seltener Mäuse und kleine Ratten, die sie meist nachts mit Hilfe ihres Geruchsinns aufspürt, da ihre Augen nicht sonderlich gut entwickelt sind. Die Beutetiere werden gepackt, meist nicht mehr losgelassen und oft noch lebend hinuntergewürgt. *Causus rhombeatus* ist sehr fruchtbar und kann jährlich mehrmals Eier ablegen. Nach der Paarung sind die Weibchen

in der Lage, den männlichen Samen bis zu 5 Monaten in ihren Geschlechtsorganen zu speichern, so daß damit reife Eier noch lange Zeit nachträglich befruchtet werden können. Die Krötenotter legt 12–26 Eier, die zu ihrer Entwicklung 3–4 Monate benötigen.

Haltung und Zucht: Die Krötenotter, die sich leicht in die Gefangenschaft eingewöhnt, pflegt man in einem mittelgroßen Terrarium mit einem Bodengemisch aus Sand und Waldhumus, mit einem Baumstubben oder einigen Steinen als Unterschlupf, einem etwas größeren Trinkgefäß und bei Tagestemperaturen zwischen 24 und 28 °C. In der Nacht soll die Temperatur auf 20–22 °C sinken. Tageslicht genügt, ansonsten sollte die Beleuchtung täglich 10–12 Stunden in Betrieb sein. Manche Tiere werden mit der Zeit so zahm, daß sie das Futter selbst aus der Hand nehmen. Der gewissenhafte Schlangenpfleger wird aber angesichts der Gefahr, gebissen zu werden, eine solche Unvorsichtigkeit nicht begehen. *Causus rhombeatus,* die man mit Fröschen, Kröten und Mäusen füttert, zeigt sich oft ungemein gefräßig. Ein Exemplar dieser Schlange, das der Verfasser vor vielen Jahren pflegte, fraß ausschließlich Frösche und Kröten; an Mäuse war es nicht zu gewöhnen. Es war stets sehr gierig und würgte oft mehrere Futtertiere, teilweise noch lebend, hinunter. Die Krötenotter wurde in der Gefangenschaft schon mehrmals nachgezüchtet. Die Eier werden in einer Plastikbox in einem geeigneten Substrat bei Temperaturen zwischen 25 und 30 °C zur Entwicklung gebracht.

Gattung Cerastes
Hornvipern
2 Arten

Cerastes cerastes
Hornviper
4 Unterarten

Kennzeichen: Die Hornviper besitzt einen breiten, dreieckigen Kopf, der sich deutlich vom Hals absetzt. Über jedem Auge steht ein stachelartiges Schuppenhörnchen, kann aber auch gänzlich fehlen. Die Nasenlöcher sind klein, halbmondförmig und stehen auf der Schnauzenkante. Das Auge ist mäßig groß, die Pupille im hellen Licht zu einem senkrechten Schlitz verengt. Der Körper dieser Wüstenschlange ist sehr gedrungen, der Schwanz kurz. Die Kopfoberseite weist zahlreiche kleine Schuppen auf. 27–36 gekielte Schuppenreihen umgeben die Körpermitte. Die Färbung der Körperoberseite zeigt auf hellsandgelbem bis rostbraunem Untergrund eine Reihe großer brauner oder grauer viereckiger Flecken. Die Rückenflecken sind größer und deutlicher gefärbt als die auf den Körperseiten. Die Unterseite ist einfarbig prozellanweiß. Eine feine, dunkle Linie verbindet das Auge mit dem Mundwinkel.

Länge: 50–60 cm, selten über 80 cm.

Herkunft und Lebensweise: Cerastes cerastes bewohnt die Sand-, Stein- und Lehmwüsten ganz Nord-Afrikas. Sie kommt gleichfalls auf der Sinai-Halbinsel, in Israel und in Arabien vor. Nach Sochurek erstreckt sich die Verbreitung der Nominatform von der nördlichen Sinai-Halbinsel bis nach Südwest-Algerien. *Cerastes cerastes gasparetti* wird in der Negevwüste und in Arabien gefunden. *Cerastes cerastes karlhartli* ist von Nubien bis Südost-Ägypten und zum westlichen Sinai verbreitet. *Cerastes cerastes mutila* kommt von Südwest-Algerien durch das südliche Marokko bis zur Atlantikküste vor. Man findet sie oft in sehr trokkenen, aber nicht gänzlich vegetationslosen Gebieten. Im Sommer ist die Hornviper weitgehend bei Nacht aktiv, hält sich aber im Frühjahr auch am Morgen und am Nachmittag, zuweilen sogar am ganzen Tage, außerhalb ihrer Schlupfwinkel auf. Oft liegt diese Schlange am Fuße eines niedrigen, von dürrem Gras bewachsenen Sandhügel vor oder halb in einem Mauseloch, in das sie bei Gefahr sofort verschwindet. Mit Hilfe ihrer an der Bauchseite kantig ausgebildeten Schuppen vermag sie sich ziemlich schnell in den losen Wüstensand einzugraben. Dabei spreizt sie die Rippen, bewegt sich hin und her und ist dann schnell im Sand verschwunden. Nur die Augen mit den darüber liegenden Hornschuppen und ein wenig vom Rücken ragen etwas über den Sand. Zuweilen findet man diese Schlange auch beim Umwälzen von Steinen. In Sommernächten ist die Hornviper bis zum frühen Morgen unterwegs. Sie legt Wanderungen von mehreren hundert Metern oder gar einigen Kilometern zurück. Dabei hinterläßt sie typische Spuren im Sand, die jedoch der Wind bald wieder verwischt. Wird sie überrascht oder erschreckt, führt sie ziemlich lebhafte Schlängelbewegungen auf einer Stelle aus. Die seitlichen Körperschuppen reiben dabei gegeneinander und erzeugen ein leises, knisterndes Geräusch. Der Verfasser, der viele dieser Schlangen in ihrem natürlichen Lebensbereich beobachtete und sammelte, findet sie nicht sehr angriffslustig. Die meisten Exemplare sind friedlich, und nur wenige schnappen nach der Hand. Als typischer Seitenwinder gleitet *Cerastes cerastes* außerordentlich schnell über den Wüstenboden. Dabei hebt sie je ein Stück ihres Körpers hinter dem Kopf und vor dem Schwanz wechselweise an und setzt es ab, wodurch die unzusammenhängende Kriechspur entsteht. Die Nahrung besteht aus Echsen, Vögeln und kleinen Nagetieren. Die Hornviper überwintert von November bis Anfang März in den Erdbauten der Wüstenspringmäuse, *(Gerbillus* und *Meriones)* oder der Dornschwänze *(Uromastyx acanthinurus)* unter Sandhügeln oder Felsen. Die Paarung beginnt im allgemeinen Ende April und ist Mitte Juni beendet. Im Juli oder August werden die weißen, weichschaligen Eier an einer leicht feuchten Stelle im Boden abgelegt. Die 16–18 cm langen Jungen schlüpfen nach 6–8 Wochen.

Haltung und Zucht: Die Hornviper ist ein sehr ausdauerndes, anspruchsloses und empfehlenswertes Terrarientier. Zu ihrem Wohlbefinden verlangt sie ein geräumiges Wüstenterrarium mit einer ungefähr 6–8 cm hohen Sandschicht, einigen Schlupfwinkeln aus Steinen, einem kleinen Trinkgefäß und selbstverständlich einer gut funktionierenden Bodenheizung. Als Bepflanzung eignet sich ein eingetopfter Christusdorn. Das Terrarium sollte hell stehen und möglichst viel Sonnenlicht erhalten. Sonst sollte die licht- und wärmespendende Heizlampe 12–14 Stunden am Tage in Betrieb sein. *Cerastes cerastes* nimmt lebende und tote Mäuse und Hühnerküken stets willig an. Die Häutung findet gewöhnlich nur einmal jährlich statt. Um Nachzucht zu erhalten, ist eine kühle Überwinterung bei Dämmerlicht und Temperaturen zwischen 12 und 15 °C angezeigt, am besten im gleichen Terrarium; bei warmer Überwinterung zeigen die Vipern im Frühjahr keine Paarungsbereitschaft. Vor der Paarung sind die Männchen außerordentlich aktiv und kriechen unter zuckenden Kopf- und Rumpfbewegungen über den Rücken der Weibchen. Ein Weibchen, das sich im Frühjahr 1975 in einem meiner Terrarien paarte, legte gegen Ende Juli 13 weichschalige, zu einem Gelege verklebte Eier ab. Ich brachte sie in einem leicht feuchten Sand-Torfgemisch in einer durchlöcherten Plastikbox bei Temperaturen zwischen 25 und 32 °C unter, die auch erwachsene Exemplare zu ihrem Wohlbefinden benötigen. Leider unterblieb das Besprühen der Eier mit leicht angewärmtem Wasser, so daß das gesamte Gelege kurz vor dem Schlüpfen vertrocknete. Beim Aufschneiden der Eier fand sich in jedem Ei ein fast fertiges Jungtier. Ein weiteres Pärchen von *Cerastes cerastes* schritt bei mir am 8. 5. 1980 zur Kopula. In der Nacht des 12. 7. legte das Weibchen 16 Eier ab, die ich am folgenden Morgen in einer Plastikbox mit

---

Oben links: Abb. 29: Naja haje haje (Uräusschlange) s. Seite 59

Oben rechts: Abb. 30: Ophiophagus hannah (Königskobra) s. Seite 71

Unten links: Abb. 31: Naja melanoleuca melanoleuca (Schwarzweiße Hutschlange) s. Seite 61

Unten rechts: Abb. 32: Naja naja kaouthia (Monokelkobra) s. Seite 63

einem Gemisch aus leicht feuchtem Sand und Torf unterbrachte. Am 26. 8. durchbrach das erste Tier die Eischale und schlüpfte am 27. 8. Am 27. 8. und 28. 8. schlitzten alle weiteren *Cerastes cerastes* die Eischale von innen her mit dem Eizahn auf. Am 30. 8. waren 15 Tiere geschlüpft. Ein völlig entwickeltes Exemplar war im Ei abgestorben. Die erste Häutung der Jungschlangen fand am 7. 9., 8. 9. und 9. 9. 1980 statt. Die ersten Mäuse wurden 2 Tage danach angenommen. Die Jungschlangen die nicht fraßen, wurden mit unbehaarten, frischgeborenen Mäusen gestopft. Die Hornviper ist schon mehrmals in der Gefangenschaft nachgezüchtet worden. Die Jungschlangen häuten 7–9 Tage nach dem Schlüpfen. Als erstes Futter bietet man Echsen und nestjunge Mäuse. Die Mäuse scheinen den jungen Hornvipern nicht sonderlich zu schmecken, so daß man zwangsfüttern muß. Die weitere Aufzucht bereitet keine Schwierigkeiten.

Cerastes vipera
Avicennaviper
(Bild Seite 140)

Kennzeichen: Die Avicennaviper, die der Hornviper äußerlich sehr ähnelt, ist eine kleine, plumpe Giftschlange mit einem ungemein breiten, flachen Kopf, der sich deutlich vom Hals absetzt. Die Augenbrauenhörner fehlen stets. Die Augen, die etwas schräg auf den Schläfenseiten stehen, sind klein und im hellen Licht senkrecht geschlitzt. Die dachziegelartig übereinanderliegenden, schief stehenden Seitenschuppen sind stark gekielt. Um die Körpermitte sind sie nicht immer in klar erkennbaren Reihen (23–35) angeordnet. Wie bei *Cerastes cerastes* kann auch bei *Cerastes vipera* das Afterschild geteilt oder ungeteilt sein. Die Avicennaviper zeigt auf hell-sandgelber bis lichtockergelber Körperoberseite rostbraune Dorsal- und Lateralflecken ungefähr gleicher Größe. Die Bauchseite ist einfarbig sandgelb. Die Weibchen weisen eine schwarz geringelte Schwanzspitze auf, während der Schwanz bei den Männchen einfarbig ist.

Länge: Selten über 35 cm.

Herkunft und Lebensweise: Cerastes vipera bewohnt die Sahara und ihre Randgebiete bis nach Israel, wo man sie auf besonders feinem Flugsand und auf Wanderdünen oft gemeinsam mit *Cerastes cerastes* antrifft (daher bezeichnet man sie auch teilweise als Dünenotter). Wie die Hornviper bewegt sie sich durch Seitenwinden fort und gräbt sich ebenso oberflächlich in den Sand ein. Wenn sie in Erregung gerät, reibt sie die scharf gekielten Schuppen der Körperseiten durch Schlängelbewegungen gegeneinander und erzeugt so ein lautes Rasselgeräusch. In der Nacht, am frühen Morgen, seltener in der Dämmerung, wird die Avicennaviper munter und streicht weit über den losen Wüstensand. Dabei hinterläßt auch sie arttypische Sandspuren, die der erfahrene Schlangenfänger sofort von denen der Hornviper zu unterscheiden weiß und verfolgt. Schließlich hält die Viper an und gräbt sich meistens so vor einem trockenen Grasbüschel, einer Tamariske oder einer anderen Wüstenpflanze ein, daß lediglich die Augen aus dem Sand hervorragen. In der Sandoberfläche verbringt sie einige Stunden und zieht sich unter einen Halfa-Grasbüschel oder in den Gang einer Wüstenspringmaus zurück, wenn die örtliche Temperatur durch die intensive Sonneneinstrahlung unerträglich wird. *Cerastes vipera* frißt Echsen, manche Wirbellose und gelegentlich kleine Mäuse. Im Gegensatz zu der oviparen Hornviper, mit der sie sonst im Verhalten weitgehend übereinstimmt, bringt die Avicennaviper lebende Junge zur Welt, die sie in einer transparenten Eihaut absetzt.

Oben: Abb. 33: Naja nivea (Kapkobra) s. Seite 69
Unten: Abb. 34: Naja mossambica mossambica (Mozambique-Speikobra) s. Seite 62

Haltung und Zucht: Die Terrarieneinrichtung wie die Pflege und Haltung der Avicennaviper entspricht den Angaben für die Hornviper. *Cerastes vipera* benötigt zu ihrem Wohlbefinden feinsten Sanduntergrund, den ich mir stets aus ihren Biotopen aus Marokko und Tunesien mitbrachte. Sie gewöhnt sich ohne Schwierigkeiten an die Gefangenschaft, ist aber nicht so ausdauernd wie die Hornviper. Als Futter bietet man Echsen. Mäuse frißt sie weniger gern und manche Exemplare verschmähen sie sogar völlig, so daß man zwangsfüttern muß. Trächtig gefangene Weibchen setzten im Terrarium schon mehrmals Junge ab. Eine echte Nachzucht scheint bisher noch nicht gelungen zu sein. Nach meiner Meinung dürfte sich *Cerastes vipera* im Terrarium bei richtiger Haltung und kühler Überwinterung ebenso leicht fortpflanzen wie *Cerastes cerastes*.

Gattung Echis

Sandrassel-Ottern
2 Arten

Echis carinatus

Sandrassel-Otter
4 Unterarten
(Bild Seite 122)

Kennzeichen: Der abgerundet-dreieckige Kopf setzt sich deutlich vom Hals ab. Das Auge ist groß, die Pupille im hellen Licht senkrecht geschlitzt. Der Körper wirkt untersetzt. Die Männchen weisen einen bedeutend längeren Schwanz auf als die Weibchen. Der Kopf wird von kleinen gekielten Schuppen bedeckt. Die Körpermitte ist von 27–37 Reihen stark gekielter Schuppen umgeben, das Afterschild ist nicht geteilt. Bedingt durch das riesige Verbreitungsgebiet sind Färbung und Zeichnung dieser Viper außerordentlich unterschiedlich. Der Rücken und die Körperseite sind sandgrau bis dunkelbraun. Eine Reihe heller Querflecken oder Querbänder, mehr oder weniger dunkel eingefaßt, ziehen sich über die Rückenmitte. Sie beginnen auf dem Hals und enden auf dem Schwanz. Jede Körperseite ist von einer hellen Wellenlinie bedeckt, wobei die oberen Ausläufer dieser Bänder fast bis an die hellen Querflecken des Rückens heranreichen. Die Oberseite des Kopfes ziert ein weißer oder gelber Fleck von kreuz- oder spießförmiger Gestalt, der dunkel eingefaßt ist. Die knopfartig vorstehenden Augen sind hellgrau bis bernsteingelb. Die porzellanfarbigen Schuppen der Bauchseite zeigen eine dunkle Punktierung.

Länge: 60–70 cm, selten über 80 cm.

Herkunft und Lebensweise: Echis carinatus bewohnt ein riesiges Verbreitungsgebiet in mindestens 4 verschiedenen Unterarten, das sich von Nord-, West- und Zentral-Afrika über weite Teile West-Asiens bis nach Indien und Ceylon erstreckt. Die Sandrassel-Otter lebt in von Felsen und niedrigem Gestrüpp durchsetzten Trockengebieten von Meereshöhe bis zu 2000 m, in denen sie zuweilen in ungewöhnlicher Dichte vorkommt. Die kleine, sehr bissige Schlange dringt oft unbemerkt in menschliche Wohnungen ein und verursacht zahlreiche Unfälle mit tödlichem Ausgang. Im Verhältnis zu ihrem kleinen Körper weist *Echis carinatus* große Giftzähne auf. Ihr Gift, das hauptsächlich das Blut, die Blutgefäße und den Herzmuskel schädigt, ist ungewöhnlich stark. In gleichen Gewichtsmengen ist es ungefähr 5mal wirksamer als Kobragift. Das Gift der Sandrassel-Otter ist wahrscheinlich das gefährlichste aller Viperngifte überhaupt. Wird die kleine Otter in Erregung versetzt, so bewegt sie ihren Körper auf der Stelle hin und her. Die in schrägen Reihen angeordneten Seitenschuppen sind stark gekielt mit feinen, zahnartigen Fortsätzen. Beim Gegeneinanderreiben rufen sie ein lautes, knisterndes Rasselgeräusch hervor. Der Kopf liegt in der Mitte des sich bewegenden „Tellers", jederzeit bereit zum Biß. Die Schlange stößt mit einer Schnelligkeit und Wucht zu, die an eine Lanzenotter erinnern. Nicht alle Unterarten der Sandrassel-Otter besitzen ein derartig reizbares Temperament. Die Nominatrasse aus Ceylon ist in ihrem Verhalten ruhig, beißfaul, zum Schuppenrasseln kaum bereit und von scheuem bis friedlichem Wesen. Tiere aus West-Pakistan verhalten sich genau gegenteilig. Exemplare aus Ceylon sollen auch ein bedeutend schwächeres Gift besitzen als Sandrassel-Ottern aus anderen Gebieten. Wie andere Wüstenschlangen kann sich *Echis carinatus* seitenwindend fortbewegen. Die Beute dieser weitgehend nachtaktiven Schlange – sie sonnt sich nur bei kühlem Wetter – besteht aus kleinen Nagetieren, Vögeln, Echsen, Schlangen, Fröschen und gelegentlich Kerbtieren. Nach einer Tragzeit von ungefähr 3 Monaten bringt *Echis carinatus* bis zu 15 Junge zur Welt. Sandrassel-Ottern aus Nordafrika sollen Eier legen. *Echis carinatus leakeyi* legt Eier.

Haltung und Zucht: In Anpassung an ihre natürliche Umwelt in heißen und vegetationsarmen Steinwüsten, ist die Sandrassel-Otter in einem, dem heimischen Biotop entsprechenden Wüstenterrarium unterzubringen. Bei richtiger Pflege ist sie sehr ausdauernd und daher als Terrarientier geeignet, sollte jedoch stets mit der größten Vorsicht behandelt werden. Man muß sich vor Augen halten, daß *Echis carinatus* eine der gefährlichsten Giftschlangen ist, und ein Biß trotz sofortiger Serumbehandlung nicht selten tödlich verläuft. Die Sandrassel-Otter verlangt zu ihrem Wohlbefinden einen Bodengrund aus Lehm und Sand, einige zu einem Versteck zusammengeschichtete Steine, eine lokale Bodenheizung und ein kleines Trinkgefäß. Anders als die Horn- und Avicennaviper, gräbt sich diese Viper nie in den Sand ein, sondern liegt immer auf der Oberfläche des Bodengrundes. Ein Christusdorn, ein Kaktus oder eine andere Sukkulente verleihen dem Behälter ein natürliches Gepräge. *Echis carinatus* ist sehr wärmebedürftig. Erst bei Tagestemperaturen zwischen 25 und 32 °C wird sie richtig munter. In der Nacht kann die Temperatur auf 18–20 °C sinken. Der Behälter sollte hell stehen und möglichst viel Sonne erhalten. Sonst muß man die Beleuchtung 10–12 Stunden einschalten. Eine Überwinterung entfällt. Die Nachzucht dieser Schlange, die schon mehrfach in der Gefangenschaft gelungen ist, bereitet kaum Schwierigkeiten. Je nach Unterart häuten die 12–15 cm langen Jungschlangen sofort oder einige Tage nach der Geburt. Die weitere Aufzucht mit nackten Mäusen oder Eidechsen ist nahezu problemlos. Nicht fressende Jungtiere sind zu stopfen.

Echis coloratus
Arabische Sandrassel-Otter
(Bild Seite 158)

Kennzeichen: Der dreieckig-herzförmige Kopf setzt sich deutlich vom Hals ab. Das Auge ist groß, die Pupille im hellen Licht zu einem senkrechten Schlitz verengt. Der mäßig schlanke Rumpf zeigt einen muskulösen Bau. Ein typisches Unterscheidungsmerkmal zwischen der nahe verwandten *Echis carinatus* und *Echis coloratus* sind die Schuppenreihen zwischen dem Auge und den Oberlippenschildern. *Echis carinatus* besitzt 2 und *Echis coloratus* 3–4 Schuppenreihen zwischen den Augen und Oberlippenschildern. 27–37 gekielte Schuppen umgeben die Körpermitte in schrägen Reihen. Die Grundfärbung des Körpers ist ein fahles Rostbraun, das zur Rükkenmitte hin dunkler wird. Das männliche Exemplar des Verfassers hat 41 ovale Querflecken auf der Rückenmitte. Diese Flecken haben einen dunklen Außenrand. Im Innern zeigen sie einen blaugrauen Kern, der in der Mitte von einer rostfarbigen Linie in 2 symmetrisch gleiche Hälften geteilt wird. Die Flanken sind blaugrau gefleckt. Die Kopfoberseite zeigt dunkelbraune und graue Flekken. Ein breites dunkles Band ziert die Schläfenseiten. Die Bauchseite ist porzellanfarben.
Länge: 70–80 cm.
Herkunft und Lebensweise: Echis coloratus ist in Israel, im Libanon, in Saudi-Arabien, auf der Sokotra-Insel, auf der Sinai-Halbinsel und in Ost-Ägypten beheimatet. Die tag- wie nachtaktive Otter kommt in Felswüsten vor.

Hier lebt sie an steinigen Hängen, die von niedriger, dorniger Vegetation durchsetzt sind. Teilweise kommt *Echis coloratus* häufig vor. Wie *Echis carinatus* so ist auch *Echis coloratus* in ihrem Verhalten ungemein aggressiv. Sie stößt keine Zischlaute aus, jedoch führt der in Schlingen liegende Körper, wenn sich die Schlange behelligt fühlt, von vorne nach hinten verlaufende Bewegungen in Form einer Doppelspirale aus, wobei die schräg stehenden Sägeschuppen aneinanderreiben und ein eigenartig knisterndes Geräusch hervorbringen. Je erregter die Giftschlange ist, desto schneller laufen die Körperbewegungen ab und desto lauter ertönen die Warngeräusche. Die Arabsiche Sandrassel-Otter wirft ihren Kopf blitzschnell und bis zu zwei Dritteln der Körperlänge vor und schlägt ihre langen Giftzähne wuchtig in den Körper des Feindes. Das etwas gelbstichige Gift ist in seiner Wirkung dem von *Echis carinatus* sehr ähnlich. Es schädigt Blut und Blutgefäße in verheerender Weise und führt in den Körpergeweben zu ganz massiven Blutungen. Todesfälle sind nicht selten. Aus diesem Grunde muß *Echis coloratus* mit der gleichen Vorsicht behandelt werden wie *Echis carinatus.* Ein Sandrassel-Otternbiß muß sofort mit dem entsprechenden *Echis*-Serum in doppelter und dreifacher Dosis am besten in einer auf Vergiftungsfälle eingestellten Klinik behandelt werden. Auch auf die anderen Maßnahmen wie kreislaufstützende Mittel, Fibrinogengaben und Blutersatz oder unter Umständen Bluttransfusionen kann man nicht verzichten. Ein gutes *Echis coloratus*-Serum wird vom Beilinson-Hospital in Israel hergestellt. Wie andere Wüstenottern bewegt sich auch die Arabische Sandrassel-Otter seitenwindend fort. *Echis coloratus* ernährt sich von kleinen Nagetieren, Eidechsen und gelegentlich von Schlangen, Kröten und allerlei Gliederfüßlern. Das Weibchen dieser Art legt 7–9 große Eier ab, allerdings nicht jedes Jahr. Unter ungünstigen Bedingungen werden die Eier vom mütterlichen Leib resorbiert. Ein derartiges Verhalten kennt man von verschiedenen Schlangenarten.

Haltung und Zucht: Echis coloratus ist in einem geräumigen Wüstenterrarium mit einem Bodengrund aus einem Gemisch von grobem Sand und Lehm zu pflegen. Einige unregelmäßig geformte Steine werden zu einem passenden Versteck zusammengestellt. Ein Wassergefäß darf nicht fehlen. Eine Bodenheizung, die lokal milde Wärme produziert, ist notwendig. Die Lufttemperatur sollte am Tage 28–33 °C und in der Nacht 20–22 °C betragen. Die Beleuchtung schaltet man am Tage 12–14 Stunden ein. Als Futter bietet man tote und lebende Mäuse. Bei der Pinzettenfütterung – nur eine sehr lange Pinzette kommt in Betracht – hüte man sich davor, dem Tier zu nahe zu kommen. Der Biß dieser Giftschlange erfolgt blitzschnell und führt unter ungünstigen Umständen zum Tode. Mit der Zeit gewöhnt sich *Echis coloratus* gut in die Gefangenschaft ein. Sie verliert dann ihr ungestümes Naturell und läßt nur noch selten ihr eigenartiges Schuppenrasseln hören. Die Arabische Sandrassel-Otter ist ausdauernd. Im Zoo von Columbus (Ohio) lebt ein Tier dieser Art schon seit mehr als 12 Jahren. Bei M. Lehmann (Hamburg) kopulierte ein Männchen von *Echis carinatus leakeyi* mit einem Weibchen von *Echis coloratus.* Die Paarung fand am 1. 5. 1979 statt. Die Paarungsversuche dauerten 5 Tage an. Am 18. 8. und am 21. 8. 1979 wurde je ein unbefruchtetes Ei abgelegt. In der Nacht vom 1. zum 2. 9. des gleichen Jahres legte das Weibchen, das mittlerweile in einen Kunststoffbehälter überführt worden war, 14 Eier in einem zusammenklebenden Gelege ab. Die Eier wurden in einem Brutbehälter bei Temperaturen von 26 °C (Nacht) und 32 °C (Tag) und einer Luftfeuchtigkeit von 80–90 % untergebracht. In der ersten Woche verpilzten 4 Eier und wurden entfernt. Am 10. 10. 1979 schlüpften 5 und vom 12. 10.–14. 10. weitere 4 Jungtiere. Am 16. 10. wurde das letzte Ei geöffnet; es enthielt ein verkrüppeltes Exemplar. Die erste Häutung der Bastardvipern fand nach 7–9 Tagen statt. Da die kleinen Schlangen die dargebotenen Grillen, Heuschrecken und Wachsmaden nicht annahmen, mußte mit Rinderherz zwangsgefüttert werden. *Echis coloratus* wurde mehrfach in Israel nachgezüchtet.

Gattung Eristicophis
Macmahon-Vipern
1 Art

Eristicophis macmahonii
Macmahon-Viper
(Bild Seite 139)

Kennzeichen: Diese sehr selten importierte Giftschlange wurde von Captain Macmahon in Belutschistan zwischen Nushki und Persia entdeckt. Der breite, ungewöhnlich flache und von kleinen, gekielten Schuppen bedeckte Kopf setzt sich deutlich vom Hals ab. Die Augen sind mäßig groß. Die Pupille ist im Licht senkrecht elliptisch geschlitzt. Die Nasenöffnungen sind etwas seitlich nach oben verschoben. 3–4 Schuppenreihen trennen die Augen vom Maulrand. Das Schnauzenschild ist zu beiden Seiten von je einer auffälligen, flügelartigen Schuppe bedeckt. *Eristicophis macmahonii* zeigt einen mäßig untersetzten, seitlich ein wenig abgeflachten Körper. Die kurzen, gekielten Rückenschuppen umgeben die Körpermitte in 23–26 vertikalen Reihen. Die Bauchschilder weisen kantige Seitenkiele auf. Die blaß-sandgraue bis braune Körperoberseite ist auf dem Kopf, dem Rücken und auf dem Schwanz bedeutend dunkler gefärbt als auf den Körperseiten. Kleine kaffeebraune bis schwarze Tupfen, die oben weiß gerandet sind, bedecken jede Körperseite einreihig in ungefähr gleichmessenden Abständen. Eine von beiden Seiten hell eingefaßte Schläfenbinde erstreckt sich vom Auge zum Mundwinkel. Die Bauchseite ist einfarbig porzellanweiß.
Länge: 60 cm, selten bis 80 cm.
Herkunft und Lebensweise: Die Macmahon-Viper ist in Afghanistan und in West-Pakistan heimisch. Die dämmerungs- bis nachtaktive Viper wird ausnahmslos in Wüsten gefunden, wo sie auf Sanddünen und Sandflächen lebt. Während des Tages gräbt sie sich mit Hilfe der kantigen Bauchschienen in den losen Sand ein. Nur die Augen und Nasenöffnungen ragen ein wenig über die Oberfläche hervor. Derartig in den losen Sand eingegraben, ist die Schlange fast unsichtbar. Die Flügelschuppen zu beiden Seiten des Schnauzenschildes dienen dieser Wüstenotter beim Wegschaufeln des Sandes. Das bodenbewohnende Tier bewegt sich durch Seitenwinden fort. Etwa ein Drittel des Körpers berührt dabei den sandigen Untergrund, wodurch eine typische Sandspur entsteht. In der Nacht verläßt die Macmahon-Viper ihr Versteck im Sand und streicht über den Wüstenboden, um Beute zu machen. Sie ernährt sich von Echsen, Kleinsäugern und Vögeln. Gestört oder in Aufregung gebracht, zeigt sie sich ziemlich angriffslustig. Sie reibt ihre Schuppen nicht gegeneinander, sondern läßt ein besonders lautes und scharfes Zischen ertönen. Ihren Körper wirft sie blitzschnell bis zur halben Länge vor und schnappt zu. Einige tödliche Bißfälle kommen auf ihr Konto. Ein neuerlicher ernsthafter Bißunfall deutet auf die Gefährlichkeit dieser Art hin. In seiner Wirkung ist das Gift der Macmahon-Viper dem der Sandrassel-Otter ähnlich. Gegen das Gift dieser Viper gibt es bis heute noch kein spezifisch wirkendes Serum. *Eristicophis macmahonii* pflanzt sich eierlegend fort.
Haltung und Zucht: Als typische Wüstenbewohnerin muß man *Ersiticophis macmahonii* in einem entsprechend eingerichteten Behälter pflegen. Im Terrarium soll sie sich teilweise als heikel erweisen und nicht sehr ausdauernd sein. Ich nehme jedoch an, daß dies an falschen Haltungsbedingungen oder schon krank importierten Tieren liegt. Meine beiden Exemplare haben mir bisher nicht die geringsten Schwierigkeiten gemacht und gehen immer gut an lebende und tote Mäuse. Die beiden Schlangen sind in einem Terrarium (107 × 75 × 43 cm) mit einer 10–12 cm hohen Bodenschicht aus sehr feinem Sand, einigen Steinen, einer lokalen Bodenheizung und ei-

nem Trinkgefäß untergebracht. An der hinteren Terrarienwand habe ich Steine zu einer Mauer aufgeschichtet. Diese Steinmauer weist zahlreiche Spalten auf, in denen die beiden Schlangen überwintern. Am Tage sind die Heizlampe und die Bodenheizung 11 Stunden in Betrieb und erzeugen Lufttemperaturen zwischen 26 und 32 °C. In der Nacht sinkt die Temperatur auf 18–20 °C. Über der Bodenheizung steigt die Temperatur auf 35–36 °C an. Während des Tages graben sich die beiden Schlangen unter der Heizlampe oder über dem Heizkabel so in den losen Sand ein, daß sie fast unsichtbar sind. Gegen Abend und in der Nacht kommen sie hervor und kriechen über den Sandboden. Sie sind sehr individuell ausgeprägt. Eines der beiden Tiere hat sein wildes Temperament bis heute noch nicht verloren, zischt laut und schnappt sogar nach vorübergehenden Personen. Das andere Exemplar ist ruhig, und nimmt selbst beim Öffnen der Terrarientür kaum Notiz von mir. Ich füttere stets gegen Abend. Lebende Mäuse werden gebissen, losgelassen und erst dann verzehrt, wenn sie tot sind. Ebenso gern fressen die Schlange tote Futtertiere. Gegen Ende Oktober stellen meine beiden Exemplare ihre Nahrungsaufnahme ein. *Eristicophis macmahonii* benötigt eine kühle Überwinterung bei Temperaturen zwischen 10–15 °C von Anfang November bis Mitte Februar oder Anfang März. Die Paarung findet im Frühjahr statt. Die Macmahon-Viper wurde bisher nur im Berner Tierpark von Kretz nachgezüchtet. Nach den Angaben von A. Calmonte paarten sich die Vipern im Februar, kurz nachdem sie importiert worden waren. Das Weibchen legte 11 längliche Eier, die in einem Kasten mit feuchter Sanderde untergebracht wurden. Die Jungschlangen schlüpften nach einer Reifezeit von ungefähr 2 Monaten. Beim Schlüpfen hatten sie eine Länge von ca. 15 cm. Als erstes Futter erhielten sie nestjunge Mäuse. Von allen aus dem Vorderen Orient importierten Wüstenottern wird *Eristicophis macmahonii* am seltensten importiert und dürfte am schwierigsten zu halten sein.

Gattung Pseudocerastes
Trughornvipern
1 Art

Pseudocerastes persicus
Persische Trughornviper
2 Unterarten
(Bild Seite 49)

Kennzeichen: Der breite, dreieckige Kopf mit der abgerundeten Schnauze setzt sich deutlich vom Hals ab. Über jedem Auge findet sich eine schräg stehende, hornartige Aufwölbung, die aus mehreren kleinen Schuppen besteht. Das Auge ist klein. Die Pupillen sind im hellen Licht zu einer senkrechten Ellipse verengt. Der Körper ist ottenartig plump. Die Schuppen der Körperseiten sind ungekielt, die des Rückens schwach gekielt. 23 oder 25 Schuppenreihen umgeben die Körpermitte. Der Körper ist graubraun mit dunkelgrauen Querflecken oder Querbändern auf der Rückenmitte, die bei erwachsenen Tieren sehr verblassen oder gänzlich fehlen können. Die Körperseiten sind von undeutlichen grauen Tupfen bedeckt. Eine dunkelgraue Schläfenbinde verläuft vom hinteren Augenrand zum Mundwinkel. Die Bauchseite ist einfarbig grauweiß.
Länge: 60–70 cm, selten bis zu 90 cm.
Herkunft und Lebensweise: Pseudocerastes persicus persicus bewohnt den Iran und West-Pakistan, während *Pseudocerastes persicus fieldi* im Irak, in Jordanien, in Israel, auf der Sinai-Halbinsel und im nördlichen Arabien beheimatet ist. Die Persische Trughornviper bewohnt sandig-felsiges Gelände bis zu 2000 m Höhe. Hier lebt die dämmerungs- und nachtaktive Schlange in Felsspalten und Nagetierbauten. Wie andere Wüstenottern ist auch sie ein Seitenwinder. Allerdings scheint sie nicht so extrem an das Sandleben angepaßt zu sein, da sie sich nicht einwühlen kann. Ihre Nahrung besteht aus Mäusen, kleinen Vögeln und Eidechsen. Sie pflanzt sich durch Eier fort, die mit bereits weit entwickelten Embryonen abgelegt werden. Bei Störungen

faucht diese Viper laut, entschließt sich aber nur selten zuzubeißen. Ihr Gift ist jedoch äußerst stark.

Haltung und Zucht: Pseudocerastes persicus wird nur gelegentlich importiert. Sie ist in einem Wüstenterrarium mit grobem Sandboden und einigen zu einem Versteck zusammengeschichteten Steinen unterzubringen. Einige derbe Topfpflanzen geben der Inneneinrichtung des Behälters ein natürlicheres Aussehen. Eine sehr milde, lokale Bodenheizung sowie ein Trinkgefäß mit stets frischem Wasser dürfen nicht fehlen. Als Lichtquelle genügt Tageslicht mit gelegentlicher Sonneneinstrahlung. Sonst sollte die Beleuchtung am Tage 10–12 Stunden in Betrieb sein. Die Persische Trughornviper verlangt zu ihrem Wohlbefinden Tagestemperaturen zwischen 25 und 30°C. Nachts sollte die Temperatur auf 18–20°C fallen. Sie gewöhnt sich in die Gefangenschaft schnell ein. Zu Anfang ist sie ein wenig scheu und verläßt meist gegen Abend ihr Versteck und kriecht umher. Sie geht bald ans Futter und ist bei sachkundiger Pflege ein dauerhafter Terrarienbewohner. Als Futter bietet man Spatzen, Hühnerküken und Mäuse. Meine beiden Exemplare nehmen tote wie lebende Futtertiere stets willig an. Die Persische Trughornviper fastet von Ende Oktober bis Anfang März und sollte während dieser Zeit bei 10–15°C überwintert werden. *Pseudocerastes persicus fieldi* wurde vereinzelt in Israel nachgezüchtet.

Gattung Vipera
Echte Vipern
15 Arten

Vipera ammodytes
Europäische Hornotter
6 Unterarten
(Bild Seite 50)

Kennzeichen: Der dreieckige Kopf setzt sich deutlich vom schlanken Hals ab. Das auf der Schnauzenspitze schräg nach vorn oder senkrecht nach oben gerichtete „Horn“ ist ein Charakeristikum dieser Art. Es ist fleischig weich und wird vom Schnauzenschild und einigen kleineren Schuppen gebildet. Das Auge ist mäßig groß und im Licht senkrecht geschlitzt. *Vipera ammodytes* hat einen untersetzten, otterartigen Körperbau. 21–23 Reihen gekielter Schuppen umgeben die Körpermitte. Die Körperfärbung ist starken Schwankungen unterworfen. Es gibt kupferrote, braune, graue bis weißgraue Tiere. Die Männchen sind meist intensiver und leuchtender gefärbt als die Weibchen. Über den Rücken und den Schwanz zieht sich eine dunkle Zickzack- oder Rautenbinde. Die Körperseiten sind von je einer Reihe dunkler Flecken bedeckt. Die Färbung der Männchen ist ein Silber- bis Dunkelgrau, das an den Flanken in schwärzliche Farbtöne übergeht. Das Zickzackband ist tiefschwarz. Die Grundfarbe der Weibchen kann ein mattes Grau, Braun oder Rot sein. Die Rückenzeichnung der Weibchen ist niemals schwarz, sondern in einem dunkleren Ton der Körperfärbung gehalten. Ein dunkler Seitenstreifen verbindet das Auge mit dem Mundwinkel und zieht sich oft bis zu den Halsseiten hin. Die bei den Weibchen oft fehlende Kopfzeichnung besteht aus 2 oder mehreren dunklen Streifen. Diese gehen oft ineinander über und bilden besonders bei den Männchen der großen alpinen Form ein lyraähnliches Muster. Bei *Vipera ammodytes ammodytes* besitzen beide Geschlechter eine ziegelrote Schwanzspitze. Bei *Vipera ammodytes meridionalis* und *Vipera ammodytes montandoni* ist die Schwanzspitze grünlichgelb gefärbt. *Vipera ammodytes transcaucasiana* zeigt auf der Rückenmitte mehr oder weniger alternierende Querflekken. Von Erich Sochurek wurde die Unterart *Vipera ammodytes gregorwallneri* beschrieben, die in der südlichen Steiermark, Kärnten und Teilen Nord-Jugoslawiens heimisch ist.

Länge: 60–80 cm, selten über 95 cm.

Herkunft und Lebensweise: Vipera ammodytes, auch Sandotter genannt, führt diese Bezeichnung völlig zu Unrecht, da die Schlange nie auf Sand und auch nicht in Sandgebieten lebt. Die Nominatform bewohnt Nordwest-Italien, das südöstliche Österreich, Teile Ungarns und Rumäniens, Nordwestbulgarien und Jugoslawien sowie zahlreiche Inseln der Adria. *Vipera ammodytes meridionalis* ist in Albanien, Griechenland, auf einigen Cycladen-Inseln, in Kleinasien und Syrien beheimatet. *Vipera ammodytes montandoni* kommt in Rumänien östlich der Donau und in Bulgarien, *Vipera ammodytes transcaucasiana* in der Nordost-Türkei und in Transkaukasien, besonders im Kura-Tal vor. *Vipera ammodytes ruffoi* ist aus dem Gebiet des Alto Adige aus Norditalien bekannt. Die Lebensräume der Europäischen Hornotter erstrecken sich vertikal von Meereshöhe bis über 2000 m. Die Viper lebt an sonnigen Stellen mit trockenem Untergrund und zahlreichen Versteckmöglichkeiten. Mit Vorliebe hält sie sich an mit niederem Gebüsch und Gestrüpp bewachsenen Geröllhalden, an Felshängen, verlassenen Steinbrüchen, in Legesteinmauern und in Steinansammlungen in trockenen Wiesen und an Feldrändern oft in großer Anzahl auf. Neben der Levanteotter *(Vipera lebetina)* und der Bergotter *(Vipera xanthina)* ist die Europäische Hornotter die größte Giftschlange Europas mit dem stärksten Gift. Sie ist nicht angriffslustig und flieht stets vor dem Menschen. Bei Belästigungen zischt sie laut und beißt zu. Das gelbstichige Gift beeinträchtigt hauptsächlich den Blutkreislauf, wirkt auf das Blut und die Blutgefäße ein und führt zu starken ödematösen Schwellungen. Bei sofortiger medizinischer Behandlung und manchmal auch ohne Behandlung verlaufen die meisten Hornvipernbisse glimpflich. Der Patient ist in der Regel nach 1–3 Wochen wieder hergestellt. Die Nahrung dieser weitgehend tagaktiven Giftschlange besteht aus allerlei Kleinsäugern, während Vögel und Eidechsen seltener gefressen werden. Die Europäischen Hornottern suchen gewöhnlich im Oktober ihre Winterquartiere unter Felsen, in Steinhäufen und in Nagetiergängen auf, die sie im März oder April wieder verlassen. Die Paarung findet im April oder Mai nach der ersten Häutung statt. Wie bei anderen Vipern kommt es bei den Männchen vor der Paarung oft zu turnierartig ausgeführten Kommentkämpfen. Ende August, im September, seltener im Oktober werden 4–20 Jungvipern geboren, die zwischen 15 und 22 cm lang sind. Die kleinen Schlangen häuten sich kurz nach der Geburt. Sie fressen zuerst junge Eidechsen und bald nackte bis schwach behaarte Mäuse.

Haltung und Zucht: Die Europäische Hornotter eignet sich sehr als Terrarienpflegling. Sie gewöhnt sich gut in die Gefangenschaft ein und verliert schon innerhalb weniger Wochen ihre natürliche Scheu. Die Nachzucht dieser Schlange ist schon häufig gelungen. Der Behälter sollte geräumig sein und ein Bodengemisch aus Lehm, Sand und Walderde enthalten. Als Bepflanzung für ein derartiges Terrarium eignen sich ein eingetopfter Efeu oder Brombeerranken, die gut wachsen, wenn sie regelmäßig gegossen werden und der Behälter helles Tageslicht und gelegentlich Sonne erhält. Die eingebrachten Steine gruppiert man zu einem Unterschlupf. Eine sehr milde Bodenheizung trägt zum Wohlbefinden der Schlangen bei. Eine 10–12stündige Beleuchtung erübrigt sich, wenn das Terrarium hell genug steht. Ein Trinkbehälter mit stets frischem Wasser ist eine Lebensnotwendigkeit. Vor der Häutung sollte man die Tiere mit lauwarmem Wasser übersprühen. *Vipera ammodytes* fühlt sich bei Tagestemperaturen zwischen 24 und 28 °C wohl. In der Nacht sollte die Temperatur unter 20 °C sinken. Die Fütterung mit lebenden und toten Mäusen, Sperlingen und Hühnerküken bereitet keine Schwierigkeiten. Besonders beliebt sind Feldmäuse. Die Europäische Hornotter ist schon häufig in der Gefangenschaft nachgezüchtet worden. Die Nachzucht gelingt jedoch nur dann, wenn die Tiere kalt, dunkel und auf trockenem Bodengrund bei den für sie günstigsten Temperaturen zwischen 4 und 6 °C überwintern können. Auf feuchtem Substrat ziehen sich die Schlangen meist eine Lungenentzündung zu und sterben. Die Überwinterung sollte 4–5 Monate (von Ende Oktober bis Mitte oder Ende März) dauern. Zuvor geraten die Vipern in große Unruhe und kriechen pausenlos im Terrarium umher. *Vipera ammodytes* pflanzt sich in jedem zweiten Jahr fort. Die Jungvipern fressen nackte Mäuse. Man hält die Hornotter am besten einzeln. Ihre Aufzucht bereitet keine Schwierigkeiten. Wie *Vipera ursinii* (seit 1953) ist *Vipera ammodytes* in Österreich heute geschützt.

Vipera aspis
Aspisviper
7 Unterarten
(Bild Seite 67)

Kennzeichen: Die Aspisviper ist eine gedrungen gebaute Giftschlange mit einem länglich dreieckigen Kopf, der sich deutlich vom Hals absetzt. Ein charakteristisches Merkmal dieser Viper ist die leicht aufgestülpte Schnauzenspitze. Das Auge ist mäßig groß. Die Pupille ist im hellen Licht zu einem senkrechten Schlitz verengt. Die Körpermitte wird von 21 oder 23 Reihen gekielter Schuppen umgeben. Die Körperfärbung ist starken Schwankungen unterworfen. Es gibt steingraue, braune, rotbraune, ziegelrote und orangefarbige Aspisvipern. Im Hochgebirge treten vereinzelt Schwärzlinge auf. Der Färbungsunterschied zwischen Männchen und Weibchen ist deutlich ausgeprägt. Die Männchen sind nicht nur länger und schlanker als die Weibchen, sondern besitzen auch eine dunklere Rückenzeichnung, bestehend aus wechselseitigen Querflecken, die zuweilen zu einem Zickzack- oder Wellenband verschmelzen können. Ein dunkles Schläfenband verbindet das Auge mit dem Mundwinkel. Auf beiden Körperseiten stehen dunkle Flecken in gleichmessenden Abständen. Die Schwanzspitze ist gelblich bis orangefarben. Die Bauchseite kann einfarbig oder hell und dunkel gesprenkelt sein. Bei spanischen Aspisvipern *(Vipera aspis zinnikeri)* ist die Schnauzenspitze zuweilen kaum aufgestülpt und die Rückenzeichnung wie bei einer Kreuzotter *(Vipera berus seoanei)* zickzackartig ausgebildet, was bei Unkundigen zu Unterscheidungsschwierigkeiten führen kann.
Länge: 70–75 cm, selten über 80 cm.
Herkunft und Lebensweise: Die Nominatrasse kommt in Frankreich, Nordwest-Italien, der Nord-Schweiz und im südlichen Schwarzwald vor, *Vipera aspis zinnikeri* ist in den spanischen und französischen Pyrenäen und im angrenzenden Süd-Frankreich beheimatet, *Vipera aspis atra* ist über weite Teile der Schweiz verbreitet, *Vipera aspis francisciredi* bewohnt das Gebiet östlich des Lago Maggiore und Italien mit Ausnahme von Kalabrien, der Basilicata und Sizilien, wo *Vipera aspis hugyi* vorkommt, *Vipera aspis montecristi* lebt auf der Insel Montecristo im Tyrrhenischen Meer. Nach E. Sochurek kommt eine von ihm bestimmte Unterart der Aspisviper, *Vipera aspis heinzdischeki*, in den Bergen Campaniens in der Umgebung bei Lagonegro in ca. 1600 m Höhe vor. Die Aspisviper ist sowohl im Hügelland wie im Gebirge zu finden, wo sie noch in Höhenlagen von 2600 m zu finden ist. Mit Vorliebe besiedelt sie Geröllhalden, Legesteinmauern und ähnliche Steinansammlungen in trockenem und warmem Gelände. Zuweilen bewohnt sie aber auch Gebiete mit feuchtem bis moorigem Untergrund. Sie ist überaus standortstreu und entfernt sich nie weit von dem einmal ausgewählten Schlupfwinkel. Die Aspisviper ist hauptsächlich am Tage munter und setzt sich besonders am frühen Morgen und späten Nachmittag den Sonnenstrahlen aus. Bei großer Hitze verläßt sie auch am Tage ihren Unterschlupf nicht. Bei gewittrig-schwüler Wetterlage ist diese Giftschlange besonders munter und zahlreich im Freien anzutreffen. Ihre Nahrung besteht hauptsächlich aus Kleinsäugern, weniger aus Eidechsen und Vögeln. *Vipera aspis* überwintert im allgemeinen von Anfang November bis Mitte März oder Anfang April. Die Paarung findet meist im Mai, selten im Spätsommer oder Herbst statt. Die 18–20 cm langen Jungvipern – meist 4–18 an der Zahl – werden Ende August oder Anfang September ge-

boren. Sie häuten kurz nach der Geburt. Ihre erste Nahrung besteht aus Eidechsen. Bald fressen sie nackte Mäuse. Die Aspisviper flieht stets vor dem Menschen, verteidigt sich aber, wenn sie bedroht wird. Ein Biß von dieser Giftschlange führt nur äußerst selten zum Tode. Das gelbstichige Gift wirkt hauptsächlich auf Blut und Blutkreislauf ein und verursacht vorübergehende Ödeme.

Haltung und Zucht: Da *Vipera aspis* weitgehend ähnliche Ansprüche an ihre Umwelt stellt wie *Vipera ammodytes*, ist sie nach den gleichen Gesichtspunkten wie die ander Art zu pflegen. Ich halte diese schöne Giftschlange seit über 15 Jahren in mehreren Unterarten mit bestem Erfolg, züchte nach und möchte daher der zuweilen geäußerten Behauptung widersprechen, daß sich diese Art nicht leicht an die Gefangenschaft gewöhnen könne. Die Aspisviper liebt geringfügig niedrigere Tagestemperaturen (22–26°C) als die Europäische Hornotter. Eine nächtliche Abkühlung unter 20°C ist empfehlenswert. Als Futter bietet man lebende und tote Mäuse und gelegentlich Sperlinge oder Hühnerküken, die allerdings weniger gern gefressen werden. *Vipera aspis* sollte von Anfang November bis Mitte März oder Anfang April, am besten bei Temperaturen unter 10°C und nicht zu feucht, überwintert werden. Die Nachzucht, die schon häufig gelungen ist, bereitet bei richtiger Pflege und kalter Überwinterung keine Schwierigkeiten. Mit nackten Mäusen lassen sich die Jungen leicht aufziehen. Im Terrarium kreuzten sich mehrmals *Vipera aspis aspis* und *Vipera ammodytes ammodytes* sowie *Vipera aspis zinnikeri* und *Vipera ammodytes ammodytes* und lieferten Bastarde.

Vipera berus
Kreuzotter
4 Unterarten
(Bild Seite 49)

Kennzeichen: Die Kreuzotter besitzt einen länglichen, flachen Kopf, der sich kaum vom Hals absetzt und einen etwas gedrungen gebauten Körper. Die Kopfoberseite ist von großen, glatten Schilden bedeckt. Das Auge ist mäßig groß und im hellen Licht zu einem senkrechten Schlitz verengt. Die Schuppen sind gekielt und umgeben die Körpermitte in der Regel in 21 Reihen. Wie bei den anderen Vertretern der Gattung *Vipera* hat auch die Kreuzotter ein ungeteiltes Afterschild. Die Weibchen sind plumper gebaut und außerdem länger als die Männchen. Nur bei wenigen anderen Schlangen findet sich eine derartig veränderliche Körperfärbung wie bei der Kreuzotter; es gibt braune, graue, graublaue, gelbliche, rotbraune, kupferrote, olivgrüne und nicht selten einfarbig-lackschwarze Exemplare. Die Männchen unterscheiden sich von den Weibchen durch das dunkle bis schwarze Zeichnungsmuster. Stets überzieht den Rükken ein mehr oder weniger breites Zickzackband, das nur bei Schwärzlingen fehlt oder kaum zu sehen ist. Rundliche Flecken zieren die beiden Körperseiten in ungefähr gleichen Abständen. Hellbraune Kreuzottern haben meist ein helles Zickzackband, während bei dunkel gefärbten Tieren auch das Zickzackband dunkel ist. Einfarbig braune Kreuzottern ohne Rückenzeichnung sind selten. Zu den allergrößten Seltenheiten gehören Albinos, deren weiß gefärbter Körper von einem orangefarbenen Zickzackband überzogen ist und deren Augen leuchtend rot sind. Sowohl beim Männchen wie beim Weibchen findet sich am Hinterkopf ein X oder ein mit der Spitze nach vorn gerichteter Winkel. Ein dunkles Band verbindet das Auge mit der Halsregion. Die Bauchseite kann grau, graubraun oder schwarz, gefleckt oder ungefleckt sein. Die Schwanzunterseite zeigt gelbliche, orangefarbene oder rote Farbtöne.

Länge: 60–70 cm, selten über 80 cm.

Herkunft und Lebensweise: Die Kreuzotter besitzt ein riesiges Verbreitungsgebiet, das sich von Nord-Spanien und Portugal über das gemäßigte Europa und Mittel-Asien bis zur Insel Sachalin erstreckt. Diese meist zahlreich auftretende Giftschlange ist in den verschiedenartigsten Lebensräumen, sowohl in der Ebene wie im Gebirge anzutreffen. Sie bevorzugt ein rauhes Klima mit starken Temperaturgegensätzen, hoher Bodenfeuchtigkeit und reichlichen Niederschlägen. In der Heide und in den Moorgebieten in der Ebene ist sie ebenso heimisch wie in der Latschenregion der Berge. Stets meidet sie dichte Wälder. Ihren ständigen Unterschlupf hat sie unter niedrigem Gebüsch, Wurzelstöcken, unter Steinen und besonders in den Löchern von Kleinsäugern. Gegen niedrige Temperaturen sind Kreuzottern nicht sonderlich empfindlich, so daß man sie bei hellem Sonnenschein selbst neben abschmelzendem Schnee angetroffen hat. Die Paarung findet nach der Überwinterung und ersten Häutung im Frühjahr im März, April oder Mai statt. Paarungen im Herbst sind ebenfalls festgestellt worden. Das Weibchen bringt 4–6 Monate nach der Paarung 5–20 lebende Junge zur Welt, die bei der Geburt zwischen 14 und 23 cm lang sind. Die jungen Kreuzottern häuten sich unmittelbar nach der Geburt, und sind von da ab auf sich selbst angewiesen. In der ersten Zeit ihres Lebens ernähren sie sich von Eidechsen und Fröschen. Später verzehren sie meist Mäuse der verschiedensten Arten. Die Kreuzotter greift nie an und flieht immer vor dem Menschen, beißt aber selbstverständlich zu, wenn sie angefaßt wird oder wenn man auf sie tritt. Todesfälle nach Kreuzotterbissen sind sehr selten. Die Folgen eines Kreuzotterbisses äußern sich hauptsächlich in Kreislaufstörungen, lokalen Ödemen, einer bläulichen Verfärbung der Haut, Brechreiz wie Muskel- und Gliederschmerzen. Wo sich die Lebensbereiche der Kreuzotter und der Europäischen Hornotter überschneiden, werden in seltenen Fällen Bastarde gefunden, die Merkmale beider Arten in sich vereinigen.

Haltung und Zucht: Die Kreuzotter gedeiht in der Gefangenschaft oft nicht gut. Manche Tiere lassen sich zuweilen nicht zur Futterannahme bewegen. Wenn man auf die Lebensbedingungen dieser Schlange Rücksicht nimmt, dauert sie über viele Jahre im Terrarium aus und verzehrt eifrig Mäuse und Frösche und auch zu Streifen geschnittenes Rinderherz. Anders als die Nominatform – einzelne Exemplare fressen nur Frösche – sind die Unterarten *Vipera berus bosniensis* (besonders im Tiefland gefangene Tiere), *Vipera berus sachalinensis* und *Vipera berus seoanei* bei sorgfältiger Pflege gut haltbar und dauern jahrelang aus. Der Behälter sollte geräumig und weitgehend natürlich eingerichtet sein. Als Bodengrund verwendet man feinen Sand – dieser hält die lebensnotwendige Bodenfeuchtigkeit sehr gut – gemischt mit viel Torf und sehr humusreicher Walderde. Die Oberfläche des Bodengrundes bedeckt man mit vereinzelten Moosplatten und kleinen Rindenstückchen. Auf den Rindenstückchen trocknet das versprühte Wasser leicht ab, während sich darunter die Feuchtigkeit hält. Ein Heizkabel – 15 W genügen vollkommen – das den Boden am Tage lokal auf 30–32 °C erwärmt, ist ebenso notwendig wie ein größeres Trinkgefäß mit stets frischem Wasser. Als Pflanzen eignen sich Brombeerranken oder Efeu, die bei genügend Feuchtigkeit und hellem Licht gut gedeihen. Ein kleiner Baumstubben oder einige Rindenstücke bieten hinreichende Unterschlupfmöglichkeit. Das Terrarium sollte am Fenster stehen und zusätzlich Morgen- und Nachmittagssonne erhalten; sonst schaltet man die Heizlampe tagsüber 10–12 Stunden ein. Kreuzottern zeigen gegenüber stickiger Luft eine gesteigerte Empfindlichkeit. Daher sind Kotreste sofort zu entfernen. Die Lufttemperatur sollte im Terrarium am Tage zwischen 24 und 28 °C betragen und in der Nacht stets unter 20 °C sinken. Besonders vor der Häutung werden Kreuzottern gern mit leicht angewärmtem Wasser übersprüht. Bei guter Pflege zeigen sie sich vereinzelt als besonders gierig beim Fressen; sie nehmen tote und lebende Mäuse gleich gern an. Ich pflegte über viele Jahre einzelne Exemplare, die bei einer Mahlzeit 2 oder 3 große Mäuse vertilgten und stets gut verdauten. Frisch gefangenen Kreuzottern, die nicht fressen wollen, bietet man mit Mäuseblut bestrichene, tote Jungmäuse an. Meist können die Schlangen dann nicht widerstehen. Nach dieser ersten Nahrungsaufnahme gehen sie anschließend regelmäßig ans Futter. Zu ihrem vollen Wohlbefinden verlangt *Vipera berus* eine 4–5monatige Winterruhe in einem sehr feuchtgehaltenen Substrat bei Temperaturen von wenigen °C über dem Gefrierpunkt. Wird das Substrat zur Überwinterung – dafür eignen sich laubreiche Walderde, Torf und Moos mit morschen Holzstücken – nicht genügend feucht gehalten, trocknen die Schlangen ein und sterben. Im Laufe von vielen Jahren machte ich die Erfahrung, daß feucht gehaltene Kreuzottern den Winter fast immer unbeschadet überstehen. Die Nachzucht dieser Giftschlange ist schon mehrmals im Terrarium gelungen. Junge Kreuzottern gehen an Rinderherzstückchen, wenn man sie vorher hineinbeißen läßt. Sie halten das Fleischbröckchen fest und würgen es selbständig hinunter. Viel lieber fressen sie jedoch junge Frösche und frisch geborene Mäuse, die man ihrer Größe wegen am besten zerteilt.

Vipera kaznakovi
Kaukasusotter
(Bild Seite 49)

Kennzeichen: Die Kaukasusotter ist eine plumpe, gedrungen gebaute Giftschlange mit breitem Kopf, der sich deutlich vom Hals absetzt. Das Auge ist groß. Wie bei den anderen europäischen Vipern verengt sich die Pupille der Kaukasusotter im Licht zu einem senkrechten Schlitz. Die Schuppen sind gekielt und umgeben die Körpermitte in 21 bis 23 Reihen. Im Körperbau, in der Färbung und im Zeichnungsmuster weist die Kaukasusotter eine verblüffende Ähnlichkeit mit der iberischen Kreuzotter *(Vipera berus seoanei)* auf, so daß ostanatolische Exemplare fälschlicherweise zuerst als *Vipera berus* „varietas ornata" beschrieben wurden. Erwachsene Kaukasusottern unterscheiden sich deutlich von Jungtieren und besitzen auf der Rückenmitte ein dunkles, sehr breites Wellenband, das auf beiden Seiten von einer hellen, gelblichen oder ziegelroten Binde eingefaßt ist. Die Körperseiten sind einheitlich schwarz gefärbt. Bei den Männchen ist die Färbung der Körperseiten von einem intensiveren Schwarz als bei den Weibchen. Die Kopfoberseite ist einfarbig schwarz. Ein schwarzer Schläfenstreifen geht vom Auge auf die Halsregion über, wo er sich als Seitenstreifen fortsetzt. Die Schnauzenspitze und Lippenschilde sind hell gerandet. Die Grundfarbe der Jungtiere ist gelblich bis braun. Bei ihnen verläuft ein breites, mehr oder weniger ausgebuchtetes Wellenband vom Kopf ausgehend über die Rükkenmitte und endet auf dem Schwanz. Auf den Körperseiten finden sich große, runde Flecken in gleichen Abständen. Beim jungen Männchen sind Wellenband und Flecken schwarz, beim jungen Weibchen braun. Die Kopfoberseite ist einfarbig schwarz oder braun. Die Bauchschilde weisen 4–6 helle Tupfen auf und bilden hintereinanderstehend Reihen. Die getupfte Bauchseite wird bei erwachsenen Tieren einfarbig schwarz. Melanismus tritt oft auf.

Länge: 60–70 cm.

Herkunft und Lebensweise: Vipera kaznakovi ist aus dem nordöstlichen Anatolien und vom westlichen Kaukasus her bekannt, wo sie am Rande von Wäldern, an oder in Teeplantagen, in dichten Farnbeständen oder auf feuchten Wiesen vorkommt. Die Lebensräume dieser Viper sind stets durch den feuchten oder gar nassen Untergrund und die dichte Vegetation gekennzeichnet. Wegen ihrer Farbigkeit ist die oft zahlreich anzutreffende, im Frühjahr weitgehend tagaktive Schlange im Fallaub, zwischen morschem Reisig oder auf abgetrockneten Farnwedeln schwierig zu sehen. Bei Gefahr flüchtet sie sofort in die dichte Vegetation und verschwindet in einem Mauseloch. Die Kaukasusotter trifft man im Frühjahr oft ganztägig außerhalb ihrer Schlupfwinkel an. Wie die Kreuzotter setzt sie sich mit abgeflachtem Körper den Sonnenstrahlen aus. Dem Menschen gegenüber verhält sie sich scheu; sie zieht die Flucht stets der Verteidigung vor. Bei Bedrohung flacht sie den Körper ab, zischt laut und stößt vor, oft ohne zu beißen. Ihre Nahrung besteht hauptsächlich aus Mäusen. Jungtiere fressen Eidechsen, Heuschrecken und Grillen. Die Kaukasusotter paart sich im April oder Mai. Die ungefähr 15–17 cm langen Jungschlangen werden im Juli oder August geboren.

Haltung und Zucht: Die Kaukasusotter wird nur sehr selten und meist zu hohen Preisen angeboten. Das Terrarium sollte ebenso wie für *Vipera berus* eingerichtet sein. Ich pflege meine 6 Exemplare auf feinem Lavauntergrund, der mit sehr laubreichem Humus und trockenen Kiefernrindenstückchen überdeckt ist. Der Lavaboden ist durch häufiges Übersprühen ständig feucht, während der Humusboden und die Rindenstückchen mehr oder weniger trocken sind. Wegen der hohen Bodenfeuchtigkeit gedeiht der Efeu so gut, daß er heute fast die gesamte Bodenfläche überdeckt. Das Terrarium wird von unten her durch ein Heizkabel lokal erwärmt. Obwohl der Behälter Tageslicht und zeitweilig Sonne erhält, sorgt eine 60 W starke Parabolbirne für mehr Licht und Wärme. Am Tage steigt die Lufttemperatur auf 24–30°C, in der Nacht sinkt sie auf 18–20°C oder tiefer. Die Schlangen liegen am Morgen und nachmittags meist mit abgeplattetem Leib unter der Heizlampe und auf der 15 W starken Bodenheizung. Sonst halten sie sich in ihrem Versteck unter einigen schräg liegenden Steinen auf. Ich füttere lebende und tote Mäuse, von denen die toten eher gefressen werden. Die erwachsenen Weibchen gehen besser ans Futter als die Männchen (bei den Jungvipern ist es eigenartigerweise umgekehrt). Wildmäuse sind wegen ihre Erdgeruches und ihrer raschen Bewegungen als Futtertiere besonders beliebt. In Anlehnung an natürliche Verhältnisse muß *Vipera kaznakovi* 4–5 Monate bei Temperaturen zwischen 5 und 10°C im Dunkeln überwintert werden. Ohne die naturbedingte, jahreszeitliche Unterkühlung von November bis März kommen die Schlangen im Frühjahr nicht in Paarungsstimmung. Eines meiner Männchen, das eines Tages völlig unerwartet bei scheinbar bester Gesundheit mit herausgestrecktem Hemipenis tot im Terrarium lag, befand sich im Frühjahr über Wochen in ununterbrochener Paarungsstimmung. Es verfolgte nicht nur das kleinere Männchen, sondern kroch zuckend und reibend in Schlängelbewegungen über den Rücken der Weibchen. Eine Paarung konnte ich nicht beobachten; wahrscheinlich waren die Weibchen noch zu jung. Ein Jahr später, am 8. 4. 1979 sah ich meine Kaukasusottern nach kalter Überwinterung bei der Paarung. Das Männchen muß sich auch mit dem anderen Weibchen im Terrarium gepaart haben, da beide Tiere nach einiger Zeit trächtig waren. Als ich zwischen dem 7. und 30. Juli 1979 abwesend war, wurden 12 Jungtiere geboren, von denen leider 4 im Wasserbehälter ertranken. Eine Jungschlange war nicht aus der Haut herausgekommen und lag vertrocknet im Behälter. Die Kaukasusotter ist schon mehrfach in der Gefangenschaft, besonders von Kratzer und Kretz, nachgezüchtet worden. Die Jungen häuten sich unmittelbar nach der Geburt. Sie fressen anfangs Heuschrekken, Grillen, kleine Frösche, Eidechsen und nackte Mäuse. Jungtiere, die nicht fressen, sind mit nackten Mäusen sehr sorgfältig zu stopfen. Mit zunehmendem Alter geht die braune Jugendfärbung in die dunkle bis schwarze Färbung der Erwachsenen über.

Vipera latasti
Stülpnasenotter
3 Unterarten
(Bild Seite 49)

Kennzeichen: In der Gestalt, in der Körperfärbung und Zeichnung hat die Stülpnasenotter weitgehende Ähnlichkeit mit der in Süd-ost-Europa vorkommenden Hornotter *(Vipera ammodytes meridionalis)*. Der flache, herzförmige Kopf setzt sich deutlich vom Hals ab. Das verlängerte Schnauzenschild bildet einen zapfenartigen Fortsatz, an dem diese Art sofort zu erkennen ist. Die stark gekielten Schuppen umgeben die Körpermitte in 21 Reihen. Die Körperfärbung variiert sehr. Der Rücken und die Flanken sind steingrau, olivgrün, graubraun, rotbraun bis kaffeebraun, wobei die Grundfarbe der Männchen heller, die der Weibchen dunkler ist. Die Bauchseite zeigt braune oder schwarze Farbtöne. Sie ist mehr oder weniger marmoriert und nur in seltenen Fällen einfarbig. Ein beim Männchen schwarzes, beim Weibchen dunkelbraunes oder graues Zickzackband, das im Kern heller getönt ist, beginnt hinter dem Kopf und zieht sich über den Rücken bis zum Schwanz. Die Körperseiten sind von einer Reihe dunkler oder schwarzer Flecken bedeckt. Auf der Kopfoberseite finden sich 2 dunkle Streifen, die sich berühren können und einen mit der Spitze nach vorn gerichteten Winkelfleck bilden. Bei den Weibchen ist die Kopfzeichnung schwächer ausgebildet als bei den Männchen und kann auch fehlen. Ein dunkles Schläfenband verbindet die Augen mit den Mundwinkeln. Bei beiden Geschlechtern ist die Schwanzspitze schwarz. Stülpnasenottern, die ich in Nordwest-Spanien fing, waren bedeutend größer und wuchtiger als Exemplare aus anderen spanischen Regionen. Bei nordwestspanischen Stülpnasenottern sind Rückenzeichnung und Färbung ein wenig verändert, so daß es sich hier vielleicht um eine noch nicht bestimmte, neue geographische Rasse dieser Viper handeln könnte.

Länge: 60 cm, selten bis 80 cm.

Herkunft und Lebensweise: Die Nominatrasse ist über die Iberische Halbinsel, das nördliche Marokko, Algerien und Tunesien verbreitet. Die kaum 35 cm erreichende *Vipera latasti monticola* lebt in Marokko im Hohen Atlas. Die Stülpnasenotter ist gelegentlich im Flachland auf sandigem Untergrund anzutreffen. Viel häufiger kommt sie im Hügelland und im Gebirge vor, wo sie sonnige Berghänge mit felsigem Untergrund, niederem Gebüsch oder lichtem Trockenwald bewohnt. Der Verfasser kennt die Stülpnasenotter aus Höhenlagen von 800–1400 m (Ost-Spanien), von ungefähr 2000 m (Zentral-Spanien) und von über 2500 m aus der Sierra de Gador und der Sierra Nevada, wo lokal schwarze Exemplare vorkommen. An einem gewittrigen Juli-Nachmittag fingen mein Sohn und ich 13 Exemplare dieser Viper an einem nach Süden gelegenen Berghang, was darauf hindeutet, daß sie lokal durchaus häufig vorkommen kann. Als standorttreues Tier lebt sie in Geröllhäufen, unter Steinen, in Legesteinmäuerchen wie in Mauselöchern. Je nach geographischer Lage und Klima verläßt *Vipera latasti* ihre Winterquartiere im März, bei sonnigem Wetter schon im Februar. Im Frühjahr und im Herbst ist die kleine Giftschlange weitgehend tagaktiv. Bei heißem Wetter kommt sie aus ihrem Schlupfwinkel nur am frühen Morgen und am Abend. Im Herbst klettert sie gelegentlich zum Sonnen auf niederes Gebüsch. Die Stülpnasenotter paart sich im April oder Mai, aber auch im Herbst. Eine Paarung im Herbst beobachtete der Verfasser im September 1978. Wie bei den anderen Vertretern der Gattung *Vipera* nehmen die Weibchen der Stülpnasenottern nur in den ersten Wochen nach der Paarung Nahrung zu sich. Ungefähr 2–10 lebende Junge von ca. 16–18 cm Länge werden im August, September oder Oktober geboren. Die jungen Vipern, die unmittelbar nach der Geburt ihre Oberhaut abstreifen, wandern sofort ab und verteilen sich über das Gelände. In den ersten Wochen ernähren sie sich von Eidechsen und Heuschrecken, später fressen sie Mäuse. *Vipera latasti* flieht stets vor dem Menschen. Wenn sie bedroht wird, zeigt sie sich leicht reizbar, zischt laut und beißt kräftig zu. Bißunfälle durch diese Viper sind selten und so gut wie nie tödlich.

Haltung und Zucht: Die Stülpnasenotter wird nur selten gepflegt, da sie kaum in den Handel gelangt. In ihrem natürlichen Lebensraum ist sie schwierig zu finden und nirgendwo sonderlich häufig. Wegen ihrer geringen Größe und leichten Haltbarkeit ist die Stülpnasenotter ein empfehlenswerter Terrarienpflegling. Sie verlangt einen hell stehenden Behälter mit lehmig-steinigem Untergrund, einigen flachen Steinen als Unterschlupf, ein Trinkgefäß mit stets frischem Wasser sowie eine lokale Bodenheizung. Am Morgen und späten Nachmittag liegen meine Tiere unter der Heizlampe oder auf der von unten her leicht erwärmten Stelle. Am Tage halten sie sich unter flachen Steinen auf. *Vipera latasti* verlangt zu ihrem Wohlbefinden am Tage Lufttemperaturen zwischen 24 und 28 °C, die in der Nacht auf 18–20 °C oder etwas tiefer sinken sollen. Als Futter bietet man lebende und tote Mäuse, die stets willig genommen werden. Die Stülpnasenotter ist schon mehrfach in der Gefangenschaft nachgezüchtet worden. Die Nachzucht ist nicht schwieriger als bei *Vipera ammodytes* und *Vipera aspis*, wie der Verfasser an seinen eigenen Tieren feststellen konnte. Vor der Paarung lieferten sich die Männchen ausgeprägte Kommentkämpfe. Voraussetzung für eine Nachzucht ist eine 4–5monatige Winterruhe bei Temperaturen zwischen 4 und 10 °C, Dunkelheit und völliger Bodentrockenheit. Die Aufzucht junger Stülpnasenottern bereitet kaum Schwierigkeiten. Schon bald nach der Geburt gehen sie an kleine Eidechsen, Heuschrecken und nackte Mäuse.

Vipera lebetina
Levanteotter
5 Unterarten

Kennzeichen: Die Levanteotter ist eine große, kräftig gebaute Giftschlange mit einem breiten, wuchtigen Kopf, der sich deutlich vom Hals absetzt. Das Auge ist klein. Die Pupille verengt sich im hellen Licht zu einem senkrechten Schlitz. Die Kopfoberseite ist von zahlreichen kleinen, gekielten Schuppen bedeckt. 23–27 Reihen gekielter Schuppen umgeben die Körpermitte. Die Levanteotter tritt in den verschiedensten Farbvarianten auf. Die meisten Tiere sind dunkelgrau bis schmutzigweiß oder hell-ockerfarben. Die Rücken- und Seitenzeichnung besteht aus Reihen alternierender, würfelartiger, oftmals ockerfarbiger Querflecken, die stets dunkel gerandet sind. Feinkörnige, schwarze, bläuliche oder orangefarbene Tupfen lassen den Körper der Schlange wie gepudert erscheinen. Auch einfarbig ziegelrote oder weißgelbe Exemplare kommen vor. Ein Schläfenband zwischen Auge und Mundwinkel ist oft nur schwach angedeutet oder fehlt zuweilen gänzlich. Die graue Bauchseite zeigt eine feinkörnige, dunkle Puderung.

Länge: Bis zu 160 cm.

Herkunft und Lebensweise: Das Verbreitungsgebiet dieser eindrucksvollen Giftschlange erstreckt sich über die Cycladen, über Cypern, über Klein-, West- und Mittel-Asien. Kramer und Schnurrenberger sehen die sehr nahe verwandte nordafrikanische Atlasotter nicht mehr als zu *lebetina* zählend an, sondern als eigene Art mit 2 geographischen Rassen. *Vipera lebetina* bewohnt alle Höhenlagen bis zu 2300 m. Diese weitgehend bodenbewohnende Viper – gelegentlich klettert sie auf Büsche und Bäume – liebt steiniges grasiges Steppengelände, schütter bewaldete Gegenden mit steinig-felsigem Untergrund wie Berghänge mit niedrigem Bewuchs. Jahreszeitlich austrocknende Flußtäler und Bäche sagen ihr besonders zu. Je nach Jahreszeit und Witterung ist die Levanteotter mehr tag- oder nachtaktiv. An windgeschützen Stellen sieht man diese Giftschlange im Frühjahr beim Sonnen. Im April 1966 gelang es mir innerhalb von 4 Tagen 25 Levanteottern zu fangen. Wenn *Vipera lebetina* aufgescheucht wird, flieht sie zischend und mit waagrecht abgespreiztem Hals. Das gewöhnlich sehr träge Reptil ist keinesfalls angriffslustig, kann aber blitzschnell und unverhofft zubeißen, wenn es sich bedroht fühlt. Das gelbstichige, sehr wirksame Gift wird in großer Menge abgeschieden. Es schädigt hauptsächlich Blut und Blutkreislauf, führt zu massiven Blutungen in den Geweben und ruft enorme Schwellungen und Schmerzen hervor. In seiner Wirkung entspricht der Biß einer Levanteotter in etwa dem einer Kettenviper *(Vipera russelli)*. Er kann durchaus tödlich enden, wenn er nicht sofort fachgerecht mit Schlangenserum und auch anderen bewährten Maßnahmen behandelt wird. Das Futterspektrum der Levanteotter umfaßt hauptsächlich Ratten, kleine Kaninchen, Mäuse, Vögel und gelegentlich Eidechsen, die dem starken Gift sehr schnell erliegen. Je nach geographischer Lage dauert die Überwinterung 4–6 Monate. Die meisten Unterarten der Levanteotter sind eierlegend. Eine Ausnahme macht *Vipera lebetina obtusa*, die in einigen Verbreitungsgebieten Eier legt und in anderen lebendgebärend ist. Die Cypriotische Levanteotter *(Vipera lebetina lebetina)* kommt nach neueren Vorstellungen auch in der Umgebung von Adana in der Südtürkei vor und bringt lebende Junge zur Welt.

Haltung und Zucht: Die Levanteotter erweist sich in einem hell stehenden oder am Tage 10–12stündig beleuchteten, bodenbeheizten Trockenterrarium mit einem etwas größeren Wassergefäß als sehr ausdauernd. Als Bodenfüllung verwendet man ein Gemisch aus Lehm, Sand und ein wenig Waldhumus. Zur natürlichen Ausgestaltung des Terrariums empfiehlt sich als Bepflanzung ein großer Christusdorn, der sehr widerstandsfähig ist. Während des Tages bietet man Lufttemperaturen zwischen 24 und 28 °C, die in der Nacht auf 18–20 °C sinken sollen. *Vipera lebetina* ist leicht zu ernähren; man bietet ihr tote wie lebende Mäuse, Ratten, Sperlinge und Hühnerküken. Wegen des dämmerungsaktiven Verhaltens dieser Giftschlange füttere ich meine Tiere stets am Abend. Tagsüber halten sie sich lange in ihrem Versteck unter flachen Steinen auf. Zuweilen liegen sie auch stundenlang auf der sehr milden Bodenheizung oder unter der Heizlampe. Die Levanteotter gewöhnt sich schnell an die Gefangenschaft und ist im allgemeinen sehr ruhig. Es gibt jedoch Exemplare, die plötzlich zubeißen, wenn sie sich gestört fühlen. Ein von Peter Vozenilek in Aserbeidschan gefangenes Weibchen von *Vipera lebetina obtusa* legte 23 Eier, aus denen 9 Jungtiere zum Schlüpfen gebracht wurden. Auch *Vipera lebetina schweizeri* wurde mehrfach in der Gefangenschaft nachgezüchtet. Zum Wohlbefinden und auch günstig für die Fortpflanzung von *Vipera lebetina* wie gleichfalls von *Vipera palaestinae* erweisen sich flache Steinplatten, unter denen sich die Tiere verbergen können; dort paaren sie sich besser. Zur Zeit der Eiablage stellt man ein Gefäß mit leicht feuchtem Sand in den Behälter, in das dann die Eier in der Regel abgelegt werden. Die 18–20 cm langen Jungschlangen fressen bald junge Eidechsen und nackte Mäuse. Wenn sie die Nahrung verweigern, kann man mit nackten Mäusen zwangsfüttern.

Vipera mauritanica

Atlasotter
2 Unterarten
(Bild Seite 49)

Kennzeichen: Im Körperbau und in der Beschuppung herrscht größte Übereinstimmung mit *Vipera lebetina*, so daß es keiner weiteren Beschreibung bedarf. In der Färbung und im Zeichnungsmuster unterscheiden sich beide Arten jedoch erheblich voneinander. Die Grundfärbung des Körpers variiert in verschiedenen Grau-, Braun- und Rottönen. Typisch für *Vipera mauritanica* ist die auffällige, hellere oder dunklere Rückenzeichnung, die von einem Wellen- oder Zickzackband gebildet wird, das aus mehr oder weniger miteinander in Verbindung stehenden Quadraten, Rhomben, Dreiecken sowie aus ovalen und rundlichen Flecken besteht. Die Körperseiten zieren unregelmäßige, dunkle Flecken, die in gleichen Abständen stehen. Ein dunkles Band verläuft vom Mundwinkel zum Auge. Ein

---

Oben: Abb. 35: Pseudechis australis (Mulgaschlange) s. Seite 75
Unten: Abb. 36: Naja mossambica mossambica (Mozambique-Speikobra) s. Seite 62

kurzer Querstreifen verbindet das Auge mit dem darunterliegenden Mundrand. Die Bauchseite ist dunkel gefleckt. Körperfärbung und Körpermuster können ganz erheblich variieren. Die Atlasotter unterscheidet sich von der Saharaotter *(Vipera mauritanica deserti)* vor allem durch die abweichende Rückenbinde. Die Rückenbinde der Atlasotter erinnert mit ihrer aus verschobenen Dreiecken, Quadraten, ovalen und runden Flecken bestehenden Zeichnung mit den 27–30 Ausbuchtungen an *Vipera aspis hugyi.* Bei *Vipera mauritanica deserti* bestehen die einzelnen Kettenglieder der Rückenbinde aus im Umriß verschobenen Rechtecken mit 23–26 Ausbuchtungen. Bei der Saharaotter ist die Rückenzeichnung breiter als bei der Atlasotter und geht auf die Körperseiten über. Neben sehr stark gezeichneten Exemplaren gibt es andere, die nahezu völlig zeichnungslos sind.

Länge: 90–150 cm, selten bis 200 cm.

Herkunft und Lebensweise: Vipera mauritanica mauritanica ist über Marokko, die Küstengebiete von Algerien und Tunesien, *Vipera mauritanica deserti* über Algerien südlich des Atlas, in Libyen und Süd-Tunesien verbreitet. *Vipera mauritanica* bewohnt verschiedene Biotope. Sie ist ebenso in den lichten Arganiawäldern Süd-Marokkos wie an den Hängen des Atlas zu finden, die von riesigen Felsblöcken und von Gebüsch durchwachsenen Geröllhalden überzogen sind. In Höhenlagen von über 2000 m wird sie dort durch *Vipera latasti* ersetzt. Mit Vorliebe hält sie sich an von Steinreihen durchzogenen Getreidefeldern auf, die sich talwärts an niedere Berglagen anschließen. Auch in Kaktushecken sowie in uralten, zerfallenden Legesteinmauern, die verwilderte Gärten und Pflanzungen umgeben, trifft man sie an. Von niederer Vegetation bestandene Bachgräben sagen ihr ebenfalls zu. Obwohl die mächtige Giftschlange eine starke Neigung zu nächtlicher Lebensweise zeigt, sah der Verfasser sie im Frühjahr häufig ganztägig außerhalb ihrer Verstecke. Atlas- und Saharaotter ernähren sich von allerlei Kleinsäugern, Vögeln und Eidechsen. *Vipera mauritanica* ist von friedfertigem Charakter. Bei Annäherung eines Menschen flieht sie nicht immer, sondern bleibt ruhig zusammengeringelt liegen. Einzelne Exemplare, die ich sammelte, zischten laut. Nur selten versuchten sie zu beißen. Im März oder April verlassen die Vipern ihre Winterquartiere unter Felsen und in tiefen Felsspalten. Meist verpaaren sie sich im Mai und legen im Juli die zu einem Gelege verklebten Eier ab, die ungefähr 6–7 Wochen zu ihrer Entwicklung benötigen.

Haltung und Zucht: Vipera mauritanica, die die selbe Terrarieneinrichtung wie *Vipera lebetina* erhält, wird auch ebenso wie *lebetina* gepflegt. Sie ist wenig reizbar, geht gut ans Futter, hält sich aber am Tage in ihrem Schlupfwinkel auf, den sie erst in der Dämmerung verläßt und dann oft pausenlos umherkriecht. Meine beiden, einzeln gehaltenen Atlasottern füttere ich mit toten Mäusen, Ratten und Hühnerküken, die sie willig von der Pinzette nehmen. Angeglichen an die natürlichen Verhältnisse überwintere ich die beiden Vipern von Anfang November bis Anfang oder Mitte März in dem von ihnen ständig bewohnten Terrarium bei Temperaturen zwischen 8–10°C. *Vipera mauritanica* wurde meines Wissens in der Gefangenschaft noch nicht nachgezüchtet. Ein von einem Schweizer Reptilienpfleger importiertes Weibchen aus Marokko setzte am 19. 7. 1968 ein Gelege von 21 Eiern ab, das bei Kratzer in einem

---

Oben links: Abb. 37: Echis carinatus pyramidum (Sandrassel-Otter) s. Seite 106
Oben rechts: Abb. 38: Bitis atropos atropos (Atroposviper) s. Seite 89
Mitte links: Abb. 39: Bitis gabonica rhinoceros (Gabunotter) s. Seite 92
Mitte rechts: Abb. 40: Bitis arietans arietans (Puffotter) s. Seite 87
Unten links: Abb. 41: Dendroaspis polylepis polylepis (Schwarze Mamba) s. Seite 48
Unten rechts: Abb. 42: Notechis scutatus scutatus (Tigerotter) s. Seite 70

Brutgefäß bei 27–31 °C zur Entwicklung gebracht wurde. Die Jungschlangen, die nach ungefähr 6–8 Wochen schlüpften, waren zwischen 250 und 280 mm lang. Nach der ersten Häutung nach 9–10 Tagen nahmen die Jungschlangen selbständig nestjunge Mäuse an.

Vipera palaestinae
Palästinaviper
(Bild Seite 67)

Kennzeichen: Die Palästinaviper ist eine massig gebaute Giftschlange, die früher als geographische Rasse von *Vipera xanthina* galt. Ihr länglich dreieckiger Kopf, setzt sich nur mäßig vom Hals ab. Das breite, stark gewölbte Schnauzenschild läßt die Schnauzenspitze kegelartig hervorragen. Das Auge ist mäßig entwickelt. Die Pupille verengt sich im Licht zu einem senkrechten Schlitz. Die Schuppen sind stark gekielt. Sie umgeben die Körpermitte in 23–25 Reihen. Die Grundfärbung des Körpers ist ein Sandgelb, Goldbraun, Grau oder Rötlichbraun mit einer Reihe mehr oder weniger zusammenhängender, rundlicher oder eckiger, im Kern braun bis rostbraun gefärbter Flecken auf der Rükkenmitte, die zu einem Zickzackband verschmelzen. Die Körperseiten sind in ungefähr gleichen Abständen von großen Barrenflekken überzogen, die teilweise mit den Ausbuchtungen der Rückenbinde verschmelzen. Das Rückenband wie die Seitenflecken sind stets dunkel oder schwarz eingefaßt. Kleine schwarze Tupfen befinden sich in den seitlichen Einbuchtungen der Rückenzeichnung. Die Kopfoberseite wird von 2 dunklen, auf die Halsseiten übergehenden Bändern geziert, die sich auf der Kopfmitte treffen und einen Winkelfleck bilden können. Zwischen beiden Augen liegt ein großer, dunkler Fleck. Auge und Mundrand stehen durch einen breiten, dunklen Tupfen miteinander in Verbindung. Ein breiter, dunkler Schläfenstreifen zieht sich vom Auge schräg zum Mundwinkel. Die Bauchseite ist grau oder schwarz gesprenkelt.
Länge: 100–120 cm, selten mehr.
Herkunft und Lebensweise: Die Palästinaviper ist über Syrien, Jordanien und Israel verbreitet. In Israel bewohnt sie das Beth Shean-, das Izreel- und das Jordantal und dringt im Süden bis nach Gaza vor. Die Wüste meidet sie und ist in Bergen und in Sanddünen unmittelbar an der Küste selten. Das nachtaktive Reptil bevorzugt feuchte Wälder. Ganz besonders häufig kommt es in der Kulturlandschaft, um und in menschlichen Ansiedlungen vor. Wahrscheinlich wird sie von den dort häufig vorkommenden Mäusen, Ratten und von der Feuchtigkeit angelockt. Gern hält sie sich unter Hühnerställen auf. In Israel ist sie für die meisten Schlangenbiß-Unfälle verantwortlich. Ein Biß dieser Viper ruft Schmerzen, Ödeme, Erbrechen, Durchfall und starke Blutergüsse in die Gewebe hervor, er kann bei ungünstigem Ausgang zum Tode durch peripheres Kreislaufversagen führen. *Vipera palaestinae* legt im August 7–20 Eier ab, aus denen nach ungefähr 6 Wochen die ca. 20 cm langen Jungen schlüpfen.
Haltung und Zucht: In ihren Lebensansprüchen ähnelt die Palästinaviper sehr der Levanteotter. Daher ist sie auch nach den gleichen Richtlinen zu pflegen. Am Tage liegen meine beiden Tiere meist unter einem Stein. Zuweilen sehe ich sie auch auf der Bodenheizung oder unter der Heizlampe. Meist verlassen sie erst in der Dämmerung ihr Versteck und kriechen umher. Wöchentlich oder alle 10 Tage füttere ich meist tote Mäuse, Ratten oder Hühnerküken. Jede Schlange verzehrt pro Mahlzeit 3–5 Mäuse. Meine Tiere haben bisher die 3–4monatige Winterruhe bei 8–10 °C in ihrem Terrarium bei bester Gesundheit überstanden. *Vipera palaestinae* wurde von W. Schweinfurth und im Berner Zoo nachgezüchtet. Die Vipern paarten sich nach kühler Überwinterung gegen Ende März. Ungefähr 35 Tage nach der Paarung kam es zur Eiablage. Die Eier, die wie andere Schlangeneier in einem feuchten Substrat zur Entwicklung gebracht wurden, benötigten knapp 2 Monate

bis zum Schlüpfen. Die Jungen fraßen gleich nach der ersten Häutung nestjunge Mäuse.

Vipera russelli
Kettenviper
4 Unterarten
(Bild Seite 49)

Kennzeichen: Die mächtige Otter, die den Umfang eines Männerarms erreichen kann, besitzt einen massigen, herzförmigen Kopf, relativ kleine Augen mit im hellen Licht senkrecht geschlitzten Pupillen. Die stark gekielten Schuppen umgeben die Körpermitte in 21–33 Reihen. Eine deutliche Kante läuft vom vorderen Augenbrauenrand zur Schnauzenspitze. Das Nasenloch ist auffallend groß und weit. Die Grundfärbung des Körpers ist hellbraun, bräunlichgelb, graubraun oder okkerfarben. Auf dem Rücken und auf den Flanken verlaufen insgesamt 3 Längsreihen dunkelbrauner bis rostbrauner elliptischer Flecken. *Vipera russelli siamensis* weist 5 und *Vipera russelli limitis* 7 dorsale Fleckenreihen auf. Die 23–30 Flecken jeder Längsreihe sind stets dunkel oder schwarz und außen weiß gerandet. Die Figuren auf der Rückenmitte sind oft miteinander verschmolzen und stellen so eine Kettenzeichnung dar, die auf dem Hals beginnt und auf dem Schwanz endet. Eine dunkelbraune, schwarz eingefaßte Binde verläuft vom Auge schräg zum Mundwinkel. Ein Fleck gleicher Färbung findet sich unter dem Auge. Eine große, pfeilförmige, mit der Spitze nach vorn gerichtete Zeichnung, die sich von der Stirn bis zu den Seiten des Hinterhauptes zieht, schmückt die Kopfoberseite. Die Kopfzeichnung kann bei erwachsenen Tieren schwach angedeutet sein oder auch fehlen. Die weißgelbe Bauchseite kann einfarbig oder dunkel gesprenkelt sein. Kettenvipern aus Thailand und von den Sunda-Inseln zeichnen sich durch einen weniger vom Hals abgesetzten Kopf, eine schlankere Gestalt und eine geringere Körpergröße aus.
Länge: 120–140 cm, selten bis 170 cm.

Herkunft und Lebensweise: Die Verbreitung der Kettenviper erstreckt sich über Vorder-Indien, Ceylon, Süd-China, Taiwan, Hinter-Indien und einige Inseln des indoaustralischen Archipels. Die auch heute teilweise noch häufig vorkommende Schlange findet sich nahezu überall in den Ebenen und im Gebirge bis zu 2300 m Höhe. Sie bevorzugt offenes Gelände mit hohem Gras und reichlichem Bewuchs. Nicht selten dringt sie in Gärten, Pflanzungen, Ortschaften und sogar in Häuser und Schuppen ein. Während des Tages liegt sie träge in ihrem Versteck, das sie in der Dämmerung und in der Nacht verläßt, um Jagd auf Ratten, Mäuse und Vögel zu machen. Wegen ihrer nächtlichen Lebensweise wird sie in Indien sehr gefürchtet. Sie soll mehr Todesfälle verursachen als die Brillenschlange *(Naja naja)*. *Vipera russelli* ist scheu. Bei starker Störung bläst sie ihren Körper auf und zischt ungewöhnlich laut, um den Gegner abzuschrecken, beißt aber nur ungern an. Bei Überreizung und wirklicher Gefahr schlägt sie jedoch mit großer Entschiedenheit und Kraft zu und bohrt ihre bis zu 16 mm langen Giftzähne in die Muskulatur des Gegners. Der Biß einer Kettenviper führt zu sehr ernsten Vergiftungserscheinungen und muß sofort behandelt werden, um einen tödlichen Ausgang zuvorzukommen. Kettenvipern paaren sich von Dezember bis Februar. In diesem Jahre paarten sich meine *Vipera russelli* russelli am 27. 1. 1980. Die Paarung dauerte von ungefähr 10 Uhr morgens bis ungefähr 10 Uhr abends. Die 20–66 Jungen kommen von Juni bis Juli zur Welt. Sie sind 20–27 cm lang und häuten sich unmittelbar nach der Geburt.
Haltung und Zucht: Die Kettenviper wird ihrer Schönheit und Langlebigkeit wegen häufig in der Gefangenschaft gepflegt. Sie verlangt zu ihrem Wohlbefinden ein geräumiges, hell stehendes oder 10–12stündig beleuchtetes Terrarium. Als Bodenfüllung verwendet man ein Gemisch aus Sand und Waldhumus. Mehrere große und kleine Steine stellt man zu einem passenden Versteck zusammen. Ein Trinkgefäß mit stets frischem Wasser darf

nicht fehlen. Als Bepflanzung eignen sich einige derbe, eingetopfte Sansevierien, die bei einiger Pflege gut gedeihen. *Vipera russelli* liebt lokale Bodentemperaturen zwischen 28 und 35°C. Kettenvipern, die ich über viele Jahre pflegte, lagen oft stundenlang auf der von unten her erwärmten Stelle. Die Lufttemperatur sollte am Tage zwischen 27 und 32°C betragen. Eine nächtliche Absenkung auf 22–24°C empfiehlt sich. Meerschweinchen, Ratten, Mäuse und Hühnerküken werden lebend und tot gerne genommen. Eigenartigerweise fressen thailändische Kettenvipern schlechter als Exemplare der Nominatform. Kettenvipern liegen über Tage meist in ihrem Versteck. In der Nacht kriechen sie oft pausenlos umher. Ein wöchentliches, ein- bis dreimaliges Übersprühen mit lauwarmem Wasser schätzen die Vipern sehr. Tropfen, die von den Terrarienscheiben, von den Steinen und an ihrem Körper herabrinnen, nehmen die Schlangen gierig auf. Die Nachzucht dieser stattlichen Viper ist schon häufig gelungen. Zwei Weibchen des Verfassers brachten Ende Juni und Anfang Juli 1965 einmal 27 und dann 29 Junge zur Welt, die sich unmittelbar nach der Geburt häuteten und danach die ersten unbehaarten Mäuse verzehrten. Vier Exemplare, die ich für mich behielt, zeigten in der Folgezeit einen ungeheuren Appetit. Im Laufe eines Jahres wuchsen sie auf 90–110 cm heran.

Vipera ursinii
Wiesenotter
6 Unterarten
(Bild Seite 67)

Kennzeichen: Der eiförmige Kopf setzt sich kaum vom Hals ab. Über dem Schnauzenschild findet sich als charakteristisches Merkmal der Wiesenotter nur ein einziges unpaares Schildchen. Die Pupille ist im hellen Licht senkrecht geschlitzt. 19, seltener 20–21 Längsreihen gekielter Schuppen umgeben die Körpermitte. Bei beiden Geschlechtern ist die Körperfärbung einheitlich hellgrau oder braun. Das wellenförmige, stumpfwinklige Zickzackband auf der Rückenmitte ist dunkel-gerandet. Die deutlich ausgeprägten Seitenflecken stehen in ungefähr gleichen Abständen. Eine dunkelbraune Längsbinde zieht sich vom Auge zum Mundwinkel. Die Kopfzeichnung wird von zwei gegenüberstehenden dunklen Flecken sowie einigen unregelmäßigen Tupfen gebildet. Die Bauchseite ist grauweiß gesprenkelt.
Länge: Weibchen bis zu 50, Männchen bis zu 40 cm.
Herkunft und Lebensweise: Die Wiesenotter ist von Mittel-Europa bis nach Mittel-Asien verbreitet, wo sie in teilweise kleinen und weit voneinander entfernten Populationen auftritt. Die kleine Schlange findet sich nicht nur in Flachlandwiesen, sondern auch an trockenen und grasigen Hängen in Höhenlagen von 1000–2000 m. Hier bevorzugt sie Gebiete, wo sich niederer Bergwacholder inselartig ausdehnt und vereinzelt Nadel- und Laubbäume wachsen. Sie hält sich unter Steinen und in Felsritzen, in erster Linie aber in Mauselöchern auf. *Vipera ursinii* verläßt ihr Winterquartier im März oder April und häutet und paart sich bald darauf. Sie frißt hauptsächlich Heuschrecken und Grillen, die in ihrem Lebensraum zahlreich vorkommen. Seltener verzehrt sie kleinere Eidechsen, Mäuse nur in Ausnahmefällen. Sie tötet durch Giftbiß und läßt ihre Beute vor dem Verzehren meist nicht mehr los. In Gegensatz zu anderen europäischen Vipern sind ihre Zähne sehr kurz. Daher ist der Biß der Wiesenotter für den Menschen fast ungefährlich. Sie ist auch nicht so bissig wie die Kreuzotter. Die meist 2–5, seltener 8–15 Jungen sind bei ihrer Geburt zu Anfang September 12–13 cm lang.
Haltung und Zucht: Die Wiesenotter gewöhnt sich gut an die Gefangenschaft, wird bald zahm und zeigt sich gutmütig, geht leicht ans Futter, ist aber nicht sehr ausdauernd. Eigenartigerweise sind erwachsene Tiere oft hinfälliger als junge Schlangen. Wegen ihrer geringen Größe genügt zur Pflege dieser Otter ein

kleineres Terrarium von ungefähr 50 × 40 × 30 cm. Der Behälter sollte am Fenster stehen und am Vor- oder Nachmittag Sonnenlicht erhalten. Sonst beleuchtet man ihn ungefähr 10 Stunden. Als Bodengrund verwendet man ein Gemisch aus Sand und Lehm, das man mit einer dünnen Humusschicht aus verrottenden Fichtennadeln leicht überdeckt. Als Bepflanzung eignet sich ein eingetopfter Efeu oder ein Ziegel ausgestochenen Trockenrasens. Auf eine lokale, aber sehr milde Bodenheizung sollte man nicht verzichten. Ein kleines Trinkgefäß ist notwendig. Die Inneneinrichtung übersprüht man wöchentlich ein- oder zweimal mit Wasser, das mögen die Vipern. Einige flache Steine oder Rindenstücke genügen als Unterschlupf. Wiesenottern aus dem Hochgebirge verlangen ein starkes Temperaturgefälle zwischen Tag und Nacht. Am Tage sollten die Luft- und Bodentemperaturen zwischen 25 und 30 °C und in der Nacht zwischen 10 und 15 °C betragen. Als Futter bietet man Heuschrecken, Grillen, gelegentlich Eidechsen und nur sehr selten nackte Mäuse (die Mäuse werden oft nicht gut verdaut oder wieder ausgewürgt). *Vipera ursinii* hält die Beutetiere mit den Zähnen fest und wartet auf deren Tod, bevor sie zu schlingen beginnt. Die kleine Viper ist im Terrarium bereits nachgezüchtet worden. Die Jungen gehen gleich an kleine Heuschrecken und Grillen und sind sehr schnellwüchsig. Durch die Zerstörung ihrer Biotope und durch unvernünftiges Abfangen ist die Wiesenotter an vielen Stellen, wo sie einst häufig vorkam, sehr selten geworden. Daher sollte man auf eine Haltung dieser Schlange verzichten.

Vipera xanthina
Bergotter
2 Unterarten

Kennzeichen: Vipera xanthina ist eine kräftig gebaute Otter mit einem breiten, herzförmigen Kopf, der sich deutlich vom Hals absetzt. Charakteristisch für diese Art ist das große, wulstige Augenbrauenschild, das bei *Vipera xanthina raddei* (vielleicht auch nur *Vipera raddei)* höckerartig ausgebildet ist und seitlich ein wenig über die Augen ragt. Das Auge ist mäßig groß. Die Pupillen sind im Licht senkrecht geschlitzt. Die stark gekielten Schuppen umgeben die Körpermitte in 23 Längsreihen. Das Afterschild ist ungeteilt. Je nach Geschlecht, Alter und Fundort ist die Körperfärbung sehr unterschiedlich. Die Weibchen sind weniger farbig und kontrastreich gezeichnet als die Männchen. Die Grundfärbung ist hellgrau bis silberweiß. Ein braunes oder schwarzes, teilweise unterbrochenes Wellenband beginnt hinter dem Kopf und endet im Bereich der Schwanzspitze. Schwarze Flecken stehen auf beiden Körperseiten in ungefähr gleichen Abständen. Bei *Vipera xanthina raddei* besteht die Rückenzeichnung aus einer Reihe wenig zusammenhängender, hell-ockerfarbener bis rotbrauner Flecken unterschiedlicher Gestalt. Die Flecken verschmelzen nur teilweise miteinander zu einem Wellenband. Ein schwarzer Strich verläuft vom Auge zum Mundwinkel. Das Männchen besitzt zuweilen eine lyraähnliche Kopfzeichnung, meist 2 parallele oder schräg stehende Streifen oder dreieckige Flecken. Typisch sind 2 dunkle Punkte auf der Kopfmitte. Die weißgraue Bauchseite ist dunkel gesprenkelt. Das Schwanzende ist grünlichgelb bis orange und läuft in einen 2 mm langen Stachel mit einer weißen Spitze aus.

Länge: 80–120 cm, selten bis 150 cm.

Herkunft und Lebensweise: Die Nominatform bewohnt die ostgriechischen Inseln Patmos, Simi und Leros, den Südosten der europäischen und große Teile der asiatischen Türkei. Bergottern aus der Zentral-Türkei besitzen kürzere, wuchtigere Köpfe und sind von stämmigerem Körperbau und größer als Tiere aus dem west- und südwesttürkischen Küstenbereich und von den griechischen Inseln. *Vipera xanthina raddei* ist in der Ost-Türkei, in Armenien und im Nordwest-Iran beheimatet. Die bevorzugten Lebensbereiche dieser Viper liegen in mittleren und höheren Berglagen. Die große Giftschlange lebt an sonnigen, von Steingeröll, Felsen und niedrigem Gebüsch durchzogenen Steilhängen. Man findet sie aber auch an Feldrändern, in Legesteinmauern, in Steinhäufen auf trockenen Wiesen und in zerfallenden Ruinen. Sehr zahlreich kommt sie in der Nähe kleiner Bäche oder Rinnsale vor. Je nach Höhenlage und Klima verläßt *Vipera xanthina* ihr Winterquartier ab März bis Mai. Die Schlangen paaren sich kurz nach der Häutung im Frühjahr. Die ungefähr 20 cm langen Jungen kommen meist im August zur Welt. Im Gegensatz zu anderen europäischen Vipern findet die erste Häutung der jungen Schlangen 10–14 Tage nach der Geburt statt. Junge Bergottern ernähren sich von Eidechsen, jungen Mäusen und gelegentlich von Heuschrecken. Bei gutem Futterangebot ist ihr Wachstum erstaunlich schnell. Bereits nach 2 Jahren können sie fortpflanzungsfähig sein. Erwachsene Bergottern fressen Mäuse, Ratten und Vögel. *Vipera xanthina* lebt im Frühjahr und Herbst weitgehend tagaktiv. Im Sommer verläßt sie ihr Versteck meist in der Dämmerung, in der Nacht und sehr früh am Morgen. Die Bergotter flieht vor dem Menschen. Bei Gefahr zischt sie laut und setzt sich durch Beißen zur Wehr. Bergotternbisse sind nicht häufig, sie sind aber sofort medizinisch fachgerecht zu behandeln.

Haltung und Zucht: Die Bergotter ist ähnlich wie die Levanteotter zu pflegen. Sie verlangt ein geräumiges, hell stehendes oder 10–12stündig beleuchtetes Trockenterrarium mit einer Bodenfüllung aus Lehm und Sand, einer lokalen Bodenheizung und einem Trinkgefäß. Mit einigen Steinaufbauten lassen sich passende Unterschlupfmöglichkeiten schaffen. Bei Tagestemperaturen zwischen 25 und 30 °C und einer nächtlichen Abkühlung auf 17–20 °C fühlt sich *Vipera xanthina* wohl. Diese eindrucksvolle Viper gewöhnt sich schnell an die Gefangenschaft, d.h. sie geht bald ans Futter, häutet sich, wächst gut und pflanzt sich fort. Ich machte die Erfahrung, daß einzelne Exemplare ihr wildes Wesen bei bester Gesundheit über Jahre oder für immer beibehalten und schon bei der geringsten Störung laut zischen und mit schräg aufgerichtetem und gespreiztem Vorderkörper in ihrem Unterschlupf verschwinden. Als Futter bietet man Mäuse, junge Ratten und Meerschweinchen und gelegentlich Sperlinge und Hühnerküken an. Je nach Höhe der Temperatur zeigt sich *Vipera xanthina* auch im Terrarium entweder am Tage oder in der Nacht munterer. Am Morgen liegen meine Exemplare meist unter der Heizlampe, am Nachmittag genießen sie das Sonnenlicht. Sonst halten sie sich unter einem tonnenförmig gewölbten Zierkork oder in ihren Verstecken unter aufgeschichteten Steinplatten auf. Entsprechend ihrer natürlichen Umwelt und den gewohnten Klimaverhältnissen sollte die Bergotter unbedingt von Anfang November bis Mitte oder Ende März dunkel und kalt überwintert werden. Die beste Überwinterungstemperatur liegt zwischen 4 und 10 °C, darf aber kurzzeitig bis auf knapp über 0 °C sinken. Die kalte Überwinterung ist auch hier die Voraussetzung für eine erfolgreiche Nachzucht. Die Bergotter ist schon häufig im Terrarium nachgezüchtet worden. Die Aufzucht der Jungen mit unbehaarten Mäusen bereitet keine Schwierigkeiten. Ähnlich zu pflegen wie *Vipera xanthina* sind auch die nahe verwandte *Vipera bornmuelleri* und *Vipera latifii*. Beide Arten wurden bisher nur in wenigen Exemplaren importiert. Die Elbursotter *Vipera latifii* stammt aus dem Elbursgebirge im Iran, wo die bis zu 70 cm lang werdende Giftschlange auf steinigen Hochgebirgswiesen in 2000–3000 m Höhe zu finden ist. Entsprechend ihrer natürlichen Umwelt verlangt *Vipera latifii* starke Temperaturschwankungen mit nächtlicher Abkühlung. Bei gleichmäßig hohen Temperaturen zeigt sie sich heikel und lebt nicht lange.

Wegen ihrer leichten Haltbarkeit sind für den vorsichtigen Anfänger Vipera ammodytes, Vipera lebetina und Vipera xanthina besonders gut geeignet, zumal sich die erstere und letztere bei richtigen Haltungsbedingungen auch zur Fortpflanzung bringen läßt.

Familie Crotalidae

Grubenottern

Gattung Agkistrodon

Dreieckskopfottern
12 Arten

Agkistrodon acutus

Chinesische Nasenotter

Kennzeichen: Agkistrodon acutus erkennt man sofort am spitzen, schräg nach vorn gerichteten Schnauzenfortsatz. Die Kopfoberseite ist von 9 auffallend großen Schilden bedeckt. Das Auge ist klein, die Pupille im Licht zu einem senkrechten Schlitz verengt. Der flache, lanzenspitzenartige Kopf setzt sich sehr deutlich vom Hals und dem mäßig schlanken Rumpf ab. Die stark höckerig gekielten Schuppen umgeben die Körpermitte in 21, seltener in 23 Reihen. Das Afterschild ist ungeteilt. Die Körperoberseite zeigt auf grauer oder brauner Grundfärbung 19–23 X-förmige Figuren. Das schwarzbraune, X-förmige Rückenmuster bildet auf den Flanken Dreiecke, die im Kern rostbraun gefärbt sind. Unter den Dreiecksflecken liegen schwarzbraune Makeln in ungefähr gleichen Abständen. Das Schwanzende ist schwarzbraun. Der Kopf ist oben dunkelbraun und an den Seiten gelblich mit dunkler Schläfenbinde. Die gelbliche Bauchseite ist dunkel gesprenkelt.

Länge: 80–120 cm, maximal 150 cm.

Herkunft und Lebensweise: Die Chinesische Nasenotter kommt in Süd-China, Nord-Vietnam, auf Hainan und Formosa vor. Sie ist eine ausgesprochene Bewohnerin dicht bewaldeter Bergregionen und von Geröllhalden durchsetzter Schluchten. Im Laub liegend paßt sie sich hervorragend an ihre Umgebung an. Die weitgehend ortstreue und oftmals häufig vorkommende Schlange greift nie von selbst an. Sie ist aber leicht erregbar und beißt bei Störungen ohne zu zögern blitzschnell zu. Wegen ihrer Körpergröße, ihrer Schnelligkeit und der großen, bei einem Biß abgegebenen Giftmenge ist sie die gefährlichste Grubenotter des Fernen Ostens, deren Bisse in 16% der Fälle tödlich verlaufen sollen. Das Gift wirkt hauptsächlich auf das Blut und den Blutkreislauf ein. *Agkistrodon acutus* wird meist am Abend und in der Nacht munter. Ihre Nahrung besteht hauptsächlich aus Kleinsäugern und Vögeln. Für eine Grubenotter ist diese Art überaus fruchtbar. Das Weibchen legt 20–26 Eier.

Haltung und Zucht: Die Chinesische Nasenotter wird nur selten importiert und im Terrarium gehalten. Sie verlangt einen geräumigen Behälter, dessen Inneneinrichtung dem Fundort angepaßt sein sollte mit einem mit vertrocknetem Fallaub bedeckten Bodengrund. Als Versteck eignen sich einige größere Steine, die man übereinander schichtet, und ein Baumstubben. Eine Bodenheizung erübrigt sich, jedoch nicht das Trinkgefäß mit stets frischem Wasser. Einige in ein Plastikgefäß eingesetzte Brombeerranken sind als Bepflanzung sehr brauchbar. Im Gegensatz zu Blumentöpfen aus Ton haben Plastikgefäße die Eigenschaft, die Feuchtigkeit zu halten, die als Grundlage für ein normales Pflanzenwachstum unentbehrlich ist. Das Terrarium sollte hell stehen oder am Tage 10–12 Stunden künstlich beleuchtet werden. *Agkistrodon acutus* ist gegen hohe Temperaturen empfindlich. Die Schlange sollte am Tage bei einer Temperatur zwischen 20 und 24 °C gehalten werden und in der Nacht etwas kühler. Sie wird erst am Abend und in der Nacht aktiv und kriecht umher. In Anlehnung an das nachtaktive Verhalten von *Agkistrodon acutus* stellt die Dämmerung die beste Fütterungszeit dar. Als Futter bietet man Mäuse und kleine Ratten, die meist in der Nacht verzehrt werden. Bei richtiger Haltung gewöhnt sich die Chinesische Nasenotter gut in die Gefangenschaft ein, wird zu einem ausgesprochen ruhigen Pflegling, der lange Jahre im Terrarium ausdauert. Ein Tier der genannten Art lebt schon seit über 10 Jahren im Zoo von Los Angeles. *Agkistrodon acutus* wurde bisher noch nicht in der Gefangenschaft nachgezüchtet.

Agkistrodon bilineatus
Mexikanische Mokassinotter
3 Unterarten
(Bild Seite 68)

Kennzeichen: Agkistrodon bilineatus ist eine plumpe Grubenotter mit einem breiten, dreieckigen Kopf, der sich deutlich vom Hals absetzt. Neun große Schilde bedecken die Kopfoberseite. Das Auge besitzt eine im Licht senkrecht geschlitzte Pupille. Das Schwanzende ist auffallend lang und dünn. Die Schuppen sind gekielt und umgeben die Körpermitte in 23–25 Reihen. Die Grundfärbung des Körpers durchläuft bei erwachsenen Exemplaren alle Farbabstufungen von braun bis schwarz. Engere helle und breitere dunkle Querbänder überziehen den Rumpf in gleichen Abständen. Die Querbänder werden von weißen oder gelben Schuppen gesäumt, die senkrecht aufeinanderstehend ein feines Linienmuster bilden. Zwei fast parallel verlaufende weiße Streifen ziehen auf jeder Schläfenseite von der Nasenspitze zum Halsansatz. Eine weiße Linie, die von der Mitte der Schnauzenspitze ausgeht, teilt Ober- und Unterkiefer farblich in symmetrische Hälften. Die Schwanzspitze ist weiß bis gelblichgrün. Jungtiere sind bei der Geburt kupferfarben bis violett. Im Verlauf des ersten Lebensjahres weicht die hellere Jugendfärbung allmählich einem dunkleren Farbton.
Länge: 60–90 cm, zuweilen 120 cm erreichend.
Herkunft und Lebensweise: Die Nominatform bewohnt die pazifische Seite Zentral-Amerikas von Nikaragua bis nach Nord-Mexiko (Sonora). *Agkistrodon bilineatus russeolus* kommt auf der Halbinsel Yukatan vor, während *Agkistrodon bilineatus taylori* im südlichen Nuevo Leon und Tamaulipas beheimatet ist. Die Mexikanische Mokassinotter bewohnt das Hügelland zwischen 300 und 800 m und erreicht bei ungefähr 1500 die Grenze ihrer Höhenverbreitung. Sie lebt an feuchten, aber auch an trockenen, oft dicht bewachsenen Stellen, stets in unmittelbarer Nähe von verschiedenen Gewässern. Gelegentlich wird sie sogar in Abwasserkanälen schwimmend angetroffen. Die tag-, mehr jedoch nachtaktive Giftschlange, die in Mexiko Cantil oder Metapil genannt wird, kommt stellenweise ziemlich häufig vor. Sie ist von leicht erregbarer Wesensart. Auf Bedrohung reagiert sie mit einem ruckartigen Anheben des Vorderleibes, einem S-förmigen Einbiegen der Halsregion und dem so typischen aposematischen Züngeln, wobei die Zunge nach oben und unten bewegt wird. Plötzlich erfolgen dann ein oder mehrere blitzartige Vorstöße und Zubisse. Das gelbstichige Gift der Mexikanischen Mokassinotter scheint stärker zu wirken als das der Wassermokassinotter *(Agkistrodon piscivorus)* und des Kupferkopfes *(Agkistrodon contortrix)*. Trotzdem sind Todesfälle selten. *Agkistrodon bilineatus* ernährt sich von Mäusen, Ratten, Vögeln, Eidechsen, Fröschen und Fischen. Mit Hilfe ihrer auffällig gefärbten Schwanzspitze sollen junge *Agkistrodon bilineatus* durch Bewegungen Frösche anlocken. *Agkistrodon bilineatus* bekommt lebende Junge, die sich 6–10 Tage nach der Geburt zum ersten Mal häuten.
Haltung und Zucht: Die Mexikanische Mokassinotter ist ein ausdauernder Terrarienpflegling, dessen Nachzucht keine besonderen Schwierigkeiten bereitet. Die Schlange fühlt sich wohl in einem hell stehenden Terrarium mit einem Bodengemisch aus Erde und Waldhumus, einigen Versteckplätzen unter Steinen oder flachem Zierkork, einem Trinkgefäß und bei Luft- und Bodentemperaturen zwischen 24–28 °C. In der Nacht sollte die Temperatur auf 20 °C sinken. Als Futter bietet man tote wie lebende Mäuse. Eine Überwinterung kann entfallen. Der Verfasser hat seine *Agkistrodon bilineatus* mehrmals bei Temperaturen zwischen 12 und 18 °C von Anfang Dezember bis Anfang März überwintert, ohne irgendwelche Ausfälle zu haben. 1970 geriet ein männliches Tier im Herbst in Paarungsstimmung. Die Kopulation, die 4 Stunden dauerte, erfolgte am Abend des 4. November 1970. Wie gewohnt nahm das Weibchen bis

Mitte März Nahrung an. Nach 238 Tagen wurden 4 Jungtiere geboren, von denen ein Exemplar normal entwickelt war, ein Tier wies eine verkrümmte Wirbelsäule auf, und die beiden anderen Jungschlangen kamen tot zur Welt. Sie zeigten Anomalien der Bauschilde, Verwachsungen, und hinter der Kloake fehlte der Schwanz. Die beiden lebenden Jungschlangen nahmen bald nach der ersten Häutung nackte Mäuse an.Das fehlerfreie Exemplar, ein Weibchen, war nach 3 Jahren auf eine Länge von ca. 75 cm herangewachsen. Im November 1973 und im März 1974 paarte sich dieses nachgezüchtete Tier mit einem großen, etwa 1 m langen Männchen. Im Spätsommer 1974 wurden im Verlauf von etwa 6 Wochen 8 junge *Agkistrodon bilineatus* geboren, die leider alle tot waren. Da ich das Weibchen während der Trächtigkeit sehr warm hielt (28–33 °C), vermute ich, daß die Totgeburten mit der überhöhten Temperatur zusammenhingen. Das gleiche Paar kopulierte am 18. November 1975 zum zweiten Mal, bevor ich es kurz danach abgab.

Agkistrodon contortrix
Kupferkopf
6 Unterarten
(Bild Seite 67)

Kennzeichen: Der Kupferkopf besitzt einen flachen, dreieckigen, sich deutlich vom Hals absetzenden Kopf und einen etwas untersetzten Körper. Das mäßig große Auge hat eine im Licht senkrecht geschlitzte Pupille. Die beiden Lorealgruben zwischen den Augen und Nasenöffnungen sind deutlich sichtbar. Der Rumpf ist im Querschnitt zylindrisch oder seitlich ein wenig abgeflacht. Die gekielten Schuppen umgeben die Körpermitte in 23 Längsreihen. Das Afterschild ist ungeteilt. Die silbrig-schimmernde bis licht-ockerfarbene Körperoberseite bedecken 14–16 mehr oder weniger regelmäßige und teilweise unterbrochene kupferrote Querbinden. Die schwarz gesäumten Querbinden werden gegen die Rückenmitte hin schmäler. Der Kopf ist prachtvoll kupferrot gefärbt. Seine Seiten sind heller und durch einen weißen Streifen von der Schnauzenspitze zum Mundwinkel abgegrenzt. Die Grundfärbung der Oberseite ragt mehr oder weniger in Gestalt heller Flekken in die rötlichweiße Bauchfärbung hinein. Juvenile Exemplare haben eine gelbe, erwachsene Tiere eine schwarze, braune oder dunkelgrüne Schwanzspitze.

Länge: 60–90 cm, selten bis 134 cm.

Herkunft und Lebensweise: Das Verbreitungsgebiet des Kupferkopfes erstreckt sich in Nordsüdrichtung von Massachusetts bis nach Nord-Florida. Im Westen dringt die Schlange bis ins Trans-Pecos-Gebiet nach Texas vor. Ihre Aufenthaltsorte sind bewaldete Hügel, niedrige Berge, Viehweiden, sumpfige Wiesen, Auwälder und die lichten „Pine flat woods“ in den Südstaaten. Der Kupferkopf kommt an ganz bestimmten Stellen recht häufig vor. So fand ich ihn bei einer Sammeltour in Süd-Carolina nicht nur im lichten Kiefernwald, sondern auch unter allerlei Holz- und Blechmüll, der in der Regel um die Blockhütten der Schwarzen herumliegt. Selbst in größeren Städten und in deren Vororten ist der Kupferkopf heute noch anzutreffen; er hat sich dort hauptsächlich wegen seiner nächtlichen Lebensweise halten können. Am Tage sieht man den Kupferkopf nur selten außerhalb seines Verstecks. Meist hält er sich unter Baumstümpfen, Steinen, alter Rinde, in Erdhöhlungen oder unter Laubhäufen auf. Meist ist er in der Nacht unterwegs. Besonders bei regnerischem Wetter sieht man ihn beim Überqueren von Straßen. Kupferköpfe haben ein sehr weites Beutespektrum. Sie ernähren sich von allerlei Kleinsäugern, Vögeln, Echsen, Schlangen, Kröten, Fröschen, Salamandern und Insekten. Je nach Vorkommen und Witterung überwintert *Agkistrodon contortrix* 4–6 Monate zuweilen gemeinsam mit Klapperschlangen und Wassermokassinottern. Die Paarung findet in der Regel von Mitte April bis Mitte Mai statt. Die 1–17 Jungen, die im August oder September geboren werden, sind

20–25 cm lang. Sie häuten sich einige Tage nach der Geburt. Kupferköpfe flüchten meist vor dem Menschen. Werden sie jedoch in die Enge getrieben, so gehen sie mit schräg erhobenem Kopf und unter aposematischem (der Warnung dienenden) Schwanzvibrieren in Angriffsstellung. In Erregung beißen sie mehrere Male zu und scheiden gleichzeitig ein stark riechendes Sekret aus ihren Postanaldrüsen aus.

Haltung und Zucht: Agkistrodon contortrix ist wegen seiner prachtvollen Erscheinung, langen Lebensdauer und leichten Haltbarkeit ein bevorzugtes Terrarientier. Er gewöhnt sich schnell in die Gefangenschaft ein und wird bald zugänglich. Sein Gift ist nicht sehr stark. Unter 308 Bißfällen innerhalb von 16 Jahren befand sich kein Todesopfer. Ein Behälter mittlerer Größe genügt vollauf für die Haltung eines Tieres. *Agkistrodon contortrix* sollte man stets einzeln halten, wenn man Verluste durch Kannibalismus vermeiden will, da er sich an anderen im Terrarium sonst leicht vergreift. Auf diese Weise verlor ich durch einen Breitbandkupferkopf *(Agkistrodon contortrix laticinctus)* eine ausgewachsene Nachtotter *(Causus rhombeatus)*, die ich dem Kupferkopf aus Platzmangel für einige Stunden beigesellte; als ich die Nachtotter in ihren Behälter zurücksetzen wollte, hatte der Kupferkopf sie bereits verschlungen. Für das Innere eines Kupferkopf-Terrariums verwendet man am besten ein Bodengemisch aus Sand und laubreichem Waldhumus, einen Baumstubben und einige Steine als Versteckplätze. Als Pflanzen eignen sich einige Brombeer- oder Efeuranken. Kupferköpfe fühlen sich bei Tagestemperaturen zwischen 20 und 25 °C und einer nächtlichen Abkühlung auf 18–20 °C wohl. Gelegentlich darf die Temperatur auch etwas höher steigen. Bei derartigen Luft- und Bodentemperaturen benötigt man keine Bodenheizung. *Agkistrodon contortrix* verträgt eine zu hohe Dauertemperatur schlecht, geht kaum an die dargebotene Nahrung und kümmert dahin. Als Futter bietet man Mäuse, kleine Ratten, Sperlinge und Hühnerküken. Selbst Herzfleischstreifen nimmt er von der Pinzette an. Kupferköpfe schätzen es, wöchentlich ein- oder zweimal mit leicht angewärmtem Wasser (Zimmertemperatur!) übersprüht zu werden. Eine 4–5monatige Überwinterung zwischen 3 und 8 °C ist unentbehrlich. *Agkistrodon contortrix* ist schon mehrfach in der Gefangenschaft nachgezüchtet worden. Die Aufzucht der jungen Schlangen mit nackten Mäusen und Fröschen ist völlig problemlos. Einzelne Kupferköpfe lebten bei sachgemäßer Pflege in der Gefangenschaft 20–30 Jahre.

Agkistrodon halys
Halysotter
6 Unterarten
(Bild Seite 68)

Kennzeichen: Der flache, dreieckige Kopf mit den 9 großen Kopfschilden setzt sich deutlich von dem leicht zusammengedrückten Hals ab. Die Pupille des kleinen Auges ist im Licht schlitzförmig verengt. Das Wärmesinnesorgan, das sich auf beiden Seiten des Kopfes zwischen dem Auge und dem Nasenschild in einer grubenartigen Vertiefung befindet, ist deutlich sichtbar. Der Rumpf ist ziemlich langgestreckt und im Querschnitt rund. Die Schnauze ist schief nach unten abgestutzt. 23 Reihen gekielter Schuppen umgeben die Körpermitte. Der kegelförmige zugespitzte Schwanz besitzt einen leicht gekrümmten, hornigen Fortsatz. *Agkistrodon halys* kann hellgrau, hellbraun, orangefarben oder sogar rötlich sein. Zahlreiche dunkle und helle Querbinden und Flecken überziehen den Rücken und bilden ein sehr unregelmäßiges Netzwerk. Der Kopf ist dunkel gefärbt. Einige helle Flecken bilden am Kopfende ein dreieckähnliches Ornament. Ein dunkler Schläfenstreifen verbindet das Auge mit dem Mundwinkel und zieht sich oft bis zu den Halsseiten. Der Bauch ist meist einfarbig hellgrau und nur selten gesprenkelt.

Nach Gloyd sind 3 Unterarten von *Agkistrodon halys* einem anderen systematischen Status zugeordnet worden. *Agkistrodon halys brevicaudus* wurde zu *Agkistrodon blomhoffi brevicaudus, Agkistrodon halys caliginosus* zu *Agkistrodon caliginosus* und *Agkistrodon halys saxatilis* zu *Agkistrodon saxatilis* umbenannt.
Länge: 75 cm.
Herkunft und Lebensweise: Agkistrodon halys bewohnt ein riesiges Verbreitungsgebiet, das sich von Japan und Korea über China, die Mongolei, große Teile des nördlichen und mittleren Asiens, den nördlichen Iran bis ins europäische Rußland erstreckt. Die kleine Grubenotter lebt in der Ebene und im Gebirge bis zu 4000 m Höhe. Sie bevorzugt Steppengebiete und sonnige, von Felsen und Gebüsch überzogene Berghänge. Je nach Jahreszeit und Temperatur ist die Halysotter mehr tag- oder nachtaktiv. Sie paart sich nach einer 4–6monatigen Winterruhe im April, Mai oder Juni. Die 3–10 Jungen, die von Ende Juli bis Ende Oktober geboren werden, haben eine Länge von 16–19 cm. In der ersten Zeit ihres Lebens fressen sie Insekten und Eidechsen, später ernähren sie sich von Mäusen und gelegentlich auch von Vögeln. Die Weibchen können eigenartigerweise nach der Paarung die Samenzellen über lange Zeit in ihrem Körper aufbewahren und daher noch nach drei Jahren Junge gebären, ohne sich inzwischen wieder verpaart zu haben. Das Gift von *Agkistrodon halys* wirkt auf kleine Beutetiere in wenigen Minuten tödlich. Beim Menschen verursacht es nur eine vorübergehende Erkrankung.
Haltung und Zucht: Die Halysotter wird nur gelegentlich im Terrarium gehalten. Sie gewöhnt sich schnell ein, ist hinsichtlich Wärme und Raum anspruchslos und bei naturgemäßer Pflege langlebig. Manche Stücke bleiben ziemlich lange bissig und reizbar und gehen bei jeder Störung in Drohstellung. Dabei legen sie den Hals S-förmig an, halten den Kopf zum Vorstoßen schräg nach oben und zittern als Warnsignal mit dem Schwanz. Der Behälter, in dem man die Halysotter pflegt, sollte hell stehen, möglichst Vor- oder Nachmittagssonne erhalten oder am Tage ungefähr 10 Stunden künstlich beleuchtet werden. Als Bodenfüllung verwendet man ein Gemisch aus Sand, Lehm und Waldhumus. Der Boden sollte am Tage an einer Stelle einige Stunden auf 28–32 °C erwärmt werden. Im übrigen sind für die Haltung von *Agkistrodon halys* Luft- und Bodentemperaturen zwischen 20 und 25 °C angezeigt, mit einer nächtlichen Abkühlung unter 20 °C. Obwohl das Wasserbedürfnis der Halysotter gering ist, darf ein Trinkgefäß nicht fehlen. Als Unterschlupf verwendet man einen Baumstubben oder einige unregelmäßig geformte Steine, die man übereinanderschichtet. Einige Brombeer- oder Efeuranken ergeben eine passende Bepflanzung. Als Futter bietet man lebende oder tote Mäuse. Trächtig importierte Weibchen haben schon mehrfach lebende Junge geboren, die sich mit Eidechsen und unbehaarten Mäusen leicht aufziehen ließen. Eine 4–5monatige Überwinterung bei Temperaturen zwischen 2 und 8 °C ist unbedingt erforderlich.

Agkistrodon hypnale
Indische Nasenotter
(Bild Seite 67)

Kennzeichen: Die Schnauze ist scharf aufgeworfen. Der dreieckige Kopf setzt sich deutlich vom Hals und dem mäßig untersetzten Körper ab. Die Pupille des kleinen Auges bildet im hellen Licht einen ungewöhnlich engen und kaum sichtbaren senkrechten Schlitz. Die Schuppen sind sehr schwach gekielt und umgeben die Körpermitte in 17 Längsreihen. Der Schwanz läuft in einen schwarzen Dorn aus. Die Körperfärbung variiert zwischen gelblich, grau oder braun und kann einfarbig oder dunkel gefleckt oder auch quergebändert sein. Zwei Reihen dunkler Tupfen, die sich teilweise berühren oder miteinander verschmelzen, ziehen sich über die Rücken- und Schwanzmitte. Die Kopfseite zeigt einen hell-

oder nußbraunen Farbton, der nach oben durch eine helle Linie abgegrenzt wird. Die Bauchseite ist grau oder braun und mehr oder weniger dunkelbraun bestäubt.

Länge: 30–48 cm.

Herkunft und Lebensweise: Die kleine Grubenotter, deren Verbreitung sich auf Ceylon und Süd-Indien beschränkt, kommt in der Ebene und im Gebirge bis in Höhen von 2000 m vor. Sie lebt am Boden und verbirgt sich meist unter Fallaub und umgestürzten Bäumen. Gelegentlich klettert sie auf Büsche. Es ist erstaunlich, wie häufig sie stellenweise auftritt. Ihre Nahrung besteht aus Fröschen, Eidechsen und Mäusen. Sie ist überaus temperamentvoll. Wenn sie gestört wird, geht sie sofort in Angriffsstellung, hebt den Kopf schräg empor, zittert erregt mit dem hochgestellten Schwanzende und beißt wild zu. Ein Biß von *Agkistrodon hypnale* endet jedoch selten tödlich. Die Folgen eines Bisses können allerdings recht unangenehm sein. Die Indische Nasenotter paart sich im Juli und August. Die ungefähr 13 cm langen Jungen werden im April geboren.

Haltung und Zucht: Wegen ihrer geringen Größe genügt zur Haltung von *Agkistrodon hypnale* ein kleines bis mittleres Terrarium. Die Schlange fühlt sich bei Tageslicht und weitgehend gleichbleibenden Temperaturen zwischen 24 und 28 °C wohl. Als Bodengrund verwendet man ein Gemisch aus Sand und Torf oder Waldhumus und einen hohlen Zierkork oder einige flache Rindenstücke als Unterschlupf, den die Schlange oft tagelang nicht verläßt. Ein Exemplar dieser Art, das ich seit vielen Jahren pflege, ernährt sich von Mäusen. Auch heute noch ist diese kleine Schlange sehr aggressiv, zittert bei Störungen mit dem Schwanz und erzeugt so ein deutlich vernehmbares Geräusch. Plötzlich wirft sie sich bis zur halben Körperlänge vor und beißt blitzschnell zu. Junge *Agkistrodon hypnale* bewegen ihre auffällig gefärbten Schwänze, wenn man Eidechsen in ihren Behälter setzt. Es kann sich hier um ein Zeichen der Erregung, eher jedoch um ein Anlocken der Beute handeln. Trächtig importierte Weibchen der Indischen Nasenotter haben schon mehrfach im Terrarium lebende Junge abgesetzt. Eine echte Nachzucht scheint noch nicht gelungen zu sein. Der sehr ähnlich aussehende und nahe verwandte Ceylonesische Kupferkopf *(Agkistrodon nepa)* verlangt gleiche Pflegebedingungen wie *Agkistrodon hypnale*.

Agkistrodon piscivorus
Wassermokassinotter
3 Unterarten
(Bild Seite 67)

Kennzeichen: Die sehr plumpe, teilweise semiaquatisch lebende Grubenotter hat einen breiten, sich deutlich vom Hals absetzenden Kopf. Die Wassermokassinotter wird zuweilen mit einigen ähnlich aussehenden Vertretern der Gattung *Natrix* verwechselt. Von der Gattung *Natrix* unterscheidet sie sich aber durch das Vorhandensein von Lorealgruben, durch die elliptisch geformte Pupille, das ungeteilte Afterschild und die ungeteilten Schwanzschilder. Auch ist der Kopf mit den 9 großen Kopfschildern entschieden wuchtiger und die Augen stehen nicht so weit vor wie bei den Wassernattern. Die Schuppen sind schwach gekielt und umgeben die Körpermitte in 25 Reihen. Der olivgrüne bis braune Rumpf wird von dunklen bis schwarzen Querbinden mit helleren Zwischenräumen überzogen. Das Zeichnungsmuster tritt bei den farbigeren Jungtieren und bei halb erwachsenen Exemplaren besonders deutlich hervor. Mit zunehmendem Alter verliert sich die Jugendfärbung und geht in ein mehr oder weniger einfarbiges Schwarzbraun über. Eine schwarze Linie verläuft vom Auge zum Halsrand. Die schmutziggelbe Bauchseite ist dunkel bis schwarz gesprenkelt. Der Schwanz ist bei erwachsenen Tieren einfarbig schwarz, bei jungen Schlangen gelblich.

Länge: 75–120 cm, selten über 180 cm.

Herkunft und Lebensweise: Agkistrodon piscivorus ist in Nordsüdrichtung von Virginia bis nach Süd-Florida verbreitet. Sie kommt fast im gesamten Mississippi-Gebiet vor und dringt westlich bis zum mittleren zentralen Texas vor. Ihre bevorzugten Lebensstätten sind die in der Ebene liegenden Sümpfe, Teiche, Tümpel, tote Flußarme und Reisfelder. Kalte, tiefe und schnell fließende Gewässer meidet sie. Die Wassermokassinotter sonnt sich auf umgefallenen Baumstämmen, über der Wasseroberfläche hängenden Ästen und Zweigen sowie auf Steinen in unmittelbarer Wassernähe. Bei warmem Wetter ist *Agkistrodon piscivorus* auch dämmerungs- und nachtaktiv. Im Gegensatz zu Wassernattern bleiben Wassermokassinottern bei Störungen oft liegen oder kriechen nur langsam weg. Bei echter Gefahr ziehen sie den Hals S-förmig an, richten den Kopf empor, reißen das Maul weit auf, so daß man das weiße Innere des Mauls sehen kann und zittern intensiv und geräuschvoll mit dem Schwanzende. In freier Natur habe ich ein derartiges Verhalten besonders eindrucksvoll bei großen Wassermokassinottern erlebt. Mit einem gebogenen Metallhaken greift man dann unter den Leib der Grubenotter, hebt hoch und läßt das Tier sanft in den offenen Fangsack gleiten. Bißunfälle durch Wassermokassinottern sind relativ häufig, verlaufen aber nur ausnahmsweise tödlich. *Agkistrodon piscivorus* hat ein weites Beutespektrum: Sie ernährt sich von Fischen, Fröschen, Salamandern, Eidechsen, Schlangen, kleinen Schildkröten, Vögeln, Kleinsäugern und sogar jungen Alligatoren. Die Überwinterung dauert 3–5 Monate. Wassermokassinottern paaren sich zu allen Jahreszeiten. Die Jungen werden nach einer Entwicklungsdauer von 4–6 Monaten geboren. Sie sind ungefähr 25 cm lang, häuten sich einige Tage nach der Geburt und nehmen dann die erste Nahrung an.

Haltung und Zucht: Die Wassermokassinotter, in den USA auch Cottonmouth (Baumwollmaul) genannt, ist leicht zu halten und lebt lange; bei sorgsamer Pflege ereicht sie ein Alter von mehr als 20 Jahren. Von einem erwachsenen Zuchtpaar ist in jedem zweiten Jahr Nachwuchs zu erwarten. Wassermokassinottern dürfen wegen kannibalistischer Neigungen nie gemeinsam mit anderen Schlangenarten gepflegt werden. Einmal eingewöhnt, wird *Agkistrodon piscivorus* sehr zahm, kommt dem Pfleger nach Öffnen der Terrarientür entgegen und nimmt das Futter von der Pinzette entgegen. Bei Tagestemperaturen um 25 °C und nächtlicher Abkühlung auf 18–20 °C zeigt sich die Schlange ungemein gefräßig und verzehrt nahezu alles, was man ihr anbietet. Die Wassermokassinotter pflegt man ihrer Größe wegen in einem hell stehenden, geräumigen Terrarium mit einem großen Wasserbehälter, einem geeigneten Unterschlupf, einem Kletterast, einigen derben Pflanzen und am besten auf einem Bodengrund aus einem Gemisch von grobem Sand, Walderde und Torf. *Agkistrodon piscivorus* ist schon oft in der Gefangenschaft nachgezüchtet worden. Ich züchtete diese Art über 3 Generationen und erhielt auch Hybriden zwischen der Nominatform und *Agkistrodon piscivorus leucostoma*. Die Aufzucht der jungen Wassermokassinottern mit kleinen Fröschen und nestjungen Mäusen bereitet nicht die geringsten Schwierigkeiten.

Agkistrodon rhodostoma
Malayen-Mokassinotter

Kennzeichen: Die Malayen-Mokassinotter besitzt einen lanzenförmig dreieckigen Kopf, der sich deutlich vom Hals absetzt. Die Schnauze ist zugespitzt und sanft emporgewölbt. Die Grubenorgane zwischen Augen und Nasenöffnungen sind gut sichtbar. Das Auge ist mäßig groß, die Pupille im Licht senkrecht geschlitzt. *Agkistrodon rhodostoma* unterscheidet sich von allen anderen Grubenottern Asiens durch die ungekielten Kopf- und Körperschuppen, die die Rumpfmitte in 21 Reihen umgeben. Die Grundfärbung der Oberseite ist hell-rotbraun oder hell-graubraun mit winkligen dunkelbraunen, schwarz und weiß gesäumten Flecken, die paarig angeordnet sind

oder abwechselnd stehen. Auf der Rückenmitte verläuft eine dunkle Längslinie. Ein breites, dunkelbraunes Band, das oben oder unten weißlich oder rosa eingefaßt ist, verläuft vom Auge zum Mundwinkel. Die gelblichweiße Bauchseite ist dunkel punktiert.
Länge: 80–100 cm.
Herkunft und Lebensweise: Das Verbreitungsgebiet von *Agkistrodon rhodostoma* erstreckt sich über Thailand, Kambodscha, Laos, Vietnam, die Malayische Halbinsel, Sumatra und Java. Diese Grubenotter bevorzugt ein Klima mit ausgeprägten Regen- und Trockenzeiten. Die Schlange, die stellenweise besonders in Meeresnähe häufig ist, lebt in lichten Waldungen, in Gummiplantagen, an Feldrändern und dringt selbst in Dörfer und Städte vor. Sie ist mehr dämmerungs- als nachtaktiv. Der Verfasser kennt die Malayen-Mokassinotter aus West-Thailand aus der Umgebung von Sai Yok und Nam Tok, wo diese Grubenotter in Teakwäldern häufig vorkommt. In der Nacht sucht man mit einer Taschenlampe den Waldboden ab. Wegen ihrer braunen Färbung ist sie im trockenen Grase nur schwer zu erkennen. Sie ist angriffslustig und beißt sofort zu, wenn sie sich gestört fühlt. Im Norden Malaysias verursacht sie jährlich etwa 700 Bißunfälle, von denen ungefähr 2% tödlich verlaufen; meist werden Landarbeiter auf Gummiplantagen gebissen. *Agkistrodon rhodostoma* frißt Eidechsen, Frösche und Mäuse. Sie legt im August oder September ungefähr 10–30 längliche Eier, aus denen die ca. 15–16 cm langen Jungen nach 40–50 Tagen schlüpfen. Das Weibchen soll sogar eine Art Brutpflege ausüben, indem es sich über die Eier legt und diese bei Gefahr verteidigt.
Haltung und Zucht: Zur Haltung von *Agkistrodon rhodostoma* reicht ein mittelgroßer Behälter. Das Terrarium sollte hell stehen oder täglich 10–12 Stunden beleuchtet werden und weitgehend konstante Luft- und Bodentemperaturen zwischen 26 und 32 °C aufweisen. Als Bodengrund eignet sich ein Gemisch aus feinem Sand und Walderde mit einem Baumstubben oder einigen flachen Rindenstücken als Unterschlupf. Als Bepflanzung kann man Sansevierien oder einige Scindapsus-Ranken verwenden, die bei genügend Licht und Feuchtigkeit gut gedeihen. Ein Trinkgefäß darf nicht fehlen. Hin und wieder sollte man warmes Wasser versprühen. *Agkistrodon rhodostoma* zeigt sich ungewöhnlich träge, liegt oft tagelang auf einer Stelle oder in ihrem Versteck. Als Futter bietet man lebende und tote Mäuse, die sie stets gern annimmt. Jungtiere dieser Art gehen oft nur an Frösche. Die Malayen-Mokassinotter ist schon mehrmals in der Gefangenschaft nachgezüchtet worden. Bei Bernd von Schroeders paarten sich die Schlangen im März und April. Die Eier wurden einige Wochen später abgesetzt und in feuchtwarmem Torf bei 28–32 °C zur Entwicklung gebracht. In einem Gelege schlüpften nach 58–60 Tagen, in einem anderen nach der ungewöhnlich kurzen Zeit von 35 Tagen die Jungen, die sich erst nach einigen Tagen häuten. Sie fressen kleine Frösche und erst später junge Mäuse. Bei einem Mangel an Fröschen stopf man sie so lange mit unbehaarten Mäusen, bis sie selbständig Nahrung annehmen.

Gattung Bothrops
Amerikanische Lanzenottern
59 Arten

Bothrops alternatus
Halbmond-Lanzenotter
(Bild Seite 50)

Kennzeichen: Die Halbmond-Lanzenotter, in ihrer Heimat auch unter der Bezeichnung Urutu oder Cruzeiro bekannt, hat einen flachen, pfeilförmig zugespitzten Kopf, der sich deutlich vom Hals absetzt. Das Auge ist klein, die Pupille im Licht senkrecht geschlitzt. Ausgewachsen ist ihr Rumpf breiter als hoch. Trächtige Weibchen fallen durch ihre besondere Größe auf. Die Kopf und Rückenschuppen sind gekielt. Die Körpermitte wird von 29–35 stark gekielten Schuppenreihen um-

geben. Auf hellgrauer oder brauner Grundfärbung stehen auf beiden Körperseiten paarige oder abwechselnd angeordnete schwarze Halbmondflecken mit weißem Rand. Die Halbmondflecken, die dicht aufeinander folgen, berühren sich mehr oder weniger auf der Rückenmitte. Die flache Bauchseite fällt durch die lebhaft schwarzgelbe Sprenkelung auf. Das Kopfmuster kann sehr verschieden sein. Auf dem Kopf findet sich ein heller Fleck, der die Gestalt eines Kreuzes oder Doppelkreuzes hat. Eine helle Linie verläuft über die Schnauzenkante und vom Auge zum Mundwinkel.
Länge: Selten länger als 140 cm.
Herkunft und Lebensweise: Bothrops alternatus ist im nördlichen Argentinien, in Uruguay, Paraguay und Südost-Brasilien heimisch, wo sie in feuchten Niederungen, an Wasserläufen, Tümpeln und Teichen lebt und nur stellenweise häufiger vorkommt. Während des Tages hält sie sich unter umgefallenen Baumstämmen, Holzhäufen und in den Gängen von Kleinsäugern auf. Ihre Nahrung besteht hauptsächlich aus Mäusen und Ratten. In Erregung zittert ihr Schwanz in schnellen Schwingungen und erzeugt ein deutlich hörbares Geräusch. Zuweilen beißt sie wild um sich. Ein Biß von einer Halbmond-Lanzenotter kann tödlich sein oder zu bösen Verstümmelungen führen. Die Paarung findet im September oder Oktober statt. Wie bei anderen Vertretern der Gattung *Bothrops* bekommt die Halbmond-Lanzenotter lebende Junge, die bei der Geburt etwas über 20 cm lang sind.
Haltung und Zucht: Bothrops alternatus ist in einem geräumigen, hell stehenden oder 10–12stündig beleuchteten Terrarium bei Tagestemperaturen zwischen 22 und 28 °C und bei geringer nächtlicher Abkühlung auf 20 °C gut haltbar. Als Bodengrund verwendet man ein Gemisch aus Sand, Waldhumus und trockenen Blättern und einige übereinandergelegte Steine oder einen Baumstubben als Unterschlupf. Ein etwas größeres Wassergefäß ist notwendig, und man sollte auch den Bodengrund durch wiederholtes Sprühen an einer Stelle leicht feucht halten. Ein Exemplar, das ich vor Jahren aus Argentinien importierte, hielt sich während des Tages in seinem Schlupfwinkel auf und wurde erst gegen Abend munter. *Bothrops alternatus* gewöhnt sich schnell in die Gefangenschaft ein und verliert mit der Zeit ihr stürmisches Wesen. Dennoch sollte man niemals unvorsichtig sein, da die Schlange weit und blitzschnell vorstoßen und seitwärts beißen kann. Als Futter bietet man Mäuse und Ratten, die stets willig angenommen werden. Die Halbmond-Lanzenotter wurde schon mehrfach in der Gefangenschaft nachgezüchtet. Die Aufzucht der Jungen mit soeben behaarten Mäusen ist nicht schwierig.

Bothrops atrox
Lanzenotter
2 Unterarten

Kennzeichen: Der länglich-dreieckig zugespitzte Kopf setzt sich deutlich von dem natternartig geschmeidigen Rumpf ab. Das Auge ist klein, die Pupille im Licht senkrecht geschlitzt. Die stark gekielten Schuppen umgeben die Körpermitte in 23–33 Reihen. Die Rückenpartie, die braun, gelbbraun oder olivfarben ist, wird zur Bauchseite hin heller. Silbrige Querstreifen umgeben den Körper in wechselnden Abständen von 2–6 cm. 20–30 schwarze Dreiecksflecken, die im Kern und an den Rändern heller sind, ziehen sich über die Körperseiten. Ein heller Streifen verläuft schräg vom Auge zum Kopfende. Die Kopfoberseite zeigt einen schokoladenbraunen Farbton. Die helle bis gelbliche Bauchseite weist zahlreiche dunkle Flecken auf.
Länge: 120–180 cm, ausnahmsweise 240 cm.
Herkunft und Lebensweise: Die Lanzenotter ist von Süd-Mexiko über Mittel-Amerika bis nach Nord-Argentinien verbreitet. In tropischen Regenwäldern kommt diese Art stellenweise ungewöhnlich häufig vor. Oft findet man die Schlange in der Nähe von Flüssen. Sie dringt aber auch in Bananen-, Zuckerrohr-, Kaffee- und Kakaoplantagen ein. Während

des Tages ruht die Lanzenotter zu einem Teller zusammengeringelt und wird erst in der Dämmerung munter. Wird sie gestört zeigt sie sich ungewöhnlich angriffslustig und schnellt sich oft mehrmals hintereinander blitzschnell wie eine geworfene Lanze gegen den Feind vor. Wegen ihrer langen Zähne und den großen Mengen hochwirksamen Giftes ist sie wahrscheinlich für mehr Todesfälle verantwortlich als jede andere amerikanische Giftschlange. *Bothrops atrox* ist sehr fruchtbar; bis zu 71 Jungtiere wurden schon bei einer Geburt gezählt. Je nach Fundort ist die Paarung nicht an eine bestimmte Jahreszeit gebunden, sondern erstreckt sich über das ganze Jahr. Junge Lanzenottern sind bei der Geburt ungefähr 25 cm lang und sofort sehr beweglich und bissig. Zuerst ernähren sie sich von Eidechsen, später fressen sie Vögel, Mäuse, Ratten und andere Kleinsäuger.

Haltung und Zucht: Die Lanzenotter wird gelegentlich in der Gefangenschaft gepflegt. Bei richtiger Haltung ist sie ausdauernd; einzelne Exemplare haben länger als 20 Jahre im Terrarium gelebt. Vor vielen Jahren pflegte der Verfasser ein Tier dieser Art in einem Terrarium mit einem Sand-Torf-Gemisch als Bodengrund, einem Wassergefäß und mit einem tonnenförmigen Korkrindenstück als Unterschlupf. Der Behälter wurde am Tage von einer 40 W-Lampe beleuchtet. Eine Bodenheizung sorgte lokal für sehr milde Bodenwärme. Am Tage lag die Lufttemperatur zwischen 25 und 30 °C, in der Nacht fiel sie auf 18–22 °C. Die relative Luftfeuchtigkeit schwankte zwischen 50–80%. Während des Tages lag die Lanzenotter mit S-förmig angezogenem Hals und zum Teller zusammengeringelt unter der Zierkorkrinde. Bei hereinbrechender Dunkelheit wurde sie munter und kroch lebhaft umher. Entsprechend ihrem dämmerungsaktiven Verhalten fütterte ich erst gegen Abend. Sie fraß stets sehr willig und hatte eine Vorliebe für Küken und Ratten. Beim Nahrungserwerb machte sie ihrem Namen alle Ehre. Wie bei einem gezielten Lanzenwurf verfehlte sie selbst aus 60–70 cm Entfernung das einmal anvisierte Opfer nicht. Küken hielt sie fest, solange sie noch lebten. Den meist ahnungslos vor dem Versteck herumschnuppernden Ratten brachte sie einen wuchtigen Giftbiß bei. Bei den angegebenen Temperaturen erfolgte die Verdauung in 3–4 Tagen. Ein wöchentliches Überbrausen mit leicht angewärmtem Wasser schien dieser tropischen Schlange sehr zu bekommen. Die am Körper herunterlaufenden Tropfen nahm sie unter kauenden Bewegungen auf. Solange wie sie in meinem Besitz war, verlor sich ihr wildes Wesen nicht. Wenn ich beim Reinigen die Korkrinde zeitweilig entfernen mußte und die Schlange sich dadurch gestört fühlte, ging sie blitzschnell zum Angriff über. Im Erregungszustand züngelte sie auf typisch aposematische Weise. Durch zitternde Schwanzbewegungen rief sie ein raschelndes Geräusch hervor. Wer sie wegen ihrer interessanten Lebensweise pflegt, sollte nie vergessen, daß sie sehr gefährlich und leicht erregbar ist, und daher das entsprechende Serum stets im Kühlschrank bereithalten. Die Nachzucht von *Bothrops atrox* bereitet keine Schwierigkeiten und ist schon häufig gelungen. In der Pentafarm in Basel wurde und wird diese Art zur Giftgewinnung in großer Zahl von Leloup nachgezogen. *Bothrops lanceolatus* von der Insel Martinique und *Bothrops marajoensis* von der brasilianischen Amazonasinsel Marajo verlangen in der Gefangenschaft die gleichen Pflegebedingungen wie *Bothrops atrox.*

Oben links: Abb. 43: Trimeresurus wirot (Siamesische Palmen-Lanzenotter) s. Seite 188
Oben rechts: Abb. 44: Pseudechis porphyriacus (Rotbauchige Schwarzotter) s. Seite 76
Mitte links: Abb. 45: Crotalus ruber ruber (Rote Diamant-Klapperschlange) s. Seite 163
Mitte rechts: Abb. 46: Crotalus tigris (Tigerklapperschlange) s. Seite 165
Unten links: Abb. 47: Bitis gabonica gabonica (Gabunotter) s. Seite 92
Unten rechts: Abb. 48: Eristicophis macmahonii (Macmahon-Viper) s. Seite 109

2 *Bothrops marajoensis*, die ich vor vielen Jahren von H. Trier erhielt, zeigten im Verhalten und in der Pflege keine Unterschiede zu *Bothrops atrox*.

Bothrops godmani
Godman-Lanzenotter
(Bild Seite 85)

Kennzeichen: Diese kleine Lanzenotter besitzt einen pfeilspitzenförmigen Kopf, der sich deutlich vom Hals absetzt und dessen Oberseite von ziemlich kleinen Schuppen besetzt ist. Das Auge ist nicht sehr groß, die Pupille im Licht zu einem senkrechten Schlitz verengt. Der Körper ist mäßig untersetzt. Die Schuppen sind gekielt und umgeben die Körpermitte in 21 Reihen. Die Grundfärbung des Körpers ist grau bis kaffeebraun. Dunkelbraune, ovale oder sattelförmige Flecken, die schwarz fein umrandet sind, ziehen sich vom Hals ausgehend über die Rückenmitte bis zum Schwanz. Die dunklen Flecken können besonders auf der vorderen Körperhälfte zu einem Zickzackband verschmelzen. Die etwas länglichen Seitenflecken, die auf jeder Körperseite in einer Reihe angeordnet sind, stehen den Ausbuchtungen des Rückenbandes gegenüber. Ein dunkles Band zieht sich vom Auge zum Mundwinkel. Die Kopfoberseite ist einfarbig braun, der Bauch braun und dunkel gepudert.
Länge: 40–50 cm.
Herkunft und Lebensweise: Die Godman-Lanzenotter ist von Süd-Mexiko (Chiapas und Oaxaca) bis nach Panama verbreitet. Die teilweise häufig auftretende Schlange kommt in höheren Gebirgslagen vor, bis in Höhen von 2000–2700 m. Sie ist sowohl nacht- als auch tagaktiv und gelegentlich außerhalb ihres Unterschlupfes unter Baumstämmen, Steinen und im dichten Gebüsch beim Sonnenbad anzutreffen. Bei Gefahr flieht sie. Sie ist nicht sehr reizbar. Trotz ihrer kurzen Giftzähne ist ein Biß von *Bothrops godmani* gefährlich, da das Gift sehr wirksam ist. *Bothrops godmani*, die sich von Eidechsen und Mäusen ernährt, bringt ungefähr 10 lebende Junge zu Welt.
Haltung und Zucht: Bothrops godmani dürfte nur zufällig in die Hände eines Schlangenpflegers gelangen. Vor vielen Jahren konnte ich 2 Exemplare dieser kleinen Giftschlangenart importieren. Die beiden Tiere, die ich getrennt in 2 Plastikbehältern bei Tageslicht und bei Temperaturen zwischen 20 und 25 °C unterbrachte, hielten sich während des Tages in einem hohlen Zierkork auf. Sie fraßen soeben behaarte Mäuse. In ihrem Verhalten zeigten sie sich eher scheu als aggressiv. In Erregung zitterten sie mit dem Schwanzende, versuchten aber nicht zu beißen. *Bothrops godmani* ist bei einiger Pflege und nicht zu hohen Temperaturen gut haltbar. Im Zoo von Columbus (Ohio) lebt ein Tier dieser Art schon seit über 8 Jahren. Im amerikanischen Tierhandel werden gelegentlich zwei weitere kleine *Bothrops*-Arten aus Mexiko angeboten; es handelt sich um *Bothrops barbouri* und *Bothrops melanarus*.

Bothrops jararaca
Jararaca

Kennzeichen: Bothrops jararaca, oft mit *Bothrops atrox* und *Bothrops jararacussu* verwechselt, hat einen keilförmig zugespitzten Kopf mit kantigen Seiten, einen dünnen Hals und mäßig schlanken Rumpf. Das Auge ist klein, die Pupille im Licht senkrecht geschlitzt. Bei erwachsenen Tieren weisen die Schuppen einen langen, bis an die Spitze reichenden, nicht verdickten Kiel auf. Die Schuppen umgeben die Körpermitte in 20–27 Reihen. Bei *Bothrops jararaca* variiert die Färbung außerordentlich. Die olivgrüne, braune oder graue Grubenotter weist auf je-

---

Abb. 49: Cerastes vipera (Avicennaviper) s. Seite 105

der Körperseite ungefähr 25 dreieckige, braune und hell gerandete Flecken auf. Die Flecken stehen wechselweise zusammen oder einander gegenüber und können auf der Rükkenmitte miteinander verschmelzen. Zum Schwanz hin werden die Flecken kleiner und sind dort auch unregelmäßiger angeordnet. Die Kopfoberseite ist dunkelbraun. Vom Auge zieht sich ein dunkles, auf beiden Seiten hell gerandetes Band zum Mundwinkel. Die gelbliche Bauchseite zeigt eine dunkle Puderung oder Sprenkelung.
Länge: 90–120 cm, gelegentlich bis 170 cm.
Herkunft und Lebensweise: In ihrem Verbreitungsgebiet in Süd-Brasilien, Paraguay und Argentinien ist die Jararaca die häufigste aller Giftschlangen und verantwortlich für zahlreiche Todesfälle von Menschen und Haustieren. Sie lebt vor allem auf den weiten südamerikanischen Grasebenen, den Campos und Pampas, kommt aber auch an den Rändern von Regenwäldern vor und dringt zuweilen bis in die Siedlungen vor. Die Jararaca ist weitgehend dämmerungs- und nachtaktiv. Nur selten trifft man sie am Tage außerhalb ihrer Verstecke. Sie hält sich unter Baumstämmen, altem Holz, Felsen, in Steinhäufen und in Erdlöchern und gelegentlich in zerfallenen Holzhütten auf. In ihren Bewegungen ist *Bothrops jararaca* ebenso behende wie *Bothrops atrox*. Bei Gefahr zittert sie deutlich hörbar mit der Schwanzspitze, bevor sie zustößt. Wegen ihres starken Giftes, der großen Giftmenge und der langen Giftzähne (bis zu 2 cm) ist die Jararaca mit größter Vorsicht zu behandeln. Das Gift zerstört Blut und Gewebe und führt zum Zusammenbruch des Blutkreislaufs. Schon kleine Exemplare können unangenehm tiefe Wunden verursachen. *Bothrops jararaca* ernährt sich hauptsächlich von Mäusen, Ratten und Vögeln und bringt lebende Junge zur Welt.
Haltung und Zucht: Die Jararaca stellt keine besonderen Ansprüche bei ihrer Pflege. Sie fühlt sich in einem Steppenterrarium bei Tageslicht und Temperaturen zwischen 22 und 27°C bei geringer nächtlicher Abkühlung wohl. Als Bodengrund verwendet man ein Gemisch aus Sand, Lehm und ein wenig Torf. Ein Trinkgefäß mit stets frischem Wasser und eine sehr milde, lokale Bodenheizung sind erforderlich. Einige flache Steine oder ein Baumstubben dienen als Unterschlupf. Wenn sie wenig gestört wird, wird die Jararaca bald zahm und erweist sich als ziemlich langlebig. Sie geht gut an lebende und tote Mäuse und Ratten, die sie willig von einer langen Pinzette entgegennimmt. Über eine echte Nachzucht in der Gefangenschaft ist bisher nichts bekannt geworden. Gleiche Pflegebedingungen wie *Bothrops jararaca* verlangt die nahe verwandte und sehr ähnlich aussehende *Bothrops cotiara*, die in Teilen Brasiliens und Argentiniens heimisch und weitgehend an das Vorkommen von Araukarienwäldern gebunden ist. *Bothrops cotiara*, die eine Länge von ungefähr 120 cm erreicht, unterscheidet sich von *Bothrops jararaca* durch den dunklen oder gar schwarzen Bauch.

Bothrops jararacussu
Jararacussu

Kennzeichen: Der breite, lanzenförmige Kopf setzt sich deutlich vom Hals und dem mächtigen Rumpf ab. Das Auge ist klein, die Pupille im Licht senkrecht geschlitzt. Die stark gekielten, höckerigen Schuppen umgeben die Körpermitte in 23–27 Reihen. Die Kopfoberseite ist glänzend schwarz, sie wird von der dunklen Schläfenbinde durch ein gelbes Band getrennt. Die untere Kopfseite sowie die Oberlippenschilde sind gelb bis orangegelb gefärbt. Die Körperoberseite zeigt auf dunkelgelbem Untergrund schwarze Winkelflecken, die abwechselnd dreieckig und rautenförmig sind. Die Flecken berühren sich auf der Rückenmitte mit den Spitzen und verschmelzen miteinander. Die Bauchseite ist gelb und unregelmäßig dunkel oder schwarz gefleckt.
Länge: 150 cm, Weibchen werden gelegentlich etwas länger als 200 cm.

Herkunft und Lebensweise: Diese große Lanzenotter ist in Brasilien, Bolivien, Paraguay und im nördlichen Argentinien beheimatet. Sie ist eine ausgesprochene Bewohnerin feuchter Urwälder und oft an die unmittelbare Nähe von Seen, Sümpfen, Tümpeln und Flüssen gebunden. Die nachtaktiv lebende Giftschlange hält sich gelegentlich im Wasser auf. Ihre Nahrung besteht aus Kleinsäugern in entsprechender Größe und aus Froschlurchen. *Bothrops jararacussu* besitzt ein wildes Naturell und ist ungemein schnell in ihren Bewegungen. Sie ist in ihrem natürlichen Lebensraum bei weitem nicht so häufig wie verschiedene andere *Bothrops*-Arten. Sie besitzt lange Giftzähne und verfügt über ein überaus wirksames Gift in großer Menge. Die von ihr verursachten Bißunfälle verlaufen oft tödlich. Das Gift schädigt Blut, Körpergewebe und Blutkreislauf. Die ersten Symptome der Vergiftung zeigen sich in einer vorübergehenden Erblindung. *Bothrops jararacussu* bringt lebende Junge zur Welt.
Haltung und Zucht: Die Jararacussu ist eine echte Urwaldschlange und wegen ihrer enormen Größe in einem hervorragend bepflanzten, sehr geräumigen Regenwaldterrarium mit einer Bodenfüllung aus Waldhumus und Torf zu pflegen. Bei feuchter Dauerwärme zwischen 20 und 25 °C ist diese Grubenotter ungemein ausdauernd. Eine Bodenheizung erübrigt sich. Der Wasserbehälter sollte nicht zu klein sein, da die Schlange in ihrer Heimat weitgehend amphibisch lebt. Als Unterschlupf eignet sich eine großer, hohler Baumstubben oder einige übereinandergeschichtete Steine. *Bothrops jararacussu* wird erst am Abend munter und kriecht dann lebhaft im Behälter umher. Wie andere *Bothrops*-Arten reagiert auch sie auf Störungen mit dem bekannten Schwanzzittern. Als Futter bietet man Mäuse und Ratten; Jungtiere sollen auch Frösche fressen. Ein von mir vor Jahren gepflegtes Exemplar nahm jedoch nur Mäuse und Ratten an. *Bothrops jararacussu* wurde 2mal von E. Reichert nachgezüchtet; es wurden 40 und 37 Jungtiere geboren. Die ungefähr 28 cm langen jungen Schlangen zischten schon kurz nach der Geburt und bissen energisch um sich. Die erste Häutung fand 5 Tage nach der Geburt statt. Die jungen Jararacussus nahmen als erste Nahrung Mauereidechsen, danach soeben behaarte Mäuse an. Ihr Wachstum war langsam. Nach 3 Jahren hatten die kleinen Grubenottern eine Länge von 64–75 cm erreicht.

Bothrops lateralis
Grüngelbe Palmenlanzenotter
(Bild Seite 68)

Kennzeichen: Der breite, keilförmig zugespitzte Kopf setzt sich sehr vom dünnen Hals ab. Das Auge ist groß, die Pupille im Licht zu einem senkrechten Schlitz verengt. Die Kopfoberseite ist von zahlreichen kleinen Schuppen besetzt. Der Rumpf ist mäßig schlank, aber sehr muskulös. Die schwach gekielten Schuppen umgeben die Körpermitte in 21 Reihen. *Bothrops lateralis* besitzt einen hervorragend ausgebildeten Greifschwanz. Der Körper ist leuchtend blattgrün gefärbt. Den Rücken zieren blaugelbe Flecken in gleichen Abständen. Ein blaues Band zieht sich vom Auge zum Mundwinkel. Die Körperseiten sind vom Bauch durch eine hellgelbe Linie getrennt.
Länge: 60–80 cm.
Herkunft und Lebensweise: Das Vorkommen von *Bothrops lateralis* beschränkt sich auf Costa Rica und Panama. Die kleine Schlange ist hauptsächlich, wenn nicht sogar gänzlich, an das Vorhandensein von Nebelwäldern auf vulkanischem Grund in Höhen von 1500–2300 m gebunden. Sie lebt ausschließlich auf Bäumen, wo sie im dichten Blattwerk farblich mit ihrer Umgebung verschmilzt. Ihren Greifschwanz windet sie um einen Ast oder Zweig. Ihr Körper ist zu einem flachen Teller eingerollt oder S-förmig gewunden. In dieser Stellung lauert sie auf Zweigen oder von Ästen herabhängend auf Beute. Sie ernährt sich von kleinen Vögeln, Mäusen, Ei-

dechsen und Fröschen, die sie blitzschnell ergreift und nicht mehr losläßt, bis sie verendet sind. Wegen ihrer Tarn-Färbung und geringen Größe wird *Bothrops lateralis* in ihrer natürlichen Umgebung meist übersehen. Sie ist nicht angriffslustig, beißt aber zu, wenn man sie reizt. Der relativ breite Kopf mit den großen Giftdrüsen, die ein wirksames Gift erzeugen, und die langen Giftzähne machen sie sehr gefährlich. In zahlreichen Fällen sind Menschen, die sich einen Weg duch die dichte Urwaldvegetation bahnten, von *Bothrops lateralis* und nahe verwandten, baumbewohnenden Lanzenottern ungefähr gleicher Größe und weitgehend gleicher Lebensweise in Gesicht und Hände gebissen worden und haben dabei ihr Leben verloren. Die Palmenlanzenotter ist lebendgebärend.

Haltung und Zucht: Die kleine Lanzenotter ist ein sehr ausdauernder Terrarienpflegling, der bescheidene Ansprüche an die Behältergröße und die Temperatur stellt. *Bothrops lateralis* fühlt sich in einem hell stehenden, mit zahlreichen Kletterästen versehenen und sehr gut bepflanzten Regenwald-Terrarium bei hoher Luftfeuchtigkeit und bei Tagestemperaturen zwischen 20–23 °C wohl. Die Nachttemperatur darf ohne weiteres auf 15 °C fallen. Bei Dauertemperaturen über 25 °C frißt diese Giftschlange sehr schlecht und siecht dahin. Eine Bodenheizung erübrigt sich. Ein großes Wassergefäß ist notwendig. Wöchentlich sollte ausgiebig gesprüht werden, so daß die Bodenfüllung aus Waldhumus und Torf stets gut feucht ist. Das Exemplar des Verfassers zeigt sich ungemein träge und standortstreu. Es ruht, zum Teller zusammengerollt, ständig in der gleichen Astgabel, um die es seinen Greifschwanz schlingt. In der Dämmerung kriecht die Schlange umher. Wöchentlich oder 14tägig wird sie mit 1 oder 2 Mäusen mittlerer Größe gefüttert. Sie stürzt sich blitzschnell auf die Futtertiere, hält sie, bis sie verendet sind zwischen den langen Giftzähnen und verschlingt sie anschließend vom Kopf her. Mein Tier besitzt eine ruhige Wesensart, wenn man es stört, legt es jedoch den Körper in S-förmige Windungen und stößt bis zur halben Körperlänge vor. Die nahe verwandten Arten *Bothrops bicolor*, *Bothrops nigroviridis*, *Bothrops bilineatus* und einige andere kleine, baumbewohnende Lanzenottern Mittelamerikas, die man fälschlicherweise auch als Palmenottern bezeichnet, gelangen gelegentlich nach Europa. Sie verlangen dasselbe Terrarium und die gleiche Pflege wie *Bothrops lateralis*. Über eine Nachzucht in Gefangenschaft ist bei all diesen Arten bisher nichts bekannt geworden.

Bothrops nasutus
Stülpnasen-Lanzenotter

Kennzeichen: Die kaum fingerdicke Stülpnasen-Lanzenotter besitzt einen breiten, pfeilspitzenförmigen Kopf, der sich überaus deutlich von dem schlanken Hals und dem mäßig untersetzten Rumpf absetzt. Die Schnauze trägt einen etwas verlängerten Fortsatz. Das Auge ist klein, die Pupille im Licht senkrecht geschlitzt. 23 Reihen gekielter Schuppen umgeben die Körpermitte. Die Grundfärbung des Körpers schwankt zwischen dunkelgrau und braun. Auf der Nackenmitte beginnt ein licht-ockerfarbenes Längsband, das sich über die Rückenmitte bis zum Schwanz zieht. Beiderseits der feinen Dorsallinie lösen dunkelbraune, meist wechselweise stehende Winkelflecken helle, ebenfalls winkelförmige Zwischenräume ab. Ein dunkles Band zieht sich vom Auge zum Mundwinkel. Die Flanken sind von einer Reihe undeutlicher dunkler Flecken bedeckt, deren Zwischenräume hellgrau gefärbt sind. Die graue Bauchseite ist unregelmäßig dunkel gesprenkelt.

Länge: 40–50 cm.

Herkunft und Lebensweise: Bothrops nasutus ist in Süd-Mexiko (Veracruz), Guatemala, Costa Rica, Panama, Comlumbien und Ecuador beheimatet. Über die Lebensweise dieser nacht- und tagaktiv lebenden Otter ist nur wenig bekannt. Sie bewohnt Feuchtgebiete und hält sich unter Felsen und Baumstämmen verborgen. Außerhalb ihrer Schlupfwinkel trifft man sie gelegentlich beim Sonnenbad an. Häufiger wurde sie in Süd-Mexiko zwischen losem Gestein in zerfallenden Tempelanlagen gefangen. Die Stülpnasen-Lanzenotter ist leicht erregbar und ziemlich bissig. Sie frißt Eidechsen und Mäuse und bringt bis zu 27 lebende Junge zur Welt.

Haltung und Zucht: Bothrops nasutus wird sehr selten importiert. Wegen ihrer geringen Größe kann man die Stülpnasen-Lanzenotter schon in einem kleinen Terrarium halten. Als Bodengrund verwendet man ein Gemisch aus Sand und Waldhumus oder Torf und einige Steine, einen hohlen Zierkork oder ein großes, flaches Rindenstück als Unterschlupf. Eine Bodenheizung ist überflüssig. Ein Trinkgefäß darf nicht fehlen. Gelegentliches Versprühen von leicht angewärmtem Wasser hält nicht nur den Bodengrund feucht und regt das Pflanzenwachstum an, sondern trägt auch zum Wohlbefinden der Schlange bei. Als Lichtquelle genügt helles Tageslicht. Man bietet Tagestemperaturen zwischen 20 und 25 °C. Ein Tier, das ich über einige Monate pflegte, hielt sich tagelang in einem hohlen Zierkork auf. Die Schlange stürzte sich aus ihrem Versteck heraus blitzschnell auf kleine Mäuse, hielt sie, bis sie verendet waren, zwischen den Kiefern fest und verzehrte sie erst dann. Die Stülpnasen-Lanzenotter pflanzte sich bisher noch nicht in der Gefangenschaft fort.

Bothrops neuwiedi
Neuwied-Lanzenotter
12 Unterarten

Kennzeichen: Die Neuwied-Lanzenotter, in Brasilien auch unter der Bezeichnung „Jararaca pintada“ oder „Jararaca do rabo branco“ bekannt, besitzt einen breiten, dreieckigen Kopf, einen schlanken Hals und einen gedrungenen Körper. Das Auge ist klein, die Pupille im Licht zu einem senkrechten Schlitz verengt. Die stark gekielten Schuppen umgeben die Körpermitte in 21–27 Reihen. Auf gelblichbrauner Grundfärbung heben sich die dunkelbraunen, schwarz gesäumten Rückenflecken, die in einer oder zwei Reihen stehen oder uhrglasförmige Gestalt aufweisen, sehr deutlich ab. Jede Körperseite ist von einer Reihe kleinerer Flecken bedeckt. Die gelbbraune Kopfoberseite zieren mehrere Flekken. Auf dem Hinterkopf befindet sich eine U-förmige Zeichnung, deren beide Schenkel nach hinten zu mit der Rückenzeichnung verschmelzen. Ein dunkles Schläfenband zieht sich vom Auge zum Mundwinkel. Alle Zeichnungsfiguren weisen einen hellen Rand auf. Die gelbliche Bauchseite ist zuweilen grau gerandet.

Länge: 70–90 cm.

Herkunft und Lebensweise: Die „Jararaca pintada“ ist in Brasilien, Bolivien, Paraguay und im nördlichen Argentinien beheimatet. Sie ist weit verbreitet, tritt aber nirgendwo in derart großer Anzahl auf wie *Bothrops jararaca*. Die tag- und nachtaktive Giftschlange bewohnt offenes Gelände und die weiten Pampas. Bei Störungen zeigt sie sich meist ziemlich bissig. In Argentinien verursacht sie zahlreiche Unfälle. Das Gift, das nur in geringen Mengen produziert wird, ist sehr wirksam. Es schädigt Blut, Körpergewebe und Blutkreislauf und kann zu bösen Nekrosen führen. *Bothrops neuwiedi* ernährt sich hauptsächlich von Kleinsäugern, frißt aber auch Vögel und Eidechsen und bringt lebende Junge zur Welt.

Haltung und Zucht: Bothrops neuwiedi wurde in den letzten Jahren in größerer Anzahl importiert. Die kleine Lanzenotter, die einzeln gehalten am besten gedeiht, stellt nur geringe Ansprüche an den Behälter und dessen Einrichtung. Man kann sie ebenso gut auf einer Papierunterlage wie auf einem Bodengrund aus Lehm und Sand pflegen. In einem größeren Terrarium machen sich ein Kaktus oder eine Agave gut und verleihen dem Behälter ein natürliches Aussehen. Bei hellem Standort mit gelegentlicher Sonneneinstrahlung oder ungefähr 10stündiger künstlicher Beleuchtung, trockener Haltung und Tagestemperaturen zwischen 20 und 25 °C, bei geringer nächtlicher Abkühlung, gedeiht die Neuwied-Lanzenotter gut. die Exemplare, die der Verfasser pflegte, zeigten sich immer bewegungsträge. Tagelang hielten sie sich unter Steinen oder unter Korkrinde auf. Bei Störungen zeigten sie sich sehr beweglich und nahmen sofort die für *Bothrops*-Arten so typische Drohhaltung ein. Stets gingen sie willig an mittelgroße weiße Mäuse, denen sie im Vorbeilaufen den Todesbiß versetzten. Die Nachzucht von *Bothrops newwiedi* ist schon mehrfach gelungen. Bei H. U. Böhm, Regensburg, paarten sich die Tiere im Mai. Die Jungen wurden im November geboren. Gleich nach der Geburt fand die erste Häutung statt. Die Jungschlangen fraßen bald danach nackte Mäuse und gediehen gut.

Bothrops schlegelii
Greifschwanz-Lanzenotter
2 Unterarten

Kennzeichen: Bothrops schlegelii – nicht Bothrops schlegeli –, die in Mittelamerika als „Serpiente de Pestana", „Bocaraca" oder als „Oropel" bezeichnet wird, ist eine schlanke, aber muskelstarke Grubenotter mit einem dreieckig-lanzenförmigen Kopf, der sich scharf von dem dünnen Hals absetzt. Die Greifschwanz-Lanzenotter hat über jedem Auge 2–3 Schuppen, die wie hörnchenartige Fortsätze emporragen. In Anpassung an das Leben auf Büschen und Bäumen ist ein gut ausgebildeter Greifschwanz vorhanden. Die gekielten Schuppen umgeben die Körpermitte in 19–25 schrägen Reihen. Die Körpergrundfärbung ist überaus variabel. Es gibt grüne, olivgrüne, gelbbraune, gelbe oder sogar weißliche Exemplare mit verstreuten schwarzen Flecken, welch letztere unregelmäßige Zickzackbänder bilden können. Grüne und gelbbraune Tiere weisen in der Regel schmale rötliche oder braune Zickzackbänder oder ein Netzmuster aus rötlichen Flecken auf. Die grüne oder gelbe Bauchseite ist schwarz gefleckt.

Länge: 60 cm, gelegentlich 80 cm überschreitend.

Herkunft und Lebensweise: Die Nominatform der Greifschwanz-Lanzenotter bewohnt das südliche Mexiko und Honduras bis nach Kolumbien, Ecuador und Venezuela. *Bothrops schlegelii supraciliaris* lebt in den zum Pazifik hin abfallenden Gebirgen von Costa Rica. Die nachtaktive und baumbewohnende Greifschwanz-Lanzenotter ist eine ausgesprochene Bewohnerin des feuchten Dschungels und der Regenwälder, von wo aus sie in angrenzende Plantagen eindringt. So ist es zu verstehen, daß diese Schlange früher zuweilen in Bananenimporten als seltener Irrgast nach Europa oder Nordamerika gelangte. Besonders bei Plantagenarbeitern kommt es häufig zu Bißunfällen, die in den meisten Fällen nicht tödlich verlaufen. *Bothrops schlegelii* besitzt lange Zähne und ein Gift, das nicht nur auf Blut und Gewebe einwirkt, sondern auch neurotoxisch wirkende Bestandteile besitzt. Die Greifschwanz-Lanzenotter beißt oft ohne vorherige Warnung zu. Ihre Nahrung besteht aus Fröschen, Vögeln und Mäusen. *Bothrops schlegelii* bringt in der Regel 10–20 lebende Junge zur Welt.

Haltung und Zucht: Als typische Vertreterin des feuchten Dschungels ist diese, fälschlicherweise auch als Palmenotter bezeichnete Grubenotter in einem gut bepflanzten Regenwaldterrarium bei hoher Luftfeuchtigkeit und Temperaturen zwischen 20 und 30 °C unterzubringen. Das Terrarium sollte einen hellen Standort möglichst mit Sonneneinstrahlung aufweisen oder 10–12 Stunden täglich beleuchtet werden. Als Futter bietet man Frösche und Mäuse. Mein Exemplar, das ich vor vielen Jahren in einem hochstehenden Terrarium pflegte, fraß alle 2–3 Wochen eine mittelgroße Maus von der Pinzette. Die sehr bewegungsträge Schlange, die fast immer reglos auf dem gleichen Ast lag, war nicht aggressiv und machte nie Beißversuche. Bei sachgerechter Pflege zeigt sich *Bothrops schlegelii* im Terrarium als recht ausdauernd. Im Instituto de Historia Natural von Chiapas lebte ein

Exemplar dieser Art über 16 Jahre. Die Nachzucht der Greifschwanz-Lanzenotter ist bereits in der Gefangenschaft geglückt. Hierüber berichtet F. B. Antonio in der amerikanischen Zeitschrift „Herpetologica" (Vol. 36, September 1980). Ein Männchen von *Bothrops schlegelii,* das im Juni 1976 in Honduras in der Nähe von San Pedro Sula, und das Weibchen, das im März 1977 gesammelt wurde, wurden getrennt in Kleinterrarien gehalten. Die Terrarien waren mit einem Wassergefäß und einem Ast versehen. Die Schlangen wurden ungefähr alle 10 Tage gegen Abend mit Labormäusen gefüttert. Die Häutung fand in Abständen von 4–5 Monaten statt. Von April bis November und von November bis März variierten die Temperaturen in den Terrarien zwischen 18 und 29°C und 18 und 24°C. Am 24. Februar 1978 wurde das Weibchen zum Männchen gesetzt. Die Temperatur betrug zu dieser Zeit 22,8°C. Die Paarung fand am späten Abend des folgenden Tages und am frühen Morgen des übernächsten Tages statt. Am 9. August 1978 setzte das Weibchen 4 Wachseier und 20 lebende Jungschlangen ab. Nach 113 Tagen freiwilligen Fastens machte das Weibchen einen ausgemergelten Eindruck. Die Jungschlangen häuteten zum ersten Mal in ihrem Leben 5–7 Tage nach der Geburt. Danach nahmen sie freiwillig junge Laubfrösche *(Hyla cinerea)* als erste Nahrung an. Während der nächsten 3 Monate verzehrten die jungen Schlangen Frösche und Eidechsen, die sie teilweise mit ihren glänzend gefärbten Schwanzenden anlockten. Über ein derartiges Anlocken von Beutetieren durch baumbewohnende Grubenottern mit Hilfe des Schwanzes wurde schon öfter berichtet. Eine bemerkenswerte Lanzenotter ist die auf der ungefähr 2 qkm großen, brasilianischen Insel Gueimada grande vorkommende *Bothrops insularis*. Neben der kleinen *Bothrops erythromelas* hat sie nicht nur das stärkste Gift, aller Bothrops-Arten, sondern zeichnet sich auch dadurch aus, daß sich der größte Prozentsatz dieser Population aus Weibchen mit männlichen Geschlechtsorganen zusammensetzt.

Gattung Crotalus
Klapperschlangen
29 Arten

Crotalus adamanteus
Östliche Diamantklapperschlange
(Bild Seite 85)

Kennzeichen: Der sehr breite, flache Kopf setzt sich deutlich vom Hals und dem stämmigen, schweren Rumpf ab. Das Auge ist klein, die Pupille im hellen Licht zu einem senkrechten Schlitz verengt. Das grubenförmige Wärmesinnesorgan, das sich etwas unterhalb zwischen Auge und Nasenöffnung befindet, ist deutlich sichtbar. Die Klapper am Schwanzende besteht aus hohlen Horngliedern, die ineinander übergreifen. Die Schuppen sind gekielt und umgeben die Körpermitte in 25–31 Reihen. Die Grundfärbung des Körpers schwankt zwischen graugrün, braun oder olivfarben. Ein Kettenmuster aus großen, dunklen oder schwarzen, hellgelb gerandeten Rautenflecken überzieht den Rücken. Die Rautenflecken bilden auf der Schwanzoberseite einzeln stehende Querflecken. Das Schwanzende ist vor dem Rasselorgan von schwarzen und hellgrauen Querringen umgeben. Die bräunliche oder olivgraue Kopfoberseite ist von zahlreichen schwarzen Tupfen bedeckt. Ein dunkles, beidseitig weiß oder gelblich gerandetes Band verläuft vom Auge schräg zum Schnauzenrand.
Länge: 150–200 cm, in Ausnahmen bis 258 cm.
Herkunft und Lebensweise: Crotalus adamanteus ist die längste aller Klapperschlangen. Sie bewohnt das südöstliche Nord-Carolina, östliche Süd-Carolina, Süd-Georgia, Florida, Süd-Alabama, Süd-Mississippi und Ost-Louisiana. Die stattliche Giftschlange, die trotz massiver, zerstörender Eingriffe in die Natur auch heute an manchen Stellen noch häufig vorkommt, ist eine ausgesprochene Bewohnerin flacher, sandiger Kiefernwaldungen („Pine flat woods"). Besonders häufig kommt sie in Palmetto-Beständen vor, in denen sie schwer

zu entdecken ist. Oft hält sie sich unter verrottenden Baumstümpfen, und besonders gern in den Löchern der Gopherschildkröte auf. Ihr Temperament ist starken Schwankungen unterworfen. Manchen Exemplaren kann man sich bis auf wenige Meter nähern, ohne daß sie rasseln, andere hört man schon auf weite Entfernung. Häufig bleibt die Östliche Diamantklapperschlange in der Stellung liegen, in der man sie antrifft. Bei Gefahr zieht sie sich meist laut rasselnd zurück, den Kopf in Richtung auf den Eindringling gerichtet. Wegen der langen Giftzähne und der großen Giftmenge ist der Biß einer Diamantklapperschlange sehr gefährlich. Ungefähr 30% der Bißunfälle enden tödlich. Die Östliche Diamantklapperschlange ernährt sich von Nagetieren, besonders von Kaninchen und frißt hin und wieder Vögel. Von August bis September werden 7–18 Junge geboren, die bei ihrer Geburt ungefähr 35 cm messen und sofort halbwüchsige Mäuse überwältigen und verzehren können.

Haltung und Zucht: Erwachsene Diamantklapperschlangen, die frisch aus der Wildnis kommen, eignen sich meist schlecht zur Pflege als Terrarientiere. Oft sind sie voll von Parasiten, behalten ihre ungestüme Wesensart, gehen bei jeder Gelegenheit in Angriffsstellung und nehmen als Futter nur Kaninchen an. Jungtiere oder in der Gefangenschaft nachgezüchtete Exemplare sind nicht nur sehr haltbar und friedlich, sondern auch unproblematisch zu ernähren, da sie Mäuse, Ratten, Meerschweinchen und Hühnerküken gleich gern verzehren. *Crotalus adamanteus* sollte stets in einem hell stehenden, geräumigen Behälter bei Tagestemperaturen zwischen 25–27°C einzeln gepflegt werden. In der Nacht sollte die Temperatur auf 18–20°C sinken. Bei diesen Temperaturen kann man auf eine Bodenheizung verzichten. Als Bodengrund verwendet man ein Gemisch aus Sand und Waldhumus und einen Baumstubben oder hohlen Baumstamm als Unterschlupf. Eine große Agave oder kleine Palme sind als Bepflanzung geeignet. Ein Trinkgefäß darf nicht fehlen. Eine Überwinterung ist nicht unbedingt notwendig. In Anpassung an natürliche Verhältnisse sollte man für die Östliche Diamantklapperschlange dennoch eine 2–3monatige Winterruhe bei 10–15°C vorsehen. *Crotalus adamanteus* ist schon mehrmals im Terrarium nachgezüchtet worden. Ein Weibchen des Verfassers setzte im September 1972 14 Jungtiere ab, die einige Tage nach der Geburt bereits mittelgroße Mäuse annahmen.

Crotalus atrox
Westliche Diamantklapperschlange

Kennzeichen: Die Westliche Diamantklapperschlange ist der Östlichen Diamantklapperschlange in ihrer äußeren Erscheinung sehr ähnlich. Der breite, flache Kopf setzt sich deutlich vom Hals und dem plumpen Rumpf ab. Das Auge ist klein, die Pupille im Licht zu einem senkrechten Schlitz verengt. 23–29 Reihen gekielter Schuppen umgeben die Körpermitte. Die Grundfärbung des Körpers durchläuft alle Farbabstufungen von beige bis rötlichbraun. Eine weiße, zuweilen undeutliche Kettenzeichnung umrandet schwarz gesäumte, im Kern dunkelgrau gehaltene Rautenflecken, die sich nicht berühren. Unterhalb des Kettenmusters sind die Flanken von grauen Tupfen in ungefähr gleichen Abständen punktiert. Ein dunkler Streifen, der beiderseits von einer weißen Linie eingefaßt wird, reicht vom Auge bis zum hinteren Mundrand. Kopf und Körper sehen oft wie gepudert aus. Drei bis vier aufeinanderfolgende, schwarze und weiße Ringe umgeben das Schwanzende, das – von der Kloake ausgehend – beim Männchen länger als beim Weibchen ist. Die grauweiße bis rotbraune Bauchseite ist mehr oder weniger intensiv dunkelgrau gesprenkelt.

Länge: 120–150 cm, Maximallänge 213 cm.

Herkunft und Lebensweise: Crotalus atrox ist von Arkansas und Oklahoma über weite Teile der westlichen USA und im Süden bis zum mittleren Mexiko verbreitet, wo sie aber auch in abgegrenzten Populationen auftritt. Die Westliche Diamantklapperschlange, auch Texas-Klapperschlange genannt, bevorzugt trockene, steinige, von Mesquite-Gestrüpp und dichten Kaktusbeständen durchwuchertes Gelände in der Ebene und im Gebirge. In Wüsten und Canyons findet man sie häufig, ebenso auf Feldern. Der Mensch hat sie aus den Vororten großer Städte nur teilweise verdrängt. Keine andere Klapperschlangenart zeigt sich so wild und ungestüm wie *Crotalus atrox*. Bei der geringsten Störung windet sie ihren Körper in Spiralfiguren zum Angriff hoch und rasselt laut und anhaltend. Ihren Kopf neigt sie ein wenig nach unten und ist stets zum Zustoß bereit. In den USA verursacht sie die meisten Bißunfälle. Ihre Größe, die langen Giftzähne und der erhebliche Giftvorrat machen sie zu einer der gefährlichsten Grubenottern. Je nach Jahreszeit und Witterung lebt *Crotalus atrox* tag- und nachtaktiv. In warmen Sommernächten ist die Westliche Diamantklapperschlange unterwegs. Beim Überqueren von Straßen werden viele Klapperschlangen von vorbeifahrenden Autos überrollt. Wie bei zahlreichen Reptilien und Amphibien sind auch hier die nächtlichen Fänge ergiebig. *Crotalus atrox* ernährt sich von allerlei Kleinsäugern, hauptsächlich von Mäusen, Ratten und Kaninchen, die sie mit Hilfe ihrer Wärmesinnesorgane gut erkennt. Im Oktober oder November zieht sich die Westliche Diamantklapperschlange zur Überwinterung zurück und erscheint wieder im März oder April, zuweilen sogar schon im Februar. Die Paarung findet im Frühjahr statt. Die Jungen, die bei der Geburt ungefähr 30 cm lang sind, schlüpfen in den Monaten August bis Oktober.

Haltung und Zucht: Crotalus atrox wird häufig in Terrarien gehalten. Bei einiger Pflege zählt sie zu den langlebigsten Giftschlangen. Zahlreiche Exemplare haben schon länger als 20 Jahre im Terrarium gelebt. Die Westliche Diamantklapperschlange verlangt zu ihrem Wohlbefinden ein hell stehendes, geräumiges Trockenterrarium mit einer milden Bodenheizung, einem Bodengrund aus Sand und Lehm, einige große, flache, zu einem passenden Versteck zusammengestellte Steine und ein Trinkgefäß. Luft- und Bodentemperaturen sollten während des Tages zwischen 25–32 °C und in der Nacht zwischen 18 und 20 °C betragen. Trotz ihrer ausgezeichneten Haltbarkeit verlieren nicht alle Tiere ihre wildes Wesen und rasseln selbst dann noch, wenn sie nicht gestört werden. Als Futter bietet man Mäuse, Ratten, Meerschweinchen, kleine Kaninchen und Hühnerküken. Eine Überwinterung ist nicht unbedingt erforderlich. Trotzdem sollte im Winter eine 2–3monatige Ruhepause bei herabgesetzter Temperatur (10–15 °C) eingeschaltet werden. Die Nachzucht von *Crotalus atrox* bereitet keine Schwierigkeiten und ist schon häufig gelungen. Obwohl sich die Westliche Diamantklapperschlange in der Natur alle 2 Jahre fortpflanzt, kann man jährlich mit Nachkommenschaft rechnen, wenn man ein gutes Zuchtpaar besitzt. Junge Westliche Diamantklapperschlangen häuten sich 1–2 Wochen nach der Geburt. Nach der ersten Häutung nehmen sie sofort kleine Mäuse an. Ihre weitere Aufzucht bereitet nicht die geringsten Schwierigkeiten.

Crotalus basiliscus
Mexikanische Westküsten-Klapperschlange
2 Unterarten
(Bild Seite 85)

Kennzeichen: Der flache, länglich dreieckige Kopf setzt sich deutlich vom Hals ab. Das Auge ist klein, die Pupille im Licht senkrecht geschlitzt. Der mäßig untersetzte Körper zeigt einen dreieckigen Querschnitt. Die deutlich gekielten Schuppen umgeben die Körpermitte in 24–29 Reihen. Die Grundfärbung des Körpers schwankt zwischen braun und olivgrau. Ein Winkelband, bestehend aus 26–41 weiß und schwarz gerandeten Rhomben, die mit ihren Ecken auf die Körperseiten übergreifen, zieht sich über die Rückenmitte. Das Rautenband ist auf dem Hals und dem Schwanz undeutlich. Der Kopf zeigt eine einfarbig braune oder olivgrüne Färbung. Ein dunkles Schläfenband verläuft vom Auge schräg zum Mundwinkel. Der Schwanz ist dunkelgrau bis schwarz oder von grauen und schwarzen Ringen umgeben. Die Bauchseite weist eine weiße bis porzellanfarbige Tönung auf.

Länge: Gelegentlich 200 cm überschreitend.

Herkunft und Lebensweise: Die Nominatform bewohnt die westmexikanische Küstenzone von Sonora bis zum westlichen Michoacán. *Crotalus basiliscus oaxacus* ist nur aus dem mittleren Oaxaca bekannt. Die riesige Klapperschlange kommt vom Meeresspiegel bis über 1000 m Höhe vor allem im trockenen Dornbusch sowie in Eichen und Kiefernwäldern vor. *Crotalus basiliscus basiliscus* lebt vereinzelt in der Sierra de Coalcoman in Michoacán in über 2000 m Höhe. Dies ist insofern bemerkenswert, da diese Klapperschlange weitgehend an das Leben im Flachland gebunden ist und hier gehäuft auftritt. Wie *Crotalus basiliscus basiliscus* in Sinaloa sympatrisch mit *Crotalus stejnegeri* lebt, so tritt *Crotalus basiliscus oaxacus* in den Bergen von Oaxaca zusammen mit *Crotalus intermedius gloydi* auf. Der Verfasser kennt *Crotalus basiliscus basiliscus* aus Colima, wo sie recht häufig vorkommt. Hier lebt sie an Berghängen, die von niederem Gras, Mesquite-Gebüsch, Akazien, Kaktusbeständen, niederen Bäumen und Sträuchern und allerlei dornigem Gestrüpp durchwachsen sind. Besonders aktiv ist *Crotalus basiliscus* im Sommer während der Regenzeit. Die meisten Exemplare fängt man beim Überqueren von Straßen, wenn man nachts mit dem Auto auf Schlangenfang unterwegs ist. Sie ist tag-, hauptsächlich jedoch nachtaktiv. Ihre Nahrung besteht aus allerlei Kleinsäugern und Vögeln. Dem Menschen gegenüber zeigt sie sich nicht aggressiv und macht kaum von ihrer Rassel Gebrauch. Ich sah Schlangenfänger, die mit großen Exemplaren dieser Art ziemlich sorglos umgingen. Die Paarung findet im Frühjahr oder Sommer statt. *Crotalus basiliscus* ist ungewöhnlich fruchtbar. Sie bekommt 14–60 lebende Junge, die bei ihrer Geburt eine Länge von durchschnittlich 33 cm aufweisen.

Haltung und Zucht: Die Mexikanische Westküsten-Klapperschlange wird in der Gefangenschaft schnell und ungewöhnlich zahm. Zu ihrer erfolgreichen Pflege benötigt man ein hell stehendes, geräumiges Terrarium. Als Bodengrund verwendet man ein Gemisch aus Lehm und Sand und schichtet einige große Steine zu einem Versteck zusammen. Als Bepflanzung eignet sich eine große eingetopfte Agave. Ein Wasserbehälter ist notwendig. *Crotalus basiliscus* verlangt Tagestemperaturen zwischen 25 und 30 °C mit einer nächtlichen Abkühlung auf 20–22 °C. Über Tage hält sich die Schlange fast regelmäßig in ihrem Unterschlupf auf. In der Dämmerung und nachts kriecht sie umher. Als Nahrung bietet man Mäuse, Ratten und Meerschweinchen. Die Futtertiere nimmt sie auch im toten Zustand willig von der Pinzette. Eine Überwinterung ist überflüssig. Die Mexikanische Westküsten-Klapperschlange wurde schon mehrfach in der Gefangenschaft nachgezüchtet. Die jungen Schlangen gedeihen am besten einzeln gehalten. Ihre Aufzucht mit kleinen Mäusen bereitet keine Schwierigkeiten. Bei guter Fütterung sind sie schon nach etwas mehr als 2 Jahren geschlechtsreif.

Crotalus cerastes

Seitenwinder-Klapperschlange
3 Unterarten

Kennzeichen: Der breite, kurze Kopf mit den spitz ausgezogenen Augenbrauenschilden setzt sich deutlich vom Hals ab. Das Auge ist groß, die Pupille im Licht senkrecht geschlitzt. Der stämmige Körper ist in der Mitte von 19–25 Reihen gekielter Schuppen umgeben. Die gelbliche, gelbbraune, graue, hellbraune oder rotbraune Grundfärbung stimmt weitgehend mit dem Wüstenboden überein. Der Rücken wird von 28–41 undeutlich dunkelbraunen Sattelflecken in gleichen Abständen überzogen. Die Kopfoberseite wie die Körperseiten sind mehr oder weniger regelmäßig punktiert. Eine dunkle Schläfenbinde reicht vom Auge bis zum Mundwinkel.

Länge: 45–75 cm.

Herkunft und Lebensweise: Die Seitenwinder-Klapperschlange, die in die Unterarten *Crotalus cerastes cerastes, Crotalus cerastes cercobombus,* und *Crotalus cerastes laterorepens* aufspaltet, bewohnt die Wüstengebiete des östlichen Kaliforniens, des südlichen Nevadas, des südwestlichen Utahs, Arizonas, des nordöstlichen Baja California und kommt in Nordwest-Mexiko einschließlich der Insel Tiburon vor. Die kleine Wüstenschlange bevorzugt niedrige Sanddünen, die von Mesquite, Ocotillos und Creosotbüschen bewachsen sind. Selten trifft man sie in der Felswüste, noch seltener auf kultiviertem Boden an. Die stellenweise sehr häufige Art sieht man am Tage selten, da sie weitgehend nächtlich lebt. Am Tage wühlt sie einen Teil ihres Körpers in den losen Sand ein oder verbirgt sich in Säugetiergängen. In Anpassung an ihre natürliche Umwelt bewegt sie sich wie einige altweltliche Wüstenottern durch „Seitenwinden" fort. Durch wechselseitiges Anheben ihres Körpers gleitet sie flink über den Sand und läßt dabei eine charakteristische Kriechspur zurück. Ihre Nahrung besteht hauptsächlich aus Eidechsen, die sie meist, bis sie verendet sind, zwischen den Kiefern hält. Weniger gern frißt sie Mäuse oder Insekten. Da ihr Gift nicht sehr stark ist und nur wenige Bißfälle zu verzeichnen sind, gehört sie nicht zu den für den Menschen besonders gefährlichen Schlangen. *Crotalus cerastes* überwintert von Oktober/November bis März/April. Wie bei allen Klapperschlangen liefern sich die Männchen vor der Paarung im Frühling turnierartige Rangordnungskämpfe. Im Gegensatz zu anderen Vertretern ihrer Gattung sollen sie sich dabei sogar beißen. Die Jungen (5–18) werden von August bis Oktober geboren. Sie sind 17–19 cm lang und ernähren sich von kleinen Echsen.

Haltung und Zucht: Die Seitenwinder-Klapperschlange ist nach den gleichen Richtlinien wie ihre altweltliche Verwandte *Cerastes cerastes* zu pflegen. Sie verlangt ein Wüstenterrarium mit einer ungefähr 10 cm hohen Sandschicht, einige Steine als Unterschlupf, eine milde Bodenheizung, ein Trinkgefäß mit stets frischem Wasser, einen möglichst hellen, sonnigen Standort oder am Tage eine 10–12stündige Beleuchtung bei Temperaturen zwischen 25 und 32 °C. In der Nacht sollte die Temperatur auf 18–22 °C sinken. Die Seitenwinder-Klapperschlange ist nicht schwierig zu pflegen. Allerdings hungern sich manche Exemplare zu Tode, da sie nur Eidechsen fressen und durchaus nicht auf Mäuse umzugewöhnen sind. Die meisten Tiere gehen jedoch auch an Mäuse und halten bei der richtigen Pflege jahrelang in der Gefangenschaft aus. In Anlehnung an natürliche Verhältnisse ist *Crotalus cerastes* 3–4 Monate bei herabgesetzter Temperatur im Dämmerlicht zu überwintern. Die Seitenwinder-Klapperschlange ist schon mehrfach im Terrarium nachgezüchtet worden. Die Jungen fressen kleine Eidechsen. Vereinzelt gehen sie an unbehaarte, nestjunge Mäuse. Bei richtigem Futter bereitet ihre Aufzucht keine Schwierigkeiten.

Crotalus durissus
Tropische Klapperschlange
13 Unterarten

Kennzeichen: Die Tropische Klapperschlange, in Südamerika auch Cascabel genannt, besitzt einen länglich-dreieckigen Kopf, der sich deutlich von dem sehr schlanken Hals absetzt. Die Pupille des mäßig großen Auges verengt sich im Licht zu einem senkrechten Spalt. Der Rumpf ist mehr oder weniger untersetzt und im Querschnitt dreieckig. Die stark gekielten Schuppen umgeben die Rumpfmitte in 25–33 Reihen. Zwei jeweils über dem Auge beginnende dunkelbraune oder schwarze Längsstreifen, die parallel zueinander verlaufen, ziehen über Kopf und Hals. Das dunkle Schläfenband ist oft nur undeutlich ausgebildet. Die Körperoberseite zeigt eine braune oder dunkelgraue Färbung. Auf dem Rücken verlaufen 18–35 große, dunkelbraune Rautenflecken mit heller Umrandung. Die Rautenflecken berühren sich und bilden so ein zusammenhängendes Winkelband. Der Schwanz zeigt einfarbig braune oder schwarze, die Bauchseite weiße oder weißgraue Farbtöne.

Länge: Bis zu 180 cm.

Herkunft und Lebensweise: Die Cascabel ist von Süd-Mexiko über Mittel- und den größten Teil Süd-Amerikas verbreitet, wo sie trockene, steinige und von niedrigem Dornengebüsch bedeckte Gegenden bis zu 2000 m Höhe bewohnt. Sie bevorzugt offenes, grasreiches Gelände und meidet dichte Wälder. Am Tage liegt sie meist auf einer Stelle und hat ihren Körper tellerartig eingerollt. Sie hat ein ruhiges Wesen und ist kaum aggressiv. Bei Störung weicht sie oft nicht von ihrem Platz, sondern macht durch lautes Rasseln auf ihre Anwesenheit aufmerksam. Kommt man ihr jedoch zu nahe und reizt sie, so windet sie ihren Leib schraubenförmig hoch, neigt Kopf und Hals ein wenig schräg nach unten, um im passenden Augenblick weit und wuchtig vorzustoßen. *Crotalus durissus* ist die giftigste aller Klapperschlangen. Ihr Gift wirkt stark hämorrhagisch und neurotoxisch zugleich. Es schädigt die Nieren in ganz außerordentlichem Maße und der Tod tritt nicht selten erst nach einigen Tagen durch Nierenversagen ein. Fast 75% der von der Cascabel gebissenen Menschen sterben, wenn sie nach einem solchen Unfall nicht sehr bald große Mengen Serum erhalten. *Crotalus durissus* ernährt sich von kleinen Säugetieren und Vögeln. Sie häutet sich 3–4mal jährlich. Wie bei allen Klapperschlangen üblich, so erhält die Klapper auch hier nach jeder Häutung ein neues Glied. *Crotalus durissus* setzt zuweilen in einem Wurf über 40 lebende Junge ab, die ungefähr 30 cm lang sind und sich unmittelbar nach der Geburt häuten.

Haltung und Zucht: Von den 13 Unterarten der Tropischen Klapperschlange wird *Crotalus durissus terrificus*, dessen Heimat das östliche Brasilien, Bolivien, Paraguay und Argentinien ist, am häufigsten importiert. Seltener kommen die Unterarten *Crotalus durissus cascavella* und *Crotalus durissus collilineatus* (Ost-Brasilien) sowie *Crotatus durissus cumanensis* (Venezuela, *Crotalus durrisus dryinas* (Guayana), *Crotalus durissus durissus* (Südost-Mexiko, Zentral- und Südguatemala, West- und Süd-Honduras, El Salvador, Südwest-Nicaragua und Nordwest- und Zentral-Costa Rica) oder *Crotalus durissus culminatus* (Südwest-Mexiko) nach Deutschland. Die Tropische Klapperschlange ist ein sehr dauerhafter Terrarieninsasse, der bei einiger Pflege lange Jahre am Leben bleibt. *Crotalus durissus* soll in einem hell stehenden oder am Tage beleuchteten Trockenterrarium bei Dauertemperaturen zwischen 24 und 30°C untergebracht werden. Diese große Klapperschlange verlangt sonst die gleiche Pflege wie *Crotalus atrox,* allerdings entfällt eine Überwinterung. Die Cascabel ist schon mehrfach in der Gefangenschaft nachgezüchtet worden. Die Schlangen paaren sich meist im Spätsommer oder Herbst. Die Jungen werden in der Regel nach einer Entwicklungsdauer von 240–270 Tagen geboren. Man sollte sie sofort entfernen, damit sie nicht vom Muttertier erdrückt werden. Als erste Nahrung bietet man soeben behaarte Mäuse. Die Jungschlangen wachsen schnell heran. Ihre weitere Aufzucht bereitet keine Schwierigkeiten.

Crotalus horridus
Waldklapperschlange
2 Unterarten

Kennzeichen: Der breite, flache Kopf setzt sich deutlich vom Hals ab. Das Auge ist klein, die Pupille im Licht senkrecht geschlitzt. Die stark gekielten Schuppen umgeben die Körpermitte in 21–26 Reihen. Der Körper zeigt auf gelber, grauer oder brauner Grundfärbung breite, sattelförmige Rückenflecken, die auf die Flanken übergreifen und in gleichen Abständen voneinander stehen. Diese Sattelflecken sind schwarz und von einem weißen oder gelblichen Rand umgeben. Der einfarbig gelbbraune Kopf weist keine dunklen Streifen hinter dem Auge auf. Die Unterart *Crotalus horridus atricaudatus* besitzt einen Postokularstreifen zwischen Auge und Mundrand, sowie eine sehr deutliche, rotbraune Linie auf der Rückenmitte. Der Schwanz ist einfarbig dunkelbraun oder schwarz, die Bauchseite weißlich bis rosa und mehr oder weniger von dunklen Flecken durchsetzt. Melanotische Exemplare kommen hin und wieder vor.

Länge: 90–130 cm, selten bis 189 cm.

Herkunft und Lebensweise: Die Nominatform bewohnt die nordöstlichen Staaten der USA. *Crotalus horridus atricaudatus* auch als „Canebrale Rattler“ bezeichnet, kommt mit Ausnahme von Florida im Südosten der USA vor. Im Norden ihres Verbreitungsgebietes lebt die Schlange auf bewaldeten Hügeln und niederen Bergen, im Süden in Sümpfen, Flachlandwäldern und an den Rändern von Baumwoll-, Mais- und Getreidefeldern. Aus manchen Gegenden, in denen sie früher häufig vorkam, ist sie heute völlig verschwunden. *Crotalus horridus* lebt versteckt und ist besonders im Sommer bei heißer Witterung nachtaktiv. Nach starken Regenfällen kommt sie aus ihren Schlupfwinkeln hervor und fällt dann oft dem Autoverkehr und den Schlangenfängern zum Opfer. Die Waldklapperschlange ist scheu und warnt durch lautes Rasseln, bevor sie sich verteidigt. In den südlichen Apalachen nehmen die Gläubigen gewisser Sekten bei religiösen Riten die Waldklapperschlange in die Hand. Bisse sind dann häufig, werden aber nicht behandelt. *Crotalus horridus* ernährt sich weitgehend von Kleinsäugern und Vögeln. Die Waldklapperschlange, der Kupferkopf und andere Schlangen überwintern nicht selten gemeinsam in großer Anzahl an den gleichen Stellen. Solche Plätze, an denen sich Hunderte oder mehr Klapperschlangen einfinden, liegen gewöhnlich an südlichen Felshängen, an denen sich die Schlangen im Frühjahr und Herbst sonnen können. Die geschlechtsreifen Tiere paaren sich im Frühjahr nach dem Erwachen aus der Überwinterung. Im Spätsommer werden 5–17 lebende Junge geboren. Im Norden ihres Verbreitungsgebietes setzt *Crotalus horridus* jedes zweite Jahr Junge ab. Im Süden kommt es jährlich zur Geburt.

Haltung und Zucht: Die Waldklapperschlange gelangt häufig nach Europa. Sie gewöhnt sich schnell in die Gefangenschaft ein und wird bald recht zahm. Diese Erfahrung machte ich nicht nur mit jungen, sondern auch mit erwachsenen Exemplaren. Bei sorgsamer Pflege und zweckentsprechender Einrichtung des Behälters ist diese Art sehr langlebig. Bei Father Jerome Rupprecht, einem Geistlichen aus Latrobe in Pennsylvania, lebt ein Tier schon seit über 30 Jahren und hält damit einen Altersrekord. *Crotalus horridus* sollte in einem hell stehenden oder 10–12stündig beleuchteten, geräumigen Terrarium mit einer Bodenfüllung aus Sand und Waldhumus untergebracht werden. Eine lokale, sehr milde Bodenheizung ist zu empfehlen. Ein Trinkgefäß mit stets frischem Wasser darf nicht fehlen. Als Unterschlupf eignen sich ein hohler Baumstamm oder einige große, zu einer Höhle zusammengeschichtete Steine. Einige eingetopfte Brombeerranken wachsen gut, wenn sie hinreichend feucht gehalten werden und genügend Licht erhalten. Bei Tagestemperaturen zwischen 23 und 28 °C fühlt sich die Waldklapperschlange wohl. In der Nacht sollte die Temperatur auf 18–20 °C sinken. Mäuse, Ratten, Hamster und kleine Kaninchen werden von der Schlange tot und lebend gefressen. In Anpassung an natürliche Klimaverhältnisse sollte man *Crotalus horridus* mindestens 4 Monate bei Temperaturen unter 10 °C überwintern lassen. Man sollte sich vor Augen führen, daß der Winter im Verbreitungsgebiet dieser Art oft viel grimmiger und länger ist als bei uns. Die Zucht der Waldklapperschlange ist schon mehrfach in der Gefangenschaft gelungen. Bastarde zwischen

Crotalus adamanteus und *Crotalus horridus atricaudatus* sind bekannt.

Crotalus lepidus
Felsenklapperschlange
4 Unterarten
(Bild Seite 68)

Kennzeichen: Die Felsenklapperschlange besitzt einen flachen, dreieckigen, deutlich vom Hals abgesetzten Kopf und einen kräftigen Rumpf. Das Auge ist klein, die Pupille im Licht senkrecht geschlitzt. Die stark gekielten Schuppen umgeben die Körpermitte in 21–25 Reihen. Die stark wechselnde Körperfärbung paßt sich weitgehend dem Fundort der Schlange an. Es gibt bräunliche, graue, graugrüne, weißgraue, bläuliche und rosafarbene Exemplare. Auf dieser Grundfärbung bedekken schwarze, weiß gerandete Querbinden oder Flecken die Rückenseite in ungefähr gleichen Abständen. *Crotalus lepidus maculosus* ist von zahlreichen großen und kleinen schwarzen Sprenkeln bedeckt. Der Postokularstreifen, der bei *Crotalus lepidus klauberi* fehlt, ist bei den anderen 3 Unterarten gut ausgebildet. Die Bauchseite zeigt porzellanfarbene bis rötliche Farbtöne.
Länge: Bis 77 cm.
Herkunft und Lebensweise: Die Felsenklapperschlange bewohnt West-Texas, das südliche Neu-Mexiko, Süd-Arizona und weite Teile des mittleren Mexiko. Die Unterart *Crotalus lepidus morulus* lebt in dem mexikanischen Staat Tamaulipas. *Crotalus lepidus maculosus* ist eine Bewohnerin der pazifischen Hänge der Sierra Madre Occidental. Sowohl *Crotalus lepidus morulus* wie auch *Crotalus lepidus maculosus* – beide Unterarten kommen teilweise häufig vor – bevorzugen leicht feuchten Untergrund in Kiefern-Eichen-Mischwäldern. Die Biotope von *Crotalus lepidus maculosus* sind wegen fehlender Wege nicht oder schwer zugänglich und daher nur teilweise erforscht. Ihre optimale Aktivität enfalten die beiden Unterarten in der Regenzeit bei diesigem Himmel. Wie der Name schon andeutet, kommt die kleine Klapperschlange auf felsig-buschigem Terrain in höheren Berglagen zwischen 350–3200 m vor. Im Frühjahr und Herbst ist *Crotalus lepidus* weitgehend am Tag aktiv. Sie sonnt sich und verschwindet bei Störung sofort in Felsritzen oder unter Steinblöcken. In der heißen Jahreszeit wird sie in der Dämmerung und am Abend munter. Ihre Nahrung besteht aus Echsen, Mäusen und kleinen Vögeln, angeblich auch Schlangen, Fröschen und Insekten. Die Felsenklapperschlange flieht vor dem Menschen, beißt aber zu, wenn man ihr zu nahe kommt. Sie produziert geringe Mengen eines sehr wirksamen Giftes. *Crotalus lepidus* verbringt 4–5 Monate in der Überwinterung unter Felsen. Die Paarung befindet im Frühjahr und oft im Herbst statt. Im Juli oder August werden 3–10 Junge geboren, die zwischen 15 und 20 cm lang sind. Ihre erste Nahrung besteht aus kleinen Eidechsen.
Haltung und Zucht: Die Haltung von *Crotalus lepidus* bereitet keine Schwierigkeiten. Seit 7 Jahren pflegt der Verfasser 3 Weibchen von *Crotalus lepidus klauberi* in einem 1 m-Terrarium, dessen Bodengrund aus feinem, roten Sand besteht und von flachen, hohl liegenden Sandsteinen durchsetzt ist. Zur Rückwand sind Steinplatten so übereinandergeschichtet, daß zahlreiche Spalten entstehen, zwischen denen sich die Schlangen aufhalten. Ein 15 W-Bodenheizkabel und eine Parabolbirne als Licht- und Wärmequelle sind am Tage 10 Stunden in Betrieb. Die Einrichtung wird durch ein Trinkgefäß vervollständigt. Die Heizlampe strahlt so auf die Steine, unter denen sich die Schlangen befinden, daß dort Temperaturen zwischen 28 und 32 °C entstehen. Die Lufttemperatur des Behälters beträgt am Tage 24–28 °C und in der Nacht 18–22 °C. Am Abend und in der Nacht kriechen die Schlangen umher. Ich füttere ausschließlich kleine bis mittlere Mäuse, die beim Vorüberlaufen aus dem Versteck heraus blitzschnell gebissen werden. Bisher habe ich den Felsenklapperschlangen eine ungefähr 4mo-

natige Winterruhe zwischen 8 und 12 °C zukommen lassen. *Crotalus lepidus* wurde mehrmals in der Gefangenschaft nachgezüchtet und ist einfach zur Paarung zu bringen. Die Trächtigkeitsdauer ist mit 21–22 Monaten ungewöhnlich lange. Die meisten Embryos werden leider in der Mitte der Tragzeit oder früher abgestoßen. An dieser Stelle seien auch Bastarde zwischen *Crotalus lepidus klauberi* und *Crotalus lepidus maculosus* kurz erwähnt.

Crotalus mitchellii
Gefleckte Klapperschlange
5 Unterarten

Kennzeichen: Die verhältnismäßig plump gebaute Schlange besitzt einen kurzen, keilförmigen Kopf, der sich deutlich vom Hals absetzt. Das Auge ist klein, die Pupille im Licht senkrecht geschlitzt. Die Augenbrauenschilde sind leicht aufgewölbt und stehen etwas über. Bei *Crotalus mitchellii angelensis* und *Crotalus mitchellii stephensi* sind die Augenbrauenschilder durch eine Naht in zwei Teile geteilt. Die Schuppen sind stark gekielt und umgeben die Körpermitte in 23–27 Reihen. Die grauweiße, graue, gelbliche, braune oder rotbraune Schlange weist auf dem Rücken undeutliche, zuweilen auch sehr deutliche Flekken verschiedenartiger Färbung und Form auf. Die Flecken, die oft dunkel gerandet sind, können sich auf den Körperseiten zu Querbinden erweitern. Zahlreiche kleine Tupfen bedecken die gesamte Körperoberfläche. Es gibt Exemplare, die wie gepudert aussehen. Die Kopfoberseite ist dunkel gefleckt. Ein dunkles Schläfenband verbindet das Auge mit dem Mundwinkel. Der Schwanz ist einfarbig oder grau gesprenkelt.
Länge: Selten über 120 cm.
Herkunft und Lebensweise: Crotalus mitchellii ist in den südwestlichen USA, in Baja California und in Nordwest-Mexiko beheimatet, wo sie vom Meeresspiegel an bis zu Höhenlagen von 2600 m gefunden wird. *Crotalus mitchellii angelensis* (Angel de la Guarda Island) *Crotalus mitchellii muertensis* (El Muerto Island) sind Inselformen. Die Gefleckte Klapperschlange bevorzugt wüstenartiges Gelände, das von zahlreichen Steinblöcken, Felsen und niedrigem Gestrüpp durchsetzt ist. Weniger häufig kommt sie in lichten Kiefernwäldern, in Wacholderbeständen und nur sehr gelegentlich auf sandigem Untergrund vor. Je nach Jahreszeit oder Witterung ist sie tag- oder nachtaktiv. Ihre Nahrung besteht aus Kleinsäugern, Vögeln und Eidechsen. *Crotalus mitchellii* ist sehr leicht reizbar. Wird sie im Gelände unerwartet überrascht, so zieht sie sich nicht immer zurück, sondern versucht den Eindringling durch lautes Rasseln und wildes Zubeißen zu vertreiben. Die Überwinterung dauert in der Regel von Oktober/November bis März/April. Die Paarung findet im Frühjahr statt. Die 6–20 Jungen, die bei der Geburt ungefähr 25 cm lang sind, werden meist im September abgesetzt.
Haltung und Zucht: Die am häufigsten nach Deutschland importierte Unterart der gefleckten Klapperschlange ist *Crotalus mitchellii pyrrhus*. Die Gefleckte Klapperschlange ist in einem hell stehenden oder am Tage 10–12 Stunden beleuchteten Wüstenterrarium bei Tagestemperaturen zwischen 25 und 32 °C, mit einer nächtlichen Abkühlung auf 18–22 °C, zu pflegen. Sie ist überaus haltbar und langlebig und nimmt lebende und tote Mäuse willig von der Pinzette. Die einzelnen Exemplare können individuell sehr verschieden ausgeprägt sein. Während manche Tiere mit der Zeit eine ruhige Wesensart annehmen, rasseln andere noch nach Jahren, wenn man an ihren Behälter tritt. *Crotalus mitchellii* sollte 3–5 Monate bei Temperaturen zwischen 8–12 °C überwintert werden. Die Nachzucht ist schon mehrmals in der Gefangenschaft gelungen. Die in 3 geographischen Rassen auftretende *Crotalus enyo (Cr. enyo enyo, Cr. enyo cerralvensis, Cr. enyo furvus)* wie die auf der „Tortuga Island“ lebende *Crotalus tortugensis* haben die gleichen Biotopansprüche wie *Cr. mitchellii* und verlangen daher die gleiche Pflege.

Crotalus molossus
Schwarzschwanz-Klapperschlange
3 Unterarten

Kennzeichen: Der breite, dreieckige Kopf setzt sich deutlich vom Hals ab. Das Auge ist klein, die Pupille im Licht zu einem senkrechten Spalt verengt. Der Rumpf ist mäßig untersetzt. Die gekielten Schuppen umgeben die Körpermitte in 23–29 Reihen. Der schwarze Schwanz und die oft schwarze Schnauzenspitze heben sich deutlich von der gelben, grauen, olivfarbenen oder grünlichen Grundfärbung des Körpers ab. Der Rücken ist schwarz gefleckt oder von unregelmäßig gezackten schwarzen Querbinden umgeben. Die Flecken oder Querbinden sind weiß oder gelb gerandet und im Kern weiß oder gelb getupft. Bei *Crotalus molossus estebanensis*, die auf der San Esteban-Insel im Golf von Kalifornien lebt, sind die schwarzen oder braunen Querbinden deutlich ausgeprägt. Die weißen Ränder bilden ebenfalls Querbinden. *Crotalus molossus nigrescens* zeigt eine sehr dunkle oder schwarze Körperfärbung. Auf dem Rükken verschmelzen die hellen Ringe miteinander und bilden ein Kettenmuster.
Länge: Selten über 125 cm.
Herkunft und Lebensweise: Crotalus molossus kommt in den südwestlichen USA, in Nord- und Zentral-Mexiko vor. Sie lebt hauptsächlich im Gebirge in Höhen bis ungefähr 3100 m. Sie bevorzugt steiniges bis felsiges Gelände mit lichten Kiefern- und Eichenwäldern. Zuweilen kommt sie in Kaktusbeständen oder unter großen Agaven vor. Im Frühjahr und Herbst ist sie am Tage munter. In der heißen Jahreszeit findet man sie am frühen Morgen, in der Dämmerung und in der Nacht außerhalb ihrer Schlupfwinkel. Sie ist nicht sehr aggressiv und beißlustig, klappert aber laut, wenn sie überrascht wird. Besonders aktiv und in großer Zahl unterwegs ist sie in Sommernächten nach warmen Regenfällen. In einer kleinen Ortschaft in Vera Cruz sah der Verfasser Indios, die mit dieser Schlange *(Crotalus molossus nigrescens)* sehr sorglos umgingen. Sie holten die Tiere aus einer großen Regentonne und nahmen sie in die bloße Hand. Die frisch gefangenen Klapperschlangen, die im besten Zustand waren und ihre Giftzähne besaßen, machten keine Beißversuche. Die Schwarzschwanz-Klapperschlange ernährt sich hauptsächlich von Mäusen, gelegentlich frißt sie Eidechsen. Im Juli oder August werden die Jungen geboren, die bei ihrer Geburt zwischen 25 und 27 cm lang sind.
Haltung und Zucht: Die Schwarzschwanz-Klapperschlange verlangt einen geräumigen, hell stehenden Behälter mit einer sandig-lehmigen Bodenschicht, die man ein wenig mit trockenen Kiefernnadeln oder Blättern überdeckt. Eine Bodenheizung ist überflüssig. *Crotalus molossus* hält sich am besten bei Tagestemperaturen zwischen 20 und 25 °C und Nachttemperaturen zwischen 16 und 18 °C. Hohe Dauerwärme verträgt sie nicht. Bei Temperaturen über 25 °C frißt sie schlecht oder würgt die halb verdaute Nahrung wieder aus. Die Schwarzschwanz-Klapperschlange wird meist erst in der Nacht munter. Als Futter bietet man Mäuse, die sie willig von der Pinzette nimmt. In Anlehnung an natürliche Verhältnisse ist eine 4–5monatige Überwinterung bei Temperaturen unter 10 °C notwendig. Die Schwarzschwanz-Klapperschlange wurde bisher nur in den Vereinigten Staaten nachgezüchtet.

Crotalus polystictus
Mexikanische Lanzenkopf-Klapperschlange

Kennzeichen: Crotalus polystictus hat einen länglich-eiförmigen Kopf, der sich nur mäßig vom Hals absetzt und einen kräftigen Körper-

---

Oben links: Abb. 50: Bitis nasicornis (Nashornviper) s. Seite 94
Oben rechts: Abb. 51: Crotalus willardi willardi (Willard-Klapperschlange) s. Seite 168
Unten: Abb. 52: Crotalus viridis lutosus (Prärieklapperschlange) s. Seite 167

bau. Das Auge ist klein, die Pupille im Licht senkrecht geschlitzt. Gewöhnlich umgeben über 25 Reihen gekielter Schuppen die Körpermitte. Wie bei allen Klapperschlangen ist das Analschild ungeteilt. Typisch für *Crotalus polystictus* ist ein Paar schmaler Intercanthalschilde, die 2mal so lang wie breit sind. Im Zeichnungsmuster, das dem einer Siamesischen Kettenviper *(Vipera russelli siamensis)* ungewöhnlich nahe kommt, weicht *Crotalus polystictus* so sehr ab, daß sie mit keiner anderen Klapperschlangenart verwechselt werden kann. Die Grundfärbung des Körpers ist gelblich, beige oder hellbraun. Zwei gegeneinander versetzte Reihen länglich-ovaler Flecken, die rehbraun und von einer feinen schwarzen und weißen Einfassung umgeben sind, ziehen sich über den Rücken. Große Flecken gleicher Färbung bedecken die Flanken. Am Schwanzende gehen die Flecken in unregelmäßige Binden über. Ein V-förmiger, heller und schwarz eingefaßter Winkelfleck ziert die Kopfoberseite. Dieser Fleck überzieht die Supraokularschilde auf beiden Kopfoberseiten. Eine breite braune Schläfenbinde reicht vom Hinterrand des Auges zum Mundwinkel. An den Kopfseiten befinden sich 2 weitere braune Flecken. Einer reicht vom Auge, der andere vom grubenförmigen Wärmesinnesorgan ausgehend zum Maulrand.

Länge: 70–85 cm, selten über 90 cm.

Herkunft und Lebensweise: Crotalus polystictus bewohnt die vielen kleinen Hochplateaus in folgenden mexikanischen Staaten: das südliche Zacatecas, Aguascalientes, das östliche Jalisco, Guanajuato, Michoacán, Distrito Federal, Morelos, das östliche Zentral-Vera Cruz. Es ist möglich, daß die seltene Klapperschlange auch in Queretaro, Hidalgo, Mexico, Tlaxcala, Puebla und Oaxaca vorkommt. *Crotalus polystictus* lebt in Höhenlagen zwischen 1600 und 2900 m in offenem, von hohen Gräsern bestandenem und feuchtem Gelände. Man trifft sie auch in lichten Kiefern- und Eichenwäldern an. Bevorzugt wird felsiges Gelände. Im Frühjahr ist die Mexikanische Lanzenkopf-Klapperschlange, die an manchen Stellen häufig auftritt, leicht zu sehen und zu erbeuten, da das Gras zu dieser Jahreszeit noch nicht alles überwuchert hat. Der Verfasser kennt eine Fundstelle am Chapala-See in Jalisco. Die Schlangen, die dort zahlreich vorkommen, leben in kleinen Legesteinmäuerchen und Steinhäufen in unmittelbarer Ufernähe und führen eine fast semiaquatische Lebensweise, was für eine Klapperschlange wohl einmalig sein dürfte. Werden sie überrascht, so fliehen sie nicht selten ins Wasser und tauchen sogar unter. Die meisten *Crotalus polystictus* verhalten sich friedfertig. Manche Tiere machen beim Fang keinen Gebrauch von ihren Giftzähnen, sondern verbergen den Kopf zwischen ihren Körperschlingen. Im Frühjahr ist ein derartiges Verhalten besonders ausgeprägt. Im Sommer zeigt sich *Crotalus polystictus* aggressiv und verschwindet dann durchaus nicht immer, wenn man sich nähert. Gelegentlich öffnen sie bei Gefahr sogar drohend ihr Maul wie *Agkistrodon piscivorus*. Sympatrisch, im gleichen Gebiet, mit *Crotalus polystictus* lebt *Lampropeltis triangulum arcifera*. Diese harmlose Natter frißt gelegentlich Mexikanische Lanzenkopf-Klapperschlangen. *Crotalus polystictus* ernährt sich hauptsächlich von kleinen Nagetieren, Vögeln und Eidechsen. Es werden 3–20 Junge geboren, die bei der Geburt ungefähr 23 cm lang sind.

Haltung und Zucht: Crotalus polystictus ist eine Klapperschlange, die im Reptilienhandel kaum angeboten wird, und die man bei entsprechenden Kontakten im gegenseitigen Austausch von privaten Schlangenpflegern aus USA erhält. Diese seltene und ungewöhnliche Klapperschlange pflegt man als Einzeltier in einem mittelgroßen Behälter (ungefähr

---

Oben links: Abb. 53: Echis coloratus (Arabische Sandrassel-Otter) s. Seite 107
Oben rechts: Abb. 54: Crotalus pusillus (Tancitaro-Klapperschlange) s. Seite 162
Unten: Abb. 55: Trimeresurus erythrurus (Smaragd-Bambusotter) s. Seite 177

80 × 60 × 60 cm) mit einem guten Unterschlupf aus Steinen oder einem Baumstubben. Als Bodengrund verwendet man eine Mischung aus Sand, Walderde und Torf, die sich leicht feucht halten läßt. Wie *Crotalus willardi* und *Crotalus pricei* ist auch *Crotalus polystictus* eine Hochgebirgsform und bevorzugt daher niedrigere Temperaturen. Als teilweise semiaquatile Art hat sie ein hohes Feuchtigkeitsbedürfnis, so daß man entsprechend häufig Sprühen sollte. Natürlich darf auch ein trockenes Plätzchen im Terrarium nicht fehlen. Der Behälter soll gut durchlüftet sein. Wenn *Crotalus polystictus* auch keine konstant hohen Dauertemperaturen verträgt, so dürfen die Luft- und Bodentemperaturen am Tage ohne weiteres 29°C erreichen. Ein nächtliches Abfallen auf 10°C schadet nicht und ist wünschenswert und für die Schlange gesundheitsfördernd. Mexikanische Lanzenkopf-Klapperschlangen, die unter solchen Bedingen gehalten wurden, gediehen gut, fraßen regelmäßig und nahmen an Körpergewicht zu. *Crotalus polystictus* ist leicht erregbar. Schon auf Bodenerschuütterungen reagiert die Schlange nervös; darauf ist bei einem solch seltenen Reptil unbedingt Rücksicht zu nehmen. Man stellt daher das Terrarium an einem ruhigen Ort auf und halte auch andere Reize fern, die Furcht verursachen könnten. So sollten die Behälter schlangenfressender Schlangen nie neben anderen Schlangenbehältern untergebracht werden. Frisch gefangene *Crotalus polystictus* werden sonst einem solchen Streß ausgesetzt, daß sie darauf nicht selten die Nahrung verweigern. Die Untersuchungen von Clarke und Marx zeigen deutlich, wie ungünstig sich Streß auf Schlangen auswirkt. Bereits wenn eine Person den Beobachtungsraum, in dem die Schlangen untergebracht waren, betrat oder verließ, stieg der Pulsschlag bei *Crotalus ruber* erheblich an. Derartige physiologische Veränderungen, die durch Angst (Geruch von *Lampropeltis*-Arten, den Anblick von Menschen und selbst durch leichte Vibrationen) hervorgerufen wurden, konnten mit Hilfe eines Elektrokardiographen nachgewiesen werden. Als Futter bietet man wöchentlich bis 14tägig ein bis zwei Mäuse. Eine 4monatige Überwinterung zwischen 4 und 10°C ist notwendig. *Crotalus polystictus* wurde bisher noch nicht in der Gefangenschaft zur Nachzucht gebracht. Trächtig gefangene Weibchen haben jedoch schon mehrfach lebende Junge zu Welt gebracht, die bei der Geburt 21–23 cm lang waren und durchschnittlich 9g wogen. Die im Terrarium geborenen und aufgezogenen Jungtiere zeigten als Erwachsene mehrfach Paarungsverhalten. Noch schwieriger erhältlich als *Crotalus polystictus* ist die kleine aus Sinaloa stammende *Crotalus stejnegeri*.

Crotalus pricei
Prices Klapperschlange
2 Unterarten

Kennzeichen: Crotalus pricei, die in den USA unter dem Namen „Twin-spotted Rattlesnake“ bekannt ist, besitzt einen schlanken Körper, einen flachen, länglich-eiförmigen Kopf, der sich deutlich vom Hals absetzt. Das Auge ist groß, die Pupille im hellen Licht senkrecht geschlitzt. Die Rückenschuppen sind gekielt und umgeben die Körpermitte in 21–23 schrägen Reihen. Das Analschild ist ungeteilt. Die graue bis blaugraue Grundfärbung des Körpers ist von feinen braunen Tupfen bedeckt. Zwei Reihen brauner Flecken – ungefähr 50 an der Zahl –, die gegeneinander meist leicht versetzt sind, ziehen sich über die Rückenmitte. Diese Doppelfleckenreihe hat der Schlange die amerikanische Bezeichnung „Twin-spotted“ eingetragen, was soviel wie Zwillingsflecken-Klapperschlange bedeutet. Diese Flecken sind von einem dunkelbraunen oder schwarzen Rand umgeben. Die Körperseiten sind von 3 Reihen wechselweise stehenden, kleineren und schwächer gefärbten Flecken bedeckt, die im Alter immer undeutlicher werden. Der Kopf ist einfarbig dunkelgrau. Ein dunkelgrauer Schläfenstreifen zieht sich vom Hinterrand des Auges zum Mundwinkel. Die Lippenschilde sind weißlich bis

porzellangrau. Die porzellanfarbige Bauchseite ist dunkelgrau gepudert. Der Schwanz ist von dunkelbraunen Ringen umgeben.
Länge: 40–50 cm, in seltenen Ausnahmen bis 60 cm oder sogar etwas mehr.
Herkunft und Lebensweise: Die Nominatform ist in Südost-Arizona und Nordwest-Mexiko, die Unterart *Crotalus pricei miquihuanus* in den mexikanischen Staaten Coahuila, Nuevo Leon und Tamaulipas beheimatet. Die kleine, verborgen lebende Klapperschlange kommt in Höhenlagen zwischen 2400 und 3000 m vor. Häufig ist die Schlange in den Chiricahua-, den Pinalenos-, den Dos Cabezas-, den Santa Rita- und den Huachuca-Berger in Süd-Arizona. Prices Klapperschlange wird nicht in den Tälern zwischen den Bergen gefunden, so daß die Populationen voneinander getrennt sind. Die Schlange bevorzugt felsiges Gelände, das von lichtem Eichen- und Kiefernwald sowie von niedrigem Gestrüpp, Grasbüscheln und Agaven durchsetzt ist. Hier kommt sie überall an Felsen, im Gras, im Gebüsch und auf unbewachsenem Boden vor. *Crotalus pricei* lebt weitgehend tagaktiv, da nächtliche Aktivitäten durch niedrige Temperaturen und häufige, heftige Gewitter eingeschränkt werden. Während der warmen Sommerregen findet man sie oft außerhalb ihrer Schlupfwinkel. Am Morgen setzt sie sich mit Vorliebe zwischen Steinen und an Felsen der direkten Sonneneinstrahlung aus. Ihre Nahrung besteht hauptsächlich aus Eidechsen, besonders Zaunleguanen *(Sceloporus jarrovi)*. Sie frißt aber auch kleine Mäuse. Im Gegensatz zu der fast ebenso großen *Crotalus lepidus klauberi* ist *Crotalus pricei* farblich hervorragend an ihre natürliche Umgebung angepaßt. Sie ist scheu und flieht sofort, wenn sich ein Feind nähert oder wenn sie Erschütterungen wahrnimmt. In dieser Hinsicht unterscheidet sie sich wesentlich von ihren großen Gattungsverwandten. Ihre Klapper verursacht nur schwache Geräusche, die an das Schwirren eines Insektes in trockenem Laub erinnern. Die Überwinterung dauert von September/Oktober bis zum April. Im Juli oder August werden 3–8 lebende Junge geboren, die bei der Geburt zwischen 16 und 17,5 cm lang sind und nach ungefähr einer Woche häuten.
Haltung und Zucht: Crotalus pricei ist im Terrarium ein selten gehaltener Pflegling, der wegen seiner geringen Größe mit einem kleinen Behälter vorlieb nimmt. Als Bodengrund verwendet man ein Gemisch aus Sand und Walderde, einige Steine oder einen kleinen Baumstubben als Unterschlupf. Auf Bepflanzungen braucht man nicht zu verzichten, da die Bepflanzung wegen des geringen Gewichtes der Schlange nicht zerdrückt wird. Einige Moospolster verleihen dem Terrarium ein natürlicheres Aussehen. Eine Bodenheizung erübrigt sich. Das Terrarium sollte allerdings hell stehen und Morgensonne erhalten. Eine Stelle sollte stets milde erwärmt werden, was auch mit einer Heizlampe möglich ist. *Crotalus pricei* liebt tagsüber Temperaturen zwischen 24 und etwas über 30 °C, die in der Nacht unter 18 °C sinken sollten. Obwohl sich Prices Klapperschlange in der Natur vorwiegend von Eidechsen ernährt, wird man in der Gefangenschaft doch auf kleine Mäuse zurückgreifen müssen. In Anpassung an die natürlichen Verhältnisse ist eine Winterruhe von 4–5 Monaten notwendig. Bei richtiger Pflege ist *Crotalus pricei* in der Gefangenschaft dauerhaft. Ein Exemplar, das der Verfasser im Herbst 1977 als erwachsenes Tier einführte, lebt seit dieser Zeit bei Willi Schweinfurt in bester Verfassung. Die Haltung bereitet keine Schwierigkeiten und die Schlange nimmt anstandslos Mäuse als Nahrung an. Am Tage steigt die Lufttemperatur auf 33 °C und fällt nachts auf 23 °C. Die Schlange sucht nachts die kühleren Stellen auf Steinen auf, die sicher eine Temperatur unter 23 °C aufweisen. Dieses Tier verhält sich keineswegs scheu, sondern beißt blitzschnell und wuchtig zu, wenn man ihm zu nahe kommt. Über eine echte Nachzucht in der Gefangenschaft wurde meines Wissens bisher noch nicht berichtet. Trächtig gefangene Weibchen haben jedoch schon mehrfach Junge abgesetzt, die auch aufgezogen wurden.

Crotalus pusillus
Tancitaro-Klapperschlange
(Bild Seite 158)

Kennzeichen: Crotalus pusillus ist eine kleine Klapperschlange mit kurzem, dreieckigem Kopf, einem schlanken Hals, einem verhältnismäßig schlanken Rumpf und einem dünnen, langen Schwanz. Das Auge ist relativ groß, die Pupille im Licht zu einem senkrechten Schlitz verengt. Die gekielten Schuppen umgeben die Körpermitte in 23– 25 Reihen. Wie bei allen Klapperschlangen ist das Afterschild ungeteilt. Auf dunkelbrauner Grundfärbung überziehen den Rücken eine Reihe kaffeebrauner Sattelflecken. Diese Rückenflecken, die manchmal geteilt sein können, sind von einer feinen, schwarzen Linie umgeben. Ein breites, schwarzbraunes Band verläuft vom Auge zur Halsseite. Das Kopfende zieren 2 dunkle, schräg zueinanderstehende Tupfen. Die Flanken sind von einer Reihe kaffeebrauner Flecken bedeckt, die mehr oder weniger deutlich hervortreten können.
Länge: 60–70 cm.
Herkunft und Lebensweise: Diese Art ist im westlichen Michoacán und im südlichen Jalisco beheimatet, wo sie hauptsächlich in höheren Bergregionen vorkommt. In den feuchten Kiefern- und Eichenwäldern der Sierra de Coalcoman findet man *Crotalus pusillus* häufig. Der Verfasser sammelte die kleine Klapperschlange in der Umgebung von Uruapan auf dem Cerro Tancitaro in Höhenlagen zwischen 1700 und 2000 m. Sie lebt hier auf vulkanischem Untergrund in sehr lichten Kiefernwäldern. Besonders bei diesiger Witterung hält sie sich außerhalb ihrer Schlupfwinkel vor Felsen und verrottenden Baumstämmen auf. Meist liegt sie im Moos oder auf abgefallenen Blättern. Wegen der niedrigen Nachttemperaturen in ihren Biotopen ist *Crotalus pusillus* weitgehend tagaktiv. Sie flieht vor dem Menschen. Ihr schmales Rasselorgan am Schwanzende, das ein schnarrendes Geräusch hervorbringt, gebraucht sie nur gelegentlich. *Crotalus pusillus* ist keinesfalls aggressiv. Sie beißt aber blitzschnell zu, wenn sie sich gestört fühlt und man ihr dann zu nahe kommt. In der Natur ernährt sich *Crotalus pusillus* von Eidechsen, hauptsächlich von *Sceloporus*-Arten und von Mäusen. Wie die anderen Klapperschlangenarten bringt auch *Crotalus pusillus* lebende Junge zur Welt, die bei der Geburt ungefähr 17 cm lang sind.
Haltung und Zucht: Die Tancitaro-Klapperschlange gedeiht am besten in Einzelhaltung in einem hell stehenden, mittelgroßen Terrarium mit gelegentlicher Vor- oder Nachmittagssonne. Als Bodengrund eignet sich ein Gemisch aus Sand und Tonerde, das man mit Tannenoder Kiefernnadeln überdeckt. Bei der geringen Größe und dem geringen Gewicht der Schlange wird auch die Bepflanzung nicht zerdrückt. Als Versteck bietet man einen kleinen Baumstubben, einige Zierkorkstücke oder zusammengeschichtete Steine. Die kleine Klapperschlange ist ziemlich bewegungsträge und meist in ihrem Unterschlupf anzutreffen. Ein Trinkgefäß mit stets frischem Wasser darf nicht fehlen. Die Tancitaro-Klapperschlange liebt ein gelegentliches Übersprühen mit leicht angewärmtem Wasser. Sie bevorzugt Temperaturen zwischen 18 und 24 °C und eine nächtliche Abkühlung. Oberhalb der genannten Temperatur ist sie hinfällig, sonst aber recht haltbar. Als Futter bietet man alle 2 Wochen eine Maus mittlerer Größe, die die Schlange lebend oder tot von der Pinzette in Empfang nimmt. Eine ungefähr 2monatige Überwinterung zwischen 12 und 15 °C ist zu empfehlen. *Crotalus pusillus* wurde meines Wissens bisher noch nicht in der Gefangenschaft nachgezüchtet. *Crotalus aquilus, Crotalus intermedius, Crotalus polystictus, Crotalus transversus* und *Crotalus triseriatus* kommen teilweise im gleichen Verbreitungsgebiet und in den selben hohen oder noch höheren Berglagen in lichten Kiefern- und Eichenwäldern auf leicht feuchtem Untergrund vor. Da sie die Ansprüche an den Lebensraum und das Klima wie *Crotalus pusillus* stellen, sind sie genau so zu pflegen. Diese kleinen Arten werden selten angeboten.

Crotalus ruber
Rote Diamantklapperschlange
5 Unterarten
(Bild Seite 139)

Kennzeichen: In ihrer äußeren Erscheinung zeigt sich die Rote Diamantklapperschlange als rötliches, rostbraunes oder beigefarbenes Abbild der Westlichen Diamantklapperschlange. Der wuchtige, breite Kopf setzt sich deutlich von dem schlanken Hals und dem kräftigen Rumpf ab. Die Augen sind mäßig groß, die Pupillen im Licht senkrecht geschlitzt. Die stark gekielten Schuppen umgeben die Körpermitte in 25–33, meist jedoch in 29 Reihen. *Crotalus ruber* zeigt auf dem Rücken eine etwas undeutliche Zeichnung. Die einzelnen Figuren des Kettenmusters, die hell oder weiß gerandet sind, berühren sich. Der Kopf ist einfarbig rost- oder hellbraun. Je eine undeutliche Linie beginnt vor und hinter dem Auge und verläuft schräg nach hinten zum Mundrand und zum Mundwinkel. Der Schwanz ist von weißen und schwarzen Querringen umgeben, die sich von der rotbraunen Grundfärbung des Körpers wirkungsvoll abheben. Die Bauchseite ist rotbraun und weißlich gefleckt.
Länge: Etwas über 160 cm.
Herkunft und Lebensweise: Die Nominatform ist im südwestlichen Kalifornien und im nördlichen und mittleren Baja California (Mexiko) beheimatet. *Crotalus ruber lucasensis* lebt in südlichen Baja California. Drei weitere geographische Rassen *(Crotalus ruber elegans, Crotalus ruber lorenzoensis, Crotalus ruber monserratensis)* kommen auf einigen kleinen, mexikanischen Inseln vor. Im Gegensatz zu *Crotalus atrox* ist *Crotalus ruber* ungewöhnlich ruhig und nicht angriffslustig. In der Natur rasselt sie bei Störungen oder bei Gefahr meist nicht. Die Rote Diamantklapperschlange kommt von Meeresniveau bis zu 1700 m Höhe vor. Sie ist eine ausgesprochene Bewohnerin südlicher, windgeschützter Berghänge, deren emporragende Sandsteinfelsen und Geröllhalden von dichtem Gestrüpp und Kaktusbeständen umwachsen sind. In der Ebene findet man diese große Klapperschlange in den von Mesquite und Kakeen durchsetzten Wüsten. Auf grasigem Terrain und in kultiviertem Gelände trifft man sie seltener. Ihre Nahrung besteht aus allerlei Kleinsäugern und Vögeln, hauptsächlich frißt sie Kaninchen, Erdhörnchen und Ratten. Ihre Winterquartiere, die sie von September bis November aufsucht, verläßt sie im Februar oder März. *Crotalus ruber* paart sich kurz nach der Überwinterung. Die Männchen liefern sich vor der Paarung die auch bei anderen Arten bekannten Kommentkämpfe. Im August oder September werden 6–14 Junge geboren, die eine Länge von 30–35 cm haben. Die erste Häutung findet 10–12 Tage nach der Geburt statt.
Haltung und Zucht: Nach meinen jahrelangen Erfahrungen mit dieser Art gewöhnt sich die Rote Diamantklapperschlange, ein verbreiteter Terrarienpflegling, schnell in die Gefangenschaft ein, ist langlebig und wird ungewöhnlich zahm. Es gibt ausgewachsene Exemplare, die sich so sehr an den Pfleger gewöhnt haben, daß sie sich widerstandlos in die Hände nehmen lassen. Trotz des milden Temperaments von *Crotalus ruber* sollte man derartige Experimente unterlassen; die Schlange kann jederzeit unerwartet zubeißen. Sie besitzt einen großen Vorrat an Gift und lange Giftzähne. Ihr Gift ist nicht sehr wirkungsvoll, kann aber trotzdem einen Menschen töten. *Crotalus ruber* verlangt die gleiche Pflege wie *Crotalus atrox*. In Anlehnung an natürliche Verhältnisse ist auch in der Gefangenschaft eine 3–4monatige Überwinterung bei herabgesetzter Temperatur angezeigt. Die Nachzucht ist nicht schwierig und schon mehrfach gelungen. Im Zoo von San Diego kam es zur Paarung von *Crotalus viridis helleri* (Männchen) und *Crotalus ruber ruber* (Weibchen). Aus dieser bemerkenswerten Kreuzung gingen 9 Bastarde hervor, die in ihrem Aussehen mehr an *Crotalus viridis helleri* und an *Crotalus scutulatus* erinnerten als an *Crotalus ruber*. Gelegentlich werden *Crotalus*

catalinensis, Crotalus enyo, Crotalus enyo furvus und *Crotalus exsul* importiert, die eine ähnliche Verbreitung und die gleichen Biotope wie *Crotalus ruber* haben und daher die selben Pflegeansprüche stellen.

Crotalus scutulatus
Mojave-Klapperschlange
2 Unterarten
(Bild Seite 176)

Kennzeichen: Crotalus scutulatus wird oft mit *Crotalus atrox* verwechselt, von der sie sich durch die 2 großen Schilde auf der Schnauzenspitze und zwischen den Augenbrauen unterscheidet. Der Kopf ist breit und flach und setzt sich deutlich vom Hals und dem kräftigen Rumpf ab. Das Auge ist mäßig groß, die Pupille im Licht zu einem senkrechten Spalt verengt. Die stark gekielten Schuppen umgeben die Körpermitte in 21–29 Reihen. Auf der grünlichen, gelblichen, grauen oder bräunlichen Grundfärbung des Körpers hebt sich das Rückenmuster deutlich ab. Es besteht aus dunklen Rauten- oder Sattelflecken, deren helle Ränder nicht selten miteinander verschmelzen. Die Körperseiten sind von einer Reihe kleiner, dunkler Flecken bedeckt, die ungefähr gleich weit voneinander entfernt sind. Ein dunkles Schläfenband, das bei *Crotalus scutulatus salvini* fehlt, verbindet das Auge mit dem Mundwinkel. Auf dem Schwanz wechseln breite helle und schmale dunkle Ringe miteinander ab. Die weißliche Bauchseite zeigt auf der Mitte eine dunkle Puderung.

Länge: 100–130 cm.

Herkunft und Lebensweise: Die Nominatrasse bewohnt die südwestlichen USA, sowie Nord- und Zentral-Mexiko. Die Huamantlan-Klapperschlange *(Crotalus scutulatus salvini)* kommt in den mexikanischen Staaten Querétaro, Tlaxcala, Puebla, Vera Cruz und wahrscheinlich in Hidalgo vor. *Crotalus scutulatus* ist eine typische Wüstenbewohnerin. Sie bevorzugt offenes Gelände mit spärlichem Mesquite- und Creosot-Bewuchs. Dichte Vegetation meidet sie. Sie ist sowohl in der Ebene wie auf niederen Berghängen anzutreffen. Im Gebirge kommt sie bis zu ungefähr 2700 m Höhe vor. *Crotalus scutulatus salvini* ist eine ausgesprochene Vertreterin der oberen Sonora-Lebenszone. Diese Unterart kommt in Höhenlagen zwischen 1700 und 2800 m besonders häufig vor. Der Verfasser kennt die Huamantlan-Klapperschlange aus dem westlichen Vera Cruz bei Perote, wo sie gemeinsam mit *Crotalus molossus nigrescens* und *Sistrurus ravus ravus* auf vulkanischem Untergrund lebt. In dieser Steinwüste, die von den Mexikanern „Mal Pais“ genannt wird und von Palmettos, Yuccas und riesigen Kakteen durchwachsen ist, findet man sie öfters. Ebenso häufig ist sie an steinigen Felsrändern, wo sie sich gern unter vertrockneten Agaven aufhält. *Crotalus scutulatus* ist weitgehend nachtaktiv. In Anpassung an das Wüstenleben bewegt sich auch diese Klapperschlange durch das bekannte „Seitenwinden“ fort. Ihre Nahrung besteht aus allerlei Kleinsäugern und Vögeln. Sie besitzt ein ungewöhnlich starkes Gift, das gleichzeitig blutzerstörende, gewebeauflösende und hauptsächlich neurotoxische Eigenschaften aufweist. Die Mojave-Klapperschlange ist allerdings nicht so beißfreudig wie die Westliche Diamantklapperschlange. Der Biß von *Crotalus scutulatus* ist sehr viel gefährlicher als der von *Crotalus atrox*, da es kein spezielles Serum gegen den neurotoxischen Anteil des *scutulatus*-Giftes gibt. *Crotalus scutulatus* überwintert von Oktober/November bis März/April. Die Paarung findet im Frühjahr statt. Im Juli oder August werden durchschnittlich 8–10 Junge geboren, die 23–27 cm lang sind.

Haltung und Zucht: Die Mojave-Klapperschlange pflegt man in einem beheizten und beleuchteten Wüstenterrarium mit einem Bodengrund aus feinem und grobem Sand bei Tagestemperaturen zwischen 22 und 28 °C. *Crotalus scutulatus salvini*, die auf dem kühleren mexikanischen Hochplateau lebt, bevorzugt niedrigere Tagestemperaturen zwischen

18 und 25 °C. *Crotalus scutulatus* gewöhnt sich gut in die Gefangenschaft ein, ist langlebig und wird mit der Zeit zugänglich. Trotzdem darf man nie vergessen, daß man eine der gefährlichsten Klapperschlangen vor sich hat, deren Biß den Tod zur Folge haben kann. *Crotalus scutulatus* ist ein träges Geschöpf, das während des Tages meist zum Teller zusammengerollt in ihrem Unterschlupf liegt. In der Dämmerung und in der Nacht wird das Tier munter und kriecht umher. Als Futter bietet man Mäuse, kleine Ratten und Hühnerküken, die lebend und tot gleich gerne gefressen werden. *Crotalus scutulatus* sollte man 3–4 Monate überwintern. Die Nachzucht ist schon häufig gelungen. Die jungen Schlangen werden mit kleinen Mäusen aufgezogen. Im Zoo von San Diego glückte die Kreuzung zwischen *Crotalus scutulatus scutulatus* und *Crotalus unicolor*. Die 4 Bastarde ähnelten dem *scutulatus*-Vater mehr als der *unicolor*-Mutter. Das einzige Weibchen dieser Bastarde brachte von 1951–1954 5mal Junge zur Welt, die teilweise verkleinerte Organe besaßen.

Crotalus tigris
Tigerklapperschlange
(Bild Seite 139)

Kennzeichen: Die Tigerklapperschlange ähnelt sehr der im Südwesten der USA vorkommenden Gefleckten Klapperschlange (*Crotalus mitchellii pyrrhus*), von der sie sich durch den schlankeren Körperbau und die charakteristische Zeichnung jedoch deutlich unterscheidet. *Crotalus mitchellii* besitzt kleine Schuppen zwischen den Nasenöffnungen und Pränasalschilden. Diese Schuppen fehlen bei *Crotalus tigris*. Der kleine spatelförmige Kopf setzt sich deutlich von dem auffallend schlanken Hals ab. Im Körperbau erinnert die Tigerklapperschlange an eine Lanzenotter der Gattung *Bothrops* oder *Trimeresurus*. Das große Auge besitzt eine im Licht senkrecht geschlitzte Pupille. Die Augenbrauenschilde sind seitlich ein wenig aufgewölbt. Die stark gekielten Schuppen umgeben die Körpermitte in 21–27, gewöhnlich in 23 schrägen Reihen. Die Klapper ist ziemlich lang und von bandartiger Gestalt. Die Grundfärbung des Körpers variiert zwischen grau, graublau, rostfarben, orange bis cremefarben. Der Rücken ist von 37–52 dunkel-graubraunen, tigerstreifenähnlichen Querbinden überzogen, die der Schlange ihren Namen gaben. Die Körperseiten sind dunkel gefleckt. Eine Schläfenbinde ist kaum sichtbar ausgebildet. Der Schwanz ist von undeutlichen braunen Ringen umgeben.
Länge: 60–88,5 cm.
Herkunft und Lebensweise: Die Tigerklapperschlange ist im südlichen Zentral-Arizona und im nordwest-mexikanischen Staat Sonora beheimatet, wo sie steinig-felsige Canyons und niedere Berge in der Wüste bewohnt, die von Kakteen, Mesquite- und Creosot-Büschen bewachsen sind. Sie dringt auch in höhere Berglagen vor, wo man sie in Eichenwäldern antrifft. Ihre vertikale Verbreitung erstreckt sich vom Meeresspiegel bis zu 1600 m Höhe. Sie ist mehr dämmerungs- und nacht- als tagaktiv. Nach warmen Regenschauern im Sommer ist sie nachts besonders häufig unterwegs und wird dann nicht selten auf den Highways von Autos totgefahren. Die Tigerklapperschlange ernährt sich von kleinen Nagetieren und in größerem Ausmaß von Eidechsen. Sie ist nicht sonderlich aggressiv und macht bei Störung nicht immer von ihrer Klapper Gebrauch wie *Crotalus atrox*. Ihre Giftzähne sind relativ kürzer als bei anderen Klapperschlangen. Ihr Gift ist jedoch ungewöhnlich wirksam. Über das Fortpflanzungsverhalten in der Natur ist nur wenig bekannt. *Crotalus tigris* paart sich in der Regel im April. Die Jungen sind bei der Geburt ungefähr 21 cm lang.
Haltung und Zucht: Diese kleine, ungewöhnliche Klapperschlange wird nur selten importiert und gepflegt. Da *Crotalus tigris* und *Crotalus mitchellii* teilweise das gleiche Verbreitungsgebiet und gleichartige Biotope bewohnen, sind beide Arten nach der selben Richtlinie zu pflegen. Das ungefähr 60 cm lange Ex-

emplar des Verfassers wurde viele Monate in einem Plastikbehälter auf Fließpapier und mit einem Pappkarton als Unterschlupf gepflegt. Das Trinkgefäß wurde wöchentlich nur einen Tag im Behälter gelassen und dann stets wieder entfernt, da Trockengebiete und Wüsten bewohnende Klapperschlangen wie *Crotalus cerastes, Crotalus mitchellii, Crotalus atrox* und *Crotalus tigris* sich unwohl fühlen und krank werden, wenn sie für längere Zeit einer erhöhten Luftfeuchtigkeit ausgesetzt sind, die in einem kleinen Behälter durch Verdunstung aus dem Wassergefäß entstehen kann. Heute lebt dieses Tier in einem geräumigen Wüstenterrarium mit einem Bodengrund aus feinem rötlichem Schwemmsand und einigen Versteckmöglichkeiten unter flachen Sandsteinen. Am Tage erhöhen sich Luft- und teilweise auch die Bodentemperaturen auf 28–33 °C und fallen in der Nacht auf ungefähr 18–20 °C oder tiefer. Die Beleuchtung, eine Parabolbirne von 100 W, ist täglich 10–12 Stunden in Betrieb. Die Schlange ist bei bester Gesundheit. Ich füttere sie wöchentlich bis 14tägig mit 1–2 mittelgroßen Mäusen, die nach 3–4 Tagen verdaut sind. Der sehr ruhige Pflegling liegt oft tagelang auf der gleichen Stelle zum Teller zusammengerollt. *Crotalus tigris* ist leicht haltbar und langlebig, was mir von amerikanischen Schlangenpflegern bestätigt wurde. So lebt eine Tigerklapperschlange seit mehr als 15 Jahren im Staten Island Zoo (New York City), wohin sie als erwachsenes Tier gelangte. Eine Überwinterung von 3–4 Monaten bei wechselnden Temperaturen zwischen 4–15 °C ist notwendig. *Crotalus tigris* wurde meines Wissens bisher noch nicht in der Gefangenschaft nachgezüchtet.

Crotalus vegrandis
Uracoan-Klapperschlange
(Bild Seite 176)

Kennzeichen: Crotalus vegrandis weist im Körperbau größte Ähnlichkeit mit *Crotalus durissus* auf. Die Uracoan-Klapperschlange besitzt einen länglich-ovalen Kopf, der sich deutlich von dem schlanken Hals absetzt. Das Auge ist klein, die Pupille im hellen Licht zu einem senkrechten Spalt verengt. Der Rumpf ist wuchtig und im Querschnitt dreieckig. Die gekielten Schuppen umgeben die Körpermitte in 25–29 Reihen. Die Grundfärbung des Körpers schwankt zwischen olivgrün bis gelblich- und rehbraun. Die schräg stehenden Rücken- und Flankenschuppen sind in ungefähr gleichen Abständen zur einen Hälfte hell und zur anderen dunkel- oder rostbraun gefärbt. Sie bilden eine sehr undeutliche Querstreifung. Die Kopfoberseite ist von weißen, grüngelben und rotbraunen Figuren bedeckt, die die Form parallel verlaufender Längsbinden annehmen können. Der Schwanz zeigt eine aschgraue bis grauschwarze Färbung mit einer spärlichen, weißen Sprenkelung, die eine Querbänderung andeutet. Die Bauchseite weist ein Muster aus porzellanfarbenen und rotbraunen Flecken auf.

Länge: Nach Klauber 68,4 cm.

Herkunft und Lebensweise: Crotalus vegrandis hat ein sehr begrenztes Verbreitungsgebiet im Nordosten Venezuelas, in der Maturin-Savanne bei Uracoa. Wie die nahe verwandte *Crotalus durissus* lebt auch *Crotalus vegrandis* in offenem grasreichen Gelände. Über die Lebensweise der Uracoan-Klapperschlange ist kaum etwas bekannt, doch dürfte sie auch weitgehend mit der Lebensweise der Tropischen Klapperschlange übereinstimmen.

Haltung und Zucht: Ein Terrarianer dürfte nur durch einen Zufall in den Besitz eines Exemplars dieser sehr seltenen Art kommen. Durch die große Freundlichkeit von Prof. Charles Radcliffe (Denver/Colorado) erhielt ich im vergangen Herbst 1978 ein junges Paar. Bei ihrer Ankunft maßen beide Tiere ungefähr 40 cm. Im März 1979 hatten sie eine Länge von ungefähr 60 cm erreicht, weshalb ich vermute, daß sie noch größere Körperlängen erreichen als bei Klauber angegeben. Beide Exemplare brachte ich getrennt in Plasikbehältern unter, deren Boden mit hellem Fließpapier bedeckt ist. Auf diese Weise kann ich Kotreste sofort entfernen. Die übrige Einrichtung besteht aus einem Trinkgefäß mit stets frischem Wasser. Die beiden Behälter stehen auf einem Terrarium und werden seitlich durch die Beleuchtung und von unten durch die Wärme des Terrariums beheizt. Am Tage liegt die Temperatur in den Plastikbehältern zwischen 27 und 32°C und in der Nacht zwischen 23 und 25°C. Die beiden Klapperschlangen sind eher nervös als aggressiv. Wenn sie gestört werden, rasseln sie laut und verbergen gleichzeitig den Kopf in der Mitte der tellerförmig zusammengelegten Körperwindungen. Beide Schlangen sind ungemein gefräßig. Bei der wöchentlichen Fütterung verzehrt jedes Exemplar 2–3 Mäuse mittlerer Größe. Sie packen die Futtertiere, lassen sie meist nicht mehr los und verzehren sie nach dem Verenden vom Kopf her. Über die Nachzucht ist bisher nichts bekannt geworden, doch dürfte auch diese Art voll entwickelte Junge zur Welt bringen. Die Aruba-Klapperschlange *(Crotalus unicolor)*, die nur auf der Aruba-Insel (Kleine Antillen) vorkommt, steht wegen der Zerstörung ihres Biotops (Bau eines Großflugplatzes!) kurz vor der Ausrottung. Sie bewohnt trockenes, grasiges Gelände und ist fast genau so selten wie *Crotalus vegrandis*. In den USA wird sie gelegentlich gehandelt. *Crotalus unicolor*, die gepflegt wird wie *Crotalus vegrandis*, wurde schon in der Gefangenschaft nachgezüchtet und mit *Crotalus scutulatus* verbastardiert.

Crotalus viridis
Prärieklapperschlange
9 Unterarten
(Bild Seite 157)

Kennzeichen: Crotalus viridis ist in den USA die am weitesten verbreitete Klapperschlangenart. Die verschiedenen Unterarten sind nicht immer leicht voneinander zu unterscheiden. Der flache, herzförmige Kopf setzt sich deutlich vom Hals ab. Das Auge ist klein, die Pupille im Licht senkrecht geschlitzt. Der Rumpf zeigt einen mäßig schlanken bis untersetzten Bau. Die stark gekielten Körperschuppen umgeben die Rumpfmitte in 21–29 Reihen. Die Grundfärbung des Körpers dieser Schlange variiert sehr. Je nach Unterart gibt es cremefarbene, gelbliche, graue, rotbraune, grünliche, braune oder schwarze Exemplare, die sich farblich meist hervorragend an die natürliche Umgebung anpassen. Den Rücken bedeckt eine Reihe brauner oder schwarzer Flecken unterschiedlicher Gestalt. Die Körperseiten sind ebenfalls gefleckt und wie die Rückenflecken mehr oder weniger hell gerandet. Die Kopfoberseite ist hell und dunkel gefleckt oder einfarbig. Ein dunkles Schläfenband das auch fehlen kann, zieht sich vom Auge schräg zum Mundwinkel. Der Schwanz wird von dunklen und hellen Querringen umgeben. Die Bauchseite zeigt eine helle und dunkle Sprenkelung.

Länge: 60–155 cm.

Herkunft und Lebensweise: Die Prärieklapperschlange ist vom äußersten Südwesten Kanadas über die mittleren und westlichen Staaten der USA bis nach Nord-Mexiko verbreitet. Diese Art, die die unterschiedlichsten Biotope bewohnt, kommt vom Meeresspiegel bis in 3700 m Höhe vor. Sie lebt in Sanddünen im Küstenbereich, in lichten Kiefern- und Eichenwäldern, an Berghängen, die von Felsen, Geröllhalden und niedrigem Buschwerk durchsetzt sind sowie in den weiten Prärieebenen. *Crotalus viridis* ist tag- und nachtaktiv. Die Prärieklapperschlange ernährt sich von allerlei Kleinsäugern und Vögeln. Kleine Exemplare fressen auch Eidechsen, zuweilen sogar Kröten und Insekten. Die Prärieklapperschlange ist nicht aggressiv und flieht vor dem Menschen. Wird sie jedoch in die Enge getrieben, so nimmt sie die typische Drohstellung der Klapperschlangen ein: sie rollt sich zum Teller ein, legt den Hals in eine S-förmige Schleife, hält den Kopf waagerecht und züngelt intensiv, stellt das Schwanzende empor und rasselt laut. Das Gift ist recht wirksam. Es zerstört die roten Blutkörperchen, macht die Blutgefäße durchlässig und wirkt auf das Körpergewebe und den Blutkreislauf

ein. Knapp 9% der Bisse gehen tödlich aus. *Crotalus viridis nuntius* wird von den Hopi-Indianern für religiöse Kulthandlungen verwendet. Entsprechend dem jeweiligen Vorkommen überwintert *Crotalus viridis* 4–8 Monate oft in großer Anzahl und zusammen mit anderen Schlangen an einer gemeinsamen Überwinterungsstelle. Die Überwinterungsplätze können in Felsspalten oder in den Gängen der Präriehunde liegen. Die Präirieklapperschlange paart sich im Frühjahr und im Herbst. In einem 2jährigen Zyklus bringt sie durchschnittlich 7–10 Junge zur Welt, die bei der Geburt ungefähr 25 cm lang sind.
Haltung und Zucht: Crotalus viridis wird häufig importiert. Je nach Größe der betreffenden Unterart ist diese Giftschlange in einem hell stehenden oder am Tage 10–12stündig beleuchteten, mittelgroßen oder geräumigen Terrarium bei Tagestemperaturen zwischen 22 und 28°C zu pflegen. Der Behälter sollte als Steppenterrarium eingerichtet werden und als Bodengrund eine Mischung aus Lehmerde und Sand enthalten. Als Bepflanzung eignen sich ein großer Christusdorn sowie einige eingetopfte Brombeer- oder Efeuranken. Ein Baumstubben, einige Rindenstücke oder eine Steingruppierung dienen als Unterschlupf. Bei den angegebenen Temperaturen erübrigt sich eine Bodenheizung. Ein Trinkgefäß mit stets frischem Wasser darf nicht fehlen. Mäuse, kleine Ratten, Sperlinge und Hühnerküken werden als Futtertiere gerne genommen. Die Prärieklapperschlangen sind stark ausgeprägte Individuen. Manche Exemplare werden schnell zahm, während andere noch nach Monaten rasseln. In Angleichung an natürliche Verhältnisse verlangt *Crotalus viridis* eine 4–5monatige Winterruhe bei Temperaturen unter 10°C. Diese Art wurde schon häufig in der Gefangenschaft fortgepflanzt, wie auch Bastarde zwischen *Crotalus viridis oreganus* und *Crotalus scutulatus scutulatus* und zwischen *Crotalus viridis helleri* und *Crotalus ruber ruber* gelungen sind. Die Aufzucht junger Prärieklapperschlangen mit jungen Mäusen bereitet keine Schwierigkeiten.

Crotalus willardi
Willard-Klapperschlange
5 Unterarten
(Bild Seite 157)

Kennzeichen: Crotalus willardi, die in den USA als „Ridge-Nosed Rattlesnake“ bezeichnet wird, ist eine kleine Art mit pfeilförmig zugespitztem Kopf. Die Schnauze, die an beiden Seiten in eine scharfe Kante übergeht, ist an ihrer Spitze sanft emporgewölbt. Der Kopf setzt sich vom Hals ab. Das Auge ist klein, die Pupille im Licht senkrecht geschlitzt. Der Rumpf ist mäßig untersetzt und im Querschnitt zylindrisch. 25–29 schrägstehende Reihen gekielter Schuppen umgeben die Körpermitte. Die Grundfärbung ist rötlich, braun oder grau. Der Rücken ist von mehr oder weniger zusammenhängenden weißen Querbinden bedeckt, die schwarz gerandet sind. Die Körperseiten sind dunkel gefleckt. Eine feine, weiße Linie, die auch fehlen kann, verläuft von der Schnauzenspitze ausgehend senkrecht über das Schnauzenschild zum Mundrand. Auf jeder Kopfseite verläuft eine weiße Linie jeweils innerhalb und unterhalb des Maulrandes zum Mundwinkel. Ein dunkelbraunes Schläfenband beginnt hinter der Schnauzenspitze und endet in Höhe des Mundwinkels. Das Schwanzende ist einfarbig dunkelbraun. Die Bauchseite zeigt eine grauweiße Sprenkelung.
Länge: Bis zu 60 cm.
Herkunft und Lebensweise: Die Willard-Klapperschlange lebt ind Südost-Arizona und dringt in Mexiko bis nach Durango und Zacatecas vor. Sie ist eine Gebirgsschlange, die in kleinen Populationen in Höhenlagen zwischen 1900 und 3000 m vorkommt. Dort lebt sie in lichten Kiefern-, Fichten- und Eichenwäldern, die von moosbewachsenen Felsen durchzogen sind. Im Gegensatz zu *Crotalus lepidus* bevorzugt *Crotalus willardi* stets feuchten Untergrund und kommt daher häufig in den dortigen Canyons vor. Die weitgehend tagaktive Klapperschlange sonnt sich auf und vor Felsen und auf verrottenden Baumstämmen, unter

die sie sich bei Gefahr zurückzieht. *Crotalus willardi* ist für den Menschen ungefährlich. In den USA steht sie unter Naturschutz. Sie ernährt sich von Eidechsen und Mäusen. *Crotalus willardi* erscheint erst im April oder Mai aus der Überwinterung. Die Paarung findet im Sommer oder Herbst statt. Im Spätsommer oder Frühherbst des nächsten Jahres werden 3–9 Junge geboren, die bei der Geburt eine Länge zwischen 15 und 19 cm haben.

Haltung und Zucht: Die Willard-Klapperschlange ist eine begehrte Art, die nur gelegentlich gepflegt wird. Sie gewöhnt sich problemlos in die Gefangenschaft ein und hat bei sorgsamer Pflege schon mehrfach über 20 Jahre im Terrarium gelebt. Zur Haltung dieser kleinen Giftschlange genügt ein Behälter mittlerer Größe. Als Bodengrund verwendet man ein Gemisch aus Lehm und Walderde, das man mit einer dünnen Schicht trockener Fichten- oder Kiefernnadeln sowie mit Blättern und einigen Moospolstern überdeckt, die man hin und wieder auswechseln muß. Als Unterschlupf eignen sich aufgeschichtete Steine, ein kleiner Baumstubben oder einige hohl liegende Rindenstücke. Da *Crotalus willardi* Feuchtigkeit liebt, hält man den Bodengrund an einer Stelle durch Sprühen feucht. Auf eine Bepflanzung braucht man nicht zu verzichten, da diese Tiere sie ihres geringen Gewichtes wegen nicht zerstören. Meine beiden Exemplare kriechen nur gelegentlich umher. Da *Crotalus willardi* eine tagaktive Art ist, sollte der Behälter hell stehen, gelegentlich Sonne erhalten oder am Tage 10–12 Stunden beleuchtet werden. Die Willard-Klapperschlange verlangt am Tage Lufttemperaturen zwischen 18–25 °C, die kurzzeitig auch etwas höher liegen dürfen. Eine nächtliche Abkühlung unter 18 °C wirkt sich günstig auf das Wohlbefinden der Schlangen aus. Als Futter bietet man alle 10–14 Tage pro Tier eine kleine bis mittelgroße Maus. Voraussetzung für eine Nachzucht dieser Klapperschlange, die schon mehrmals in der Gefangenschaft gelang, ist eine 4–5monatige Winterruhe im Dunkeln und bei Temperaturen unter 10 °C. *Crotalus willardi* paart sich von Juli bis September. Die Jungen werden nach einer langen Entwicklungsdauer von 11–13 Monaten geboren. Ende August/Anfang September 1978 sah ich mein *Crotalus willardi*-Paar in Kopula. Am 31. 7. 1979, also ungefähr 11 Monate danach wurden in der Nacht und am frühen Morgen 8 kräftige Jungtiere geboren, von denen eines tot war. Ich gab die jungen Schlangen in ein Plastikgefäß mit einem Papieruntergrund, einem Trinkgefäß und einer Korkrinde als Unterschlupf. Die jungen *Crotalus willardi* gingen nicht selbständig an die angebotenen nackten Mäuse, daher fütterte ich sie mit kleinen Stückchen Herzfleisch, das sie gut verdauten. Aus Zeitmangel gab ich alle Jungtiere ab. Sie häuten sich 10–14 Tage nach der Geburt und nehmen bald kleine Eidechsen und Mäuse als Nahrung an. Crotalus willardi schreitet nur jedes 3.–4 Jahr zur Fortpflanzung.

Gattung Lachesis
Buschmeister
1 Art

Lachesis muta
Buschmeister
3 Unterarten

Kennzeichen: Lachesis muta – nicht *Lachesis mutus* – ist die längste Viper und nach der Königskobra *(Ophiophagus hannah)* die zweitgrößte Giftschlange der Erde. Der flache, breite Kopf setzt sich deutlich vom Hals ab. Das Auge ist auffallend klein mit runder Pupille. Der Buschmeister besitzt einen untersetzteren Körper als die Lanzenottern. In seiner äußeren Erscheinung erinnert er eher an Klapperschlangen. Die stark höckerigen Schuppen sind gekielt. Sie umgeben die Rumpfmitte in 35–37 Reihen. Der Buschmeister hat am Ende seines Schwanzes kein Rasselorgan, sondern einen hornigen Stachel und vor diesem abstehende Schilde. Die hellgelbbraune bis rötliche Körperoberseite wird

von lackschwarzen, glänzenden rhombischen Flecken bedeckt. Die Flecken sind hellgelb gerandet und weisen in ihrer Mitte einen gelben Tupfen auf. Die Kopfoberseite ist schwarz getupft. Ein dunkles Schläfenband verbindet das Auge mit dem Mundwinkel. Die Bauchseite glänzt einfarbig gelblichweiß.
Länge: 150–250 cm, in Ausnahmen bis zu 400 cm.
Herkunft und Lebensweise: Die Nominatform bewohnt die Äquatorialwälder in Brasilien, Guayana, Venezuela, Trinidad, Bolivien, Peru, Ecuador und Kolumbien. *Lachesis muta noctivaga* kommt in Brasilien vom Estado de Alagoas bis zum Estado de Rio vor, während *Lachesis muta stenophrys* von Costa Rica bis nach Panama verbreitet ist. Die riesige, bodenbewohnende Grubenotter lebt in den feuchten, kühlen, nebeligen, tropischen Hochwäldern und ist nirgendwo wirklich häufig. Während des Tages ruht der lichtscheue Buschmeister in verlassenen Säugetierbauten oder an ähnlich versteckt liegenden Stellen. Da sie damit im Verborgenen lebt, bereitet der Fang dieser großen Schlange Schwierigkeiten. In Trinidad spürt man sie mit Hunden auf. Der Buschmeister ernährt sich hauptsächlich von kleinen Säugetieren, die er mit Hilfe der Wärmesinnesorgane zu beiden Seiten des Kopfes ortet. Seine Beute fängt er meist in der Nacht. Bei Störungen bewegt er sein Schwanzende rasch hin und her. Im trokkenen Laub erzeugt dieses Pendelzittern des Schwanzes einen summenden Laut, der an das Rasseln der Klapperschlangen erinnert. Der Altmeister der Systematik, Linné, hat die große Grubenotter *Crotalus mutus* genannt, was so viel wie stumme Klapperschlange bedeutet. Der farbenprächtige Buschmeister zeigt sich in keiner Weise wild oder angriffslustig. Er ist friedlich und seine Bewegungen sind langsam. Unter allen Schlangen Südamerikas ist die Wirksamkeit seines Giftes besonders gering. Trotz seiner langen Giftzähne (bis zu 35 mm) und einer entsprechend großen Giftmenge ist er kaum fähig, einen gesunden, erwachsenen Menschen zu töten. Die Indianer des Amazonasgebietes essen das Fleisch des Buschmeisters. *Lachesis muta* ist die einzige Grubenotter der Neuen Welt, die sich eierlegend fortpflanzt. Die 10–12 Eier – von denen jedes etwas mehr als 7,5 cm lang ist – werden in den Gängen von Säugetieren abgelegt und, was einmalig unter den Vipern ist, vom Weibchen bis zum Schlüpfen bewacht. Die jungen Schlangen sind beim Schlüpfen ungefähr 30 cm lang. Das Männchen des Buschmeisters soll nach der Paarung noch einige Zeit beim Weibchen bleiben.
Haltung und Zucht: Der Buschmeister wird gelegentlich nach Europa importiert. Er verlangt ein sehr geräumiges, hohes und gut bepflanztes Regenwald-Terrarium mit einem Bodengrund aus feuchtem Waldhumus, dürren Farnblättern und Moospolstern. Als Unterschlupf verwendet man am besten einen hohlen, von innen her verrottenden Baumstamm. Ein großes Gefäß, das stets mit frischem Wasser gefüllt sein muß, und häufiges Sprühen von leicht angewärmtem Wasser (20–22 °C) sind für diese Schlange lebensnotwendig; der Buschmeister verlangt eine sehr hohe Luftfeuchtigkeit. Das Terrarium sollte nicht zu hell stehen, da der Buschmeister sehr lichtscheu ist. Während des Tages liegt die stattliche Giftschlange in ihrem Unterschlupf, den sie meist nachts verläßt. *Lachesis muta* reagiert sehr empfindlich auf zu viel Wärme. Bei Temperaturen über 24 °C stellt sie die Nahrungsaufnahme ein, frißt und häutet schlecht und siecht dahin. Bei Temperaturen zwischen 18 und 22 °C – am bekömmlichsten sind Dauertemperatuen von 20 °C – ist der Buschmeister langlebig. Als Futter bietet man Mäuse, Ratten, Meerschweinchen und Kaninchen, die meist in der Dämmerung oder nachts gefressen werden. Die Zucht von *Lachesis muta* ist im New Yorker Bronx Zoo gelungen. Die Eier benötigen zu ihrer Entwicklung und bis zum Schlüpfen 76–79 Tage. Stammesgeschichtlich gesehen steht der Buschmeister den Klapperschlangen näher als den Gattungen *Bothrops* und *Trimeresurus*.

Gattung (Sistrurus)
Zwergklapperschlangen
3 Arten

Sistrurus catenatus
Massasauga
3 Unterarten

Kennzeichen: Der länglich-ovale Kopf der Massasauga setzt sich vom Hals und dem mäßig untersetzten Rumpf ab. Das Auge besitzt eine Pupille, die im Licht senkrecht geschlitzt ist. Im Gegensatz zu den Klapperschlangen der Gattung *Crotalus* haben *Sistrurus catenatus* wie auch die beiden folgenden *Sistrurus*-Arten 9 große Kopfschilde. 21–27 gekielte Schuppenreihen umgeben die Körpermitte. Wie die anderen Klapperschlangen besitzen alle *Sistrurus*-Arten ein ungeteiltes Afterschild. Auf grauer oder graubrauner Grundfärbung findet sich eine Reihe quer-elliptischer Rückenflecken. Jede Körperseite wird von 3 Fleckenreihen geziert. Die Körperflekken sind schwarz oder dunkelbraun. Bei *Sistrurus catenatus catenatus* stehen die Körperflecken auf dunkelgrauem, bei *Sistrurus catenatus tergeminus* auf hellgrauem Untergrund. *Sistrurus catenatus catenatus* hat eine dunkle, *Sistrurus catenatus tergeminus* eine helle Bauchseite. Auf jeder Kopfseite verläuft eine dunkle Binde vom Auge zur Halsseite. Die Kopfoberseite zeigt zwei parallel laufende Binden. Vor den Augen zieht sich ein schwarzes Querband über den Kopf. Melanotische Exemplare kommen vor.
Länge: 50–70 cm, ausnahmsweise bis 100 cm.
Herkunft und Lebensweise: Die Nominatrasse kommt von New York und Südontario bis nach Iowa und Missouri, *Sistrurus catenatus tergeminus* von Südwest-Iowa und Missouri bis nach Texas, *Sistrurus catenatus edwardsii* von Texas und Südwest-Arizona bis nach Tamaulipas und Coahuila (Mexiko) vor. Die Massasauga bewohnt die unterschiedlichsten Biotope. Man trifft sie in feuchten Prärien, Sümpfen, Wäldern, im feuchten Hügelland und in grasigen Halbwüsten in Wassernähe an. Im Sommer dringt sie oft in Kartoffel- und Getreidefelder ein und verbirgt sich nicht selten unter Heuhaufen, wo sie reichlich Mäuse findet, außer denen sie Eidechsen, Frösche, Vögel und gelegentlich Schlangen frißt. Viele Massasaugas sind friedlich und beißen nur, wenn sie wirklich gestört oder ernsthaft bedroht sind. Ein Biß der Massasauga führt zu starken Ödemen und örtlichem Blutaustritt in die Gewebe; ein tödlicher Ausgang ist äußerst selten. Im Frühjahr und Herbst ist *Sistrurus catenatus* weitgehend am Tag aktiv. Je nach Witterungsverhältnissen beträgt die Überwinterungsdauer zuweilen über ein halbes Jahr. Die Paarung findet im Frühjahr und im Herbst statt. Die Jungen – 2–19 an der Zahl – werden meist im August oder September geboren. Sie haben bei ihrer Geburt eine Länge zwischen 19 und 24 cm.
Haltung und Zucht: Der Verfasser, der die Massasauga über Jahre hielt, kann diese Art als Terrarienpflegling empfehlen, zumal sie sich bei sorgfältiger Betreuung auch fortpflanzt, wenn man sie bei Dämmerlicht oder Dunkelheit kühl überwintert. Diese Zwergklapperschlange fühlt sich in einem Terrarium mittlerer Größe mit einem Bodengrund aus Waldhumus und feinem Sand wohl, den man mit trockenen Blättern, Kiefernnadeln und einigen Moospolstern bedecken kann. Als Pflanzen eignen sich Efeu oder einige Brombeerranken. Einige Steine, Rindenstücke oder ein Baumstubben bilden einen passenden Unterschlupf. Das Terrarium für die Massasauga sollte möglichst am Fenster stehen. Vor- oder Nachmittagssonne wirken sich bei diesen Schlangen günstig aus. Sonst sollte die Beleuchtung 10–12 Stunden in Betrieb sein. Eine lokale, aber sehr milde wirkende Bodenheizung empfiehlt sich. *Sistrurus catenatus* fühlt sich bei Tagestemperaturen zwischen 20 und 27 °C wohl. Bei Nacht sollte die Temperatur etwas unter 20 °C liegen. Besonders vor der Häutung sprüht man ausgiebig, da *Sistrurus catenatus* eine örtliche, aber geringe Bodenfeuchtigkeit liebt. Die Massasauga ist ziemlich träge und kommt zuweilen tagelang

aus ihrem Unterschlupf nicht hervor. Man hüte sich aber, dieser Schlange zu nahe zu kommen! Die meisten Exemplare werden zwar ziemlich zahm, doch behalten einzelne Tiere ihr unstetes Wesen und stoßen blitzschnell zu. Als Futter bietet man Mäuse und kleine Ratten, die stets gern genommen werden. *Sistrurus catenatus* sollte 3–5 Monate bei Temperaturen zwischen 4 und 15 °C überwintern. Die Nachzucht ist mehrfach gelungen. Die Aufzucht der Jungen bereitet keine Schwierigkeiten, wenn man über genügend junge Mäuse verfügt.

Sistrurus miliarius
Zwergklapperschlange
3 Unterarten
(Bild Seite 176)

Kennzeichen: Der Kopf ist länglich-oval und setzt sich nur mäßig vom Hals ab. Der Körperbau der Zwergklapperschlange entspricht dem der Massasauga. Das Auge ist klein und im Licht zu einem senkrechten Spalt verengt. Die zierliche Rassel am Ende des dünnen Schwanzes verursacht ein Geräusch, das an das Schwirren von Insekten erinntert. 21–25 Reihen gekielter Schuppen umgeben die Körpermitte. Die Färbung des Körpers schwankt zwischen ziegelrot, rotbraun, hell- und aschgrau. Die Bauchseite ist weißgrau und dunkel gefleckt. Die Rückenzeichnung besteht aus dunklen Sattelflecken, die hell und rot gerandet sein können. *Sistrurus miliarius streckeri* ist durch eine feine, aber besonders deutlich entwickelte Linie auf der Rückenmitte gekennzeichnet. Jede Körperseite weist bei *Sistrurus miliarius miliarius* 2, bei *Sistrurus miliarius barbouri* 3 Reihen dunkler Flecken auf. Der Schwanz kann von dunklen Querringen oder Flecken bedeckt sein.
Länge: 50 cm, in Ausnahmen bis 78 cm.
Herkunft und Lebensweise: Die Zwergklapperschlange bewohnt die südöstlichen USA. Im Norden dringt sie bis nach Tennessee, Nord-Carolina, Missouri und Kentucky, im Süden bis nach Florida und im Westen bis nach Texas vor. Sie lebt in den in der Ebene liegenden Kiefern- und Eichenwäldern mit sandigem Untergrund, am Rand von Sümpfen, Bayous und Flüssen, die saisonbedingt über die Ufer treten sowie in trockenen und feuchten Prärien mit hohem Graswuchs. Je nach Temperatur und Temperament verhält sich die Schlange dem Menschen gegenüber unterschiedlich. Manche Exemplare beißen bei Störungen wild zu, andere verhalten sich recht träge und lassen selbst dann ihr schwirrendes Rasselgeräusch nicht ertönen, wenn sie in den Fangbeutel kommen. *Sistrurus miliarius* hält sich während des Tages meist unter Baumstämmen, abgefallener Rinde, im trokkenen Laub, hohen Gras oder in Erdlöchern auf. In Okeetee (Süd-Carolina) fingen wir *Sistrurus miliarius barbouri* an den gleichen Stellen wie *Crotalus adamanteus*. Ihre Nahrung besteht aus Mäusen, kleinen Vögeln, Eidechsen, Fröschen und Insekten. Die Zwergklapperschlange ist zuweilen über das ganze Jahr aktiv und zieht sich nur bei sehr ungünstiger Witterung in ihre Schlupfwinkel zurück. Im Süden ihres Verbreitungsgebietes findet man sie zuweilen sogar im Dezember und Januar außerhalb ihrer Verstecke. *Sistrurus miliarius* paart sich in der Regel im Frühjahr und setzt meist von Juli bis September 2–32 Junge ab, die bei der Geburt zwischen 15–18 cm lang sind.
Haltung und Zucht: Sistrurus miliarius ist nach den gleichen Richtlinien zu halten wie die Massasauga. Bei einiger Pflege erweist sich diese Art als völlig unproblematisch und langlebig. Ein kleiner Behälter genügt. Tagestemperaturen zwischen 20 und 28 °C sagen der Zwergklapperschlange zu. Als Futter bietet man kleinere Mäuse, die stets gern genommen werden. Eine Überwinterung der im Süden vorkommenden Unterart *Sistrurus miliarius barbouri* kann entfallen. Besser ist jedoch eine 4–8wöchige Ruhepause bei herabgesetzter Temperatur. Die Nachzucht der kleinen Klapperschlange bereitet kaum Schwierigkeiten und ist schon häufig gelungen. Ein Weib-

chen dieser Art setzte bei mir im Mai 1978 10 Junge ab, die nach der ersten Häutung sofort nackte Mäuse fraßen und ziemlich schnell wuchsen.

Sistrurus ravus
Mexikanische Zwergklapperschlange
3 Unterarten
(Bild Seite 176)

Kennzeichen: Diese Zwergklapperschlange besitzt einen länglich-ovalen Kopf, der sich mäßig vom Hals und dem leicht untersetzten Rumpf absetzt. Das Auge ist klein, die Pupille im Licht senkrecht geschlitzt. 21–23 Reihen gekielter Schuppen umgeben die Körpermitte. Die Grundfärbung des Körpers variiert zwischen grau, braun, gold- und rotbraun. Auf der etwas helleren Rückenmitte verlaufen 25–35 dunkle, rechteckige bis ovale Flekken, die im Kern aufgehellt sein können. Die mehr oder weniger deutlichen Seitenflecken können mit den Rückenflecken verschmelzen. Der einfarbig braune Kopf ist zeichnungslos oder weist auf dem Hinterkopf und auf dem Nacken ein lyraförmiges Muster auf. Die gelbliche Bauchseite ist braun gefleckt. Melanistische Exemplare kommen vor.
Länge: 50–70 cm.
Herkunft und Lebensweise: Die Mexikanische Zwergklapperschlange lebt auf dem südlichen Mexikanischen Hochplateau in Höhenlagen zwischen 2000 und 3300 m. Sie ist aus folgenden mexikanischen Staaten bekannt: östliches und südöstliches Mexiko, Distrito Federal, Morelos, Tlaxcala, Puebla, westliches Vera Cruz und zentrales Oaxaca. Ihre bevorzugten Lebensbereiche liegen auf vulkanisch-porösem Untergrund, der mit niedrigem Gras, dornigem Gestrüpp, Agaven, Kakteen, Yuccas und niederen Eichen bewachsen ist. Der Verfasser kennt diese Art aus Vera Cruz, aus der Umgebung von Perote und El Limon Totalca wo sie mit *Crotalus molossus nigrescens* und *Crotalus scutulatus salvini* sympatrisch vorkommt. Das ganze Gebiet ist ein „El Dorado“ für den Klapperschlangenfreund. Während die eben genannten drei Klapperschlangenarten in den Mal Pais leben, findet man in den Kieferwaldungen auf den Bergen oberhalb der Ortschaft La Gloria *Crotalus triseriatus* und *Crotalus intermedius intermedius* nebeneinander. Gelegentlich trifft man die Mexikanische Zwergklapperschlange auf den Äckern der Indios an. Sie ist nicht aggressiv. Wenn sie überrascht wird, rasselt und beißt sie. Ihre Nahrung besteht aus Mäusen, kleinen Vögeln und Eidechsen. *Sistrurus ravus* bringt ungefähr 8 Junge zur Welt, die bei der Geburt 15–17 cm lang sind.
Haltung und Zucht: Die Pflege der Mexikanischen Zwergklapperschlange bereitet ebensowenig Probleme wie die der beiden anderen Zwergklapperschlangenarten. Wegen ihrer geringen Größe genügt ein kleines bis mittleres Terrarium. Als Bodenfüllung verwendet man ein Gemisch aus Sand und Lehmerde. Einige Steine ergeben einen passenden Unterschlupf. Ein Trinkgefäß mit stets frischem Wasser ist lebensnotwendig. Ein Kaktus oder Christusdorn verleiht dem Behälter ein natürliches Aussehen. Das Terrarium sollte hell stehen und gelegentlich Sonne erhalten. Sonst sollte die Beleuchtung am Tage 10–12 Stunden in Betrieb sein. Eine milde Bodenheizung ist empfehlenswert. *Sistrurus ravus* fühlt sich bei Tagestemperaturen zwischen 20 und 30 °C wohl. In der Nacht senkt man die Temperatur etwas ab. Als Futter bietet man Mäuse und junge Ratten. Die Mexikanische Zwergklapperschlange wurde von W. Schweinfurth nachgezüchtet. Eine winterliche Ruhepause bei etwas herabgesetzter Temperatur unterblieb. Die 9 Jungtiere häuteten 8 Tage nach der Geburt. Danach fraßen sie sofort nackte Mäuse.
Bei den bisher nach Deutschland importierten mexikanischen Zwergklapperschlangen handelte es sich ausschließlich um die Nominatform. 2 weitere Unterarten wurden 1972 beschrieben: *Sistrurus ravus brunneus* und *Sistrurus ravus lutescens.*

Gattung Trimeresurus
Asiatische Lanzenottern
33 Arten

Trimeresurus albolabris
Weißlippen-Lanzenotter
(Bild Seite 175)

Kennzeichen: Die Weißlippen-Lanzenotter besitzt einen dreieckigen, herzförmigen Kopf, der sich überaus deutlich vom schlanken Hals und Rumpf absetzt. Das gelbe Auge ist groß, die Pupille im Licht senkrecht geschlitzt. Die großen Wärmesinnesgruben vor den Augen sind deutlich sichtbar. Das erste Oberlippenschild ist mit dem Nasenschild verschmolzen. Die mehr oder weniger deutlich gekielten Schuppen umgeben die Körpermitte in 21–25 Reihen. *Trimeresurus albolabris* ist gewöhnlich einfarbig blattgrün auf der Körperoberseite. Die untere Schläfenhälfte ist weiß bis gelblich gefärbt. Eine undeutliche dunkle Querbänderung tritt nur selten auf. Auf jeder Körperseite findet sich ein feiner, weißer Längsstreifen, der bei den schlankeren und kürzeren Männchen häufiger als bei den Weibchen vorhanden ist. Dieser weiße Seitenstreifen kann aber auch fehlen. Der gut entwickelte Greifschwanz ist rotbraun gefärbt. Von den Thais wird *Trimeresurus albolabris* als „Ngu kiau harng mai" bezeichnet, was soviel wie „grüne Schlange mit rotem Schwanz" heißt. Die Bauchseite zeigt gelbgrüne, gelbliche oder weiße Farbtöne.
Länge: 60–70 cm, ausnahmsweise bis 91 cm.
Herkunft und Lebensweise: Trimeresurus albolabris ist im nördlichen Vorder-Indien, in Hinter-Indien, in Nepal, in Süd-China, auf Taiwan, Hainan und auf dem indoaustralischen Archipel beheimatet. Die Schlange lebt in der Ebene und im Hügelland bis in 500 m Höhe und kommt stellenweise recht häufig vor. Sie bevorzugt buschiges oder bewaldetes Gelände und findet sich zuweilen in Hecken in unmittelbarer Nähe menschlicher Ansiedlungen und an Rändern von Reisfeldern. Die Weißlippen-Lanzenotter lebt auf niederen Bäumen und Büschen, aber auch oft in Holzhaufen. Mit ihrem Greifschwanz umschlingt sie den Ast, auf dem sie mit S-förmig angezogenem Vorderkörper liegt. Meist klettert sie in der Nacht auf den Erdboden herab und kriecht umher. Ihre Beute besteht aus Fröschen, Eidechsen, Mäusen und kleinen Vögeln, die sie blitzschnell mit ihren langen Zähnen ergreift und bis sie verendet sind, zwischen den Kiefern hält. Ihr Gift ist nicht sehr wirksam. Ein Biß, den der Verfasser im Sommer 1971 von einer ausgewachsenen Weißlippen-Lanzenotter in den linken Handrücken erhielt, führte zu Ödemen und einem Krankenlager von 5 Tagen. Bißunfälle sind häufig und nehmen fast immer einen gutartigen Verlauf. Die Paarung findet im Juli oder August statt. Im November oder Dezember werden 3–16 Junge von ungefähr 15 cm Länge geboren.
Haltung und Zucht: Diese häufig gepflegte Giftschlange ist wegen ihrer prachtvollen Färbung, iher einfachen Haltbarkeit und Langlebigkeit auch dem Anfänger zu empfehlen. So besaß ich ein großes Weibchen dieser Art, das über 18 Jahre in der Gefangenschaft ausgedauert hat, sich bei mir mehrmals paarte und Nachzucht lieferte. Die Weißlippen-Lanzenotter pflegt man in einem geräumigen und möglichst hohen Regenwald-Terrarium mit zahlreichen Kletterästen und einem üppigen Pflanzenwuchs. Sie schätzt eine hohe Luftfeuchtigkeit, die man durch häufiges Versprühen von leicht angewärmtem Wasser und bei entsprechender Bodenfeuchtigkeit erreichen kann. Der Behälter sollte hell stehen oder während des Tages 10–12 Stunden beleuchtet sein. Eine Bodenheizung entfällt, da die Schlange am Tage im Geäst ruht, das sie erst in der Dämmerung oder in der Nacht verläßt,

---

Oben: Abb. 56: Trimeresurus purpureomaculatus purpureomaculatus (Mangrovenviper) s. Seite 183
Unten: Abb. 57: Trimeresurus albolabris (Weißlippen-Lanzenotter) s. Seite 174

um umherzuwandern. Am Tage sollte die Lufttemperatur zwischen 25 und 30 °C liegen, in der Nacht auf 22–24 °C sinken. *Trimeresurus albolabris* frißt willig weiße Mäuse und kleine Ratten. Meist hält sie die Futtertiere, bis sie verendet sind zwischen den Kiefern, ehe sie sie verzehrt. Die Nachzucht bereitet keine Schwierigkeiten und ist schon häufig gelungen. Nach der ersten Häutung fressen die jungen Schlangen kleine Frösche, die man ihnen ganz oder zerteilt am besten mit der Pinzette vorhält. Erst wenn sie eine Länge von 20–30 cm erreicht haben, gewöhnen sie sich an kleine Mäuse. Wenn man keine Frösche hat, muß man sich mit einer Zwangsfütterung mit in Streifen geschnittenem Rinderherz, behelfen.

Trimeresurus erythrurus
Smaragd-Bambusotter
(Bild Seite 158)

Kennzeichen: Trimeresurus erythrurus gleicht äußerlich weitgehend *Trimeresurus albolabris*, unterschiedet sich jedoch durch 23–25 gekielte Schuppen, die den Rumpf in schrägen Reihen umgeben. Die Schuppen der Kopfoberseite zeigen ein mehr oder weniger tuberkelförmiges Aussehen. Die Schläfenschuppen sind stark gekielt. Ein Greifschwanz ist deutlich ausgebildet. Die Färbung der Körperoberseite ist blattgrün, die der Unterseite blaßgrün oder gelblich. Die Oberlippenschilde sind weißlich oder hellgrün. Die Männchen besitzen einen hellen Streifen, der sich vom Hals zum Schwanz erstreckt. Bei den Weibchen kann dieser Streifen vorhanden sein oder auch fehlen. Die Rückenseite ist von hauchfeinen, sehr undeutlichen oder oft kaum sichtbaren Flecken bedeckt, die bis zu den hellen Flankenstreifen reichen. Die Rückenmitte ist von feinen weißen Tupfen in regelmäßigen Abständen bedeckt. Das Schwanzende ist bräunlich gefleckt.

Länge: 50–60 cm, selten über 100 cm.

Herkunft und Lebensweise: Die Smaragd-Bambusotter ist in Bengalen, im östlichen Himalaya, in Assam, in Burma und in Thailand beheimatet, wo sie Regen- und Sekundärwälder in der Ebene und im Hügelland bewohnt. Oft ist sie zusammen mit *Trimeresurus albolabris* und *Trimeresurus popeorum* vergesellschaftet. *Trimeresurus erythrurus* ist weitgehend nachtaktiv. Diese Grubenotter lebt auf Büschen und Bäumen, deren Zweige sie mit Hilfe ihres Greifschwanzes umschlingt. Stundenlang ruht sie unbeweglich im Geäst. Gelegentlich trifft man sie auch auf dem Boden an. In Thailand zieht sich die Schlange in der warmen Trockenzeit meist in Erdspalten zurück, die sie bei Regen wieder verläßt. *Trimeresurus erythrurus* ernährt sich von Mäusen, kleinen Vögeln, Eidechsen und Fröschen. Die Beutetiere werden in blitzschnellem Vorstoß gepackt und oft bis sie verendet sind, zwischen den Kiefern gehalten. Die Zähne sind lang. Das hämotoxisch wirkende Gift tötet die Beute in wenigen Minuten. *Trimeresurus erythrurus* bringt keine lebenden Jungen zur Welt, sondern ist eierlegend wie *Trimeresurus monticola* und *Trimeresurus puniceus*.

Haltung und Zucht: Trimeresurus erythrurus verlangt ein feuchtwarmes, hell stehendes oder 12–14stündig beleuchtetes Regenwald-Terrarium mit üppiger Bepflanzung. Da die Schlange meist im Geäst ruht, erübrigt sich eine Bodenheizung. Regelmäßiges Sprühen mit lauwarmem Wasser trägt zum Wohlbefinden der Schlange bei und daher zu emp-

---

Oben links: Abb. 58: Trimeresurus purpureomaculatus purpureomaculatus (Mangrovenviper) s. Seite 183
Oben rechts: Abb. 59: Trimeresurus trigonocephalus (Ceylon-Lanzenotter) s. Seite 185
Mitte links: Abb. 60: Sistrurus ravus ravus (Mexikanische Zwergklapperschlange) s. Seite 173
Mitte rechts: Abb. 61: Crotalus scutulatus salvini (Huamantlan-Klapperschlange) s. Seite 164
Unten links: Abb. 62: Sistrurus miliarius streckeri (Zwergklapperschlange) s. Seite 172
Unten rechts: Abb. 63: Crotalus vegrandis (Uracoan-Klapperschlange) s. Seite 166

fehlen. Die Lufttemperatur sollte am Tage zwischen 25 und 32 °C liegen und nachts nur geringfügig absinken. Als Futter bietet man hauptsächlich kleinere bis mittelgroße Mäuse an, die lebend und tot gleich gern von der Pinzette genommen werden. *Trimeresurus erythrurus* ist unberechenbar. Wie die anderen *Trimeresurus*-Arten sollte man auch diese Grubenotter mit Vorsicht behandeln, da sie unvermutet blitzschnell und weit vorstoßen kann. Der Biß führt in den allermeisten Fällen nicht zum Tode, sondern zu einem mehrtägigen Krankheitsverlauf mit ödematösen Schwellungen, Blutergüssen in die Gewebe und vorübergehenden Kreislaufbeschwerden. Über eine Gefangenschaftsnachzucht wurde bisher noch nicht berichtet.

Trimeresurus flavoviridis
Habu-Schlange
3 Unterarten

Kennzeichen: Der lanzenförmig zugespitzte Kopf setzt sich sehr deutlich vom Hals und dem natternartig schlanken Leib ab. Das Auge ist relativ groß, die Pupille im Licht senkrecht geschlitzt. *Trimeresurus flavoviridis* besitzt keinen Greifschwanz. Die gekielten Schuppen umgeben die Körpermitte in 33–37 Reihen. Die Körperoberseite ist hellbraun oder grünlichgelb gefärbt und von einer Reihe dunkelgrüner oder brauner Ringe oder Rautenflecke überzogen, deren Ränder gelblich oder im Kern gelb getupft sind. Die Flecken können miteinander zu einem unregelmäßigen Wellenband verschmelzen. Auf der Kopfoberseite finden sich symmetrische dunkle und schief nach hinten und außen verlaufende Streifen. Ein dunkles Schläfenband verläuft vom Auge zum Mundwinkel. Die weißliche Bauchseite zeigt an den Rändern eine dunkle Fleckung.
Länge: 150 cm, ausnahmsweise bis zu 220 cm.
Herkunft und Lebensweise: Die Habu-Schlange bewohnt die Inselgruppen von Okinawa und Riu-Kiu. Sie ist die größte aller *Trimeresurus*-Arten und das altweltliche Gegenstück zur amerikanischen Lanzenotter *Bothrops atrox*. Die häufig vorkommende Schlange lebt auf vulkanischem Untergrund an der Übergangszone zwischen Feldern und Palmenwald, wo sie sich besonders in alten Mauern und Erdlöchern ansiedelt. Nicht selten dringt sie in Häuser und Hütten ein, wo sie vermutlich Mäusen und Ratten nachspürt. Die leicht erregbare und sehr schnell reagierende Giftschlange ist weitgehend nachtaktiv. Unter der Landbevölkerung sind Bißunfälle durch *Trimeresurus flavoviridis* ziemlich häufig. Das weitgehend hämotoxische Gift besitzt keine starke Wirksamkeit, da nur etwa 3% der Bißunfälle tödlich verlaufen. Die Schauergeschichten über diese Schlange, die besonders vor dem 2. Weltkrieg im Umlauf waren, beruhen auf groben Übertreibungen. Die Habu-Schlange ist eierlegend. Die Paarungszeit dauert von Ende März bis Ende Mai. Von Juni bis August werden 3–17 Eier abgelegt, deren Entwicklungsdauer 40–41 Tage beträgt.
Haltung und Zucht: Die Habu-Schlange wird gelegentlich nach Deutschlang importiert. Man bringt sie in einem geräumigen Terrarium mit einem Bodengrund aus Sand und Walderde, einem Kletterbaum und einigen zu einem Versteck zusammengestellten Steinen unter. Ein Trinkgefäß darf nicht fehlen. Ein heller Standort und Temperaturen zwischen 20 und 27 °C genügen. Während des Tages hält sich die stattliche Giftschlange in ihrem Unterschlupf auf, den sie meist in der Dämmerung oder in der Nacht verläßt, um umherzukriechen. *Trimeresurus flavoviridis* gewöhnt sich gut in die Gefangenschaft ein und ist auch ziemlich langlebig. Als Futter bietet man Mäuse und Ratten, die blitzschnell gebissen werden. Man hüte sich davor, der Schlange zu nahe zu kommen, da sie ungemein weit vorstößt und zielsicher trifft. Von Dezember bis Februar ist eine Ruhepause bei herabgesetzten Temperaturen zwischen 12 und 15 °C angezeigt. *Trimeresurus flavoviridis* ist in Japan nachgezüchtet worden. Die Okinawa-Habu-

Schlange *(Trimeresurus okinavensis)*, die die gleiche Verbreitung wie die vorige Art aufweist, ist eine kleinere, aber plumper gebaute Lanzenotter. Auch ist sie nicht so beißlustig wie *Trimeresurus flavoviridis*. *Trimeresurus okinavensis* bekommt lebende Junge oder legt Eier, die eine ungewöhnlich kurze Zeitigungdauer von nur wenigen Tagen haben. Im Terrarium ist die Okinawa-Habu-Schlange langlebig und nach den gleichen Richtlinien zu pflegen wie die Habu-Schlange. *Trimeresurus okinavensis* wurde schon in der Gefangenschaft nachgezüchtet.

Trimeresurus gramineus
Grüne Bambusotter

Kennzeichen: Die Grüne Bambusotter stimmt in ihrer äußeren Erscheinung mit der Weißlippen-Lanzenotter weitgehendst überein. Von ihr, wie von den anderen asiatischen grünen Lanzenottern, unterscheidet sich *Trimeresurus gramineus* durch die ungekielten Rükkenschuppen, die die Rumpfmitte in 21 Reihen umgeben. Die Färbung der Körperoberseite ist ein einfarbiges Grün oder Grüngelb oder kann bräunlich gefleckt sein. Die Bauchseite zeigt weißliche oder grünliche Farbtöne. An den beiden Rändern der Bauchschilde kann die Färbung der Unterseite sowie der Flanken so ineinander übergehen, daß auf jeder Körperseite ein unregelmäßiges Band entsteht. Die Oberlippenschilde sind weißlich. Ein dunkler Temporalstreifen kann vorhanden sein oder fehlen.
Länge: 75 cm, selten bis oder etwas über 100 cm.
Herkunft und Lebensweise: Trimeresurus gramineus lebt weit verbreitet im mittleren und südlichen Vorderindien und kommt stellenweise häufig vor. Die grüne Bambusotter lebt auf niederen Bäumen, Büschen, im hohem Gras und auch im Bambusdickicht, wo sie sich mit Hilfe des Wickelschwanzes festhält. Mit ihrer grünen Färbung ist sie hervorragend an das Blattwerk angepaßt und daher schwierig zu entdecken. Das von Natur aus träge Dämmerungstier beißt, wenn es erregt ist oder man sich ihm nähert blitzschnell zu. Todesfälle sind selten. Die Nahrung der Grünen Bambusotter besteht aus Mäusen, Vögeln, Eidechsen und Fröschen, die sie in der Regel festhält bis sie verendet sind. *Trimeresurus gramineus* bringt 6–25 voll entwickelte Junge zur Welt, die bei der Geburt ungefähr 15 cm lang sind und sofort lebhaft umherkriechen.
Haltung und Zucht: Trimeresurus gramineus pflegt man in einem feuchtwarmen, hell stehenden oder beleuchteten Regenwald-Terrarium bei Lufttemperaturen zwischen 24 und 30°C. Die Ernährung mit Mäusen bereitet keine Schwierigkeiten. Da die Schlange das Geäst nur selten verläßt, erübrigt sich eine Bodenheizung. Diese Art wurde in der Gefangenschaft nachgezüchtet. Die jungen Bambusottern nehmen kleine Frösche, Eidechsen und vereinzelt auch Grillen als Futter an. Falls man über ein derartiges Futter nicht verfügt, füttert man in der ersten Zeit zwangsweise in Streifen geschnittenes Herzfleisch.
Die Sumatra-Bambusotter *Trimeresurus sumatranus* ist der Grünen Bambusotter *Trimeresurus gramineus* sehr ähnlich. *Trimeresurus sumatranus,* die in die beiden geographischen Rassen *Trimeresurus sumatranus sumatranus* und *Trimeresurus sumatranus malcolmi* aufspaltet, besitzt 21 schwach gekielte Schuppen, die den Rumpf in schrägen Reihen umgeben. Die Körperoberseite ist hell blattgrün und von kleinen hellen Flecken, wie von breiten, rostbraunen, aber sehr undeutlichen Tupfen bedeckt. Die Schuppen sind oft schwarz gerandet. Auf der unteren Schuppenreihe oberhalb der Bauchkante verläuft ein feiner weißlichgelber Streifen. Die Schwanzspitze ist braunrot, die Bauchseite grünlich bis gelblich gefärbt. Diese etwas über 100 cm erreichende Art ist in Süd-Thailand, auf der Malayischen Halbinsel, in Singapur, auf Sumatra, Bangka, Simular, Nias, den Mentawai-Inseln, auf Billiton und auf Borneo beheimatet. Sie kommt in

Höhenlagen von 800–1000 m vor und ist hier ziemlich häufig. Der Verfasser pflegt ein Exemplar dieser Art im gleichen Behälter mit einer Weißlippen-Bambusotter, *Trimeresurus albolabris,* mit welch letzterer sie in ihren Pflegeansprüchen und in ihrem Verhalten vollständig übereinstimmt.

Trimeresurus monticola
Berg-Lanzenotter
4 Unterarten

Kennzeichen: Die kurze, stämmig gebaute Grubenotter besitzt einen dreieckigen Kopf, der sich deutlich vom Hals absetzt. Das Auge ist klein, die Pupille im Licht zu einem senkrechten Schlitz verengt. Den Kopf bedecken kleine Schuppen, die bei einzelnen Individuen entweder glatt oder gekielt sind. 23 oder 25, selten 27 Reihen glatter oder schwach gekielter Schuppen umgeben die Körpermitte in schrägen Reihen. Die Grundfärbung des Körpers ist ein helles Braun. Eine Reihe dunkelbrauner, unregelmäßiger Flecken, die mehr oder weniger miteinander verschmelzen können, bedecken den Rücken. Kleinere Flecken bedecken die Flanken. Die Kopfoberseite ist dunkelbraun. Ein helles Band, das hinter der Schnauze beginnt, zieht sich durch das Auge zum Mundwinkel. Die Bauchseite zeigt auf weißlichem oder grauem Grund eine braune Puderung oder kleine Sprenkel. Die Schwanzoberseite ist dunkelbraun.
Länge: Selten über 90 cm.
Herkunft und Lebensweise: Trimeresurus monticola ist weit verbreitet. Die Nominatform kommt in Nepal, Sikkim, Indien (Assam), Burma und China (Yünnan, Szechwan) vor. *Trimeresurus monticola makazayazaya* in Taiwan, *Trimeresurus monticola meridionalis* in Kambodscha, Laos, Thailand, Malaya und in Vietnam, *Trimeresurus monticola orientalis* in China (Fukien und Chekiang) und bewohnt Gebirge in Höhenlagen zwischen 1000 und 2600 m. Die Grubenotter lebt an Berghängen, die von Steingeröll übersät und von hohen Gräsern und Beständen einer niedrigen Bambusart durchwachsen sind. *Trimeresurus monticola* ist eine streng bodenbewohnende Art, die nicht selten bis zu menschlichen Ansiedlungen vordringt und gelegentlich in Wohnhäusern, Gärten, Teepflanzungen und in Mauern gefangen wurde. Die Nahrung dieser Giftschlange besteht aus kleinen Nagetieren, meist aus Ratten und Mäusen. Bei Gefahr zeigt sich die Berg-Lanzenotter aggressiv. Sie rollt sich zusammen, zittert mit dem Schwanz und stößt blitzartig gegen den Feind vor. Das weitgehend hämotoxisch wirkende Gift führ zu Ödemen und verursacht heftige Schmerzen. Todesfälle kommen so gut wie nie nor. Hinsichtlich der Fortpflanzung verhält sich *Trimeresurus monticola* ähnlich wie *Agkistrodon rhodostoma*: beide Arten sind eierlegend. Die 6–18 zusammenklebenden Eier, die 26–40 x 23–24 mm lang sind, werden in ein Loch, in eine Bodenvertiefung oder in Haufen abgestorbener Pflanzen gelegt und bis zum Schlüpfen vom Weibchen bewacht. Die Jungen die im September schlüpfen, haben eine Länge von 18–20 cm.
Haltung und Zucht: Trimeresurus monticola, die gelegentlich im Tierhandel angeboten wird, ist ziemlich teuer. Zur Haltung dieser Schlange genügt ein Terrarium mittlerer Größe. Als Bodengrund verwendet man ein Gemisch aus Sand und Walderde. Als Unterschlupf stellt man einige Steine zusammen oder verwendet einen kleinen Baumstubben. Auf eine Bepflanzung braucht man nicht zu verzichten, da die Schlange sie nicht beschädigt. Ein Wassergefäß darf nicht fehlen. Hin und wieder muß lauwarmes Wasser gesprüht werden. Zu ihrem Wohlbefinden verlangt die Berg-Lanzenotter Tagestemperaturen zwischen 24 und 27 °C und nachts eine Temperatur zwischen 18 und 20 °C. Tageslicht genügt. Vor- und Nachmittagssonne sind von Vorteil, aber nicht unbedingt notwendig. Während des Tages hält sich *Trimeresurus monticola* oft stundenlg in ihrem Unterschlupf verborgen. Daher füttert am besten in der Dämmerung. Als Futter bietet man Mäuse und junge Rat-

ten, die die Schlange lebend und tot von der Pinzette nimmt. *Trimeresurus monticola* wurde meines Wissens bisher noch nicht im Terrarium nachgezüchtet.

Noch seltener oder ebenso selten eingeführt wie *Trimeresurus monticola* werden 2 weitere, aus den Gebirgen Südostasiens stammende Lanzenottern. Es handelt sich um *Trimeresurus mucrosquamatus* und *Trimeresurus jerdonii. Trimeresurus mucrosquamatus* erreicht Höhenlagen von 2000 m. Diese Giftschlange ist in Nordost-Indien, in Ost-Pakistan, in Süd-China, in Nord-Vietnam und auf Taiwan verbreitet. Diese Grubenotter, die 60–110 cm lang wird, besitzt einen länglichen Kopf, der sich deutlich vom Hals abhebt. Die sehr kleinen Kopfschuppen sind im Bereich des Hinterkopfes leicht gekielt. 25–27 Reihen stark gekielter Körperschuppen umgeben die Rumpfmitte in schrägen Reihen. Die Körperoberseite ist grau bis bräunlich. auf der Rükkenmitte verläuft eine Reihe großer, unregelmäßig gestalteter, brauner und dunkel gerandeter Flecken, die teilweise miteinander zu einer Wellenlinie verschmelzen können. Die Körperseiten sind ebenfalls von Flecken gleicher Färbung bedeckt. Die Kopfoberseite ist braun. Ein schmaler dunkler Streifen, der das Auge mit dem Mundwinkel verbindet, kann in seltenen Fällen fehlen. Den hellbraunen Schwanz zieren dunkle Flecken. Die weißlichgraue Bauchseite erscheint wie bräunlich gepudert. Die hellbleibenden Bezirke haben die Form viereckiger Flecken. Diese, besonders auf Taiwan weitverbreitete Grubenotter, kommt hier sehr häufig vor, hauptsächlich im Hügel- und Bergland, steigt aber auch bis zum Meeresspiegel herab. Ihre bevorzugten Lebensbereiche sind offene Wälder, aber auch von Buschwerk und hohen Gräsern durchsetztes Gelände. Die Schlange, die keineswegs ein Kulturflüchter ist, wird häufig in landwirtschaftlich genutzten Gebieten gefunden. In unmittelbarer Nähe menschlicher Ansiedlungen ist ihr Auftreten absolut nicht ungewöhnlich, wie sie auch heute noch mitten in der Riesenstadt Taipeh anzutreffen ist. Die Taiwanesische Habuschlange, wie *Trimeresurus mucrosquamatus* auch genannt wird, lebt auf dem Boden, in Felsritzen, steigt aber auch auf Büsche und Bäume empor und wurde schon mehrfach unter den Dachgiebeln bewohnter Häuser gefangen. In ihrem Verhalten ist diese Art mehr dämmerungs- und nacht- als tagaktiv. Dem Menschen gegenüber verhält sich *Trimeresurus mucrosquamatus* unterschiedlich. Manche Exemplare sind ruhig und beißfaul, andere beißen wild zu, wenn sie belästigt werden. Nach den Angaben von Pope legt *Trimeresurus mucrosquamatus* Eier, deren Anzahl zwischen 5 und 13 schwankt. *Trimeresurus mucrosquamatus* ist recht haltbar. Bei Temperaturen zwischen 18 und 28 °C gewöhnt sich die Taiwanesische Habuschlange schnell in die Gefangenschaft ein, wo sie wie andere *Trimeresurus*-Arten Mäuse und kleine Vögel (Küken) als Nahrung annimmt. In ihrer asiatischen Heimat kommt es häufig zu Bißanfällen durch diese Grubenotter. Das Gift der Taiwanesischen Habuschlange ist hämotoxisch und soll sehr wirksam sein. Es wird eine Todesrate von 7,3 % angegeben.

Wie die beiden zuvor beschriebenen asiatischen Lanzenotterarten ist auch *Trimeresurus jerdonii* eine bergbewohnende Form, die bis zu Höhenlagen von 3000 m emporsteigt und auch hinsichtlich ihrer Verbreitung mit *Trimeresurus monticola* und *Trimeresurus mucrosquamatus* weitgehend übereinstimmt. Die Nominatform bewohnt Assam, Nord-Burma, Südost-Tibet und Yunnan (China), *Trimeresurus jerdonii bourreti* Nord-Vietnam und *Trimeresurus jerdonii xanthomelas* Szechwan und Hupeh (China). Der lanzenförmig gestaltete Kopf dieser Grubenotter setzt sich deutlich vom Hals ab. Die Kopfschuppen sind klein und unregelmäßig angeordnet. 21–23 stark gekielte Schuppenreihen umgeben die Körpermitte in schräger Anordnung. Die Körperfärbung schwankt zwischen grünlichgelb und olivfarben. Über die Rückenmitte verläuft eine Reihe rhombisch gestalteter, rötlicher Flecken mit schwarzen Rändern. Die Körperseiten weisen schwarzen Flecken in gleichmessenden Intervallen auf. Die schwarze Kopfoberseite ist von feinen gelben Linien in symmetrischer Anordnung geziert. Eine dunkle Binde, die vom Auge zum Mundwinkel verläuft, endet auf den Halsseiten. Die gelbe Bauchseite ist schwarz gefleckt. Der hintere Körperteil wie der Schwanz sind fast einfarbig schwarz. *Trimeresurus jerdonii* erreicht knapp 100 cm Länge. In seiner Heimat kommt das Tier auf buschigem Gelände und in lichten Wäldern vor. Seine Nahrung besteht aus kleinen Säugetieren und Vögeln. Von August bis September werden 4–8 lebende Junge geboren. Die Haltungs- und Pflegeansprüche von *Trimeresurus jerdonii* sind weitgehend die gleichen wie die der beiden vorigen Arten.

Trimeresurus popeorum
Pope-Lanzenotter

Kennzeichen: In ihrer äußeren Erscheinung ähnelt *Trimeresurus popeorum* den anderen grün gefärbten Lanzenottern Asiens. Auch sie besitzt einen dreieckigen Kopf, der sich deutlich vom Hals absetzt sowie einen schlanken Körperbau und einen gut entwickelten Greifschwanz. Die gekielten Schuppen umgeben die Körpermitte in 21 oder 23 Reihen. *Trimeresurus popeorum*, die *Trimeresurus steinegeri* ganz besonders ähnlich ist, unterscheidet sich von dieser Art im Bau der männlichen Geschlechtsorgane, weiterhin durch die mehr gelblichen als rötlichen Augen, den bedeutend längeren Körper sowie durch den bei erwachsenen Tieren recht undeutlichen Seitenstreifen. Die Pope-Lanzenotter variiert in der Färbung von leuchtend-hellgrün bis olivfarben. Die Bauchseite zeigt grüne, gelbe oder weißliche Farbtöne. Der Schwanz ist gelblich bis rotbraun gefärbt.
Länge: Etwas über 90 cm.
Herkunft und Lebensweise: Trimeresurus popeorum ist vom östlichen Himalaya, von Assam, Burma, Thailand, der Malayischen Halbinsel, von Sumatra und Borneo her bekannt. Als Bewohnerin des Regenwaldes kommt sie in Höhenlagen zwischen 1000 und 1700 m vor und ist auch häufig in Teeplantagen anzutreffen. Der Verfasser kennt diese Art aus West-Thailand aus der Nähe der burmesischen Grenze, wo sie sympatrisch mit *Trimeresurus albolabris* auftritt. Mit Hilfe ihres Greifschwanzes umwickelt die Schlange Äste und Zweige und lauert mit angezogenem Hals und Körper auf vorbeihuschende Beutetiere wie Mäuse, Vögel, Eidechsen oder Frösche. Gelegentlich sucht diese Giftschlange den Erdboden auf. Die Pope-Lanzenotter bekommt in der Regel 7–12 lebende Junge von 12–20 cm Länge.
Haltung und Zucht: Diese Art wird häufig aus Thailand importiert. Sie ist in einem eher hohen als langen Regenwald-Terrarium mit zahlreichen Kletterästen und üppigem Pflanzenwuchs bei hoher Luftfeuchtigkeit und Tagestemperaturen zwischen 24 und 30°C unterzubringen. Als Bodengrund ist Waldhumus zu empfehlen, den man mit Kiefernnadeln und vereinzelten Moospolstern überdeckt. Ein häufiges Übersprühen mit leicht angewärmtem Wasser ist angezeigt, um den Bodengrund leicht feucht zu halten. Damit werwerden die Pflanzen zu vermehrtem Wachstum angeregt und die notwendige hohe Luftfeuchtigkeit erzielt. Als Futter bietet man Mäuse, die blitzschnell gepackt und zwischen den Kiefern gehalten werden, bis sie verendet sind. Die sehr bewegungsträge Baumotter liegt stundenlang im Geäst unter der Beleuchtung und klettert nur gelegentlich auf den Bodengrund. Trotz ihrer Trägheit kann die Schlange ungewöhnlich schnell und weit vorstoßen. Ihr blutzersetzendes Gift wirkt stärker als das von *Trimeresurus albolabris, Trimeresurus gramineus* und *Trimeresurus stejnegeri. Trimeresurus popeorum* ist schon mehrmals in der Gefangenschaft nachgezüchtet worden. Die Jungen gehen an kleine, ganze oder zerteilte Frösche. Da sie in der ersten Zeit ihres Lebens nackte Mäuse verschmähen, stopft man sie so lange mit Rinderherzstreifen bis sie selbständig an Mäuse gehen.

Trimeresurus puniceus
Braune Baumotter

Kennzeichen: Der breite Kopf mit der kurzen, abgestutzten Schnauze setzt sich deutlich vom Hals und dem mäßig untersetzten Rumpf ab. Die Seitenkante über der Nasenöffnung tritt deutlich hervor. Das Auge ist klein, die Pupille im Licht senkrecht geschlitzt. Die schwach gekielten Schuppen umgeben die Körpermitte in 19–23 Reihen. Wie bei anderen Vertetern der Gattung *Trimeresurus* ist das Afterschild ungeteilt. Ein Greifschwanz ist vorhanden. Die Körperoberseite ist grau, braun oder rötlich gefärbt, ungefleckt oder dunkel gefleckt. Die dunklen Flecken können auf der Rückenmitte zu einer Wellenlinie verschmelzen. Eine helle Linie, die dunkel gerandet ist, verläuft vom Auge zum Mundwinkel. Die Bauchseite sieht wie dunkel gepudert aus und weist zu beiden Seiten eine Reihe gelber Flecken auf. Die beiden Ränder der Bauchseite können auch braun gefleckt sein. Die Schwanzspitze ist rötlich.
Länge: Selten über 60 cm.
Herkunft und Lebensweise: Trimeresurus puniceus kommt in Thailand, Malaysia, auf Java, Sumatra, Borneo, Simular und den Mentawai-Inseln vor. Sie ist in der Ebene zu finden sowie im Gebirge bis in 1700 m Höhe. In Thailand und auf der Malayischen Halbinsel ist die Braune Baumotter die seltenste Grubenotter. Das träge Geschöpf hält sich bevorzugt an dunklen Stellen am Boden auf und klettert nur gelegentlich auf Büsche und Bäume. Die Wirkung eines Bisses dieser kleinen Giftschlange ist nicht sehr stark. Die Nahrung von *Trimeresurus puniceus* besteht hauptsächlich aus Fröschen. Bei Dr. Wirot Nutaphand legte ein Weibchen dieser Art 14 runde Eier. Das Weibchen trieb Brutpflege, indem es sich um das Gelege ringelte und es bewachte. Die Jungtiere haben eine bräunlich-blaue Färbung und eine weiße Schwanzspitze.
Haltung und Zucht: Die Braune Baumotter wird nur selten importiert. Man pflegt sie in einem feuchtwarmen, gut bepflanzten Terrarium bei Lufttemperaturen zwischen 25 und 30 °C. Sie hält sich sowohl am Boden wie im Geäst auf. Die Ernährung bereitet einige Schwierigkeiten, da sie fast nur Frösche annimmt und sehr schwer an Mäuse zu gewöhnen ist. *Trimeresurus puniceus* wurde meines Wissens bisher noch nicht in der Gefangenschaft nachgezüchtet.

Trimeresurus purpureomaculatus
Mangrovenviper
2 Unterarten
(Bild Seite 175 und 176)

Kennzeichen: Die Mangrovenviper besitzt einen breiten, herzhörmigen Kopf, der sich deutlich vom Hals und dem schlanken Rumpf absetzt. Das Auge ist mäßig groß, die Pupille im Licht senkrecht geschlitzt. Die Kopfoberseite ist von flachen, tuberkelartigen Schuppen bedeckt. Die stark gekielten Körperschuppen umgeben den Rumpf in 25–27 Reihen. Die Körperfärbung variiert sehr. Die Oberseite des Körpers kann dunkel purpurbraun, olivfarben oder grau, einfarbig oder blaugrün oder braun gefleckt sein. Auf der untersten Schuppenreihe der beiden Körperseiten kann je eine weiße Linie verlaufen oder auch fehlen. Der Schwanz ist einfarbig oder grau und braun gesprenkelt. Der olivfarbene Kopf weist eine braune Fleckung auf. Die Bauchseite zeigt auf blaßgrünem Grund zuweilen schwarze Flecken.
Länge: Bis 100 cm.
Herkunft und Lebensweise: Diese weitverbreitete Lanzenotter ist in Bengalen, Assam, Burma, auf der Malayischen Halbinsel und den vorgelagerten Inseln, auf den Andamanen, Nikobaren, auf Sumatra und den Riou-Inseln beheimatet. Das Vorkommen dieser Art ist weitgehend auf die Inseln und auf die Küstengürtel beschränkt. *Trimeresurus purpureomaculatus* ist eine ausgesprochene Bewohnerin des Mangrovendschungels. Im Hügelland findet man sie nur selten. Auf seiner

4. herpetologischen Thailandreise wurde ich von Dr. Wirot Nutaphand eingeladen, die Lebensbereiche von *Trimeresurus purpureomaculatus* auf dem La-Un-Fluß in der Provinz Ranong in Süd-Thailand aufzusuchen. Der La-Un-Fluß ist auf beiden Seiten von dichtem, naturbelassenem oder kaum vom Menschen berührtem, tropischem Regenwald umgeben, der sich über die Ebenen und niederen Berge erstreckt, soweit das Auge reicht. Die Ufer des La-Un-Flusses säumt eine üppige Vegetation; von Schlingpflanzen durchfilzte Büsche, im Wasser wachsende Palmen, Mangroven und riesige Urwaldbäume, deren bemooste und von allerlei Farnen und Orchideen epiphytisch überwachsene Äste weit über den Fluß ragen. Mit einem kleinen Motorboot fuhren wir die Flußufer ab und hielten Ausschau nach den auf Büschen und Bäumen liegenden Schlangen. Bereits nach ungefähr 20 Minuten entdeckte ich die erste in einem Busch liegende Mangrovenviper. Ich zog das Tier mit dem Schlangenhaken ins Wasser und beförderte es dann ins Boot und in den Schlangenbeutel. Nach wenigen Metern sichteten wir ein zweites Tier dieser Art. Ein weiterer glücklicher Zufall bescherte uns eine große Mangroven-Nachtbaumnatter *(Boiga dendrophila)*, die auf einem über dem Wasser hängenden Ast zwischen Orchideen ruhte, und die ich ohne Schwierigkeiten ebenfalls ins Boot zog. Die von mir gefangene *Trimeresurus pupureomaculatus* brachte ich nach Deutschland mit und in einem sehr gut bepflanzten, feuchtwarmem Regenwald-Terrarium unter. Das sehr beißlustige Exemplar gewöhnte sich bald in die Gefangenschaft ein. In losen Körperringen liegt es auf den Ästen, die es mit seinem Greifschwanz umschlingt. Als Nahrung hat es bisher kleinere Mäuse angenommen. *Trimeresurus purpureomaculatus* ist leicht erregbar und beißt bei Störungen blitzschnell zu. Ihr Gift, das etwas wirksamer als das der nahe verwandten Lanzenottern ist, schädigt hauptsächlich Blut und Blutgefäße. Todesfälle sind sehr selten und ein Biß verursacht in der Regel nur vorübergehende Beschwerden. *Trimeresurus purpureomaculatus* hält sich sowohl auf dem Erdboden wie auf niederen Bäumen und im Gebüsch auf. Ihre Nahrung besteht aus Eidechsen, Fröschen, Mäusen und Vögeln. Die Mangrovenotter bekommt lebende Junge.

Haltung und Zucht: Die asiatische Lanzenotter wird häufig importiert. Sie wurde auch schon mehrmals in der Gefangenschaft nachgezüchtet. Artbastarde zwischen *Trimeresurus albolabris* und *Trimeresurus purpureomaculatus* sind im Terrarium erzielt worden. Die Pflege und Fütterung der Mangrovenviper die sich in jeder Hinsicht nach den gleichen Richtlinien zu orientieren hat wie bei *Trimeresurus albolabris* angegeben, ist völlig unproblematisch. Die Mangrovenviper gewöhnt sich schnell in die Gefangenschaft ein, behält jedoch meist ihr ungestümes Temperament und ist stets zu Abwehrbissen bereit; sie kann weit vorstoßen. Daher hüte man sich, ihr zu nahe zu kommen. Bei sorgfältiger Pflege zeigt sich die Mangrovenviper langlebig und dauert ohne Schwierigkeiten über 10 Jahre im Terrarium aus.

Die seit Jahren vom Tierhandel nach Europa importierten *Trimeresurus kanburiensis* sind mit Sicherheit keine solchen, sondern *Trimeresurus purpureomaculatus*. Mündliche Angaben wie „schlanker", „weniger bissig", „sieht anders aus" sind keine ausreichenden Merkmale, durch die die Artzugehörigkeit einer Schlange festgelegt werden kann. Von *Trimeresurus purpureomaculatus* unterscheidet sich die im Jahre 1943 von Smith in „The Fauna of British India" aufgeführte *Trimeresurus kanburiensis* durch folgende Merkmale: Kopfschuppen dachziegelförmig, glatt zwischen den Augen und am Kopfende gekielt. Die Supraocularia zwischen denen 8 Schuppenreihen liegen, sind ziemlich groß. Von den 10 Oberlippenschilden ist das erste vom Nasenschild völlig getrennt. Das 3. Oberlippenschild ist am größten. Die stark gekielten Körperschuppen umgeben die Körpermitte in 19 schrägen Reihen. Das Tier weist 159 Ventralia und 42 Subcaudalia auf. Die Grundfärbung des Körpers ist graubraun. Auf dem Rücken verläuft eine Reihe großer, schwarzbrauner und unregelmäßiger Flecken. Die Flecken auf den Körperseiten, die den gleichen Farbton aufweisen, sind kleiner. Die Bauchseite ist weißlich. Das im British Museum in London aufbewahrte Typusexemplar hat eine Länge von 405 mm und stammt aus der Umgebung von Kanburi (Kanchanaburi) aus Südwest-Thailand.

Trimeresurus stejnegeri
Chinesische Baumviper
4 Unterarten

Kennzeichen: Der dreieckige Kopf setzt sich deutlich vom Hals und dem mäßig untersetzten Rumpf ab. Die Iris des großen Auges ist ziegelrot, die Pupille im Licht zu einem senkrechten Schlitz verengt. Bei *Trimeresurus stejnegeri*, die oft mit anderen grünen Vertretern dieser Gattung verwechselt wird, ist das erste Oberlippenschild nicht mit dem Nasenschild verschmolzen. Die Schuppen sind gekielt und umgeben die Körpermitte in 21 schrägen Reihen. Die Körperoberseite ist leuchtend hell- bis blattgrün, die Bauchseite gelblich bis blaßgrün. Zwischen den Bauchschilden und Flanken verläuft eine weißliche oder gelbliche und bei den Männchen zusätzlich eine rötliche Linie. Bei den Männchen verläuft die Seitenlinie bis zum Mundwinkel oder Auge. Diese Linie fehlt in der Regel beim weiblichen Geschlecht oder ist nur äußerst schwach angedeutet. Die Schwanzspitze ist leicht rötlich. *Länge:* 50 cm, selten über 65 cm.
Herkunft und Lebensweise: Das Verbreitungsgebiet der Chinesischen Baumviper beginnt in Nepal und reicht über Sikkim, Vietnam und Süd-China bis nach Taiwan und Hainan. Diese Lanzenotter ist eine ausgesprochene Baum- und Strauchbewohnerin niederer bis mittlerer Berglagen. Oft kommt sie in der Nähe von Flüssen und Bächen vor. Zuweilen trifft man sie auf altem Kulturgelände an, wo sie in Hecken und Zitrusbäumen haust. In Bambusdickichten an den Rändern von Reisfeldern ist sie eine häufige Erscheinung. Die Chinesische Baumviper ist dämmerungsaktiv und klettert in der Nacht auf den Erdboden und wandert dort umher. Ihre Nahrung besteht aus Fröschen, Mäusen und kleinen Vögeln. Wegen ihrer grünen Körperfärbung wird sie im Laubwerk oft übersehen, so daß Bisse nicht selten sind. Bei Gefahr zittert *Trimeresurus stejnegeri* mit dem Schwanz und beißt schnell zu. Das Gift ist nicht sonderlich stark; es wirkt weitgehend hämotoxisch. 1–2% Bißunfälle sind tödlich. Im Juli oder August setzt die Chinesische Baumviper 2–7 Junge ab.
Haltung und Zucht: Wie die nahe verwandten Arten verlangt *Trimeresurus stejnegeri* ein feuchtwarmes Terrarium (25–27 °C am Tage, 22–24 °C in der Nacht) mit griffigen Klletterästen und üppigem Pflanzenwuchs. Als Futter reicht man kleine Mäuse, auf die das Gift ziemlich schnell einwirkt. Um die Boden- und Luftfeuchtigkeit hoch zu halten, versprüht man leicht angewärmtes Wasser mehrmals in der Woche. Die Schlangen trinken selten aus dem Wassergefäß; sie nehmen das von den Blättern herabrinnende Wasser in Tropfenform auf. In einem gut bepflanzten Regenwald-Terrarium erweist sich *Trimeresurus stejnegeri* als langlebig. In der Gefangenschaft wurde die Chinesische Baumviper schon mehrmals nachgezüchtet.

Trimeresurus trigonocephalus
Ceylon-Lanzenotter
(Bild Seite 176)

Kennzeichen: Der flache, breite Kopf mit der scharfen Schnauzenkante setzt sich deutlich vom Hals und dem schlanken Rumpf ab. Das Auge ist groß, die Pupille im Licht senkrecht geschlitzt. Der gut entwickelte Greifschwanz nimmt ungefähr ein Sechstel der Körperlänge ein. Die gekielten Schuppen umgeben die Rumpfmitte in 17 oder 19 Reihen. *Trimeresu-*

rus trigonocephalus kann einfarbig grün sein oder auf dem Rücken eine zackenförmige, mehr oder weniger unterbrochene, schwarze Wellenzeichnung aufweisen. Die Körperseiten sind spärlich schwarz gefleckt. Ein schwarzer Schläfenstreifen zieht sich vom Auge bis oberhalb zum Mundwinkel und verschmilzt dort zuweilen mit der schwarzen Netzzeichnung der Kopfoberseite. Die Bauchseite ist einfarbig gelblich und grün, die Schwanzspitze schwarz.
Länge: bis 132 cm.
Herkunft und Lebensweise: Trimeresurus trigonocephalus, die nur von Ceylon her bekannt ist, bewohnt alle Höhenlagen bis zu 2000 m. Am häufigsten kommt sie im Gebirge vor, sonst im Buschgelände, in Wäldern und auf Teeplantagen. Die träge Baumschlange, die tags- und nachtaktiv ist, paßt sich farblich in der Natur hervorragend an ihre Umgebung an. Mit ihrem Greifschwanz umklammert sie Äste und Zweige. Bei Störungen schießt sie bis über die halbe Körperlänge vor. Der Biß dieser Art verursacht starke Schwellungen und Schmerzen, führt aber nur selten zum Tode. Die Ceylon-Lanzenotter ernährt sich von Fröschen, Echsen (hauptsächlich Geckos und Calotes), Mäusen und kleinen Vögeln. Die über 20 cm langen Jungen werden im Juli oder August geboren.
Haltung und Zucht: Trimeresurus trigenocephalus pflegt man in einem hell stehenden oder 10–12stündig beleuchteten, feuchtwarmen Regenwald-Terrarium bei Tagestemperaturen zwischen 25 und 28°C und Nachttemeraturen zwischen 22 und 24°C. Die Haltung der Schlange ist nicht allzu schwierig. Als Futter reicht man Mäuse und Frösche. Bei A. Schwaaf brachten 3 trächtig importierte Weibchen 21, 25 und 29 lebende Junge zur Welt. Die erste Häutung fand einige Tage nach der Geburt statt. Ein Teil der jungen Schlangen fraß nackte Mäuse, ein anderer mußte noch lange Zeit gestopft werden.

Weitere inselbewohnende *Trimeresurus*-Arten sind: *T. flavomaculatus* (Philippinen), *T. philippensis* (Philippinen), *T. hageni* (Sumatra).

Trimeresurus wagleri
Wagler-Lanzenotter
3 Unterarten

Kennzeichen: Die plumpe Baumschlange ist auf den ersten Blick an dem ganz ungewöhnlich breiten, herzförmigen und wuchtigen Kopf zu erkennen, der sich auffallend stark vom schlanken Hals absetzt. Der Greifschwanz ist gut entwickelt. Das Auge ist relativ klein, die Pupille im Licht senkrecht geschlitzt. Die Schuppen zwischen den Augen und Oberlippenschilden sind gekielt. Erwachsene Exemplare zeigen auf gelbgrüner bis weißlicher Grundfärbung schwarze Querbinden. Die grünen Schuppen sind von schwarzen Säumen umgeben. Die grüne Rückenfärbung nimmt auf den Körperseiten gelbliche oder weiße Farbtöne an. Gelbe und schwarze Muster zieren den Kopf. Die Ober- und Unterlippenschilde sind gelb. Ein schwarzes Band verläuft vom Auge zur Halsseite. Der Schwanz ist schwarz, der Bauch grünlich und gelb gefleckt. Junge Tiere besitzen eine grüne Grundfärbung und weißlichrote Querbinden, die hinten blau oder purpurfarbig gesäumt sind. Zuweilen treten himmelblaue Exemplare auf und solche, die mit feinen, roten Tupfen übersät sind.
Länge: 75–100 cm.
Herkunft und Lebensweise: Die Wagler-Lanzenotter ist in Thailand, in Malaysia, auf dem Indoaustralischen Archipel bis nach Celebes und auf den Philippinen beheimatet. *Trimeresurus wagleri alboviridis* ist von Philippinen (westliche Negros-Inseln) her bekannt. *Trimeresurus wagleri subannalatus* bewohnt die philippinische Insel Mindanao. Die Giftschlange ist in Dschungeln des Flachlands und auf Plantagen stellenweise ungemein häufig. Sie kommt bis in Höhen von ungefähr 1000 m vor. Als typische Baumbewohnerin hält sie sich mit Hilfe ihres Greifschwanzes auf niederen Bäumen und im Buschwerk fest. Am Tage ist sie besonders träge und beißt nur bei grober Behandlung zu. Sie hat lange Zähne, die tief in das Fleisch eindringen können. Ihr Gift

ist nicht stark. Daher verlaufen von ihr verursachte Bisse fast ausnahmslos glimpflich. Von der einheimischen Bevölkerung wird sie nicht oder nur wenig gefürchtet. Es gibt Eingeborene, die sie in der Nähe ihrer Häuser auf Bäume setzen, weil sie anscheinend Glück bringt. Eine große Anzahl dieser trägen Geschöpfe wird im Schlangentempel zu Penang gepflegt. Die Wagler-Lanzenotter ernährt sich von Eidechsen, Vögeln und kleinen Säugetieren, die sie beim Vorbeihuschen auf Bäumen und Büschen erbeutet. Nach Dr. Wirot Nutaphand frißt sie besonders gerne Tokees *(Gecko gecko)*. *Trimeresurus wagleri* setzt im März oder April lebende Junge ab. Zwei Weibchen dieser Art, die ich von Thailand mit nach Deutschland brachte, bekamen auf dem Rückflug nach Deutschland in der Transportkiste 12 lebende Junge, die ungefähr 20 cm lang waren.

Haltung und Zucht: Trimeresurus wagleri gilt als sehr heikle Art, die nicht oder schlecht frißt und früher oder später meist an Lungeninfektionen zugrunde geht. Nach meinen Erfahrungen, die ich in Thailand machte, liegt die Ursache für die kurze Lebensdauer dieser Baumviper in der schlechten Behandlung, die das Tier schon bei den Fängern in Süd-Thailand, auf dem Transport nach Bangkok, bei den dortigen Tierhändlern und auf der Reise nach Europa erfährt. Die bereits kranken oder sehr geschwächten Schlangen sind in der Regel Todeskandidaten. Gesunde Exemplare sind im Terrarium nicht so problematisch wie angegeben. Auf jeden Fall muß man sie bei Temperaturen zwischen 25 und 30°C und Luftfeuchtigkeitswerten von 90% oder mehr pflegen, wobei der Behälter eine ausgezeichnete Luftdurchlässigkeit aufweisen muß, damit keine stehende, stickige Luft entsteht. Trocken gehaltene Exemplare erkranken sehr schnell an einer Infektion der Atmungsorgane. Die Steril-Haltung (in einem klimatisierten Raum) hat bei den genannten Temperaturen und Feuchtigkeitswerten bisher zu Erfolgen geführt. Man kann diese Art auch in einem geräumigen, gut gelüfteten, hell stehenden, aber nicht besonnten Aquaterrarium unterbringen, dessen Bodenteil ungefähr zu 3/4 aus Wasser (das stets peinlichst sauber gehalten werden muß) und zu 1/4 aus Walderde bestehen soll. Kletteräste und Bepflanzung müssen ausreichend vorhanden sein. Durch den Wasserteil und das häufige Sprühen, wird nicht nur eine augenblickliche, sondern eine dauernd erhöhte Luftfeuchtigkeit aufrecht erhalten, die für die Gesundheit dieser Schlange so wichtig ist. Verschiedene Pfleger hatten jedoch auch gute Erfolge mit diesen Schlangen bei einer verhältnismäßig trockenen Haltungsweise. Immer muß das Terrarium eine gute Lüftung, ohne Durchzug aufweisen. Unter einer trockenen Haltungsweise versteht man nicht nur das Vorhandensein eines trokkenen Bodengrundes, sondern auch eine reduzierte Luftfeuchtigkeit, die bei 60% oder darunter liegt. Bei feuchter Haltung ist der Bodengrund zum größten Teil feucht – natürlich muß ein trockenes Plätzchen vorhanden sein – und die Luftfeuchtigkeit ist erhöht. Es genügt, wenn man alle 2–3 Wochen eine mittelgroße Maus verfüttert, die die Schlange fast immer bis zum Verenden festhält. Bevorzugt werden jedoch junge Ratten von der Größe einer erwachsenen Maus. *Trimeresurus wagleri* hält sich meist im Geäst auf und steigt nur gelegentlich auf den Erdboden herab. Trächtig importierte Weibchen haben schon mehrfach Junge geboren. Eine echte Nachzucht steht jedoch noch aus.

Am 25. Mai 1980 setzte mein ca. 70 cm langes *Trimeresurus wagleri*-Weibchen 8, am nächsten Tag 4 und am übernächsten Tag 2 lebende Junge ab. Die erste Häutung fand zwischen dem 12. und 15. Tag statt. In den ersten 3 Wochen verstarben unerklärlicherweise 5 Jungtiere, die zwischen 21,3 und 24,2 cm groß waren. Bis auf drei junge Schlangen gab ich die anderen ab. Meine Jungtiere wurden in einem mit Scindapsus und einem Kletterast versehenen Terrarium mit feuchter Walderde untergebracht. Jeden Tag wurde regelmäßig gesprüht. Die jungen Schlangen zeigten sich stets durstig und nahmen das Wasser in Tropfenform auf. Die Lufttemperaturen lagen zwischen 25 und 32 °C. Wie erwachsene Schlangen packten die jungen Lanzenottern nackte Mäuse, hielten sie einen Augenblick zwischen den Kiefern fest und ließen sie dann fallen (anscheinend sind nackte Mäuse nicht die ersten Beutetiere junger *Trimeresurus wagleri*). Da mir leider keine kleinen Frösche zur Verfügung standen, mußte ich die jungen Schlangen zwangsfüttern, wozu ich die Köpfe soeben geborener Mäuse verwendete.

Im Juni 1979 fanden Dr. Wirot Nutaphand und einige seiner Freunde auf einer Reise zum Studium der Lebensgewohnheiten der Königskobra *(Ophiophagus hannah)* 100–150 km südlich von Surat Thani (Süd-Thailand) an den Hängen des Khao Luang zwischen Amphoe Thung Son und Amphoe Chawang (Provinz Nakhon Si Thammarat) eine neue *Trimeresurus*-Art. Die genauen Fundpunkte dieser wohl kleinsten, thailändischen Grubenotter liegen auf dem Khao Wang Hip in Höhenlagen zwischen 500 und 1196 m bei den aus etwa 10–12 Bambushütten bestehenden Ortschaften Ban Hui Hip und Amphoe Lan Saka. Eines der 5 Exemplare dieser Art, die von Dr. K. Klemmer als *Trimeresurus wiroti* beschrieben werden sollen, konnte ich mit nach Deutschland bringen. Ich übergab das Tier dem Senckenberg-Museum (Frankfurt/Main).

Der Lebensraum von *Trimeresurus wiroti* ist völlig naturbelassener Regenwald. In dem sumpfig-feuchten Gebiet wachsen vor allem Palmen *(Caryota mitis, Metroxylon species)* wie *Calamus* species und *Livistoma* spec. Da alle Schlangen am Abend und in der Nacht auf Palmwedeln und in den Achseln der Palmblätter aufgefunden wurden, ist die deutsche Bezeichnung „Siamesische Palmen-Lanzenotter" durchaus gerechtfertigt. Die Siamesische Palmen-Lanzenotter erreicht eine Länge von 55,8 cm. Ihr Körperbau ist schlank. Der breite, lanzenförmig gestaltete Kopf setzt sich deutlich vom Hals ab. Ein Artcharakteristikum von *Trimeresurus wiroti* ist die deutlich aufgeworfene Schnauzenkante, durch welche diese Grubenotter auf den ersten Blick sich von allen anderen thailändischen *Trimeresurus*-Arten unterscheidet. Die Kopfoberseite ist von kleinen Schuppen besetzt, die an ihrer Spitze feine Kiele aufweisen. Die Supraokularia sind ebenfalls in kleine Schuppen aufgelöst. Das Schnauzenschild zeigt eine vertikale Aufwölbung. Das vordere Nasalschild ist groß und ebenfalls aufgewölbt. Das vierte Oberlippenschild ist groß. Es berührt das Auge nicht. Die Halsregion wird von 17, die Körpermitte von 21 gekielten Schuppen in schrägen Reihen umgeben. Es sind 176 Bauchschilder und 109 im Zickzack stehende Schwanzschilder vorhanden. Auf schmutzig graugrüner Körperfärbung finden sich zahlreiche braune Flecken, die auf der Rückenmitte am größten sind und dort in ungefähr gleichmessenden Abständen stehen. Die zu Schuppen aufgelösten Supraocularia und Supralabialia sind weiß gefleckt wie die Schuppen zwischen Körperflanken und Bauchseite. Die Kinnschilder sind rötlich. Die Bauchseite ist bräunlich. Das dunkelgrüne Auge weist im Licht eine senkrecht geschlitzte Pupille auf.

Die Siamesische Palmen-Lanzenotter kommt in ihrem natürlichen Lebensraum nicht häufig vor. Ihre Nahrung besteht aus Geckos und Fröschen, vielleicht auch aus kleinen Mäusen und Vögeln. Sie ist nicht aggressiv. Ich sah sie aber blitzartig und weit vorstoßen. *Trimeresurus wiroti* wurde bisher nur kurze Zeit in der Gefangenschaft gehalten. Sie benötigt ein feuchtwarmes, sehr gut bepflanztes Regenwaldterrarium zu ihrem Wohlbefinden und läßt sich dann wie andere *Trimeresurus*-Arten halten. Abbildung s. Seite 139.

Literaturverzeichnis

Allen, R.: How to hunt the Eastern Diamondback Rattlesnake. Ross Allens Reptile Institute, Inc., Silver Springs 1961.

Anderson, J.: Zoology of Egypt. Reptilia and Batrachia, London 1898.

Arnold, R. E.: What to do about Bites and Stings of Venomous Animals. The Macmillan Company, New York 1973.

Bader, A.: Bisse durch nicht einheimische Giftschlangen. Inaugural-Dissertation der Universität Frankfurt am Main, 1976.

Baran, I., M. Basoglu: Türkiye Sürüngenleri Kisim II. Yilanlar. The Reptiles of Turkey. Part II. The Snakes. Ege Üniversitesi Matbaasi, Bornova-Izmir 1980.

Behringwerk Mitteilungen: Die Giftschlangen der Erde. Wirkungen und Antigenität der Gifte. Therapie von Giftschlangenbissen. N. G. Elwert Verlag, Marburg/Lahn 1963.

– Die europäischen und mediterranen Ottern und ihre Gifte. Grundlagen zur Darstellung eines wirksamen Schlangenserums. Selbstverlag der Behringwerke. Heft 7, Marburg/Lahn 1936.

Böhme, W.: Eine neue Art der Gattung *Bitis* (Serpentes Viperidae) aus Äthiopien. Monitore Zoologico Italiano, Firenze 1977.

Bogert, Ch. M., and Degenhardt, W. G.: An Addition to the Fauna of the United States, the Chihuahua Ridge-nosed Rattlesnake in New Mexiko. American Museum Novitates, New York 1961.

Bogert, Ch. M.: A new arboreal Pit Viper of the Genus *Bothrops* from the Isthmus of Tehuantepec, Mexico. American Museum Novitates, New York 1968.

Bourret, R.: Les Serpents Venimeux en Indochine. Gouvernement Général de l'Indochine, (ohne Ortsangabe) 1938.

Boys, F., and Smith, H. M.: Poisonous Amphibians and Reptiles. Recognition and Bite Treatment. Charles C. Thomas Publisher, Springfield (Illinois) 1959.

Branch, W. R.: The Venomous Snakes of Southern Africa. Part 1. Introduction and Viperidae. Bulletin of the Maryland Herpetological Society **13**, (3), 1977.

Brunner, A.: Auf Mambafang in Ostafrika. Aquaterra **6**, (9), 108–112, 1969.

Bruno, S.: La Vipera ursinii (Bonaparte 1835) in Italia. Estratto dalle Memorie del Museo Civico die Storia Naturale. Vol. XV. Verona 1967.

– Sulle *Vipera ammodytes* (Linnaeus 1758) in Italia. Estratto dalle Memorie de Museo Civico di Storia Naturale. Vol. XV, Verona 1968.

Bücherl, W., Buckley, E., and Deulofeu, V.: Venomous Animals and their Venoms. Venomous Vertebrates. Vol. I. Academic Press, New York/London 1968.

Bücherl, W., and Buckley, E.: Venomous Animals and their Venoms. Venomous Vertebrates. Vol. II. Academic Press, New York/London 1971.

Bücherl, W.: Das Haus der Gifte. Die Geschichte vom Butantan Institut Sao Paulo. Franckh'sche Verlagshandlung, Stuttgart 1963.

Bulletin of the Antivenin Institute of America. Volumes 1–5 (1927–1932). Society for the Study of Amphibians and Reptiles, Ithaca (New York) 1973.

Camerano, L.: Monografia degli Ofidi Italiani. Parte Prima: Viperidi. Libraio della R. Accademia delle Science, Torino 1888.

Campden-Main, S. M.: A Field Guide to the Snakes of South Vietnam. Division of Reptiles and Amphibians. United States National Museum/Smithsonian Institution, Washington 1970.

Caras, R.: Venomous Animals of the World. Prentice Hall International, Inc., Englewood Cliffs N.Y. 1974.

Carron, E.: Vipères et Couleuvres. Librairie Maloine S. A., Paris VI 1966.

Clarke, G. K., and Marx, T. I.: Heart Rates of unanesthetized Snakes by Electrocardiography. Copeia, 236–238, 1960.

Department of the Navy, Bureau of Medicine and Surgery: Poisonous Snakes of the World. United Government Printing Office, Washington D.C. 1965.

Dobbs, J. S.: The feeding of dead food to a King cobra *Ophiophagus hannah*. International Zoo Yearbook **7**, 229, London 1967.

Dobie, J. F.: Rattlesnakes. Little, Brown and Company, Boston/Toronto 1965.

Dodge, N. N.: Poisonous Dwellers of the Desert. Messenger Graphics, Phoenix 1972.

Duguy, R.: Contribution à l'Etude de l'Envenimation Ophidienne en France. Imprimerie R. Foulon, Paris 1952.

– Biologie de la latence hivernale chez *Vipera aspis* L. Thèses présentées à la Faculté des Sciences de l'Université de Paris, 1962.

Dumont, A.: Mes Vipères. Les Editions du Marais, Benet 1968.

Duren, A.: Les Serpents Venimeux du Congo Belge. Librairie Falk fils, Bruxelles 1946.

Eiselt, J. und Baran, I.: Ergebnisse zoologischer Sammelreisen in die Türkei: Viperidae. Ann. Naturhistor. Mus. Wien 1970.

Fitzsimons, F. W.: The Snakes of South Africa. William Clowes, London 1919.

Fitzsimons, V. F. M.: A Field Guide to the Snakes of Southern Africa. Collins, London 1970.

Frommhold, E. A.: Die Kreuzotter. A. Ziemsen Verlag, Wittenberg 1969.

Gherardini, F.: Serpenti Velenosi e No. Editore Olimpia, Firenze 1977.

Gloyd, H. K.: The Rattlesnakes, Genera *Sistrurus* and *Crotalus*. The Chicago Academy of Sciences, Chicago 1940.

– A Subspecies of *Agkistrodon bilineatus* (Serpentes: Crotalidae) on the Yucatan Peninsula, Mexico. Department of Biological Sciences, University of Arizona, Tucson 1972.

– The Korean Snakes of the Genus *Agkistrodon* (Crotalidae), University of Arizona, Tucson 1972.

Gow, G. F.: Snakes of Australia. Angus and Robertson Publishers, Sydney 1976.

Habermehl, G.: Gift-Tiere und ihre Waffen. Springer-Verlag, Berlin/Heidelberg/New York 1976.

Harris, H. S. jr., and Simmons, R. S.: A Preliminary Account of Insular Rattlesnake Populations, with Special Reference to those occuring in the Gulf of California and off the Pacific Coast. Bulletin of the Maryland Herpetological Society **13**, 2, Baltimore 1977.

– A Preliminary Account of the Rattlesnakes with the Descriptions of four new Subspecies. Bulletin of the Maryland Herpetological Society **14**, 3, Baltimore 1978.

Hoge, A. R.: Preliminary account on Neotropical Crotalinae (Serpentes Viperidae). Mem. Inst. Butantan **32**, 109–184, 1965.

– Preliminary account on Neotropical Crotalinae (Serpentes Viperidae). Mem. Inst. Butantan **33**, 120–162, 1966.

Klauber, L. M.: Rattlesnakes. Their Habits, Life Histories, and Influence on Mankind. In two Volumes. University of California Press, Berkeley and Los Angeles 1972.

Klingelhöfer, G.: Die Kreuzotter in Ostthüringen. Verlag Robert Noske, Leipzig 1942.

Kopstein, F.: Zoologische Tropenreise. Verlag G. Kolff & Co, Batavia/Weltevreden/Soerabaia/Leiden (o. J.).

Kornalik, F.: Zivocisne toxiny. Statni Zdravotnicke Nakladatelstvi, Praha 1967.

Kratzer, H.: *Agkistrodon acutus* Günther, die chinesische Nasenotter. Datz **15**, 342–344, 1962.

– Eine dekorative Terrarienbewohnerin: *Bitis atropos* Linnaeus. Datz **16**, 310–313, 1963.

– Ein Beitrag zur Stopftechnik bei jungen Giftschlangen. Datz **18**, 341–342, 1965.

– Über die Tanganyika-Wasserkobra – *Boulengerina annulata stormsi* –. Salamandra **1**, (3), 61–67, 1965.

– Zur Fortpflanzung von *Vipera lebetina mauritanica*. Datz **21**, 380–382, 1968.

– Über eine ungewöhnliche Warnreaktion bei *Atheris squamiger*. Aquaterra **6**, (7), 82–84, 1969.

Kraus, P., und Werner, F.: Giftschlangen und die Serumbehandlung der Schlangenbisse. Verlag Gustav Fischer, Jena 1931.

Kretz, J.: Über *Vipera kaznakovi* Nikolskij 1909 aus Nordostanatolien (Reptilia, Vipera). Separatdruck aus dem Jahrbuch des Naturhistorischen Museums der Stadt Bern Bd. 4, 1972.

Künzl, H.: Zur Ökologie und Ethologie der *Vipera ammodytes* L. Dissertation an der Philosophischen Fakultät der Universität Wien, 1954.

Lankes, K.: *Micrurus (Elaps) frontalis* D. B. im Terrarium. Blätter für Terrarienkunde **39**, 68–72, 1928.

Laszlo, J.: Notes on Reproductive Patterns of Reptiles in Relation to Captive Breeding. International Zoo Yearbook **19**, 22–27, 1979.

Lecuru-Renous, S., und Platel, R.: La Vipère Aspic. Editions Doin-Deren, Paris 1970.

Lehmann, M.: Haltung und Nachzucht von *Echis carinatus leakeyi* x *Echis coloratus*. Herpetofauna **2**, (4), 32–34, 1980.

Leporati, L., und Bassini, E.: Le Vipere Lotta e Difesa. Edizioni Agricole, Bologna 1974.

Mahler, F.: Lebensbilder aus dem Giftschlangenterrarium. Blätter für Aquarien- und Terrarienkunde 1932. Gustav Wenzel, Braunschweig 1932.

Matz, G., und Vanderhaege, M.: Guide du Terrarium. Delachaux et Niestlé, Neuchâtel/Paris 1978.

Mebs, D.: Chemie und Wirkungsweise von Schlangengiften. Umschau **2**, 42–47, 1974.

Mertens, R.: Die Amphibien und Reptilien der Inseln Bali, Lombok, Sumbawa und Flores. Senckenberg. naturforsch. Ges., Frankfurt am Main 1930.

– Die Wüstenottern und ihre Anpassungen an ihren Lebensraum. Natur und Volk **83**, 1953.

– Giftschlangenbisse in ihrer Wirkung auf Giftschlangen. Zool. Garten **20**, 1953.

– *Bitis heraldica*, eine oft verkannte Otter aus Angola. Senck. biol. **39**, (3/4), 145–148, 1958.

– Über Reptilienbastarde, III. Senck. biol. **45**, (1), 33–49, 1964.

– Wenig bekannte „Seitenwinder" unter den Wüstenottern Asiens. Natur und Museum **95**, 346–352, 1965.

– Über Reptilienbastarde, V. Senck. biol. **53**, (1/2), 1–19, 1972.

Minton, S. A., jr., and Minton, M. R.: Venomous Reptiles. Charles Scribner's, New York 1969.

Müller, P.: Einige Bemerkungen zur Verbreitung von *Vipera aspis* (Serpentes, Viperidae). Salamandra **5**, 57–62, 1969.

Murphy, B. M., and Armstrong, B. L.: Maintainance of Rattlesnakes in Captivity. University of Kansas, Lawrence 1978.

Murphy, J. B., and Collins, J. T.: Reproductive Biology and Diseases of Captive Reptiles. Society for the Study of Amphibians and Reptiles, Lawrence (Kansas) 1980.

Neill, W. T.: Ross Allen's Reptile Institute at Florida's Silver Springs. Ross Allen's Reptile Institute, Silver Springs o. J.

Ouwens, P. A.: De Voornaamste Giftslangen Van Nederlandsch Oost-Indie. E. J. Brill, Leiden 1916.

Pertti, V.: Hibernation and seasonal movements of the Viper, *Vipera berus berus* (L.) in Southern Finland. Ann. Zool. Fenn. **4**, 1967.

Peters, J. A.: The Snakes of Ecuador. Bulletin of the Museum of Comparative Zoology at Harvard College. **122**, (9), 1960.

Peters, U.: Nachzucht des Taipans im Taronga-Zoo. Datz **25**, (10), 355–356, 1972.

Petzold, H. G.: Notizen zur Fortpflanzungsbiologie und Jugendentwicklung zweier

Grubenottern (Serpentes: Crotalidae: *Crotalus atrox* und *Agkistrodon piscivorus piscivorus*). Bijdragen tot de Dierkunde, Amsterdam 1963.
– Zur Fortpflanzungsbiologie asiatischer Kobras *(Naja naja)*, Sonderdruck aus: Der Zoologische Garten **36**, (1–3), 1968.
– Bemerkungen zur Fütterungstechnik bei Nahrungsspezialisierten Giftnattern und einige Angaben zur Haltungsdauer von Elapiden im Tierpark Berlin. Zoologischer Garten N. F. **1/2**, 9–23, 1976.
Phisalix, M.: Vipères de France. Editions Stock, Delamain et Boutelleau, Paris 1940.
Psenner, H.: Die Vipern Großdeutschlands. Verlag Gustav Wenzel, Braunschweig 1939.
Radeck, G.: Zucht von *Agkistrodon contortrix laticinctus*. Datz **23**, (12), 374–376, 1970.
Reichert, R.: Giftschlangen im Terrarium. Verlag Adalbert Pechan, Wien/München 1952.
Reitinger, F. F.: Common Snakes of South East Asia and Hong Kong. South China Printing Company Limited, Hong Kong 1978.
Romer, J. D.: Illustrated Guide to the Venomous Snakes of Hongkong. J. R. Lee, Government Printer, Hongkong 1977.
Saint Girons, H.: Modifications sélectives du régime des Vipères (Reptilia: Viperidae) lors de la croissance. Amphibia-Reptilia. Publication of the Societas Europaea Herpetologica. **1**, (2), 1980.
Schweizer, H.: Über die Puffotter, *Bitis arietous* MERREM und ihre Fortpflanzung im Terrarium. Blätter für Terrariumkunde **55**, 213–216, 1950.
– Alpine Population von *Vipera aspis aspis*. Datz **4**, 78–81, 1951.
– Über geschlüpfte Eigelege der Brillenschlange *(Naja naja kaouthia)* und der Hornviper *(Aspis cerastes)*. Datz **5**, 19–21, 51–53, 1952.
– Die grüne Mamba *(Dendroaspis viridis)* als dankbarer Pflegling im Terrarium. Datz **9**, 48–49, 1956.
– Der Buschmeister – *Lachesis muta* L. – im Terrarium. Datz **9**, 132–133, 1956.
– Die Levante-Otter von Nordwest-Afrika – *Vipera lebetina mauritanica* (Guichenot). Datz **9**, 190-192, 1956.
Smith, M. A.: The Fauna of British India, Ceylon and Burma, including the Whole of the Indo-Chinese Sub-Region. Taylor and Francis, London 1943.
Sochurek, E.: Die Hornotter *(Vipera ammodytes ammodytes)* in Kärnten. Datz **4**, 131–134, 1951.
– Einiges über Kupferköpfe *(Agkistrodon mokeson)*. Datz **8**, 127–129, 1955.
– Kritische Liste der Giftschlangen Europas mit Beschreibung einer neuen Unterart. Mitt. Zool. Ges. **3**, (8/9), 213–218, 1979.
– Die Schlangen Nordafrikas. Mitt. Zool. Ges. **3**, (8/9), 219–226, 1979.
Stahnke, H. L.: The Treatment of Venomous Bites and Stings. ASU Bureau of Publikations, Tempe (Arizona) 1966.
Stanek, V. J.: Introducing Poisonous Snakes. Artia for Golden Pleasure Books, London 1962.
Stemmler, O.: Zur Biologie der Rassen von *Echis carinatus* (Schneider 1801). Salamandra **1**, 29–46, 1965.
– Die Sandrasselotter aus Pakistan, *Echis carinatus sochureki* subspec. nov. Aquaterra **6**, (10), 118–125, 1969.
Stemmler, O., und Sochurek, E.: Die Sandrasselotter von Kenya, *Echis carinatus leakeyi* subspec. nov. Aquaterra **6**, (8), 89–94, 1969.
Stettler, P. H.: *Trimeresurus gramineus* (Shaw) und *Trimeresurus popeorum* (Smith) im Zimmerterrarium. Aquaterra **3**, 41-44, 1966.
– Notizen über Terrarienerfahrungen mit Buschvipern – *Atheris*. Datz **25**, (9), 316–319, 1972.
Stevens, R. A.: A Report on a Lowlandviper, *Atheris superciliaris* (Peters), from the lake Chilwa floodplain of Malawi. Arnoldia (Rhod.) **6**, (22), 1–22, 1973.
Taylor, E. H.: The Serpents of Thailand and

Adjacent Waters. The University of Kansas Science Bulletin **XLV**, 609–1096, 1965.

Thomas, E.: Kämpfe junger Brillenschlangen – *Naja naja kaouthia*. Salamandra **6**, (1/2), 52–54, 1970.

– Zur Fortpflanzung von *Vipera hindii*. Die Naturwissenschaften **29**, 67, 1962.

Trutnau, L.: Über die Pflege der Lanzenotter *Bothrops atrox* (L.). Aquaterra **4**, (11), 87-89, 1967.

– *Crotalus atrox* – die Texasklapperschlange. Datz **21**, 314–317, 1968.

– Gefangenschaftsbeobachtungen an der Schwarzen Mamba, *Dendroaspis polylepis polylepis* (Günther). Aquarien Terrarien **2**, 40–45, 1968.

– Über Pflege und Verhalten von *Dendroaspis jamesoni kaimosae* Loveridge 1936 in der Gefangenschaft. Aquaterra **5**, (1), 4–6, 1968.

– Gefangenschaftsbeobachtungen an der Bergotter (*Vipera xanthina xanthina* Gray 1849). Aquaterra **6**, (2), 20–22, 1969.

Tweedie, M. W. F.: The Snakes of Malaya. Government Printing Office, Singapore 1963.

Villa, J.: Serpientes Venenosas de Nicaragua. Impreso en Editorial Novedades, Managua 1962.

Viosca, P.: Poisonous Snakes of Louisiana. Louisiana Wildlife and Fisheries Commission, New Orleans (o. J.).

Visser, J.: Welche Schlange ist das? The Rustica Press (PTY). LTD, Wynberg (Cape) 1973.

Visser, J., and Chapman, D. S.: Snakes and Snakebite. Venomous Snakes and Management of Snakebite in Southern Africa. Cape & Transvaal Printers Parow, Cape Town/Johannesburg/London 1978.

Wagner, H.: Die Kreuzotter. Verlag Joh. Heinr. Meyer, Braunschweig 1948.

Wall, F.: The Poisonous Terrestrial Snakes of our British Indian Dominions and how to recognize them. The „Time of India" Office, Bombay 1907.

Werler, J. E.: Poisonous Snakes of Texas and first Aid Treatment of their Bites. Texas Parks and Wildlife Department, Austin 1967.

Wharton, Ch. H.: The Cottonmouth Moccasin on the Seahorse Key, Florida. Bulletin of the Florida State Museum, Gainesville 1969.

Wiedemann, E.: Zur Biologie der Nahrungsaufnahme der Kreuzotter *Vipera berus* (L.). Zool. Anzeiger der Universität Berlin 1931.

Wirot, N.: Poisonous Snakes of Thailand. Bangkok 1971.

Wittmann, B.: Europas Giftschlangen. Hippolyt-Verlag, Wien/St. Pölten/München 1954.

Worrell, E.: Dangerous Snakes of Australia and New Guinea. Angus and Robertson, Sydney 1963.

Bildnachweis

Abb. 43 von Dr. W. Nutaphand
alle übrigen Fotos von L. Trutnau

Aus reproduktionstechnischen Gründen konnten die Farbbilder leider nicht in der Reihenfolge der Artbeschreibungen angeordnet werden.

Register

Die mit einem Sternchen* versehenen Seitenzahlen verweisen auf Abbildungen.